# Inglés Para Dummies®

## Saludos comunes

- **Hello.** (je-lou; Hola.)
- **Hi.** (jai; Hola.)
- **How are you?** (jau ar iu; ¿Cómo estás?)
- **Good morning.** (gud *mor*-ning; Buenos días.)
- **Good afternoon.** (gud af-ter-*nu*-un; Buenas tardes.)
- **Good night.** (gud nait; Buenas noches.)
- **Good-bye.** (*gud*-bai; Adiós.)
- **See you later.** (*si*-i iu *lei*-ter; Nos vemos luego.)

## Frases de cortesía

- **Please.** (*pli*-is; Por favor.)
- **Thank you.** (zank iu; Gracias.)
- **Thanks.** (zanks; Gracias.)
- **You're welcome.** (*iu*-ar *uel*-com; De nada.)
- **I'm sorry.** (aim *so*-ri; Lo siento.)
- **Excuse me.** (eks-*kius* mi; Perdone.)
- **Please speak slowly.** (*pli*-is *spi*-ik *slou*-li; Por favor hable despacio.)

## Preguntas útiles

- **Can you help me?** (can iu jelp mi; ¿Me puede ayudar?)
- **What's your name?** (juats ior neim; ¿Cómo te llamas?)
- **How much is this?** (jau moch is dis; ¿Cuánto cuesta esto?)
- **Where?** (juer; ¿Dónde?)
- **What?** (juat; ¿Qué?)
- **Why?** (juai; ¿Por qué?)
- **Who?** (*ju*-u; ¿Quién?)
- **When?** (juen; ¿Cuándo?)
- **How?** (jau; ¿Cómo?)

## Los días de la semana

- **Sunday** (*son*-dei; domingo)
- **Monday** (*mon*-dei; lunes)
- **Tuesday** (*tus*-dei; martes)
- **Wednesday** (*uens*-dei; miércoles)
- **Thursday** (*zurs*-dei; jueves)
- **Friday** (*frai*-dei; viernes)
- **Saturday** (*sa*-tur-dei; sábado)

## Los meses del año

- **January** (*llan*-iu-e-ri; enero)
- **February** (*feb*-ru-e-ri; febrero)
- **March** (march; marzo)
- **April** (*ei*-pril; abril)
- **May** (mei; mayo)
- **June** (*llu*-un; junio)
- **July** (llu-*lai*; julio)
- **August** (*a*-gost; agosto)
- **September** (sep-*tem*-ber; septiembre)
- **October** (oc-*tou*-ber; octubre)
- **November** (nou-*vem*-ber; noviembre)
- **December** (di-*cem*-ber; diciembre)

*For Dummies: Bestselling Book Series for Beginners*

# Inglés Para Dummies®

Cheat Sheet

## Números de uso frecuente

| | | | | |
|---|---|---|---|---|
| 1 | **one** (uon) | | 19 | **nineteen** (*nain*-ti-in) |
| 2 | **two** (tu) | | 20 | **twenty** (*tuen*-ti) |
| 3 | **three** (zri) | | 21 | **twenty-one** (*tuen*-ti uon) |
| 4 | **four** (for) | | 22 | **twenty-two** (*tuen*-ti tu) |
| 5 | **five** (faiv) | | 30 | **thirty** (*zur*-ti) |
| 6 | **six** (siks) | | 40 | **forty** (*for*-ti) |
| 7 | **seven** (*se*-ven) | | 50 | **fifty** (*fif*-ti) |
| 8 | **eight** (eit) | | 60 | **sixty** (*siks*-ti) |
| 9 | **nine** (nain) | | 70 | **seventy** (*se*-ven-ti) |
| 10 | **ten** (ten) | | 80 | **eighty** (*ei*-ti) |
| 11 | **eleven** (i-*le*-ven) | | 90 | **ninety** (*nain*-ti) |
| 12 | **twelve** (tuelv) | | 100 | **one hundred** (uon *jon*-dred) |
| 13 | **thirteen** (*zur*-ti-in) | | 101 | **one hundred one** (uon *jon*-dred uon) |
| 14 | **fourteen** (*for*-ti-in) | | 1,000 | **one thousand** (uon *zau*-sand) |
| 15 | **fifteen** (*fif*-ti-in) | | 10,000 | **ten thousand** (ten *zau*-sand) |
| 16 | **sixteen** (*siks*-ti-in) | | 1,000,000 | **one million** (uon *mil*-ion) |
| 17 | **seventeen** (*se*-ven-ti-in) | | 1,000,000,000 | **one billion** (uon *bil*-ion) |
| 18 | **eighteen** (*eit*-i-in) | | | |

Copyright © 2002 Wiley Publishing, Inc.
All rights reserved.
Item 5427-1.
For more information about Wiley Publishing,
call 1-800-762-2974.

## For Dummies: Bestselling Book Series for Beginners

**por Gail Brenner**

WILEY

Wiley Publishing, Inc.

**Inglés para Dummies**®

Published by
**Wiley Publishing, Inc.**
111 River St.
Hoboken, NJ 07030
www.wiley.com

Copyright © 2002 by Wiley Publishing, Inc., Indianapolis, Indiana

Published simultaneously in Canada

For general information on our other products and services or to obtain technical support, please contact our Customer Care Department within the U.S. at 800-762-2974, outside the U.S. at 317-572-3993, or fax 317-572-4002.

Wiley also publishes its books in a variety of electronic formats. Some content that appears in print may not be available in electronic books.

Library of Congress Control Number: 2002108089

ISBN: 0-7645-5427-1

Manufactured in the United States of America

10  9  8  7  6  5  4  3

IB/SQ/QY/QS/IN

spanish

2403764

# Acerca de la autora

**Gail Brenner** empezó a hablar inglés desde 1951, cuando pronunció su primera oración, "Baby go bye-bye". De ahí en adelante progresó rápidamente y a la edad de los 6 años, ya estaba enseñando su primera lección de inglés a una audiencia, siempre atenta, de muñecas.

Cierto tiempo después, al encontrarse por primera vez frente a un grupo real (e infinitamente más animado) de estudiantes, se dio cuenta de que había encontrado su nicho. En los últimos 15 años, Gail ha enseñado cursos de inglés como segundo idioma (ESL por sus siglas en inglés), cursos de preparación para el examen TOEFL y también cursos de pronunciación, de escritura, y muchos otros más, a gente maravillosa de todas partes del mundo. Actualmente, ella enseña en su alma mater, la Universidad de California en Santa Cruz (UCSC), donde obtuvo títulos en literatura inglesa y educación.

Como asesora, Gail ha conducido talleres didácticos para educadores estadounidenses y extranjeros y para asistentes internacionales de educación. También ha sido maestro mentor en los programas de educación de UCSC y en la Universidad Estatal de San José. En el sector privado, ella ha dado entrenamientos en fluidez, reducción de acento y comunicación en los negocios a ingenieros y gerentes extranjeros.

Además de escribir cantidades de discursos, planes para lecciones, graciosos mensajes en correo electrónico y mala poesía, Gail es coautora de *Master the TOEFL* (Wiley Publishing, Inc.) y *Master the TOEFL CBT* (Peterson's).

Otros logros dignos de mencionarse, y sin relación alguna a este libro, son el de sobrevivir una caminata de 10 horas por la jungla de Uganda para observar gorilas y el de ganar un concurso estatal de dibujo a la edad de 8 años.

Gail vive en Santa Cruz, California — sede de una de las mejores montañas rusas de madera del mundo y el hábitat natural de uno de los árboles más altos del mundo, el secoya de California. Ella vive con su fenomenal hijo y dos gatos bilingües (los cuales aparecen en este libro).

# Acerca de la traductora

**Kristina Carter** vive actualmente en Santa Cruz, California, con su esposo, su hijita Sofía y en espera de otro bebé.

Después de haber enseñado por 14 años como maestra bilingüe de primaria, se encuentra ahora en una pausa profesional para gozar de la crianza de su propia hija, dar clases de inglés para adultos y . . . traducir su primer libro.

Kristina comenzó el aprendizaje del español a los doce años y lo continuó estudiando en la preparatoria y en la Universidad de California en Santa Cruz. En su último año de licenciatura, en 1984, estuvo en México por un trimestre para participar en un intercambio universitario, conocer mejor la cultura latina y poder, finalmente, practicar el idioma que tanto había estudiado pero que jamás había tenido la oportunidad real de hacerlo.

Durante el transcurso de ese trimestre conoció a su futuro esposo y desde entonces, el español dejó de ser solamente un lenguaje de interés para ella. El español es ahora una gran parte de su vida, lo habla diariamente y se lo enseña a su hija como primer idioma. Kristina reconoce que el aprendizaje de un idioma es un proceso largo, un proceso que continúa durante toda una vida. Ella sigue aprendiendo nuevas palabras y frases en español (¡e inglés!) todo el tiempo. Uno de sus mejores consejos para el aprendizaje de un nuevo idioma es: ¡Enamorarse de alguien que *no* habla tu idioma!

# Dedicatoria

Este libro está dedicado a Portia y Ed Brenner (también conocidos como mami y papi) por darme todo lo que una persona necesita en la vida y, i por . . . enseñarme a hablar inglés!

# Reconocimientos de la autora

Los reconocimientos tienden a ser asuntos blandos y llenos de sentimentalismos, y éstos no son la excepción. Después de todo, las personas que deciden apoyarte durante el maratón agotador de escribir un libro merecen la medalla de oro — y un montón de agradecimiento.

Mi más profundo agradecimiento a mi mentora, colega y amiga Patricia Sullivan, por abrirme tantas puertas de oportunidad. ¡Gracias Trish! Y a Sharron Bassano: Gracias por tu ayuda al principio de este proyecto y por mi primer trabajo de enseñanza. ¡Bendita seas! Muchas gracias a mis excelentes colegas: Lori Colman, Joyce Flager, Mary Larson y Patricia Sullivan, quienes ofrecieron — con gracia y tacto — valiosa crítica de mis manuscritos; gracias también a Jan Fitzgerald por mostrarme cómo escalar con valor esta montaña.

A todo el personal de Wiley, Inc., por su esfuerzo espléndido en hacer *Inglés para Dummies* una realidad, se los agradezco. En particular, ¡a mis talentosos correctores quienes merecen una ovación de pie! Roxane Cerda, de verdad la mejor (y más buena onda) revisora de contratos, hizo posible el comienzo de este proyecto tan original y me guió por esta aventura. Aprecio bastante su experiencia y maravilloso sentido del humor. Gracias a Allyson Grove, mi fenomenal revisora de proyecto quien con su apoyo incansable y dedicación mantuvo el proyecto — y a mí — por buen camino y quien, junto con Mary Fales, revisora de copia, rescató muchos segmentos de texto difíciles con su notoria habilidad de corregir. A la revisora técnica Lori Colman: Un abrazo grande y mi agradecimiento por su experiencia y por su colaboración en este proyecto. Y a todo el personal de producción por poner su toque mágico al formato y producción de este libro, les agradezco de corazón. Finalmente, mi agradecimiento y admiración para Kristina Carter por enfrentar la monstruosa tarea de traducir este libro.

A toda mi familia y amigos que creyeron en mí y me alentaron — y que continúan amándome a pesar de haberlos ignorado por varios meses — sólo puedo decirles gracias con todo mi corazón. Mi agradecimiento especial a Deborah y Sharon por inspirar mi mente y or el escritura; a Elisha por "limar las asperezas"; a Sue por mantener vivo mi ánimo y a Barry por su frecuente "cuidado y atención" e *innumerables* gestos de apoyo y aliento.

Por último, por siempre y para siempre, mi amor y agradecimiento a mi hijo Josh por su indispensable té, el tecleo de textos y por el apoyo técnico. Y especialmente por ser mi mejor amigo y el tipo que dijo: ¡Mamá, escribe ese libro!

# Reconocimientos de la traductora

Deseo hacerle un reconocimiento especial a mi esposo Javier Natividad Rangel y agradecerle, por su apoyo y pericia en la traducción de este proyecto. Su ayuda en cada paso de la traducción como co-traductor y revisor fue invaluable. Es de mencionarse también, la participación (desinteresada y amable) de Leticia Natividad Rangel, Norma Natividad Rangel y Aureliano Valle Rangel por su ayuda con varias frases y preguntas de la gramática española y también, a todos los familiares en México quienes me han apoyado en este proyecto en particular y en el aprendizaje del español a través de los 18 años de convivencia. Finalmente, quiero agradecerle a Lori Colman, quien me abrió las puertas a esta obra, algo en lo que nunca había imaginado que participaría; a Roxane Cerda y Allyson Grove de Wiley Publishing por confiar en mi capacidad para realizar este proyecto. Ha sido para mí un gran reto y una experiencia educativa inolvidable.

## Reconocimientos de la editorial

Estamos orgullosos de este libro. Por favor mándanos tus comentarios o sugerencias mediante la forma de registro por Internet Dummies localizada en www.dummies.com/register.

Entre todas las personas que ayudaron a colocar este libro en el mercado figuran:

**Contrataciones, Corrección y Desarrollo de Publicación**

**Revisora de Proyecto:** Allyson Grove

**Revisora de Contratos:** Roxane Cerda

**Revisora de Copia:** Mary Fales

**Revisoras Técnicas:** Lori Colman, Elsa Pittman

**Jefa de Revisión**: Carmen Krikorian

**Especialista de Material de Comunicación:** Megan Decraene

**Directora Editorial:** Jennifer Ehrlich

**Asistente Editorial:** Carol Strickland

**Producción**

**Coordinadora de Proyecto:** Regina Snyder

**Diseño Gráfico:** Joyce Haughey, Kristin McMullan, Laurie Petrone, Brent Savage, Jacque Schneider, Jeremey Unger, Erin Zeltner

**Correctoras de Puebras:** Amy Adrian, Enrica Ardemagni, PhD, Angel Perez

**Asistencia Especial:**
Constance Carlisle

---

**Cuerpo Editorial del Departamento de Referencia General de Dummies**

**Diane Graves Steele,** Vicepresidenta y Editora del Departamento de Referencia General de Dummies

**Joyce Pepple,** Directora de Contratos del Departamento de Referencia General de Dummies

**Kristin A. Cocks,** Directora de Desarrollo de Productos del Departamento de Referencia General de Dummies

**Michael Spring,** Vicepresidente y Editor, Viajes

**Brice Gosnell,** Director de Publicación, Viajes

**Suzanne Jannetta,** Directora de Edición, Viajes

**Cuerpo Editorial del Departamento de Tecnología de Dummies**

**Andy Cummings,** Director de Contratos

**División de Producción**

**Gerry Fahey,** Vicepresidenta de la División de Producción

**Debbie Stailey,** Directora de la División de Producción

# Un Vistazo al Contenido

Introducción .................................................................1

## Parte 1: Primero es lo primero ....................7
Capítulo 1: Suena bien: Pronunciación básica del inglés americano ....9
Capítulo 2: Directo al grano de la gramática básica del inglés ....29

## Parte 11: Hablando un poquito de inglés .......55
Capítulo 3: Gusto en conocerte .............................57
Capítulo 4: La charla .............................77
Capítulo 5: ¿Dónde estoy? — Cómo pedir direcciones ....99
Capítulo 6: Llámame .............................111

## Parte 111: De visita ....................129
Capítulo 7: Dinero, dinero, dinero .............................131
Capítulo 8: Hospedaje en un hotel .............................143
Capítulo 9: A disfrutar de la comida fuera de casa ....159
Capítulo 10: De compras .............................177
Capítulo 11: De paseo por la ciudad .............................201
Capítulo 12: Ir y venir: Uso de diferentes medios de transporte ....215

## Parte 1V: Echando raíces ....................233
Capítulo 13: Estás en tu casa .............................235
Capítulo 14: En el trabajo .............................251
Capítulo 15: Tómalo con calma: El tiempo libre .............................269
Capítulo 16: ¡Auxilio! — Cómo tratar las emergencias ....285

## Parte V: De diez en diez ....................305
Capítulo 17: Diez maneras para acelerar el aprendizaje del inglés ....307
Capítulo 18: Diez errores que debes evitar al hablar inglés ....313
Capítulo 19: Diez palabras que se confunden fácilmente ....319

## Parte VI: Apéndices ....................327
Apéndice A: Verbos irregulares del inglés .............................329
Apéndice B: Mini-diccionario .............................333
Apéndice C: Respuestas a los Juegos y ejercicios divertidos ....349
Apéndice D: Acerca del disco compacto (CD) .............................355

## Índice .............................357

# Cartoons at a Glance

## By Rich Tennant

"I'm not sure if I'm stressing the right syllable in the wrong word, or stressing the wrong syllable in the right word, but it's starting to stress me out."

**page 7**

It's amazing what happens when you learn a little of their language.

**page 327**

"We're still learning the language and Martin tends to act out things he doesn't know the word for. He tried buying a toilet seat the other day and they almost threw him out of the store."

**page 129**

"I managed to have the car fixed today using just the food terms I knew. I filled it up with coffee, changed the gravy, and had the left rear donut fixed."

**page 233**

WHEN TO USE THE WORD "AMAZING!"

WHEN TAKING A SOUFFLE OUT OF THE OVEN — Amazing!

WHEN PULLING A DOVE FROM YOUR TOP HAT — Amazing!

WHEN **NOT** TO USE THE WORD "AMAZING!"

AFTER GETTING SICK ON BAD SHELLFISH — Amazing!

AFTER PUTTING ON YOUR SOCKS — Amazing!

AFTER YOUR DOG DOES HIS BUSINESS — Amazing!

AFTER A PARTICULARLY LONG BELCH — Amazing!

**page 305**

"I know it's a popular American expression, but you just don't say 'Hasta la vista, baby'—to a nun."

**page 55**

Cartoon Information:
Fax: 978-546-7747
E-Mail: richtennant@the5thwave.com
World Wide Web: www.the5thwave.com

# Tabla de Materias

*Introducción* ................................................................. 1

   Acerca de este libro ..................................................... 1
   Convenciones usadas en este libro .................................. 2
   ¿Quién eres tú? ........................................................... 3
   Cómo está organizado este libro ..................................... 3
      Parte I: Primero es lo primero ................................ 4
      Parte II: Hablando un poquito de inglés ..................... 4
      Parte III: De visita ............................................... 4
      Parte IV: Echando raíces ........................................ 4
      Parte V: De diez en diez ......................................... 4
      Parte VI: Apéndices ............................................... 5
   Iconos usados en este libro ............................................ 5
   ¿Y ahora qué? ............................................................. 6

*Parte 1: Primero es lo primero* ................................. 7

   **Capítulo 1: Suena bien: Pronunciación básica
   del inglés americano** ................................................. 9

   ¡Tú ya sabes algo de inglés! .......................................... 9
      Las palabras que no cambian ................................. 10
      Parecidas, pero muy diferentes .............................. 12
   El alfabeto ................................................................ 12
   Pronunciación de las consonantes .................................. 13
      Dos tipos de consonantes: Sonoras y sordas (guturales) ..... 14
      Esa fastidiosa th ................................................. 14
      B versus V ......................................................... 16
      L versus R ......................................................... 17
   Cómo decir "Ah" y otras vocales .................................... 19
      Las vocales: A lo largo y a lo ancho ......................... 20
      La vocal a .......................................................... 21
      La vocal e .......................................................... 21
      La vocal i .......................................................... 22
      La vocal o .......................................................... 22
      La vocal u .......................................................... 23
   Cómo mantener el ritmo ............................................... 23
      Tamboreando el ritmo .......................................... 23
      Énfasis en las palabras importantes ........................ 24
      Cómo acentuar las sílabas correctas ........................ 25

### Capítulo 2: Directo al grano de la gramática básica del inglés . . . . 29

Construcción de oraciones simples ......................................................30
Formación de oraciones negativas .....................................................30
    No versus not ...............................................................................31
    Usando contracciones como un angloamericano ..................31
Preguntas y más preguntas ................................................................32
    Las preguntas "to be" ..................................................................32
    Las preguntas "to do" ..................................................................33
    Las preguntas what, when, where y why .................................34
Los sustantivos: Personas, lugares y cosas .....................................36
You y I: Pronombres personales ........................................................37
Los verbos: Comunicar acciones, sentimientos y estados de ser .........39
    Verbos regulares ..........................................................................40
    Verbos irregulares .......................................................................40
    Ser o no ser: El uso del verbo "to be" ......................................41
Ponle buena cara a los tiempos ........................................................42
    El presente simple .......................................................................43
    El presente continuo ....................................................................43
    El pasado simple ..........................................................................44
    El pasado continuo ......................................................................46
    El futuro: Will y going to .............................................................46
Adjetivos: La sazón del lenguaje .......................................................47
    Cómo agregar color y cantidad ..................................................48
    Expresando cómo te sientes .......................................................49
    Cómo describir carácter y habilidad .........................................49
Los adverbios: Dándole carácter a los verbos .................................50
Los tres artículos: A, an y the ...........................................................52

## Parte II: Hablando un poquito de inglés .......................55

### Capítulo 3: Gusto en conocerte . . . . . . . . . . . . . . . . . . . . . . . . . . . . 57

El saludo .............................................................................................57
    Y "¿Cómo estás?" .........................................................................58
    Los saludos informales ...............................................................60
    Cómo despedirse ..........................................................................62
Cómo presentarse ..............................................................................62
    Preséntate a ti mismo .................................................................62
    Cómo presentar a otros ...............................................................63
¿Cómo te llamas? ...............................................................................66
    El nombre de los nombres ..........................................................66
    Mi nombre a secas .......................................................................68
    Títulos y términos respetuosos ..................................................68
    La diferencia entre llamar y nombrar a alguien .....................68

Cómo describir a la gente — baja, alta, grande y pequeña ....................71
    Los ojos y el cabello .................................................................72
    Alcanzando nuevas alturas ......................................................73
    Los jóvenes y los viejos ...........................................................74

**Capítulo 4: La charla** ..........................................**77**

Rompiendo el silencio con preguntas sencillas .........................77
Disculpe, ¿cómo dijo? ..................................................................78
La charla del clima .......................................................................80
    Frases que inician la charla del clima ....................................81
    Las estaciones ........................................................................83
No dejes que la conversación se acabe ......................................85
    ¿Dónde vives? .........................................................................85
    Taller de conversación: El trabajo y la escuela .....................86
    Cómo expresar gustos y preferencias ....................................88
Charlando de la familia ................................................................90
Cómo charlar con desconocidos ..................................................92
Temas tabúes ...............................................................................94

**Capítulo 5: ¿Dónde estoy? — Cómo pedir direcciones** ...........**99**

1, 2, 3, probando, probando .........................................................99
Cómo pedir direcciones ..............................................................100
    En la dirección correcta ........................................................101
    Uso de las preposiciones de ubicación: Next to,
        across, in front of, etc. .....................................................103
Los verbos de dirección: Follow, take y turn .............................105
    Uso del verbo "to follow" .......................................................106
    Llévate el verbo "to take" ......................................................106
    Uso del verbo "to turn" ..........................................................106
¿Rumbo al norte — o al sur? ......................................................108

**Capítulo 6: Llámame** ..........................................**111**

¡Ring, Ring! — Contesta la llamada ...........................................112
Cuando tú haces la llamada ........................................................112
Verbos telefónicos: To call, to phone y otros más .....................114
"N" de Nancy: Cómo deletrear palabras .....................................115
Cómo dejar un mensaje ...............................................................118
    En espera del tono: Máquinas contestadoras y buzón de voz ....118
    Cómo pedir que alguien tome un recado ...............................119
¡Discúlpame! — Marqué el número equivocado .........................122
Hola, ¿operadora? .......................................................................124
    Ayuda del directorio: 411 .......................................................124
    Para recibir ayuda de la operadora "O" .................................125

## Parte III: De visita ........................................ 129

### Capítulo 7: Dinero, dinero, dinero ........................... 131

Dólares y centavos ...................................................131
Intercambio de dinero ...............................................133
En el banco ...........................................................134
Uso de los cajeros automáticos (ATM, en inglés) ...............137
¡Cárguelo! Uso de las tarjetas de crédito .......................139
    Dos preposiciones que pagan: By y with ...................141
    Dos verbos que pagan: To accept y to take ...............141

### Capítulo 8: Hospedaje en un hotel ........................... 143

Hotel o motel, tú decides .........................................143
Cómo hacer una reservación .......................................145
Expresión de las fechas con números ordinales ................146
Al registrarse ........................................................150
Qué posesivo: El uso de los pronombres y adjetivos posesivos ...152
Uso de There, Their y They're .....................................155
De salida .............................................................156

### Capítulo 9: A disfrutar de la comida fuera de casa .......... 159

Cómo expresar el hambre y la sed .................................159
¿Qué hay para desayunar? ..........................................160
¿Qué hay de almorzar? ..............................................162
¿Qué hay para la cena? .............................................162
La comida en un restaurante .......................................164
    Cómo ordenar del menú ....................................167
    Conversación con la persona que te atiende ..............170
    Los verbos que ordenan: To have y to take ..............171
La cuenta por favor .................................................171
Comida para llevar ..................................................173

### Capítulo 10: De compras .................................... 177

Directo al supermercado ...........................................177
    Maniobrando por los pasillos .............................178
    La compra de frutas y vegetales .........................180
    Uso de los adjetivos cuantitativos o numerales .........181
    Los pesos y las medidas ..................................182
    En la caja registradora ...................................183
Justo a mi medida: Compra de ropa ..............................185
    Sólo estoy viendo .........................................186
    Cómo te quieres vestir ....................................186
    Encuentra tu talla ........................................189
    Pruébatelo ................................................189
    De chico a grande: Uso de los comparativos .............191

Sólo lo mejor: Uso del superlativo ......................193
Las normas de devolución: Regreso de la mercancía ......195
    You y me: Pronombres personales ......................196
    To y for: Algunas preposiciones ......................197

## Capítulo 11: De paseo por la ciudad ......................201

Entérate de lo que está pasando ......................201
Cómo obtener información ......................202
    La hora en inglés ......................203
    Preposiciones de tiempo: At, in y on ......................206
El cine ......................206
Conciertos y obras de teatro ......................208
¿Por qué tan solo? ......................209
A gozar de la noche ......................210

## Capítulo 12: Ir y venir: Uso de diferentes medios de transporte ... 215

El paso por el aeropuerto y la aduana ......................215
Al salir del aeropuerto ......................218
El uso del transporte público ......................219
    ¡Taxi por favor! ......................221
    Viajes largos por autobús, tren o avión ......................222
    Cómo preguntar acerca del tiempo y la distancia ......225
El alquiler de un coche ......................226
En el camino ......................227
Al comprar gasolina ......................229

## Parte IV: Echando raíces ......................233

## Capítulo 13: Estás en tu casa ......................235

Casa y hogar ......................235
    Por dentro ......................236
    Preposiciones de ubicación: On, under y near ......238
Bienvenido: De visita en un hogar privado ......................240
La limpieza ......................243
    Los verbos del aseo doméstico: To do y to make ......244
    Herramientas para los quehaceres
        domésticos y el cuidado del jardín ......................246
Esta antigua casa: Cómo resolver problemas y reparaciones ......247
    Cómo describir problemas domésticos ......................247
    Repárelo usted mismo ......................249

## Capítulo 14: En el trabajo ......................251

¿En qué trabajas? — Conversación acerca de tu trabajo ......251
    Cómo preguntar a qué se dedica alguien ......................251
    Cómo hablar de las ocupaciones ......................253

Camino al trabajo ...........................................................255
   El lugar de trabajo .....................................................256
   Descripción de tus colegas ......................................257
El tiempo es dinero .........................................................258
   El horario de trabajo .................................................259
   La hora del almuerzo y los descansos ..................260
Cómo hacer una cita ......................................................262
¿Cómo va el negocio? — El manejo de
negocios en los Estados Unidos ..................................266

**Capítulo 15: Tómalo con calma: El tiempo libre ..................269**

Las actividades de esparcimiento .............................269
   Cómo decir lo que te gusta hacer ..........................270
   El verbo juguetón: To play .......................................270
El deporte de ser aficionado ......................................272
   Se va, se va, se fue: El béisbol ...............................273
   El fútbol americano y el fútbol ...............................274
La naturaleza ...................................................................275
   A gozar de los deportes invernales y veraniegos ....276
   De visita a un parque nacional o estatal ..............277
Acampando .......................................................................278
   Sigue el camino ..........................................................280
   Apreciando la naturaleza ........................................281
¿Alguna vez has. . . ? — El uso del presente perfecto .....282

**Capítulo 16: ¡Auxilio! — Cómo tratar las emergencias ..........285**

En caso de emergencia .................................................285
   Cómo pedir auxilio y cómo advertir a otros .........286
   El 911 ............................................................................288
Una cita con el doctor ..................................................290
   Cómo explicar dónde te duele .................................291
   Los dolores: Cómo describir los síntomas ...........295
¿Cómo están tus reflejos? — El uso de los pronombres reflexivos .....297
Abre la boca: Una visita al dentista .........................299
Cómo adquirir ayuda legal ...........................................300
En caso de un crimen .....................................................301

**Parte V: De diez en diez ...................................305**

**Capítulo 17: Diez maneras para acelerar
el aprendizaje del inglés .....................................307**

Habla, habla y habla con la gente ..............................307
Reúnete con un grupo de conversación en inglés ...................308
Renta una película ..........................................................308

Usa tarjetillas de referencia ............................................308
Asiste a obras de teatro, a lecturas de poesía y a conferencias ...........309
¡Lee la letra de las canciones y cántalas! ...........................309
Ve a la biblioteca por libros de literatura infantil ..................310
Toma un curso — cualquier curso ...................................310
Haz amistades con angloamericanos ................................310
Participa como voluntario en una organización de caridad .................311

**Capítulo 18: Diez errores que debes evitar al hablar inglés** ......**313**
¡¿A qué vas al gimnasio?! ...........................................313
Tu esposa está muy fea ...............................................314
¡Apestas! .............................................................314
Mi mama cocinó a mis amigos para la cena ..........................315
Amigos y amantes ....................................................315
Me "mojé" los pantalones ............................................316
¿¡Qué dejaste en tu casa?! ...........................................316
¡Qué vulgar! ..........................................................316
¡Amo a tu esposo! ....................................................317
No digas nunca dobles negativos ....................................317

**Capítulo 19: Diez palabras que se confunden fácilmente** ........**319**
Coming y going ......................................................319
Borrowing y lending .................................................320
Such y so — ¿Y qué? ................................................321
Like y like — Birds of a feather ....................................321
Hearing y listening ..................................................322
Seeing, looking at y watching .......................................323
Feeling y touching ...................................................323
Lying y laying — La verdad acerca de las gallinas .................324
¿Tuesday o Thursday? ...............................................324
Too y very ............................................................325

*Parte VI: Apéndices* ....................................................*327*

**Apéndice A: Verbos irregulares del inglés** ....................**329**

**Apéndice B: Mini-diccionario** ...............................**333**

**Apéndice C: Respuestas a los Juegos y ejercicios divertidos** ....**349**
Capítulo 2 ............................................................349
Capítulo 3 ............................................................349
Capítulo 4 ............................................................349
Capítulo 5 ............................................................350

Capítulo 6 ..............................................................................350
Capítulo 7 ..............................................................................350
Capítulo 8 ..............................................................................351
Capítulo 9 ..............................................................................351
Capítulo 10 ............................................................................351
Capítulo 11 ............................................................................352
Capítulo 12 ............................................................................352
Capítulo 13 ............................................................................352
Capítulo 14 ............................................................................353
Capítulo 15 ............................................................................353
Capítulo 16 ............................................................................353

**Apéndice D: Acerca del disco compacto (CD)** .................. **355**

*Índice*...................................................................*357*

# Introducción

• • • • • • • • • • • • • • • • • • • • • • • • • • • • • • • • • • • • • • • • • • •

Aprender los fundamentos de un lenguaje es como abrir las puertas a la oportunidad y a la aventura. Y en estos tiempos, aprender a comunicarse en inglés, aún a nivel básico, es bastante beneficioso y esencial.

Cada año el número de personas que habla inglés aumenta a pasos agigantados y, actualmente, una de cada seis personas lo habla. Es el idioma que más personas han adoptado como su segunda lengua en el mundo, y es el que se usa en la mayoría de las llamadas telefónicas internacionales, en el correo y el correo electrónico, en las transmisiones de radio, en textos de computación y en el control del tráfico aéreo. También, el inglés es a menudo el lenguaje común en los negocios y en ámbitos educativos. De modo que sin un conocimiento básico del inglés, de plano te quedas sin palabras.

El hablar inglés no es cosa de magia, ya que es sólo una herramienta que puedes usar para ejecutar la tarea de comunicarte. Haz de cuenta que cada destreza o frase que descubres es una herramienta que guardarás en tu caja de herramientas del inglés. Cuando sea necesario, abre tu caja y selecciona la herramienta apropiada para la situación, ya sea para hablar del pasado, o para preguntar o expresar lo que te gusta o te disgusta, etc.

Recuerda que en interacciones cotidianas, generalmente puedes expresarte con pocas palabras y con algo de estructuración básica de la oración. Así es que, ¡adelante!

## Acerca de este libro

¿Por qué leer *Inglés para Dummies*? ¿Puedes imaginarte viajando, viviendo o trabajando en un país de habla inglesa y conversando cómodamente con sus habitantes? ¿El hablar inglés es una de tus metas? ¿O es un pasatiempo o un requisito para un nuevo trabajo?

Cualquiera que sea tu motivo para querer hablar inglés, *Inglés para Dummies* te puede ayudar a empezar. Wiley Publishing, Inc., la casa editorial de la exitosa serie *For Dummies*, ha logrado nuevamente (con la ayuda del autor, por supuesto) publicar un libro divertido y fácil de leer que te proporcionará exactamente lo que necesitas, en este caso, la habilidad de comunicarte en inglés. Mi promesa no es que hablarás como un angloamericano cuando termines este libro, sino que podrás saludar y conocer gente, hacer preguntas simples, usar el teléfono, ordenar tu comida en restaurantes, hacer compras en tiendas y mercados, resolver emergencias, invitar a salir a alguien, ¡y mucho más!

Éste no es un libro de capítulos tediosos que uno debe absorber página por página o una de esas clases semestrales a las que uno tiene que arrastrarse dos veces por semana. *Inglés para Dummies* es una experiencia diferente. Tú mismo puedes fijar tu paso leyendo tanto o tan poco como desees, o también puedes hojear sus páginas y detenerte en las secciones que llamen tu atención.

*Nota:* Si éste es tu primer encuentro con el inglés, te recomendamos que comiences con los capítulos de la Parte I para aprender algunos fundamentos de gramática y pronunciación antes de empezar otras secciones. Pero como tú eres el que manda, empieza donde gustes.

# Convenciones usadas en este libro

Con el fin de hacer este libro fácil de leer, he establecido algunas convenciones:

- Las letras **negritas** se usarán para frases o palabras en inglés con el fin de hacerlas más llamativas.

- Las letras *itálicas o cursivas (letra inclinada)* se usarán para mostrarte la pronunciación de las palabras o frases en inglés escritas con letras negritas.

El hablar inglés tiene su chiste, así que este libro te ofrece algunos elementos del lenguaje no incluidos en otros libros de la serie *para Dummies.* Busca los siguientes temas que seguramente mejorarán tu habilidad en el inglés:

- **Los diálogos Hablando como se habla:** Encontrarás a lo largo de este libro muchas conversaciones para que practiques "hablando como se habla", en inglés claro está. Los diálogos marcados con el icono del disco compacto se encuentran en el disco compacto que viene con este libro. Ponlo en tu tocadiscos y escucha el diálogo mientras lo lees en el libro.

- **Las pizarras con palabras que debes conocer:** Tal vez recuerdes los pizarrones de tu escuela, así que aquí podrás encontrar los nuestros con el título "Palabras para recordar". A lo largo de este libro, coleccioné palabras y frases importantes y las he anotado en las pizarras para que las memorices.

- **Juegos y ejercicios divertidos:** Los juegos son una forma excelente de reforzar tu aprendizaje, así que practica los ejercicios ubicados al final de casi todos los capítulos. Cuando termines los ejercicios, puedes consultar las respuestas en el Apéndice C al final del libro. Y recuerda, ¡no hagas trampas!

Toma en cuenta que debido a que dos idiomas pueden expresar la misma idea o concepto de manera diferente, la traducción del inglés tal vez no sea exactamente literal. En algunas circunstancias, mi intención es que captes la idea de lo que se ha dicho, no necesariamente el significado de cada palabra. Por ejemplo:

Danny and Elena had a ball on their trip to Italy!

da-ni and e-le-na jad ei bol on der trip tu i-ta-li

**Traducción correcta:** ¡Danny y Elena se divirtieron mucho en su viaje a Italia!

**Traducción literal (no tiene sentido):** ¡Danny y Elena tuvieron una pelota en su viaje a Italia!

# ¿Quién eres tú?

Para escribir este libro tuve que asumir algunas cosas acerca de ti, y de lo que esperas de un libro llamado *Inglés para Dummies*. Éstas son algunas de mis conjeturas:

- No sabes nada de inglés o tomaste algunas clases en la escuela y se te ha olvidado la mayoría de lo que aprendiste. O sabes mucho de inglés, pero te encanta leer los libros *para Dummies*.

- No deseas pasar horas en una aula y quieres aprender inglés a tu propio paso.

- Deseas un libro rápido y agradable que te proporcione lo básico del vocabulario, la gramática e información cultural escrita en un estilo vivaz.

- No esperas una fluidez inmediata, pero ya quieres hacer uso de algunos términos y expresiones en inglés.

- Viste el título *Inglés para Dummies* y despertó tu curiosidad.

- Tienes un buen sentido del humor.

Si alguna de estas conjeturas es correcta, ¡has encontrado el libro perfecto!

# Cómo está organizado este libro

Este libro consta de seis partes y cada parte contiene un cierto número de capítulos. A continuación tienes una breve explicación del contenido de cada una de esas partes.

## Parte 1: Primero es lo primero

Esta parte te ayudará a asentar las bases del inglés de la siguiente manera: El Capítulo 1 te da algunas de las herramientas básicas (como la pronunciación de las vocales y las consonantes) para aumentar tu destreza en el inglés y, además, algunos trucos para agarrarle el ritmo al inglés. En el Capítulo 2 encontrarás los fundamentos de la gramática inglesa y la información esencial para formar oraciones, formar el plural, hacer preguntas, usar los tiempos, etc. El Capítulo 2 también te proporciona un montón de herramientas prácticas para tu caja de herramientas del inglés.

## Parte 11: Hablando un poquito de inglés

Un poquito de inglés te llevará muy lejos. En esta parte encontrarás expresiones cotidianas y saludos que te ayudarán a conocer gente y empezar una conversación. También te muestro cómo presentarte e iniciar una charla. Descubrirás también cómo pedir ayuda, entender instrucciones dadas y cómo hablar por teléfono relajadamente. Puedes empezar dónde gustes en esta parte . . .¡dónde gustes!

## Parte 111: De visita

Los capítulos de esta parte están diseñados para ese viajero en ti. Te ofrecen el vocabulario esencial y revelaciones culturales que te ayudarán a desenvolverte en los aeropuertos y a llegar a tu destino, además de cómo alojarse en un hotel y gozar de un restaurante o una noche en la ciudad. También te informo cómo cambiar dinero, ¡y cómo gastarlo!

## Parte 1V: Echando raíces

Si piensas quedarte en el país, los capítulos de esta parte te proporcionan el inglés necesario para que goces de tu hogar (y arreglarlo si hay algún problema) y cómo sentirte "como en casa" en el ambiente estadounidense de trabajo. También descubrirás cómo los estadounidenses se divierten y pasan el tiempo. Y para ser precavidos, he incluido un capítulo con consejos para resolver emergencias, imprevistos y problemas de salud.

## Parte V: De diez en diez

En esta parte, encontrarás las famosas listas de diez puntos de *Inglés para Dummies*. Estas listas son breves, divertidas y muy informativas. Te doy diez maneras de aumentar tus destrezas de inglés, diez frases o palabras que aunque cómicas pueden ponerte en aprietos y diez formas de distinguir palabras que son muy similares.

## Parte VI: Apéndices

La parte final de este libro te proporciona importante información de referencia, como una tabla que incluye el pasado simple y el pasado participio de casi todos los verbos irregulares. También incluí un mini diccionario de inglés/español que puedes usar como referencia cada vez que te topes con una palabra que desconoces. Además, encontrarás una lista de grabaciones de Hablando como se habla incluidas en el disco compacto y las respuestas a todos los juegos y ejercicios de este libro (no hagas trampa).

# Iconos usados en este libro

En este libro encontrarás iconos (figurillas) en el margen izquierdo de algunas páginas. Estos iconos indican trozos de información importante o particularmente informativa. Esto es lo que cada uno significa:

Este icono indica consejos que pueden ayudarte a hablar inglés con facilidad.

Este icono te ayudará a evitar errores lingüísticos, gramaticales o culturales potencialmente vergonzosos.

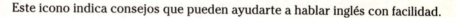

Este icono indica algunas de las rarezas y excelencias gramaticales del inglés.

Si buscas información cultural, este icono te presenta útiles e interesantes comentarios acerca del país (en este caso, los Estados Unidos) donde se habla inglés.

Este icono representa los diálogos Hablando como se habla que encontrarás en el disco compacto de audio.

## ¿Y ahora qué?

No tienes que leer este libro de principio a fin, léelo a tu gusto. Si prefieres la forma común, empieza con el Capítulo 1; pero si prefieres hojearlo primero, y concentrarte en lo que más te interese, ¡pues adelante! Tal vez se te ocurra empezar escuchando el disco compacto, ¡pues adelante! ¿No sabes por dónde empezar? Empieza con *Inglés para Dummies* y úsalo como pretexto para iniciar una conversación. De seguro alguien te preguntará acerca del libro, y estarás hablando inglés, ¡antes de que te des cuenta! Cualquiera que sea tu método, de seguro te divertirás con este libro y a la vez aprenderás bastante inglés.

# Parte I
# Primero es lo primero

The 5th Wave     By Rich Tennant

"I'm not sure if I'm stressing the right syllable in the wrong word, or stressing the wrong syllable in the right word, but it's starting to stress me out."

## En esta parte . . .

**P**rimero es lo primero — eso significa poner el cimiento antes de construir la casa. Y de eso es lo que se trata esta parte. Te proporciona algunas herramientas básicas para desarrollar tus destrezas del inglés. Por ejemplo, en el Capítulo 1, encontrarás toda la verdad acerca de la pronunciación de las vocales en inglés y de algunas de las consonantes más difíciles. También te muestro cómo hablar con el ritmo del inglés. En el Capítulo 2, encontrarás las partes fundamentales de la gramática inglesa e información útil para formar oraciones, hacer preguntas y hablar del pasado, del presente y del futuro. Así como también, algunos otros elementos indispensables para tu caja de herramientas del inglés.

# Capítulo 1

# Suena bien: Pronunciación básica del inglés americano

· · · · · · · · · · · · · · · · · · · · · · · · · · · · · · · · · · · · · · · · ·

*En este capítulo*

▶ Pronunciación de las 26 letras del alfabeto

▶ Dominio de algunas consonantes difíciles

▶ Práctica de los 15 (más o menos) sonidos de las vocales

▶ Descubrimiento de la música y del ritmo del inglés americano

· · · · · · · · · · · · · · · · · · · · · · · · · · · · · · · · · · · · · · · · ·

Una pronunciación correcta es la clave para evitar malentendidos, satisfacer tus necesidades o simplemente disfrutar de una buena conversación. Dominar la pronunciación del inglés lleva tiempo, así que ten paciencia, no te des por vencido, y no dejes de reírte de ti mismo cuando cometas un error.

Si eres mayor de 12 años, tal vez no perderás completamente tu acento o no tendrás pronunciación perfecta en otro idioma (según algunos estudios). Pero con un poco de práctica, puedes hacerte muy bueno para producir los sonidos y el ritmo del inglés americano. Este capítulo presenta los fundamentos básicos para la pronunciación correcta de los numerosos sonidos de las vocales y consonantes y te muestra cuándo y dónde poner el *acento* (énfasis) en varias palabras.

## ¡Tú ya sabes algo de inglés!

El inglés tiene su base en el latín, tal como el español, el francés, el italiano y el portugués. Debido a eso, encontrarás en todos estos idiomas palabras que provienen de la misma raíz.

# *Las palabras que no cambian*

La tabla que sigue muestra una lista de algunas palabras que suenan y se escriben muy parecido (o tal vez hasta se deletrean igual) y que significan lo mismo en el inglés y el español.

| *Inglés* | *Español* |
|---|---|
| actor (*ac*-tor) | actor |
| angel (*ein*-llel) | ángel |
| art (art) | arte |
| analyze (*an*-al-ais) | analizar |
| bank (bank) | banco |
| banquet (*ban*-kuet) | banquete |
| car (car) | carro |
| concert (*con*-sert) | concierto |
| content (con-*tent*) | contento |
| culture (*cul*-chur) | cultura |
| delicate (*de*-li-cat) | delicado |
| detail (*di*-teil) | detalle |
| enormous (i-*nor*-mous) | enorme |
| excellent (*ek*-se-lent) | excelente |
| express (eks-*pres*) | expresar |
| family (*fa*-mi-li) | familia |
| finite (*fai*-nait) | finito |
| flower (*flau*-er) | flor |
| garden (*gar*-den) | jardín |
| government (go-vern-ment) | gobierno |
| guide (gaid) | guía |
| hospital (*jos*-pi-tal) | hospital |
| hotel (jo-tel) | hotel |
| important (im-*por*-tant) | importante |
| infinite (*in*-fin-it) | infinito |
| invention (in-*ven*-chion) | invención |
| jovial (*llo*-vial) | jovial |
| judicial (llu-*di*-chul) | judicial |
| kilogram (*ki*-lo-gram) | kilogramo |

| *Inglés* | *Español* |
|---|---|
| kiosk (*ki*-osk) | kiosko |
| lamp (lamp) | lámpara |
| letter (*let*-ter) | letra |
| memory (*me*-mo-ri) | memoria |
| moment (*mo*-ment) | momento |
| music (*miu*-sic) | música |
| nation (*nei*-chion) | nación |
| necessity (ne-*ce*-si-ti) | necesidad |
| optic (*op*-tic) | óptica |
| order (*or*-der) | orden |
| original (o-*ri*-llin-al) | original |
| plant (plant) | planta |
| possible (*po*-si-bul) | posible |
| president (*pre*-si-dent) | presidente |
| problem (*pro*-blem) | problema |
| radio (*rei*-di-o) | radio |
| restaurant (*res*-ter-ant) | restaurante |
| route (rut) | ruta |
| science (*sai*-ens) | ciencia |
| secret (*si*-cret) | secreto |
| silence (*sai*-lens) | silencio |
| taxi (*taks*-i) | taxi |
| term (term) | término |
| terrible (*te*-ri-bul) | terrible |
| traffic (*tra*-fic) | tráfico |
| train (trein) | tren |
| urgent (*ur*-llent) | urgente |
| united (iu-*nait*-ed) | unido |
| vibration (vai-*brei*-chion) | vibración |
| violin (vai-o-*lin*) | violín |
| visit (*vi*-sit) | visitar |
| watt (iuat) | wat |
| zebra (*si*-bra) | cebra |
| zero (*si*-ro) | cero |

## *Parecidas, pero muy diferentes*

Existen también algunas palabras en inglés y en español que se parecen mucho, pero no significan lo mismo. Aprende la diferencia entre ellas y evita una situación **embarrassing** (em-*ber*-res-ing; penosa). Ése es un buen ejemplo para comenzar esta lección. La palabra embarazada en español describe a una mujer que va a tener un bebé; pero en inglés, **embarrassed** significa tener vergüenza. A continuación tienes una lista de esos "parientes postizos" y su significado en los dos idiomas:

- ✔ **Actual** (*ac*-chu-al) significa verdadero o real; en español es el presente o lo moderno.

- ✔ **Application** (*ap*-li-kei-chion) es una solicitud; no el esmero o la diligencia con que se hace una cosa.

- ✔ **Carpet** (*car*-pet) es alfombra; no una *carpeta* o cuaderno de apuntes.

- ✔ **Character** (*keir*-act-er) es un personaje de una novela, película, etc.; en español *carácter* es el conjunto de cualidades que distinguen a una persona.

- ✔ **Casual** (*ca*-chu-al) significa informal y no improvisto o fortuito como en español.

- ✔ **Estate** (es-*teit*) significa una propiedad, no *estado* como en español.

- ✔ **Eventually** (i-*ven*-chu-a-li) se refiere a algo que tarde o temprano va a ocurrir; *eventualmente* significa casualmente en español.

- ✔ **Large** (larch) significa grande, no largo.

- ✔ **Library** (*lai*-bre-ri) significa biblioteca, no *librería* como en el español.

- ✔ **Sensible** (*sen*-si-bul) es sensato o cuerdo; en español *sensible* significa capaz de sentir física o moralmente.

- ✔ **Success** (*suk*-ses) significa éxito; en español *suceso* es algo que ocurre, un acontecimiento.

# *El alfabeto*

El recitar las **ABCs** (ei-bi-*cis*; abreviación de "abecedario") es un buen comienzo para practicar la pronunciación del inglés. La siguiente lista te da las 26 **letters** (*le*-ters; letras) del **alphabet** (*al*-fa-bet; alfabeto) junto con la pronunciación de cada **letter.** (En el Capítulo 7 encontrarás información acerca del uso del alfabeto para deletrear palabras.)

| | | | |
|---|---|---|---|
| **a** (ei) | **b** (bi) | **c** (ci) | **d** (di) |
| **e** (i) | **f** (ef) | **g** (lli) | **h** (eich) |
| **i** (ai) | **j** (llei) | **k** (kei) | **l** (el) |
| **m**(em) | **n** (en) | **o** (o) | **p** (pi) |
| **q**(kiu) | **r** (ar) | **s** (es) | **t** (ti) |
| **u** (iu) | **v** (vi) | **w** (*do*-bul-iu) | **x** (ex) |
| **y** (uai) | **z** (zi) | | |

Aunque el inglés tiene solo 26 letras, ¡tiene aproximadamente 44 sonidos diferentes! (Y sus pronunciaciones pueden variar ligeramente dependiendo del acento de cada región.) Algunas letras tienen más de un sonido y, ¡algunas vocales pueden tener varios sonidos! Así que el descifrar cómo pronunciar nuevas palabras puede ser un reto. (¡Y memorizar el diccionario inglés entero no es muy práctico!)

Las siguientes secciones te dan algunas pistas y reglas útiles para dominar los sonidos del inglés. (No recorro los 44 sonidos, sólo señalo algunos de los problemáticos.)

Para una pronunciación en inglés clara y precisa, debes *abrir* la **mouth** (maud; boca) y *aflojar* tus **lips** (lips; labios), la **jaw** (lla; mandíbula) y la **tongue** (tong; lengua). No seas tímido. ¡Mírate en el espejo mientras practicas, y asegúrate de que tu boca se está moviendo y estirándose para que salgan los sonidos claros y fuertes!

# Pronunciación de las consonantes

Tal vez las **consonants** (*can*-so-nants; consonantes) del inglés se escriban igual que las consonantes de tu idioma — si hablas un idioma con raices latinas o germánicas — pero no suenan igual. Además, en el inglés, la consonante **y** puede también funcionar como vocal cuando aparece en palabras que no tienen ninguna otra vocal, como **by** o **try**.

El pronunciar claramente los sonidos de las consonantes en el inglés no es magia; es algo mecánico. ¡Si pones tus labios y tu lengua en la posición correcta y mueves tu boca de una manera específica, el sonido correcto (casi siempre) sale como por arte de magia!

## Dos tipos de consonantes: Sonoras y sordas (guturales)

La mayoría de los sonidos de las consonantes en inglés son **voiced** (voist; enunciados), lo cual quiere decir que debes usar tu voz y poner correctamente tu boca para producirlos. Otros pocos sonidos de consonantes son **voiceless** (*vois*-les; guturales), lo que quiere decir que no usas tu voz para pronunciarlos; el sonido sale como un murmullo.

Cada consonante gutural tiene una *pareja sonora* (una consonante que se forma exactamente igual en tu boca como la sorda, pero a la que se le agrega tu voz). Por ejemplo, haz la **p** gutural que se produce juntando tus labios y luego expulsando aire mientras haces el sonido. Debe sonar como un soplido — un murmullo. Para hacer su pareja sonora, la **b**, junta tus labios en exactamente la misma posición como para la **p** y expulsa el aire, pero esta vez, usa tu voz mientras lo dices. El sonido debe venir desde el fondo de tu garganta.

Las siguientes son parejas de consonantes guturales y enunciadas (Track 1):

| *Gutural* | *Enunciada* |
|---|---|
| f (f) | v (v) |
| k (k) | g (g fuerte) |
| p (p) | b (b) |
| s (s) | z (z como el zumbido de una abeja) |
| t (t) | d (d) |
| sh (ch suave como si estuvieras arrullando a un bebé) | ch (ch) |
| th (como la **z** española) | th (como en "hada") |

En las próximas secciones te doy más detalles para pronunciar sonidos guturales y enunciados. También te doy algunas pistas para distinguir entre la **b** y la **v**, la **p** y la **f**, y la **l** y la **r**. Si se te hace difícil escuchar y decir los sonidos de estas consonantes, te ecuentras en el lugar correcto para aprenderlos.

## Esa fastidiosa th

¿Te es difícil pronunciar la consonante **th?** En el inglés abunda esta consonante. De hecho, te puede sorprender que el inglés no tiene sólo uno sino ¡dos sonidos **th**! Por ejemplo:

✔ El sonido de la **th enunciada** en las palabras **those** (dous; esos), **other** (*a*-der; otro), and **breathe** (brid; respirar) es profundo y requiere tu voz.

✔ El sonido de la **th gutural** en **thanks** (zanks; gracias), **something** (*som-din*; algo), y **bath** (baz; baño) es suave como un murmullo y se pronuncia como la **z** española.

Con un poco de práctica y concentración, podrás pronunciar los dos sonidos de la **th** claramente. Te enseño cómo, en el próximo párrafo, así que sigue leyendo.

Cuando tratas de decir la palabra **that** (dat; eso), ¿dices **dat** (tat) o **zat** (zat)? O cuando tratas de decir la palabra **think** (zink; pensar), ¿dices **tink** (tink) o **sink** (sink)? Si es así, no eres el único. El problema es que tu lengua se queda dentro de la boca, detrás de tus dientes superiores. Debes sacarla un poco para hacer el sonido **th**. O, pon la punta de la lengua entre los dientes (¡pero no te muerdas!), y luego jálala hacia adentro mientras haces el sonido **th**.

Intenta pronunciar estas palabras que comienzan con el sonido grave **th enunciado**:

✔ **there** (der; allí)

✔ **these** (*di*-is; estos)

✔ **they** (dei; ellos)

✔ **this** (dis; este)

✔ **those** (dous; esos)

Ahora practica estas palabras que comienzan con el sonido suave **th gutural**:

✔ **thank you** (zank iu; gracias)

✔ **thing** (zing; cosa)

✔ **think** (zink; pensar)

✔ **thirty-three** (*zir*-ti zri; treinta y tres)

✔ **Thursday** (*zurs*-dei; jueves)

# *Hablando como se habla*

 El Sr. y la Sra. Abbott están preparándose para unas breves vacaciones. Están tratando de decidir cuánto equipaje necesitan para el viaje. (Track 2)

Sra. Abbott:  **I think we need three bags, but we have only these two.**
ai zink ui *ni*-id zri bags, bat ui jav *on*-li *di*-is tu
Creo que necesitamos tres maletas, pero nada más tenemos estas dos.

| Sr. Abbott: | **I thought about that. So I bought another bag on Thursday.** |
| | ai zot a-*bout* dat so ai bot a-*na*-der bag on *zurs*-dei |
| | Ya pensé en eso. Así que compré otra maleta el jueves. |
| Sra. Abbott: | **Thanks. There are so many things I want to bring.** |
| | zanks der ar so *me*-ni zings ai want tu bring |
| | Gracias. Hay tantas cosas que quiero llevar. |
| Sr. Abbott: | **Do you need all those shoes — 33 pairs?** |
| | du iu *ni*-id al dous chus — *zir*-ti zri peirs |
| | ¿A poco necesitas 33 pares de zapatos? |
| Sra. Abbott: | **Of course! They're absolutely essential!** |
| | of cors deir *ab*-so-lut-li i-*sen*-chul |
| | ¡Claro! ¡Son absolutamente indispensables! |

## *B versus V*

En el inglés, los sonidos de la **b** y la **v** son tan distintos como el día y la noche. Tus labios y tu lengua deben hacer cosas completamente diferentes para hacer estos dos sonidos. El descifrar cómo pronunciarlas correctamente es importante. Te apenarías si dijeras **You are the vest** (iu ar da vest; eres el chaleco) cuando lo que querías decir es **You are the best** (iu ar da best; eres el mejor).

La manera fácil de hacer que la **b** y la **v** suenen diferentes es:

↙ Para la **b,** empieza con los dos labios juntos y luego ábrelos un poquito mientras que expulsas el aire y haces el sonido. Asegúrate de usar tu voz; de otro modo, dirías la **p.**

↙ Para hacer la **v,** presiona ligeramente tus dientes superiores sobre tu labio inferior (no dejes que los labios se toquen). Ahora haz el sonido. Usa tu voz; de otro modo, dirías la **f.**

Mírate en el espejo mientras practicas estos dos sonidos para asegurarte que tu boca está "cooperando".

Ensaya estas palabras que comienzan con la **b** y la **v** (Track 1):

↙ **berry/very** (*be*-ri/*ve*-ri; mora/muy)

↙ **best/vest** (best/vest; el mejor/el chaleco)

↙ **bite/invite** (bait/in-*vait*; morder/invitar)

↙ **boat/vote** (bout/vout; el bote/votar)

El sonido de la **p** en inglés es la versión **gutural** (o suave) de la **b**; el sonido **f** es una **v gutural**. Haz la **p** y la **f** en la misma manera que harías la **b** y la **v**, pero sin usar tu voz.

Repite estas palabras y frases haciendo una distinción clara entre la **b** y la **v** (Track 3):

- **I have a bad habit.** (ai jav ei bad *ja*-bit; Tengo un mal hábito.)

- **Beverly is the very best driver.** (*be*-vr-li is da ve-ri best *drai*-ver; Beverly es la mejor conductora.)

- **Valerie voted for Victor.** (*val*-e-ri *vo*-ted for *Vic*-tor; Valerie votó por Victor.)

- **Everybody loves November.** (*ev*-ri-ba-di lovs no-*vem*-ber; A todos les gusta el mes de noviembre.)

## L versus R

¿Te es difícil oír la diferencia entre la **l** y la **r**? ¿A veces dices **alive** (a-*laiv*; vivo) cuando quieres decir **arrive** (a-*raiv*; llegar), o dices **grass** (gras; pasto) cuando quieres decir **glass** (glas; vidrio)? Si así es, esta sección es para ti.

La **l** y la **r** son sonidos muy distintos en inglés y tu boca debe funcionar diferente para producir cada sonido. (Te mostraré cómo en un momento.) Aun si tu idioma tiene la **l** y la **r**, puede que sean un poquito diferentes que la **l** y la **r** del inglés.

En el inglés la doble **l** (o **ll**) y la doble **r** (o **rr**) se pronuncian exactamente de la misma manera que la **l** y la **r** singulares.

Cómo hacer claramente el sonido de la **l**:

1. **Place the tip of your tongue on the roof of your mouth behind your front teeth.** pleis da tip of ior tong on da ruf of ior mauz bi-*jaind* ior front tiz Pon la punta de tu lengua en el paladar superior, detrás de tus dientes.

2. **Drop your jaw a bit and relax your lips.** drop ior llau a bit and ri-*lax* ior lips Baja tu mandíbula un poco y relaja tus labios.

3. **Now look in a mirror.** nau luk in a *mi*-rur Ahora mírate en un espejo. ¿Puedes ver debajo de tu lengua? Si es así, bien; si no, baja tu mandíbula un poco más.

4. **Flick your tongue down as you say the sound.** flik ior tong daun as iu sei da saund Chasquea tu lengua mientras haces el sonido.

Como práctica, pronuncia estas palabras (Track 1):

- **alive** (a-*laiv*; vivo)

- **glass** (glas; vidrio)

- ✔ **like** (laik; gustar)
- ✔ **telephone** (*te*-le-fon; teléfono)

Cuando el sonido de la **l** aparece al final de una palabra, mantén tu lengua detrás de tus dientes superiores por un poco más de tiempo. Intenta pronunciar estas palabras con la **l** al final (Track 1):

- ✔ **little** (*li*-tel; pequeño)
- ✔ **sell** (sel; vender)
- ✔ **table** (*tei*-bul; mesa)
- ✔ **thankful** (*zank*-ful; agradecido)

El hacer el sonido de la **r** es un poco complicado porque requiere algo de control sobre tu lengua. Aquí tienes cómo hacerlo:

1. **Pretend that you're going to sip liquid from a glass; put your lips forward and rounded just a bit.** (pri-*tend* dat ior *go*-ing *tu sip li*-cuid from ei glas; put ior lips *for*-uord and *raund*-ed llost ei bit Pretende que vas a sorber un líquido de un vaso; extiende tus labios hacia adelante redondeándolos un poquito.)

2. **Slightly curl back the tip of your tongue inside your mouth.** (*slait*-li curl bak da tip of ior tong *in*-said ior mauz Enrosca ligeramente la punta de tu lengua adentro de la boca.)

3. **Don't let the tip of your tongue touch the roof of your mouth.** (dount let da tip of ior tong toch da ruf of ior mauz No dejes que la punta de la lengua toque el paladar superior.)

Para practicar, repite estas palabras (Track 1):

- ✔ **around** (a-*raund*; alrededor)
- ✔ **car** (car; coche)
- ✔ **read** (*ri*-id; leer)
- ✔ **write** (rait; escribir)

Ahora practica algunas palabras que tienen la **l** y la **r**:

- ✔ **real** (*ri*-al; verdadero)
- ✔ **recently** (*ri*-cent-li; recientemente)
- ✔ **relax** (ri-*lax*; relajar)
- ✔ **rock-and-roll** (rok-and-rol; música rock)

# Hablando como se habla

 Jordie y Austin, dos compañeros universitarios, están en camino a una tienda de discos usados. (Track 4)

Jordie: **I just bought a new sound system with a turntable.**
ai llost bot a nu saund *si*-stem wiz ei *turn*-tei-bul
Acabo de comprar un nuevo sistema de audio con un tocadiscos.

Austin: **Cool. Are you looking for some old records?**
*cu*-ul ar iu *luk*-ing for som old *re*-cords
¡Qué bien! ¿Estás buscando algunos discos antiguos?

Jordie: **Definitely. I already have a small collection of rock-and-roll records, but I want more.**
*de*-fi-net-li ai al-*re*-di jav ei smal ca-*lek*-chon of rok and rol *re*-cords, bat ai uant mor
Claro que sí. Ya tengo una colección pequeña de discos de rock pero quiero más.

Austin: **Personally, I prefer the early rhythm and blues. Do you like R and B?**
*per*-son-a-li ai pri-*fer* da er-li *ri-dam* and blus du iu laik ar and bi
Personalmente, prefiero el ritmo y blues original. ¿Te gusta el R n B?

Jordie: **Sure, I like a lot of different music: R and B, rock-and-roll, reggae, rap, heavy metal, and even classical.**
chur ai laik ei lot of *di*-frent *miu*-sic ar and bi rok and rol *re*-gue rap *je*-vi *me*-tal and *i*-ven *cla*-si-cal
¡Cómo no!, me gusta la música de todo tipo: R n B, rock, reggae, rap, la metálica y hasta la clásica.

# Cómo decir "Ah" y otras vocales

El inglés tiene cinco vocales — **a, e, i, o, u,** y a veces la **y** — pero tiene alrededor de ¡15 sonidos formados con esas vocales! Desafortunadamente, el inglés tiene pocas reglas de ortografía absolutas como para mostrarte la pronunciación de las vocales y sus combinaciones en las palabras. La buena noticia es que con un poco de práctica puedes rápidamente aprender a hacer todos los diferentes sonidos.

La guía que se encuentra al principio de un diccionario puede ayudarte con los sonidos de las vocales, aunque no siempre puedes cargar con un diccionario. Y, a menos que tengas un diccionario electrónico "parlante", no puedes oír la pronunciación cuando buscas una palabra. Por fortuna, la mayoría de los sonidos de las vocales tienen una ortografía común que puede ayudarte a hacer una conjetura inteligente acerca de sus pronunciaciones. Las siguientes secciones te presentan todas las vocales, sus diferentes sonidos y sus formas comunes de deletrearse.

## Las vocales: A lo largo y a lo ancho

Los sonidos de las vocales en el inglés están divididos más o menos en tres categorías: **short vowels** (short vauls; vocales cortas), **long vowels** (long vauls; vocales largas), and **diphthongs** (*dip*-zongs; diptongos). La siguiente lista ilustra las diferencias generales entre las vocales cortas, las largas y los diptongos (Track1):

✔ **Vocales cortas:** Son más cortas y generalmente un poco más suaves que otras vocales. Un patrón ortográfico común para las vocales cortas es consonante + vocal + consonante. Por ejemplo:

- **can** (can; lata)
- **fun** (fon; divertido)
- **spell** (spel; deletrear)
- **with** (wiz; con)

✔ **Vocales largas:** Tienen una pronunciación más larga, frecuentemente más fuerte y con un tono más agudo que otras vocales. Un patrón ortográfico común para las vocales largas es vocal + consonante + **-e** final, como se puede ver en las siguientes palabras:

- **arrive** (a-*raiv*; llegar)
- **late** (leit; tarde)
- **scene** (*si*-in; escena)
- **vote** (vout; votar)

✔ **Diptongos:** Dos vocales que son pronunciadas como una sola sílaba. Cuando se pronuncia un diptongo en inglés, comienzas con el primer sonido y luego te deslizas al segundo sonido sin detenerte. Pon más énfasis en el primer sonido, pero asegúrate de decir el segundo sonido también. Intenta pronunciar los siguientes ejemplos:

- **boy** (boi; niño)
- **now** (nau; ahora)
- **say** (sei; decir)
- **time** (taim; tiempo)

En las próximas secciones, te muestro cómo pronunciar los sonidos cortos y largos de las cinco vocales **a**, **e**, **i**, **o**, **u**, y cómo hacer diptongos.

## La vocal a

En muchos idiomas, la letra **a** se pronuncia **ah** como en **father** (*fa*-der; padre). Pero en inglés, la **a** pocas veces se pronuncia **ah**. Para saber cómo se pronuncia la **a** comúnmente, observa las siguientes explicaciones:

✔ El sonido de la **a larga**, como en las palabras **ate** (eit; comió), **came** (keim; vino), y **day** (dei; día), es un **diptongo**. Para pronunciar la **a larga**, empieza con el sonido **eh** y termina con el sonido **ee**, juntándolos suavemente.

✔ El sonido de la **a corta**, como en **cat** (cat; gato), **hand** (jand; mano), y **glass** (glas; vidrio) se hace abriendo tu boca como si fueras a decir **ah**, pero manten tus labios en forma de sonrisa mientras produces el sonido.

✔ Otro sonido de la **a**, pronunciado **aw**, puede sonar como el sonido corto de la **o** (**ah**), particularmente en algunas regiones. Para hacer la **aw** distinta de la **ah**, sosten tus labios en la posición para decir oh, pero con tu mandíbula jalada hacia abajo. La ortografía común para el sonido **aw** son **-aw**, **-alk**, **-ought** y **-aught**.

## La vocal e

El sonido de la **e larga** frecuentemente se deletrea de la siguiente manera: **be** (bi; ser o estar), **eat** (*i*-it; comer), **see** (si-i; ver), y **seat** (si-it; silla). Haz el sonido de la **e larga** estirando para atrás tus labios como cuando sonríes. Alarga el sonido; no lo recortes. Otras maneras de deletrear el sonido de la **e larga** son **ie** y **ei**, como en **believe** (bi-*li*-iv; creer) y **receive** (ri-*ci*-iv; recibir).

El sonido de la **e corta**, como en **ten** (ten; diez), **sell** (sel; vender), y **address** (*a*-dres; dirección), se hace abriendo la boca un poquito y estirando los labios como en una pequeña sonrisa. La **e corta** frecuentemente se deletrea con las letras **ea**, como en **head** (jed; cabeza), **bread** (bred; pan), y **ready** (*re*-di; listo).

Practica los sonidos de la **e larga** y **corta** con las siguientes oraciones:

✔ **E larga: We see three green trees.** (ui si zri *gri*-in *tri*-is; Vemos tres árboles verdes.)

✔ **E corta: Jenny went to sell ten red hens.** (*je*-ni uent tu sel ten red jens; Jenny fue a vender diez gallinas rojas.)

✔ **Ambos sonidos: Please send these letters.** (*pli*-is send dis *le*-ters; Por favor manda estas cartas.)

## La vocal i

La **i larga** es un **diptongo.** Para hacer este sonido, comienza diciendo **ah** y termina diciendo **ee**, suavemente juntando los sonidos, como en **time** (taim; tiempo), **like** (laik; gustar), y **arrive** (a-*raiv*; llegar). Este sonido se deletrea de otras maneras como en las palabras **height** (jait; altura), **fly** (flai; mosca), **buy** (bai; comprar), **lie** (lai; mentira), y **eye** (ai; ojo).

El sonido de la **i corta**, como en **it** (it; ello), **his** (jis; su), **this** (dis; este), **bill** (bil; billete), y **sister** (*sis*-ter; hermana), se hace relajando los labios, abriendo un poco la boca y manteniendo la lengua en una posición baja dentro de la boca. (Si tu lengua se levanta demasiado en la boca, la **i corta** sonará como **ee**.)

Que no te extrañe la reacción de la gente si no haces una distinción clara entre la **i corta** (como en **it**) y la **e larga** (como en **eat**). No digas **I need to *live* now** (ai nid tu liv nau; Necesito vivir ahora) cuando lo que quires decir es **I need to *leave* now** (ai nid tu *li*-iv nau; Necisito salir ahora). ¡Y ten mucho cuidado de no decir **Give me the *keys*** (giv mi da *ki*-is; Dame las llaves) cuando en realidad quieres decir **Give me a *kiss*** (giv mi ei kis; Dame un beso)!

## La vocal o

La letra **o** es prácticamente la misma en casi todas las partes del mundo, sin embargo la **o** del inglés puede variar un poco de la de tu idioma. El sonido de la **o larga**, como en las palabras **rode** (roud; montó), **joke** (llouk; broma), **phone** (foun; teléfono), y **home** (joum; hogar), es en realidad un poco más largo. Cuando pronuncias la **o larga,** alárgala. Además del patrón ortográfico "**o** + consonante + **e** final", el sonido de la **o larga** se deletrea de varias maneras más, tal como **no** (nou; no), **toe** (tou; dedo del pie), **sew** (sou; coser), **know** (nou; saber), **dough** (dou; masa), y **boat** (bout; bote).

El sonido de la **o corta**, pronunciado **ah**, aparece generalmente entre dos consonantes, como en las palabras **hot** (jot; caliente), **stop** (stop; alto), **a lot** (a lot; mucho), y **dollar** (*do*-ler; dólar). Instintivamente querrás decir **oh** cuando veas la letra o, pero acuérdate, cuando aparece entre consonantes, la **o** casi siempre suena como **ah**.

Dos letras **o** juntas (**oo**) crean dos sonidos más de vocales. Las palabras **moon** (*mu*-un; luna), **choose** (*chu*-us; escoger), y **food** (*fu*-ud; comida) se pronuncian con el sonido de la **u larga** (ve a la próxima sección). Pero las palabras **good** (gud; bueno), **cook** (cuk; cocinar), **foot** (fut; pie) y **could** (cud; podía) tienen un sonido diferente. Para hacer este sonido, pon tus labios como si fueras a sorber de un vaso y manten tu lengua en una posición baja dentro de la boca.

Intenta decir esta oración: **I would cook something good if I could** (ai *u*-ud cuk som-zing gud if ai cud; Cocinaría algo bueno si pudiera).

**¡Don't put your foot in your mouth!** (dount put ior fut in ior mouz; ¡No te metas el pie en la boca!) — frase idiomática (un dicho) que equivale a "en boca cerrada no entran moscas". Confundir las palabras **food** y **foot** es un error muy fácil de cometer. ¡Ten cuidado de no decir **This *foot* tastes good** (dis fut teists gud; Este pie sabe bien) o **I put my *food* in my shoe** (ai put mai fud in mai chu; Puse mi comida en mi zapato)!

## La vocal u

En el inglés, el sonido de la **u larga** se alarga de verdad. Las siguientes palabras tienen el sonido de la **u larga**: **June** (*llu*-un; junio), **blue** (*blu*-u; azul) y **use** (*iu*-us; usar). Además, este sonido se deletrea de las siguientes maneras: **do** (*du*-u; hacer), **you** (iu; tú), **new** (*nu*-u; nuevo), **suit** (*su*-ut; traje), **through** (*zru*-u; entre) y **shoe** (*chu*-u; zapato).

El sonido de la **u corta** es el sonido de vocal más común en el inglés. Este sonido es tan común que tiene hasta su propio nombre — **schwa** (shwa; no tiene traducción). Para decir el sonido **schwa**, abre la boca un poquito, relaja tus labios y manten baja tu lengua. Si abres la boca demasiado, dirás **ah**. Las siguientes palabras tienen el sonido de la **u corta**: **up** (op; arriba), **bus** (bos; autobús), **much study** (moch *sto*-di; mucho estudio), **under** (*on*-der; abajo) y **suddenly** (*so*-den-li; de repente).

# Cómo mantener el ritmo

El ritmo y la música de un idioma le dan vida y carácter. Y, son de plano los que hacen que el inglés suene como inglés y el español como español. El ritmo del inglés se determina por el *patrón de acentuación* — el énfasis (o entonación) dado a una palabra o a una sílaba. Descubrir cómo usar el ritmo y el énfasis en inglés puede mejorar mucho tu pronunciación y reducir tu acento extranjero. Aún sin una pronunciación perfecta, puedes entender lo que se habla (y lo que alguien te está diciendo) si captas el ritmo del inglés. Las siguientes secciones te introducen al ritmo del inglés y a los patrones de acentuación que mantienen el ritmo.

## Tamboreando el ritmo

Mantener el ritmo del inglés es fácil. Pronuncia un toque no acentuado seguido por un toque acentuado, como en la siguiente oración: **The <u>cats</u> will <u>eat</u> the <u>mice</u>** (da cats wel it da mais; Los gatos se comerán a los ratones). Mientras dices las siguientes oraciones, manten un ritmo regular dando un golpecito con tu pie por cada palabra subrayada para que cada golpe represente la sílaba acentuada:

**For Eng-lish rhy-thm, tap your feet.** (for *ing*-lich *ri*-dom, tap ior *fi*-it; Para el ritmo del inglés, zapatea.)

**Fast or slow, just keep the beat.** (fast or slou, llost *ki*-ip da *bi*-it; Rápido o lento, sólo manten el ritmo.)

Ahora trata de mantener el ritmo en las siguientes oraciones mientras zapateas. (No se te olvide acentuar las sílabas subrayadas.)

**Cats eat mice.** (cats *i*-it mais; Los gatos comen ratones.)

**The cats will eat the mice.** (da cats uil *i*-it da mais; Los gatos se comerán a los ratones.)

Si una oración tiene varias sílabas no acentuadas muy juntas, tienes que acelerar (un poquito) para mantener el ritmo. Inténtalo con la siguiente oración sin cambiar el ritmo:

**The cats in the yard are going to eat up the mice.** (da cats in da iard ar go-ing tu *i*-it op da mais; Los gatos en el jardín se van a comer a los ratones.)

## Énfasis en las palabras importantes

¿Cómo sabes cuáles palabras acentuar en el inglés? ¡Acentúa las más importantes! En otras palabras, acentúa las palabras que comunican la información más esencial de la oración.

Acentúa las siguientes palabras:

- adjetivos
- adverbios
- verbos mayores
- palabras que preguntan
- negativos
- sustantivos

Pero no acentúes estas palabras:

- artículos
- verbos auxiliares (al menos que estén al final de una oración)
- conjunciones
- preposiciones
- pronombres (generalmente)
- el verbo **to be** (tu bi; ser o estar)

El Capítulo 2 contiene más información acerca de los términos gramaticales mencionados en las listas anteriores. También dale un vistazo al contenido de este libro para encontrar más puntos gramaticales.

Intenta decir estas oraciones mientras mantienes un tono regular y acentúa las palabras o las sílabas subrayadas:

- **Where can I find a bank?** (jueir can ai faind ei bank; ¿Dónde puedo encontrar un banco?)

- **I'd like to have some tea, please.** (aid laik tu jav som ti-i, pli-is; Me gustaría algo de té, por favor.)

- **I need to see a doctor.** (ai ni-id tu si-i ei dok-ter; Necesito ver a un doctor.)

Claro, si de verdad necesitas ver a un doctor, ¡no estarás pensando en el ritmo! Pero si practicas con disciplina hablar con el ritmo del inglés, puedes mejorar bastante tu pronunciación y hacer que la gente te entienda.

## Cómo acentuar las sílabas correctas

No te pongas estresado tratando de decidir cuál sílaba acentuar en una palabra (o dónde poner el énfasis). Aunque al principio la identificación de la sílaba acentuada puede parecer un juego de azar, algunos patrones comunes pueden ayudarte a acentuar palabras sin tanto estrés. ¡Te lo prometo! Las siguientes reglas y pistas pueden ayudarte a entender cómo acentuar palabras y por qué el patrón de acentuar puede variar o cambiar.

### Algunas reglas

¿Te desconcierta el acento vago en palabras como **mechanize, mechanic** y **mechanization** (*mec*-a-nais; mecanizar, me-*ca*-nic; mecánico, me-ca-ni-*sei*-chon; mecanización)? El *sufijo* (terminación) de muchas palabras determina el patrón de acentuación. La terminación puede también indicar si la palabra es un sustantivo, un verbo o un adjetivo — ¡eso ya es extra! Aquí tienes algunas guías que debes seguir:

- Los sustantivos que terminan en **-ment, -ion/-cion/-tion, -ian/-cian/-sian,** y **-ity** se acentúan en la sílaba anterior al sufijo, como en las siguientes palabras:

   - **enjoyment** (en-*lloi*-ment; placer)

   - **opinion** (o-*pin*-ion; opinión)

   - **reservation** (re-ser-*vei*-chon; reservación)

   - **possibility** (po-si-*bil*-i-ti; posibilidad)

✔ Los adjetivos que terminan en **-tial/-ial/-cial, -ual, -ic/-ical,** y **-ious/-eous/ -cious/-uous** se acentúan en la sílaba anterior al sufijo, como en las siguientes palabras:

- **essential** (i-*sen*-chul; esencial)

- **usual** (*iu*-llul; usual)

- **athletic** (az-*le*-tic; atlético)

- **curious** (*kiur*-i-os; curioso)

✔ Los verbos que terminan en **-ize, -ate,** y **-ary** se acentúan en la *penúltima* sílaba antes del sufijo, como en las siguientes palabras:

- **realize** (*ri*-a-lais; darse cuenta)

- **graduate** (*grad*-llu-eit; graduarse)

- **vocabulary** (vo-*ca*-biu-le-ri; vocabulario)

### Algunos consejos acerca de los patrones de acentuación

Los ejemplos de esta sección te presentan algunos patrones generales de acentuacíon que te pueden ayudar a hacer una aproximación sistemática de la pronunciación de una palabra. Estos ejemplos no representan reglas definitivas. No debes confiar en ellos un cien por ciento (ni siquiera un noventa y ocho por ciento), pero puedes usarlos como referencia cuando no estés seguro cómo acentuar una palabra.

✔ Muchos sustantivos de dos sílabas se acentúan en la primera sílaba. Si no estás seguro de cómo acentuar un sustantivo de dos sílabas, acentúalo en la primera — y es muy probable que esté correcto. Las siguientes palabras son algunos ejemplos:

- **English** (*Ing*-lich; inglés)

- **music** (*miu*-sic; música)

- **paper** (*pei*-per; papel)

- **table** (*tei*-bul; mesa)

✔ Acentúa la raíz de la palabra, no el prefijo ni el sufijo, en la mayoría de los verbos, los adjetivos y los adverbios. Por ejemplo:

- **dislike** (dis-*laik*; desagradar)

- **lovely** (*lov*-li; lindo)

- **redo** (ri-i-*du*; hacer nuevamente)

- **unkind** (on-*kaind*; descortés)

✔ Acentúa la primera palabra en la mayoría de los *sustantivos compuestos* estoes, sustantivos singulares compuestos de dos o más sustantivos que tienen significados diferentes de las palabras individuales. Por ejemplo:

- **ice cream** (*ais*-cri-im; helado)
- **notebook** (*nout*-buk; libreta)
- **sunglasses** (*son*-glas-es; anteojos de sol)
- **weekend** (*wi*-ik-end; fin de semana)

# Palabras para recordar

| | | |
|---|---|---|
| alphabet | al-fa-bet | alfabeto |
| letter | le-ter | letra |
| consonant | can-so-nant | consonante |
| short vowel | short va-ul | vocal corta |
| long vowel | long va-ul | vocal larga |
| dipthong | dip-zong | diptongo |
| voiced | voist | enunciado |
| voiceless | vois-les | gutural |

# Capítulo 2

# Directo al grano de la gramática básica del inglés

• • • • • • • • • • • • • • • • • • • • • • • • • • • • • • • • • • • • • • • • • • •

### En este capítulo

▶ Construcción de una oración simple

▶ Formación de preguntas

▶ Uso de sustantivos, verbos, adjetivos y adverbios

▶ El pasado, el presente y el futuro

▶ Los artículos

• • • • • • • • • • • • • • • • • • • • • • • • • • • • • • • • • • • • • • • • • • •

¿*E*l leer la palabra "gramática" hace que quieras huir o guardar este libro para otro día? Te comprendo. No dejes que este capítulo te ponga un alto, porque no te voy a agobiar con reglas gramaticales agotadoras ni con un sin fin de excepciones. Al contrario, te proporciono los elementos esenciales para ayudarte a comprender el inglés. Además, explico las reglas básicas gramaticales de la manera más clara posible; las explicaciones son cortas y simpáticas y te muestran cómo poner en práctica esas reglas gramaticales.

Muchos aspectos de la gramática inglesa son semejantes a la gramática de tu idioma, así que no necesitas enfocarte en la memorización de reglas. Nada más fíjate dónde la gramática inglesa y su uso se diferencian (o se asemejan) a las reglas en tu idioma. Incluso, he ilustrado algunas diferencias y semejanzas para ti.

No pienses que porque este capítulo abarca gramática, debes leerlo todo (aunque tal vez querrás hojearlo para que te des una idea de lo que contiene). Más bien, puedes usar este capítulo como referencia mientras gozas del resto del libro. Cuando encuentres en otros capítulos referencias a este capítulo, puedes detenerte y buscar la información aquí.

Claro, si la gramática es absolutamente tu tema favorito, ¡te encantará este capítulo! Pero si no, todavía verás que es muy fácil de leer y está lleno de información útil.

# *Construcción de oraciones simples*

Tal vez te preguntes, ¿cómo construir una oración en inglés puede ser simple, especialmente si eres una de las miles de personas que encuentra el estudio de la gramática tan divertido como una cirujía dental (sin ofender a mi dentista, claro)?

Sin embargo, crear una oración simple en inglés puede ser tan fácil como contar 1, 2, 3 — por supuesto, si usas tres partes básicas. Las tres partes básicas son:

- **subject** (*sob*-llect; sujeto)
- **verb** (vurb; verbo)
- **object** (*ob*-llect; complemento)

El **subject** de una oración puede ser un **noun** (naun; sustantivo) o un **pronoun** (*pro*-naun; pronombre), el **verb** puede estar en el presente, el pasado o en el futuro, y el **object** es el término general para ¡el resto de la oración pues!

Construir una oración en inglés es como usar una fórmula matemática. Para esos matemáticos, aquí tienen la "fórmula" con la que pueden formar una oración simple: **Subject + verb + object.** Un ejemplo de esta estructura es:

> **I speak English.** (ai *spi-ik ing*-lich; Hablo inglés.)

Puedes comunicar cientos — o hasta miles — de ideas con esa fórmula de la oración simple. A continuación tienes más ejemplos:

- **English is easy.** (*ing*-lich is *i*-si; El inglés es fácil.)
- **We ate ice cream.** (Wi eit ais *cri*-im; Comimos helado.)

# *Formación de oraciones negativas*

Claro, tal vez no desees hablar siempre en forma afirmativa, así que también necesitas saber cómo formar una oración negativa. La siguiente lista te presenta tres maneras simples de formar oraciones negativas usando la palabra **not** (not; no):

- Agrega **not** a una oración simple *depués* del verbo **to be: English is *not* difficult.** (*ing*-lich is not *di*-fi-colt; El inglés no es difícil.)
- Agrega **do not** o **does not** *antes* de los verbos que no sean **to be: She does not like hamburgers.** (Chi dos not laik *jam*-bur-gurs; A ella no le gustan las hamburguesas.)

✔ Agrega **cannot** *antes* de los verbos para expresar incapacidad: **I cannot speak Chinese.** (ai *can*-not *spi-ik* chai-*nis*; No puedo hablar chino.)

Puedes leer más acerca de los verbos **to be** y **to do** más adelante, en las secciones de los verbos y en la de formar preguntas, en este capítulo.

## No versus not

Tal vez tu idioma natal use la palabra **no** (nou; no) mientras el inglés usa **not,** pero en inglés no digas **no** antes del verbo, como en **I no like hamburgers** (ai nou laik *jam*-bur-gurs; Yo no gustar las hamburguesas). Sin embargo, puedes hacer que ciertas oraciones sean negativas si usas **no** antes de un *sustantivo.* Los siguientes ejemplos te muestran dos maneras de decir la misma oración negativa:

✔ **I** *do not* **have a car.** (ai du not jav a car; No tengo coche.)

✔ **I have** *no* **car.** (ai jav nou car; No tengo coche.)

## Usando contracciones como un angloamericano

Si quieres sonar más como angloamericano, y hacer que los demás te entiendan bien, usa las contracciones cuando hables. Las contracciones son dos palabras — como **I am** (ai em; Yo soy o estoy) — que se juntan formando una sola palabra, abreviándose así ya que desaparece una de sus letras; por ejemplo: **I'm** (aim; Yo soy o estoy).

Algunas de las contracciones más comunes del verbo **to be** son:

✔ **you are** (iu ar; tú eres o estás) → **you're** (ior; tú eres o estás)

✔ **he is** (ji is; él es o está) → **he's** (jis; él es o está)

✔ **she is** (shi is; ella es o está) → **she's** (shis; ella es o está)

✔ **it is** (it is; él/ella es o está) → **it's** (its; él/ella es o está)

✔ **we are** (wi ar; nosotros somos o estamos) → **we're** (wir; nosotros somos o estamos)

✔ **they are** (dei ar; ellos son o están) → **they're** (deir; ellos son o están)

También los negativos casi siempre son expresados como contracciones. Los siguientes son los más comunes, pero nota que no presento una contracción para **am not** (am not; no soy o estoy), porque no existe. En lugar de ella, se dice **I'm not** (aim not; no soy o estoy), formando la contracción con las palabras **I** y **am**:

- **He is not** (ji is not; Él no es o está) → **isn't** (is-ent; él no es o está)

- **You are not** (iu ar not; Tú no eres o estás) → **aren't** (arnt; tú no eres o estás)

- **I do not** (ai du not; Yo no + verbo) → **don't** (dount; Yo no + verbo)

- **He does not** (ji dous not; Él no + verbo) → **doesn't** (dous-ent; él no + verbo)

- **I cannot** (ai can-not; no puedo) → **can't** (cant; no puedo)

En el inglés estadounidense, la gente usa la contracción negativa **don't have** (dount jav; no tengo) o **doesn't have** (dos-ent jav; no tiene) en lugar de **haven't** (jav-ant; no tengo) cuando el verbo principal es **have** (jav; tener). Escucharás la oración **I don't have a car** (ai dount jav a car; No tengo coche) mucho más frecuentemente que la versión inglesa **I haven't a car** (ai jav-ant a car; No tengo coche).

# Preguntas y más preguntas

Los estadounidenses siempre están preguntando algo, y como viajero o visitante a un país de habla inglesa, es muy probable que tú también tengas preguntas en abundancia. La formación de una pregunta parece una hazaña cuando estás hablando un idioma nuevo, pero te mostraré algunas maneras fáciles de formar una variedad de preguntas. Depués de leer las siguientes secciones, ¡serás capaz de hacer muchas preguntas y también de contestar todas las preguntas que los estadounidenses te hagan!

## Las preguntas "to be"

Las preguntas con el verbo **to be** son muy comunes, como **Are you hungry?** (ar iu *jan*-gri; ¿Tienes hambre?) (Ve a la sección "Verbos: Comunicar acción, sentimiento y estado de ser", más adelante en este capítulo, para más información sobre el uso del verbo **to be**.) Las preguntas **to be** empiezan con una forma del verbo **to be,** seguido por el sujeto de la oración. Las siguientes oraciones muestran ese patrón:

- **Is she your sister?** (is shi ior *sis*-ter; ¿Es ella tu hermana?)

- **Are they American?** (ar dei a-*mer*-i-can; ¿Son ellos estadounidenses?)

Una manera fácil de recordar cómo formar este tipo de pregunta es imaginar una afirmación tal como: **You *are* my friend** (iu ar mai frend; Tú eres mi amigo). Luego invierte el sujeto y el verbo **to be** así: ***Are*** **you my friend?** (ar iu mai frend; ¿Eres mi amigo?) Fácil, ¿eh? (Usa **am** con **I**; **are** con **you, we** y **they; is** con **he, she** e **it.**)

He aquí otros ejemplos de afirmaciones convertidas en preguntas (fíjate que no tienes que usar solamente el presente, también puedes usar el pasado simple también):

**The house *is* small.**
(da jaus is smol;
La casa es pequeña.)

***Is* the house small?**
(is da jaus smol;
¿Es pequeña la casa?)

**The movie *was* good.**
(da *mu*-vi guas gud;
La película estuvo buena.)

***Was* the movie good?**
(guas da *mu*-vi gud;
¿Estuvo buena la película?)

Cuando contestes una pregunta **to be,** ten cuidado en usar el verbo correcto. Si alguien te pregunta **Are you hungry?** (ar iu *jan*-gri; ¿Tienes hambre?), no digas **Yes, I *do*** (lles ai du; Sí, hago) o **Yes, I *are*** (lles ai ar; Sí, yo estás). Mejor, di **Yes I *am*** (lles ai em; Sí, tengo). Para la pregunta **Is she your sister?** (es shi ior *sis*-ter; ¿Es ella tu hermana?). Di **Yes, she *is*** (lles shi is; Sí, ella es).

## Las preguntas "to do"

Otro tipo de pregunta muy común comienza con **do** (du; hacer). Muchas veces se usa la palabra **do** o **does** para comenzar una pregunta cuando el verbo principal no es **to be,** como en ***Do*** **you *speak* English?** (du iu *spi-ik ing*-lich; ¿Hablas inglés?) (Usa **do** con **I, you, we** y **they;** usa **does** con **he, she** e **it.**)

El formar una pregunta con **to do** es muy fácil. Sólo ubica la palabra **do** o **does** enfrente de la afirmación y *voilà,* ¡tienes una pregunta! Bueno, casi. También debes cambiar el verbo principal al infinitivo, como en los siguientes ejemplos:

**He speaks my language.**
(ji *spi-ik*s mai *lang*-uill;
Él habla mi idioma.)

***Does* he speak my language?**
(das ji *spi-ik* mai *lang*-uill;
¿Él habla mi idioma?)

**You love me!**
(iu lov mi; ¡Me amas!)

***Do* you love me?**
(du iu lov mi; ¿Me amas?)

Para formar una pregunta en el pasado, usa **did** (did; hizo) — el pasado de **do** — y el verbo principal en el infinitivo, por ejemplo: ***Did*** **she *read* this book?** (did shi rid dis buk; ¿Ella leyó este libro?) Puedes ver cómo una afirmación en el pasado se hace una pregunta en este ejemplo:

**You *liked* the movie.**
(iu laikd da *mu*-vi;
Te gustó la película.)

***Did*** **you *like* the movie?**
(did iu laik da *mu*-vi;
¿Te gustó la película?)

# Las preguntas what, when, where y why

Para formar muchas preguntas en el inglés, como en tu idioma, se necesita una palabra interrogativa tal como: qué, dónde, cuándo, etc. A las preguntas que comienzan con estas palabras a veces se les llaman **information questions** (in-for-*mei*-chion *kwest*-chions; preguntas de información) porque la respuesta te da las información específica. Aquí tienes algunas de las palabras interrogativas más comunes:

- **what** (juat; qué)
- **when** (juen; cuándo)
- **where** (juer; dónde)
- **who** (ju; quién)
- **why** (juai; por qué)
- **how** (jau; cómo)
- **how much** (jau mach; cuánto)
- **how many** (jau *me*-ni; cuántos)

Si has hojeado las secciones anteriores que te muestran cómo formar preguntas que comienzan con **to be** y **to do,** entonces ya sabes algo acerca de cómo formar oraciones interrogativas. Muchas oraciones interrogativas se forman simplemente agregando una palabra interrogativa a una pregunta "**to be**" o "**to do**". Los siguientes ejemplos te muestran lo que quiero decir:

**Is she crying?**
(is chi *crai*-ing;
¿Está llorando?)

**Why is she crying?**
(juai is shi *crai*-in;
¿Por qué está llorando?)

**Do you love me?**
(du iu lov mi; ¿Me amas?)

**How much do you love me?**
(jau mach du iu lav mi; ¿Cuánto me amas?)

En las oraciones interrogativas siguientes fíjate en el tipo de información que se solicita:

**What is your name?**
(juat is ior neim;
¿Cómo te llamas?)

**My name is Sara.**
(mai neim is *se*-ra;
Me llamo Sara.)

**Where do you live?**
(juer du iu liv;
¿Dónde vives?)

**I live on Mission Street.**
(ai liv an *mi*-shan strit;
Vivo en la calle Mission.)

**When is the concert?**
(juen is da *con*-srt;
¿Cuándo es el concierto?)

**It's tonight at 8:00 p.m.**
(its tu-*nait* at eit pi em;
Es hoy a las 8:00 p.m.)

**How much does it cost?**
(jau mach dos it cost;
¿Cuánto cuesta?)

**It costs *20 dollars*.**
(it costs *tuen*-ti *dol*-ars;
Cuesta 20 dólares.)

**Why are you going?**
(juai ar iu going; ¿Por qué vas?)

**Because I like the band.**
(bi-*cos* ai laik da band;
Porque me gusta la banda.)

**Who is going with you?**
(ju is *go*-ing wiz iu;
¿Quién va contigo?)

**You are!** (iu ar; ¡Vas tú!)

Puedes preguntar muchas cosas más con simplemente agregar una palabra específica *después* de la palabra interrogativa **what**. Échale un vistazo a las siguientes preguntas (y respuestas, sólo por diversión):

**What day is it?**
(juat dei is it;
¿Qué día es?)

**Saturday.**
(*sa*-tur-dei; Sábado.)

**What time is it?**
(juat taim is it;
¿Qué hora es?)

**10:00 a.m.**
(ten ei em; 10:00 a.m.)

**What bus do I take?**
(juat *bos* du ai teik;
¿Qué autobús tomo?)

**Take bus # 4.**
(teik bos *nam*-ber for;
Toma el autobús #4.)

**What school do you attend?**
(juat scul du iu a-*tend*;
¿A qué escuela asistes?)

**Mills College.**
(milz *cal*-ell;
A la Universidad Mills.)

---

# Preguntas que aumentan tu inglés

Algunas de las preguntas más útiles en inglés (aparte de "¿Dónde está el banco?" y "¿Dónde está el baño?") son las preguntas que te ayudan a descubrir más acerca del inglés y cómo usarlo correctamente. Aquí te presento cuatro preguntas muy útiles que pueden aumentar tu inglés:

✔ **What does this mean?** (juat daz dis min; ¿Qué significa esto?)

✔ **How do you say . . . in English?** (jau du iu sei . . . en *in*-glesh; ¿Cómo se dice . . . en inglés?)

✔ **How do you spell. . . ?** (jau do iu spel; ¿Cómo se deletrea . . .?)

✔ **How do you pronounce this?** (jau du iu pro-*nauns* dis; ¿Cómo se pronuncia esto?)

# Los sustantivos: Personas, lugares y cosas

En el inglés, como en tu idioma, los *sustantivos* pueden ser personas (como Einstein y tía Susie), lugares (como El Gran Cañón y España), o cosas (como libros o circunstancias generales). Los sustantivos pueden ser singulares o plurales. (Explico en un moment cómo hacerlos plurales.)

Como buena noticia: Puedes usar el artículo **the** con sustantivos singulares y plurales. (Descubre más acerca del uso de **the** y los artículos **a** y **an** en la sección "Los tres artículos: **A**, **an**, **the**", más adelante en este capítulo.)

Además, en tu idioma nativo, los sustantivos tienen género. Pero en el inglés, los sustantivos no son ni **masculine** (*mas*-cu-len; masculinos) ni **feminine** (*fe*-me-nen; femeninos). Esto es algo que hace al inglés más fácil. ¡Y esa sí es una buena noticia!

Ahora regresemos a los plurales. En inglés, los sustantivos son **singular** (*sin*-guiu-lar; singulares) o **plural** (*plu*-ral; plurales). Por ejemplo: tal vez tienes un **boyfriend** (*boi*-frend; novio) o ¡muchos **boyfriends** (*boi*-frends; novios)! La terminación común para la mayoría de los sustantivos en plural es **-s** o **-es**, aunque algunos sustantivos tienen terminaciones "rebuscadas".

Aquí tienes algunas reglas útiles para hacer los plurales **easy as pie** (*i*-si as pay; "tan sencillo como un pastelillo") — o **pies** (pays; pastelillos).

- ✔ Agrega **-s** a la mayoría de los sustantivos que terminan en vocales o consonantes, como en:

  - **days** (dais; días)

  - **words** (uerds; palabras)

- ✔ Para los sustantivos que terminan en una consonante **consonant** + **y**, omite la **-y** y agrega **-ies,** como en:

  - **parties** (*par*-tis; fiestas)

  - **stories** (*sto*-ris; cuentos)

- ✔ Agrega **-es** a los sustantivos que terminan en **-s, -ss, -ch, -sh, -x** y **-z**. Por ejemplo:

  - **buses** (*bos*-es; autobuses)

  - **kisses** (*kis*-es; besos)

  - **lunches** (*lounch*-es; almuerzos)

✔ Para los sustantivos que terminan en **-f** o **-fe,** cambia la terminación a **-ves.** Por ejemplo:

- **half** (jaf; mitad) → **halves** (javs; mitades)

- **life** (laif; vida) → **lives** (laivs; vidas)

✔ Algunos sustantivos tienen la misma forma en singular o plural, como en:

- **fish** (fish; peces)

- **sheep** (*shi*-ip; ovejas)

✔ Algunos sustantivos son completamente diferentes en plural. Por ejemplo:

- **foot** (fut; pie) → **feet** (*fi*-it; pies)

- **man** (man; hombre) → **men** (men; hombres)

- **person** (*pr*-san; persona) → **people** (*pi*-pol; gente)

- **woman** (*ua*-man; mujer) → **women** (*ui*-men; mujeres)

# You y I: Pronombres personales

Los **pronouns** (pro-nauns; pronombres) son terríficos. Aunque son cortitas estas palabras, pueden valer su tamaño en oro cuando substituyen al sujeto. El uso de los pronombres en inglés es probablemente muy parecido a su uso en tu idioma.

**Subject pronouns** (*sab*-llect *pro*-nauns; pronombres personales) son pronombres que substituyen al *sujeto* de una oración. Enseguida tienes los pronombres personales:

✔ **I** (ai; yo)

✔ **You** (iu; tú, usted o ustedes)

✔ **He** (ji; él)

✔ **She** (shi; ella)

✔ **It** (it; no existe traducción cuando es sujeto gramatical de verbos y frases impersonales)

✔ **We** (ui; nosotros)

✔ **They** (dei; ellos)

El inglés tiene solamente una forma **you** y no es necesario distinguir entre un **you** formal y un **you** informal, como en muchos otros idiomas. De modo que es perfectamente respetuoso usar **you** en situaciones formales o informales.

Observa las siguientes parejas de oraciones y fíjate cómo se substituye el sujeto con el pronombre en la segunda oración:

**Tommy went to Spain.**
(*ta*-mi went tu spein;
Tommy fue a España.)

**He went to Spain.**
(ji went tu spein;
Él fue a España.)

**Paola lives there.**
(*pao*-la livs der;
Paola vive ahí.)

**She lives there.**
(shi livs der;
Ella vive ahí.)

**Spain is a great country.**
(spein is ei greit *con*-tri;
España es un gran país.)

**It is a great country.**
(it is ei greit *can*-tri;
Es un gran país.)

**Tommy and Paola are friends.**
(*ta*-mi and *pao*-la ar frends;
Tommy y Paola son amigos.)

**They are friends.**
(dei ar frends;
Ellos son amigos.)

Tú (Ud. o Uds.) y yo juntos es igual a **we.** Siempre que el sujeto incluya tú (Ud. o Uds.) y otras personas, se usa el pronombre **we** — no **they.** Por ejemplo:

**Joan and I are sisters.**
(llon and ai ar *sis*-trs;
Joan y yo somos hermanas.)

**We are sisters.**
(Wi ar *sis*-trs;
Somos hermanas.)

**My wife, kids, and I took a vacation.**
(mai waif kids and ai tuk ei vei-*quei*-chn;
Mi esposa, mis hijos y yo tomamos
unas vacaciones.)

**We took a vacation.**
(wi tuk ei vei-*quei*-chn;
Tomamos unas vacaciones.)

Dentro de poco tiempo estarás usando pronombres personales como un angloamericano. Sólo manten en mente los siguientes puntos:

✔ No omitas el pronombre personal. A diferencia de los verbos en otros idiomas, en el inglés, el verbo por sí solo necesariamente no te indica ni la cantidad ni el género del sujeto, así que debes incluir el sujeto.

He aquí una excepción: Se puede omitir el pronombre personal si el sujeto *se entiende* como **you,** por ejemplo: **Come here** (com *ji*-ar; Ven acá), **Sit down** (sit daun; Siéntate), y **Help!** (jelp; ¡Socorro!)

✔ Usa el pronombre **it** para referirte a un animal o cosa. Pero si sabes el sexo del animal, puedes usar **he** o **she.** Por ejemplo, si sabes que Molly es gata, puedes decir **She's very affectionate** (shis *ve*-ri a-*fec*-chn-et; Ella es muy cariñosa).

✔ Usa el pronombre **they** para animales *y* cosas. Por ejemplo: si compras dos libros, puedes decir **They are interesting** (dei ar *in*-tr-est-ing; Ellos son interesantes).

Para saber más acerca de los pronombres de objetos, ve al Capítulo 10.

## Tú primero

En el inglés, es cortés y gramaticalmente correcto mencionarte de último cuando **I** es parte del sujeto. Así que debes decir **My friends and I . . .** (mai frends and ai; Mis amigos y yo), en lugar de **I and my friends** (ai and mai frends; Yo y mis amigos). También puedes decir **Lani, Julie, and I are friends** (*la*-ni *llu*-li and ai ar frends; Lani, Julie y yo somos amigos). Recuerda: Sé cortés y siempre deja que los demás vayan primero.

# Los verbos: Comunicar acciones, sentimientos y estados de ser

Un **verb** (verb; verbo) agrega acción y sentimiento a una oración o indica un estado de ser. Este tipo de verbo muchas veces se identifica como el **main verb** (main verb; verbo principal) — o el verbo que hace la mayoría del "trabajo" de la oración. Observa los verbos principales (en letras cursivas) en las siguientes oraciones:

✔ **We *ate* a pizza.** (ui eit *pit*-sa; Comimos pizza.)

✔ **I *like* cheese pizza.** (ai laik chis *pit*-sa; Me gusta la pizza de queso.)

✔ **Pizza *is* yummy!** (*pit*-sa is *llam*-mi; ¡La pizza es deliciosa!)

Los verbos también pueden servir como "ayudantes" a los verbos principales; esto es, que a veces auxilian a los verbos principales. Esta clase de verbo se llama **auxiliary verb** (ak-*sil*-i-e-ri verb) o simplemente **helping verb** (*jelp*-ing verb; verbo auxiliar). En las siguientes oraciones, los verbos (en letra cursiva) son **helping verbs** que dan apoyo a los verbos principales **reading** y **give**:

✔ **You *are* reading this book.** (iu ar *rid*-ing dis buk; Tú estás leyendo este libro.)

✔ **It *can* give you some grammar tips.** (it can giv iu sam *gram*-mr tips; Puede darte algunas "pistas" gramaticales.)

Los **Verbs** pueden ser regulares o irregulares en su conjugación:

✔ **Regular verbs** (*re*-guiu-lar verbs; verbos regulares): Verbos que siguen un patrón de conjugación regular y predecible.

✔ **Irregular verbs** (*i*-re-guiu-lar verbs; verbos irregulares): Pues, verbos que *no* siguen algún patrón razonable. (Explico lo que quiero decir en un momento.)

## Verbos regulares

La memorización de las conjugaciones de los verbos es normalmente una tarea pesada; pero te tengo buenas noticias, casi todos los verbos en inglés son regulares en el presente. (Explico los tiempos en la sección "No le des tiempo a los tiempos", más adelante en este capítulo.) Y por si fuese poco, se les conjuga exactamente de la misma manera salvo en la tercera persona singular (**he, she** e **it**).

Por ejemplo, las conjugaciones para los (muy útiles) verbos regulares **to love** (tu lav; amar) y **to kiss** (tu kis; besar) son:

| *Conjugación* | *Pronunciación* |
|---|---|
| *To Love:* | |
| I love | (ai lov) |
| you love | (iu lov) |
| he/she loves | (ji/shi lovs) |
| it loves | (it lovs) |
| we love | (wi lov) |
| they love | (dei lov) |
| *To Kiss:* | |
| I kiss | (ai kis) |
| you kiss | (iu kis) |
| he/she kisses | (ji/shi *kis*-es) |
| it kisses | (it *kis*-es) |
| we kiss | (wi kis) |
| they kiss | (dei kis) |

La única parte rara de la conjugación de un verbo regular es la terminación **-s** o **-es** en la tercera persona singular. Aunque **he, she** e **it** son *singulares*, la terminación del verbo que los acompaña tiene la misma terminación en *plural*. ¡Así que estás bajo aviso! Por otro lado, no se te ocurra añadir la terminación **-s** o **-es** a los verbos que se usan con sustantivos plurales o con los pronombres **we** y **they**.

## Verbos irregulares

Hoy es tu día de suerte porque, por ahora, sólo tienes que recordar dos verbos irregulares para el presente: **to have** (tu jav; tener) y **to be** (tu bi; ser o estar). Enseguida te presento las conjugaciones para estos dos excéntricos verbos:

| *Conjugación* | *Pronunciación* |
|---------------|-----------------|
| **To Have:** | |
| I have | (ai jav) |
| you have | (iu jav) |
| he/she has | (ji/chi jas) |
| it has | (it jas) |
| we have | (wi jav) |
| they have | (dei jav) |
| | |
| **To Be:** | |
| I am | (ai em) |
| you are | (iu ar) |
| he/she is | (ji/chi is) |
| it is | (it is) |
| we are | (wi ar) |
| they are | (dei ar) |

# Ser o no ser: El uso del verbo "to be"

El verbo **to be** es un verbo sumamente ocupado; tiene muchos trabajos en el inglés. A continuación algo de información acerca de cuatro de sus trabajos (no necesariamente en orden de importancia):

Usa **to be** antes de sustantivos y adjetivos para mostrar identidad o estado de ser:

- **Molly and Dixie** *are* **cats.** (*ma*-li and *diks*-i ar cats; Molly y Dixie son gatos.)
- **It** *is* **a beautiful day.** (it is ei *biu*-ti-ful dei; Es un día hermoso.)
- **I** *am* **lost!** (ai em last; ¡Estoy perdido!)

Usa **to be** como un **helping** (o **auxiliary**) **verb** con los tiempos presente continuo o el pasado continuo. Observa los siguientes ejemplos, el primero en presente continuo y el segundo en pasado continuo:

- **The world** *is turning*. (da wrld is trn-en; El mundo está girando.)
- **I** *was writing* **this book last year.** (ai was *rait*-en dis buk last yiar; Estaba escribiendo este libro el año pasado.)

Usa **to be** como un verbo auxiliar cuando el futuro usa el verbo **going to** (go-ing tu; ir a):

✔ **You** *are going* **to speak English very well.** (iu ar go-ing tu *spi-ik in*-glesh veri wel; Vas a hablar inglés muy bien.)

✔ **The cats** *are going* **to sleep all day.** (da cats ar go-ing tu slip al dei; Los gatos van a dormir todo el día.)

Explicaré más acerca del presente y pasado continuo, y de otros tiempos futuros, en la próxima sección.

Usa **to be** para indicar ubicación:

✔ **My home** *is* **in California.** (mai jom is in ca-li-*for*-nia; Mi hogar está en California.)

✔ **The bus stop** *is* **over there.** (da bos stop is *o*-ver der; La parada del autobús está allí.)

En el inglés, se usa el verbo **to be** y no **to have** para indicar la edad. Se dice **I** *am* **25 years old** (ai em *tuen*-ti faiv llirs old; Tengo 25 años.) en lugar de **I** *have* **25 years** (ai jav *tuen*-ti faiv llers; Me quedan 25 años.), lo que puede implicar que, ¡te quedan 25 años más de sentencia!

## Ponle buena cara a los tiempos

Así como en otros idiomas, el inglés tiene numerosos tiempos con propósitos específicos, pero la buena noticia es que conocer algunos de esos propósitos básicos puede llevarte casi a todas las partes que quieras. En esta sección, elimino la **tension** (*ten*-shn; tensión) de los **tenses** (*ten*-ses; tiempos) dándote algunas reglas fáciles y sencillas del uso del presente, del pasado y del futuro.

Para empezar, observa los siguientes ejemplos con el verbo regular **to walk** (tu wak; caminar):

✔ Presente: **I walk to school every day.** (ai wak tu scul *ev*-ri dei; Camino diariamente a la escuela.)

✔ Pasado: **I walked to school yesterday.** (ai wakt tu scul *yes*-tr-dei; Ayer caminé a la escuela.)

✔ Futuro: **I will walk to school again tomorrow.** (ai wil wak tu scul e-guein tu-mar-rou; Caminaré mañana a la escuela otra vez.)

## El presente simple

Te voy a dar dos por el precio de uno — dos formas del presente para conversaciones ordinarias. El primer tiempo es el **simple present** (*sim*-pl *pre*-snt; presente simple). Este tiempo se usa para hablar de actividades o eventos ordinarios o cotidianos. Por ejemplo, **I jog everyday** (ai llog *ev*-ri dei; Corro diariamente). **To be** también se usa para expresar un estado de ser o una afirmación, como **The sun is hot** (da san is jat; El sol está caliente).

La siguiente lista te da algunos ejemplos del presente simple (en letra cursiva):

  ✔ It *rains* every day. (it reins ev-ri dei; Llueve diariamente.)

  ✔ Dixie *likes* milk. (*diks*-i laiks melk; A Dixie le gusta la leche.)

  ✔ She *is* 3 years old. (chi is dri lliars old; Ella tiene 3 años.)

Los adverbios **always** (*al*-weis; siempre), **usually** (*iu*-llu-al-li; usualmente), **sometimes** (*sam*-taims; a veces) y **never** (*ne*-vr; nunca) se usan a menudo con el presente simple para expresar qué tan frecuentemente — o tan poco frecuente — ocurren actividades habituales. Por ejemplo:

  ✔ I *always wake up* at seven a.m. (ai al-weis weik oup at *se*-ven *ei*-em; Siempre me despierto a las siete de la mañana.)

  ✔ Really? I *never wake up* that early. (*ri*-li ai *ne*-vr weik oup dat *er*-li; ¿De veras? Nunco me despierto tan temprano.)

  ✔ I *usually sleep* until nine. (ai *iu*-llu-a-li slip an-*til* nain; Generalmente duermo hasta las nueve.)

## El presente continuo

El segundo tiempo del presente que te quiero mostrar es el **present continuous tense** (*pre*-sent con-*tin*-iu-as tens; el tiempo del presente continuo). Usa este tiempo para hablar de cosas que están pasando *ahora mismo* — en este momento o en este instante de tu vida. Por ejemplo:

  ✔ It *is raining* right now. (it is rein-in rait nau; Está lloviendo ahora mismo.)

  ✔ Dixie *is drinking* milk. (*diks*-i is *drink*-in melk; Dixie está tomando leche.)

  ✔ I *am learning* English. (ai em *lern*-ing *ing*-lich; Estoy aprendiendo inglés.)

Para los aficionados a las matemáticas, aquí tienen una fórmula útil para formar el presente continuo: **to be + main verb + -ing**.

Y acuérdate de usar la conjugación correcta del verbo **to be**. Por ejemplo:

- ✔ *I am* **reading this book.** (ai em *rid*-ing dis buk; Estoy leyendo este libro.)
- ✔ *She is* **reading this book.** (shi es *rid*-ing dis buk; Ella está leyendo este libro.)

Regresa a la sección de "Verbos irregulares" en este capítulo, para más detalles acerca de la conjugación del verbo **to be**.

Cuando alguien te hace una pregunta en presente continuo, tu respuesta debe estar en el mismo tiempo. A continuación tienes unas preguntas y sus respuestas de ejemplos:

**What are you doing?**
(juat ar iu *du*-ing;
¿Qué estás haciendo?)

**I *am cleaning* the house.**
(ai em clin-in da jaus;
Estoy limpiando la casa.)

**Where are you going?**
(juer ar iu *go*-ing;
¿Adónde vas?)

**I *am going* to the store.**
(ai em *go*-ing tu da stor;
Voy a la tienda.)

Asegúrate de que el sujeto de la oración es capaz de realizar la acción que le prosigue. Por ejemplo, si quieres decir, **I'm reading a book** (aim *rid*-in ei buk; Estoy leyendo un libro), ¡ten cuidado de no decir que **The book is reading** (da buk is rid-in; El libro está leyendo)! En inglés (o cualquier otro idioma), esa afirmación suena absurda — un libro no puede leer.

## El pasado simple

"¡Olvídate del pasado!", dice el dicho, pero cuando se trata de aprender un idioma, *recordar* el pasado — el tiempo pasado, claro está — abre un mundo de oportunidades. En inglés, el pasado es tan necesario como el presente — o tal vez más.

El **simple past tense** (sim-pl past tens; tiempo pasado simple) se usa para hablar de una acción o un evento que *comenzó y terminó* en el pasado. Con el pasado simple, a menudo se usan palabras como **yesterday** (yes-ter-dei; ayer), **last week** (last wik; la semana pasada), **in 1999** (in *nain*-tin *nain*-ti nain; en 1999), **ten minutes ago** (ten *min*-ets a-*gou*; hace diez minutos), etc.

El pasado simple se forma de una de las dos maneras siguientes:

- ✔ Agregando **-d** o **-ed** al final de los verbos. Esos verbos reciben el nombre de verbos regulares.

- ✔ Algunos verbos no tienen la forma **-ed** en el pasado. El tiempo pasado es irregular y hay que memorizarlo. Esos verbos son llamados verbos irregulares.

### Verbos regulares en pasado

Sólo agrega **-ed** al final de la mayoría de los verbos regulares en inglés y, ¡ya tienes el pasado! Los siguientes son ejemplos del pasado regular:

- ✔ I *called* my mother last night. (ai cald mai *mo*-der last nait; Llamé a mi mamá anoche.)
- ✔ She *answered* the phone. (chi *an*-serd da fon; Ella contestó el teléfono.)
- ✔ We *talked* for a long time. (wi takt for ei long taim; Hablamos por mucho tiempo.)

Si un verbo termina con la vocal **-e**, simplemente agrega **-d.** Para verbos que terminan en una consonante más **y**, tal como **study** (*sta*-di; estudiar) y **try** (trai; tratar o probar), forma el pasado cambiando la **y** por la **i** y luego agrega **-ed,** como en **studied** (*stou*-did; estudió) y **tried** (traid; trató o probó).

### Verbos irregulares en pasado

Cerca de cien verbos comunes son irregulares en el pasado. Pero que no te entre el pánico: Los descubrirás poco a poco. Pronto los conocerás a todos — ¡De veras!

Y lo bueno es que, con excepción del verbo **to be,** todos los verbos tienen sólo una forma. Por ejemplo, el pasado simple de **have** es **had** (jad; tuvo). Puedes encontrar una lista completa de los verbos irregulares en el pasado en el Apéndice A.

En los ejemplos (encantadores) siguientes, los verbos irregulares están en letra cursiva:

- ✔ I *wrote* a love letter to my sweetheart. (ai rot ei lav *le*-tr tu mai *swit*-jart; Escribí una carta de amor a mi amada.)
- ✔ She/he *read* it and *said* "I love you." (chi/ji red it and sed ai lov iu; La leyó y me dijo "Te amo".)
- ✔ I *felt* very happy! (ai felt *ve*-ri *ja*-pi; ¡Me sentí muy feliz!)

El verbo **to be** tiene dos conjugaciones en el pasado simple: **was** y **were.**

- ✔ I was (ai uas; fui o era)
- ✔ you were (iu uer; fuiste o eras)
- ✔ he/she/it was (ji/chi/it was; fue o era)
- ✔ we were (ui uer; fuimos o éramos)
- ✔ they were (dei uer; fueron o eran)

# El pasado continuo

Si tú puedes formar el presente continuo, entonces puedes fácilmente formar el **past continuous tense** (past con-*tin*-iu-as tens; el tiempo pasado continuo). Este tiempo se usa para hablar de algo que pasó por un tiempo en el pasado. Por ejemplo:

✔ It *was raining* last night. (ei uas rein-ing last nait; Estaba lloviendo anoche.)

✔ We *were walking* in the rain. (ui uer *wak*-ing in da rein; Estábamos caminando en la lluvia.)

La razón de que sea fácil formar el pasado continuo es: Si sabes cómo formar el presente continuo con el verbo **to be + the main verb + -ing**, simplemente necesitas cambiar el verbo **to be** al pasado, y — ¡presto! — has creado el pasado continuo. Verás lo que quiero decir en los próximos dos ejemplos:

✔ I am living in the U.S. (ai em *liv*-ing in da iu es; Estoy viviendo en los Estados Unidos.)

✔ I was living in my country last year. (ai uas *liv*-in in mai *can*-tri last yir; Estaba viviendo en mi país el año pasado.)

# El futuro: Will y going to

Existen dos maneras, igualmente buenas, para hablar del futuro; aunque la gente tiende a usar una más que la otra con diferentes propósitos. (Te cuento más de esto pronto.)

Usa la palabra **will** (uil) o el verbo **to be** más **going to** cuando quieras formar el futuro. He aquí dos ejemplos en forma de fórmulas que te muestran cómo usar cada forma:

✔ **will + main verb** (en la forma básica):

 • I *will tell* you a story. (ai uil tel iu ei *sto*-ri; Te contaré un cuento.)

 • We *will help* you in a minute. (ui uil jelp iu in ei min-ut; Te ayudaremos en un minuto.)

✔ **be verb + going to + main verb** (en la forma básica):

 • I *am going to tell* you a story. (ai em *go*-ing tu tel iu ei *sto*-ri; Voy a contarte un cuento.)

 • She *is going to graduate* next week. (chi is go-ing tu grad-iu-eit nekst uik; Ella se va a graduar la próxima semana.)

Los angloamericanos casi siempre usan contracciones con el futuro, así que tú también. Usa las contracciones **I'll, you'll,** etc. para la palabra **will.** Con **going to,** usa las contraccciones de **to be,** como en **I'm going to, you're going to, she's going to,** etc. Ve a la sección "Usando las contracciones como un angloamericano", al comienzo de este capítulo para más información.

En una conversación casual, la mayoría de los angloparlantes recortan la expresión **going to** para que suene como **gonna** (*gan*-na; ir a). Aunque **gonna** no es realmente una palabra, la gente la usa mucho, por ejemplo: **It's gonna rain soon** (its *gan*-na rain sun; Pronto va a llover). Ni te preocupes por tratar de decir **gonna** cuando hables; vendrá en forma natural cuando empieces a hablar inglés más rápido.

# Adjetivos: La sazón del lenguaje

**Los adjectives** (*ad*-llec-tivs; adjetivos) ayudan a describir o decir más acerca de los sustantivos y pronombres y hasta de otros adjetivos. Añaden color, textura, calidad, cantidad, carácter y sabor a una oración simple y "sin sabor".

He aquí una oración simple sin ningún adjetivo:

> **English For Dummies is a book.** (*ing*-lich for *dam*-mis is ei buk; *Inglés para Dummies* es un libro.)

Usando la misma oración, mira cuántos adjetivos (en cursiva) "sazonan" el lenguaje:

> **English For Dummies is a *fun, helpful, basic English language* book!** (*ing*-lich for *dam*-mis is ei fan, *jelp*-fl, bei-sic *ing*-lich *lan*-guidll buk; *¡Inglés para Dummies* es un libro de inglés básico, divertido y beneficioso!)

¡Esa oración ya dice mucho!

En inglés, los adjetivos nunca tienen plural ni género, así que, los adjetivos nunca cambian con el número o género de los sustantivos que describen. Por ejemplo, en las siguientes dos oraciones, observa cómo los adjetivos (en letras cursivas) no cambian a pesar de sus sustantivos:

- **They are very *active* and *noisy* boys.** (dei ar *ve*-ri *ac*-tiv and *noi*-si bois; Son unos niños muy inquietos y ruidosos.)

- **She is a very *active* and *noisy* girl.** (shi is ei *ve*-ri *ac*-tiv and *noi*-si guerl; Ella es una niña muy inquieta y ruidosa.)

Es fácil, ¿no? ¡Lo difícil es recordar *no* darles género ni número, ya que en tu idioma lo tienen!

## Cómo agregar color y cantidad

Los **colors** (ca-lrs; colores) son adjetivos y también los **numbers** (nom-bers; números). Las frases siguientes te proporcionan los números del **one** (wan; uno) hasta el **twelve** (twelv; doce), además de algunas palabras básicas de los colores que pueden ayudarte a hablar vívidamente. (Fíjate que el número va primero, seguido por el color y el sustantivo.)

- ✔ **I'd like one red apple.** (aid laik wan red *a*-pl; Quisiera una manzana roja.)

    . . . **two yellow bananas.** (tu *lle*-lou ba-*na*-nas; dos plátanos amarillos)

    . . . **three blue shirts.** (zri blu sherts; tres camisas azules)

    . . . **four green leaves.** (for grin livs; cuatro hojas verdes)

    . . . **five orange oranges.** (faiv ornch *ornch*-es; cinco naranjas anaranjadas)

    . . . **six pink roses.** (siks pink *rous*-es; seis rosas rosadas)

    . . . **seven purple grapes.** (*se*-ven pur-pl greips; siete uvas moradas)

    . . . **eight brown dogs.** (eit braun dogs; ocho perros color café)

    . . . **nine gray donkeys.** (nain grei *don*-kis; nueve burros grises)

    . . . **ten black cats.** (ten blak cats; diez gatos negros)

    . . . **eleven white gardenias.** (i-*le*-ven juait gar-*din*-ias; once gardenias blancas)

    . . . **twelve gold coins.** (tuelv gould coins; doce monedas doradas)

## ¿Va antes o después el adjetivo?

El inglés a veces hace cosas al revés. Por ejemplo, los adjetivos muchas veces se ponen *antes* (en vez de después) del sustantivo al que describen. ¡Puedes describir algo en detalle antes de mencionar lo que describes! En la siguiente oración no sabes con seguridad lo que describo, sino hasta el final: **I have a big brown four-legged** (ai jav e big braun for *lek*-ket; Tengo un(a) . . . grande color café de cuatro patas) . . . ¿qué es? ¿Un perro? ¿Un caballo? No, ¡una **table** (*tei*-bol; mesa)! Pero si quieres, puedes comenzar la oración con el sustantivo seguido por el verbo **to be** (tu bi; ser) y *luego* agrega los adjetivos, como en **My table is big, brown, and four-legged** (mi *tei*-bol is bik braun and for *lek*-ket; Mi mesa es grande, de color café y de cuatro patas). ¿Suena loco? Un poco, pero así es el inglés.

## Cuando los sustantivos se hacen adjetivos

A veces los sustantivos pueden actuar como un adjetivo cuando se usan para describir a otro sustantivo. Por ejemplo, la palabra **university** (iu-ni-*ver*-si-ti; universidad) es un sustantivo, pero en la próxima oración, se hace adjetivo: **My sister is a university professor** (mai *sis*-tr is e iu-ni-*ver*-si-ti pro-*fes*-sr; Mi hermana es una profesora universitaria). Su función en este caso es describir al sustantivo: **professor.**

A continuación encontrarás más ejemplos. Las palabras en letras cursivas eran sustantivos que ahora se han convertido en adjetivos:

✔ **This is a language book.** (dis is ei *lan*-guich buk; Este es un libro de lenguaje.)

✔ **I have a California address.** (ai jav e ca-li-*for*-nia *a*-dres; Tengo una dirección de California.)

Recuerda que los adjetivos no tienen plural en inglés, así que cuando un sustantivo se hace adjetivo, olvida su plural —aunque modifique a un sustantivo en plural, por ejemplo: **These are language books** (dis ar *lan*-guich buks; Estos son libros de lenguaje).

¿Qué precede al número uno? El **zero** (tsi-ro; cero). Puedes encontrar más números, grandes y pequeñitos, en la Hoja de Referencia.

## Expresando cómo te sientes

Los adjetivos pueden describir **feelings** (*fil*-ings; sentimientos), **emotions** (i-*mo*-chans; emociones) y el estado general de salud. Los verbos **to be** y **to feel** (tu fil; sentirse) se usan con los siguientes tipos de adjetivos:

✔ **She is happy/tired.** (chi is ja-pi/tairt; Ella está feliz/cansada.)

✔ **I feel nervous/angry.** (ai fil ner-vis/an-gri; Me siento nervioso/enojado.)

✔ **They are in love.** (dei ar in lov; Ellos están enamorados.)

## Cómo describir carácter y habilidad

Los **adjectives** se usan para describir el carácter, las cualidades y las habilidades de la gente. Usa el verbo **to be** con este tipo de adjetivo:

✔ **He's kind.** (jis kaind; Él es amable.)

. . . **generous.** (*lle*-ne-raus; generoso)

. . . **selfish.** (*sel*-fich; egoista)

. . . **intelligent.** (in-*tel*-i-llent; inteligente)

> ✔ **They're athletic.** (deir az-*le*-tic; Son atléticos.)
>
> . . . **patriotic.** (pei-tri-*a*-tic; patrióticos)
>
> . . . **artistic.** (ar-*tis*-tic; artísticos)
>
> ✔ **You're funny!** (llour *fa*-ni; Eres chistoso!)
>
> ✔ **We're competitive.** (uir com-*pe*-te-tiv; Somos competidores.)

Para darle énfasis a tu descripción, usa el adverbio **very** (ve-ri; muy) antes del adjetivo. Por ejemplo:

> ✔ **It's a very hot day.** (its e *ve*-ri jout dei; Hoy es un día muy cálido.)
>
> ✔ **She's very artistic.** (chis *ve*-ri ar-*tis*-tic; Ella es muy artística.)

Si deseas saber más de los adjetivos descriptivos, ve al Capítulo 3.

# Los adverbios: Dándole carácter a los verbos

Los **adverbs** (*ad*-vrbs; adverbios) ayudan en la descripción de un verbo o de un adjetivo. (Hablo más de los verbos en la próxima sección.) Los **adverbs** pueden indicar *cómo* o de *qué manera* se hace algo.

A continuación verás una oración sin un adverbio:

> **I play the piano.** (ai plei da pi-*a*-no; Toco el piano.)

## Hard y hardly

En algunos casos, si agregas la terminación -**ly** a un adjetivo, produces un adverbio con significado muy diferente. Por ejemplo: El adjetivo **late** significa "tarde," pero el adverbio **lately** significa "recientemente". Otro ejemplo es **hard** (jard; difícil o duro) y **hardly** (*jard*-li; casi o apenas). El adjetivo **hard** significa "dificil" o "duro". Pero **hard** es también un adverbio que significa "con mucho esfuerzo", por ejemplo en **She works hard** (shi works jard; Ella trabaja duro). Otro adverbio, hardly, significa "casi nada", por ejemplo **He hardly has any money** (ji *jard*-li jas *e*-ni *mo*-ni; Él escasamente tiene dinero). La gente confunde a menudo los dos adverbios usando **hardly** cuando deberían haber usado **hard**. Una broma estadounidense entre amigos es preguntar **Are you working hard or hardly working?** (ar iu *uork*-ing jard or *jard*-li *uork*-ing; ¿Estás trabajando duro o apenas trabajando?)

Ahora agrega un **adverb** y ve cómo la oración cambia de sentido:

> **I play the piano *badly!*** (ai plei da pi-*a*-no *bad*-li; Toco horriblemente el piano!) (Una realidad verdadera, de paso.)

Los **adverbs** pueden indicar también *con qué frecuencia* realizas algo, como en **I *rarely* practice the piano** (ai reir-li prac-tis da pi-a-no; Rara es la vez que practico el piano). Y los **adverbs** pueden decir más acerca de un adjetivo, como en **My piano teacher is *extremely* patient** (mai pi-*a*-no ti-chr is ex-*trim*-li *pei*-chant; Mi maestro de piano es extremadamente paciente).

La mayoría de los adverbios se forman al añadir la terminación **-ly** a un adjetivo. Por ejemplo, el adjetivo **slow** (s-lou; lento) se convierte en el adverbio **slowly** (s-*lou*-ly; lentamente). A continuación tienes algunas oraciones como ejemplo:

- ✔ Adjetivo: **The turtle is slow.** (da *tu*-rol is s-lou; La tortuga es lenta.)
- ✔ Adverbio: **The turtle walks slowly.** (da *tu*-rol gua-ks s-*lou*-ly; La tortuga camina lentamente.)

Otro ejemplo usando las palabras **happy** (*ja*-pi; feliz) y **happily** (*ja*-pi-li; felizmente. Toma en cuenta que cuando el adjetivo termina en **-y**, se elimina la **-y** y se agrega **-ily:**

- ✔ Adjetivo: **The baby is happy.** (da *bei*-bi is *ja*-pi; El bebé está contento.)
- ✔ Adverbio: **The baby played happily.** (da *bei*-bi pleid *ja*-pi-li; El bebé jugó felizmente.)

Algunos adverbios y adjetivos son "clones", lo que quiere decir que las palabras no cambian. Por ejemplo, la palabra **fast** (fast; rápido) en las siguientes oraciones:

- ✔ Adjetivo: **He has a fast car.** (ji jas ei fast car; Él tiene un coche rápido.)
- ✔ Adverbio: **He drives too fast.** (ji draivs tu fast; Él maneja demasiado rápido.)

Una pareja adjetivo-adverbio poco común es **good** y **well**. Tal vez se te ocurra decir **good** y **goodly**, porque después de todo, el opuesto es **bad** y **badly**. En realidad, el adverbio de **good** es **well**, aunque es probable que escuches a un angloamericano usar la palabra **good** cuando debió haber usado **well**. A continuación hay algunos ejemplos de cómo usar estas palabras correctamente:

- ✔ Adjetivo: **Your English is good.** (ior *ing*-lich is gud; Tu inglés es bueno.)
- ✔ Adverbio: **You speak very well.** (iu *spi*-ik *ve*-ri uel; Tú hablas muy bien.)

# Los tres artículos: A, an y the

En inglés, cuando alguien menciona "esas tres palabritas", generalmente se refiere a las tres palabras especiales del amor que hacen saltar al corazón: **I love you** (ai lov iu; Yo te amo). En esta sección te muestro cómo usar otras "tres palabritas", los artículos, **a, an** y **the** que también hacen saltar al corazón, pero de miedo.

Como en el amor, algunas personas se preocupan por no cometer errores, de modo que evitan por completo el uso de los artículos. Pero el inglés sin artículos es como . . . la vida sin amor. De acuerdo, sonó medio dramático, pero tú me entiendes — los artículos son importantes.

A continuación el primer curso de "Artículos para Dummies" para ayudarte a entender cuándo y cómo usarlos sin ningún temor. *Nota:* En inglés, los artículos (al igual que los sustantivos) no tienen género (femenino o masculino); por ejemplo: **The boy is tall** (da boi is tal; El niño es alto) y **The girl is tall** (da guirl is tal; La niña es alta).

- **A** y **an** versus **the** (muy fácil): Los artículos **a** y **an** se anteponen solamente a los sustantivos en singular. El artículo **the** puede usarse antes de sustantivos en singular o plural:

    - **Molly is *a* cat.** (*mo*-li is a cat; Molly es una gata.)

    - **She is *an* animal.** (chi is an *a*-ni-mal; Ella es un animal.)

    - ***The* birds fear her.** (da brds *fi*-ir jer; Los pájaros le temen.)

- **A** versus **an** (también muy fácil): El artículo **a** se usa antes del sustantivo o sus adjetivos que comienzan con consonantes. El artículo **an** se usa antes del sustantivo o sus adjetivos que comienzan con **h** muda (en el inglés no siempre es muda) o vocales:

    - **We saw *a* movie.** (ui sau ei *mu*-vi; Vimos una película.)

    - **The book is *an* autobiography.** (da buk is an a-tou-bai-*a*-graf-i; El libro es una autobiografía.)

    - **He's *an* honest man.** (jis an *o*-nest man; Él es un hombre honesto.)

- **The** versus **no artículo** (ni tan difícil): El artículo **the** se usa antes de los sustantivos de los cuales se habla específicamente y que expresan, o no, cantidad. **Por ejemplo: *The* coffee in Mexico is delicious!** (da *co*-fi in *mex*-i-co is di-*li*-chas; ¡El café en México es delicioso!)

    - No se usa el artículo "The" antes de los sustantivos de los cuales se habla en forma general y que no expresan cantidad. Por ejemplo: **Coffee is popular in the U.S.** (co-fi is *pa*-piu-lar in da *iu*-es; El café es muy popular en los EE.UU.)

✔ A y **an** versus **the** (un poquito difícil): Los artículos **a** y **an** se usan antes de los sustantivos que se mencionan por primera vez. En cambio, el artículo **the** se usa antes de los sustantivos que ya han sido previamente mencionados, por ejemplo:

- **I read *a* good book.** (ai red ei gud buk; Leí un buen libro.)

- ***The* book was about *an* artist.** (da buk uas a-*baut* an *ar*-tist; El libro se trataba de un artista.)

- ***The* artist lives on *a* ranch.** (da *ar*-tist livs on ei ranch; El artista vive en un rancho.)

✔ **The** (muy fácil): El artículo **the** se usa antes de nombres de cordilleras, ríos, océanos y mares:

- ***The* Pacific Ocean is huge.** (da pa-*ci*-fic o-chion is jiuch; El Océano Pacífico es enorme.)

- ***The* Amazon is in South America.** (da *a*-ma-son is in sauz a-*me*-ri-ca; El Amazonas está en Sudamérica.)

✔ **The** (también fácil): El artículo **the** se usa antes del nombre de un país cuyo nombre hace referencia a su forma de gobierno o tipo de unión:

- ***The* United States** (da iu-*nait*-ed steits; los Estados Unidos)

- ***The* People's Republic of China** (da *pi*-pols ri-*pub*-lic of *chai*-na; La República Socialista de China)

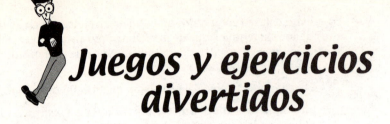

# Juegos y ejercicios divertidos

Resuelve el siguiente cuestionario gramático y observa cuántos auxiliares de interrogación puedes recordar. Completa las preguntas con las palabras interrogativas correctas. **Pista:** usa las respuestas de la segunda columna si necesitas ayuda.

1. _____ is she?                          She's my friend.

2. _____ children do you have?            I have three children.

3. _____ do you live?                      I live in Texas.

4. _____ you speak English?                Yes, I can.

5. _____ are you?                          I'm fine thanks.

6. _____ is your name?                     My name is Sam.

7. _____ does this cost?                   It's five dollars.

8. _____ you like pizza?                   Yes, I do!

9. _____ did you come here?                I came here last year.

10. _____ you in love?                     No, I'm not.

11. _____ are you so happy?                Because I won the lottery!

12. _____ you born in the U.S.?            No, I wasn't.

# Parte II
# Hablando un poquito de inglés

The 5th Wave — By Rich Tennant

"I know it's a popular American expression, but you just don't say 'Hasta la vista, baby'—to a nun."

## En esta parte . . .

Con sólo un poquito de inglés, ¡puedes lograr mucho! Los capítulos en esta parte te proporcionan el lenguaje fácil y cotidiano para que conozcas gente y empieces una conversación. Descubrirás saludos simples, maneras de presentarte y cómo entablar una conversación amigable. También te muestro cómo pedir ayuda, direcciones y cómo hablar por teléfono, sin miedo. Empieza dondequiera en esta parte, ¡y comienza a hablar!

# Capítulo 3

# Gusto en conocerte

. . . . . . . . . . . . . . . . . . . . . . . . . . . . . . . . . . . . . . . . . . . . .

### En este capítulo

▶ El saludo y la despedida

▶ Interacción formal e informal

▶ Los nombres estadounidenses

▶ Descripción de una persona

. . . . . . . . . . . . . . . . . . . . . . . . . . . . . . . . . . . . . . . . . . . . .

*U*n poquito de inglés rinde bastante. El saludar con un sencillo **hello** (*je*-lou; hola) y el saber algunas palabras para presentarte pueden abrirte muchas puertas. En este capítulo te doy algunas frases simples que te ayudarán a conocer gente. También descubrirás cómo presentar a tus amigos y presentarte a ti mismo; cuándo utilizar expresiones informales o formales; cómo describir personas y qué decir después de los primeros holas.

## El saludo

Siempre puedes saludar a alguien con un simple **hello** (*je*-lou; hola) o **hi** (jai; hola), o puedes escoger una frase que sea más específica para la ocasión. Por ejemplo:

✔ **Good morning.** (gud *mor*-ning; Buenos días.) Usa esta frase antes del mediodía.

✔ **Good afternoon.** (gud af-ter-*nu*-un; Buenas tardes.) Usa esta frase desde el mediodía hasta las 5 p.m.— antes de que obscurezca.

✔ **Good evening.** (gud *i*-ven-ing; Buenas noches.) Usa esta frase después de las 5 o 6 p.m. o después de obscurecer.

**Good night** (gud nait; Buenas noches) no es un saludo (aunque sea de noche). Es una expresión para decir **goodbye** ( gud-*bai*; adiós) en la noche. Si encontraras a alguien y le saludaras con **good night**, diría, "¿Qué? ¡¿Ya te vas?! ¡Pero si acabas de llegar!"

# Y "¿Cómo estás?"

Muchas veces después de decir hola y a veces en lugar de decir hola, la gente pregunta **How are you?** (jau ar iu; ¿Cómo estás?) A continuación te presentamos una lista de algunos saludos comunes y cómo contestarlos. Fíjate que el primer saludo es muy formal; los otros son más bien informales.

**How are you doing?**
(jau ar iu *du*-ing;
¿Cómo te va?)

**Very well, thank you. And how are you?**
(ve-ri uel zank iu and jau ar iu; Muy bien, gracias. ¿Y cómo está Ud.?)

**How are you?**
(jau ar iu; ¿Cómo estás?)

**Not bad. What about you?**
(not bad juat a-baut iu; No tan mal. ¿Y tú?)

**How's it going?**
(jaus it *go*-ing;
¿Cómo te va?)

**Great. How about you?**
(greit jau a-baut iu; Muy bien. ¿Y a ti?)

**How are things?**
(jau ar zings;
¿Cómo están las cosas?)

**Fine. And you?**
(fain and iu; Bien ¿Y tú cómo estás?)

Cuando digas **How about *you*?**, pronuncia la palabra **you** con énfasis (acento). Y cuando digas **And *you*?**, pronuncia **you** con la entonación fuerte al final. Por otro lado, cuando digas **How about *you*?** o **What about *you*?**, pronuncia **you** con un tono un poco fuerte al principio y con una entonación suave al final. El Capítulo 1 te brinda más ayuda con la pronunciación, el acento y la entonación.

El saludo **How are you *doing*?** tiene el mismo significado que **How are you?**, así que puedes contestar las dos preguntas de la misma manera. Y manten en mente que *How* **are you doing?** no quiere decir *What* **are you doing?** (juat ar iu *du*-ing; ¿Qué estás haciendo?) Muy pocas personas se encuentran con otras en la calle y le dicen **Hi. What are you doing?** porque la respuesta es obvia: "pues, ¡estoy caminando en la calle!"

No importa qué tan bien o qué tan mal te sientes cuando alguien te pregunta **How are you?**, lo más correcto es responder **I'm fine, thanks. And you?** (aim fain zanks and iu; Estoy bien, gracias. ¿Y tú?) Casi todos responden así, especialmente en situaciones formales con desconocidos y aún con conocidos. ¡Claro, con amigos y hasta compañeros de trabajo, la gente suele decir cómo se siente realmente! Por ejemplo:

- **terrific** (ter-*ri*-fic; terrífico)

- **fantastic** (fan-*tas*-tic; fantástico)

- **wonderful** (*uan*-der-ful; maravilloso)

- **okay** (ou-*kei*; bien)

- **so-so** (*so*-so; más o menos)

✔ **not so good** (not so gud; no tan bien)

✔ **terrible** (*ter*-ri-bul; terrible)

El contestar **I'm great** (aim greit; Me siento muy bien) o **I'm wonderful** (aim *uan*-der-ful; Me siento de maravilla) cuando alguien te pregunta **How are you?** es correcto y no es ni jactancioso ni arrogante. Simplemente estás diciendo qué tan bien te sientes, no qué tan buena persona te consideras. Y no te preocupes si los demás no se sienten tan bien en comparación contigo. A la mayoría de las personas les gusta saber que hay alguien que se siente muy bien; eso les levanta el ánimo.

# *Hablando como se habla*

Lori llega a su trabajo y saluda a su compañera Becky. (Track 5)

| | |
|---|---|
| Lori: | **Good morning, Becky.**<br>gud *mor*-ning *be*-ki<br>Buenos días, Becky. |
| Becky: | **Hi, Lori. How's it going?**<br>jai *lo*-ri jaus it *go*-ing<br>Hola, Lori. ¿Cómo te va? |
| Lori: | **Pretty good. How are you?**<br>*pri*-ti gud jau ar iu<br>Más o menos bien. ¿Cómo estás tú? |
| Becky: | **Well, I'm okay, but not great.**<br>uel, aim *ou*-kei bot not greit<br>Pues, estoy bien, pero no tan bien. |
| Lori: | **Oh? What's the matter?**<br>ou juats da *ma*-ter<br>¿Y eso? ¿Qué tienes? |
| Becky: | **I'm a little sick.**<br>aim ei *li*-tel sik<br>Estoy un poco enferma. |
| Lori: | **I'm sorry to hear that.**<br>aim *sor*-ri tu *ji*-ar dat<br>Ay, que lástima. |
| Becky: | **Thanks. I'll be okay.**<br>zanks ail bi *ou*-kei<br>Gracias. Ya me aliviaré. |

## Los saludos informales

Mucha gente usa saludos **slang** (slang; es una palabra o frase informal, a menudo gramaticalmente incorrecta). La siguiente lista te da algunas modificaciones populares de **How are you?** junto con sus posibles respuestas. El último ejemplo es una adaptación muy contemporánea y muy popular entre los jóvenes.

**What's up?**
(juats op;
¿Qué tal?)

**Not much. What's up with you?**
(not moch juats op uiz iu;
No mucho. ¿Qué onda contigo?)

**What's happening?**
(uats *jap*-en-ing;
¿Qué pasa?)

**Nothing much. How about you?**
(*no*-zing moch jau a-*baut* iu;
No mucho. ¿Y tú?)

**What's going on?**
(juats *go*-ing on;
¿Qué pasa?)

**Not much. You?**
(not moch iu;
No mucho. ¿Y tú?)

**Wassup?** (*was*-sop; ¿Quiubo?)

**Hey.** (jei; Eh.)

Los saludos como **What's up?** y **What's going on?** tienen el mismo significado que **What are you doing?** Puedes contestar estas preguntas diciendo lo que estás haciendo en ese momento, tal como **I'm studying** (aim *stu*-di-ing; Estoy estudiando) o **I'm waiting for a friend** (aim *ueit*-ing for ei frend; Estoy esperando a un amigo). Con frecuencia, la gente contesta a **What's up?** con **Not much** (not moch; No mucho) o **Nothing much** (*no*-zing moch; No mucho) y luego describen lo que en realidad están haciendo. Parece un poco raro, lo reconozco, pero es lo que la gente suele hacer.

### ¿Cómo estás? (¿De verdad te interesa?)

Mis estudiantes frecuentemente me dicen, "Los estadounidenses parecen amables, pero hay algo que nos confunde: ¿Por qué muchas personas dicen **Hi. How are you?** y siguen caminando sin esperar a que conteste? ¿No es eso muy descortés?" Pues, no necesariamente. De hecho, muchas personas suelen decir **Hi** o **How are you?** mientras caminan en la calle. Su intención no es detenerse a platicar, sino simplemente decirte **Hi**.

"Está bien" dicen mis estudiantes, "pero ¿qué hay de **How are you?** ¿Por qué lo preguntan si realmente no quieren saber?" Pues, lo confieso — no tengo la respuesta mágica para este fenómeno cultural, pero **How are you?** parece haberse hecho casi sinónimo de **Hi** o **Hello** y no siempre requiere una respuesta dicho así de paso. Nada más contesta **Hi** o **Fine. How are you?** y tú también sigue caminando.

# *Hablando como se habla*

Josh se va a reunir con sus amigos Sid y J.J. en un café que frecuentan los jóvenes. Lo acompaña su amigo Tony, quien vive en otra ciudad.

| | |
|---|---|
| Josh: | **Hey, Sid and J.J.** <br> jei sid and *lle*-lle <br> Ey, Sid y J.J. |
| J.J. and Sid: | **Hey, what's up?** <br> jei uats op <br> Ey, ¿qué onda? |
| Josh: | **Do you guys know Tony? Tony, this is Sid.** <br> du iu guais nou *to*-ni *to*-ni dis is sid <br> ¿Ustedes conocen a Tony? Tony, él es Sid. |
| Tony: | **Hey, Sid. How's it going?** <br> jei sid jaus it *go*-ing <br> Ey, Sid. ¿Cómo te va? |
| Sid: | **Pretty good. You?** <br> *pri*-ti gud iu <br> Bastante bien, ¿Y tú? |
| Tony: | **Not bad.** <br> not bad <br> No tan mal. |
| Josh: | **And this is J.J.** <br> and dis is *lle*-lle <br> Y él es J.J. |
| Tony: | **Hey, J.J. Wassup?** <br> jei *lle*-lle *was*-sop <br> Ey, J.J. ¿quiubo? |
| J.J.: | **Nothing much. Having some coffee. Good to meet you.** <br> *no*-zing moch *jav*-ing som *co*-fi gud tu *mi*-it iu <br> No mucho. Aquí, tomando un café. Mucho gusto. |
| Tony: | **Same here.** <br> seim *ji*-ar <br> Igualmente. |

## Cómo despedirse

Cuando es hora de decir **goodbye** e irte, hay varias maneras de terminar cortésmente una conversación. A continuación verás tres ejemplos:

- ✔ **I've got to go, now.** (aiv got tu *go*-u nau; Ya tengo que irme.)
- ✔ **I'd better go.** (aid bet-ter *go*-u; Es mejor que me vaya.)
- ✔ **It was nice talking to you.** (it uas nais *tak*-ing tu iu; Me dio gusto hablar contigo.)

Y luego di:

- ✔ **Goodbye.** (gud-*bai*; Adiós.)
- ✔ **Bye.** (bai; Adiós)
- ✔ **So long.** (*so*-u long; Hasta luego.)
- ✔ **See you later.** (*si*-i iu *lei*-ter; Nos vemos.)

# Cómo presentarse

Antes de que digas **It's nice to meet you** (its nais tu *mi*-it iu; Gusto en conocerte) — el título de este capítulo — debes presentarte. Conocer gente no solamente es divertido, también es una manera excelente de practicar y mejorar tu inglés. Así que esta sección se trata de presentarse (informalmente y formalmente). Y, si no tienes a nadie para presentarte, te enseño cómo presentarte a ti mismo.

## Preséntate a ti mismo

Tal vez te inviten a una fiesta o a una reunión. Naturalmente, tú esperas que el anfitrión te presente a los demás cuando llegas, pero en vez de eso, él sólo te saluda desde el otro lado de la habitación y te dice que te sirvas tu bebida. Y ahí te quedas con tu refresco, sintiéndote muy incómodo y preguntándote qué hacer.

Aquí tienes mi consejo: Ve a presentarte a algunas personas. (Es verdad, esa es realmente la responsabilidad del anfitrión, pero si está ocupado, lánzate tú solito.) Es perfectamente aceptable presentarse uno mismo. A continuación verás dos maneras simples para hacerlo:

- ✔ **Hi. I'm _____.** (jai aim; Hola. Soy___.)
- ✔ **Hello. My name is _____.** (*je*-lou mai neim is; Hola. Me llamo___.)

O, si la situación requiere de un saludo más formal, puedes decir:

> ✔ **I'd like to introduce myself. I'm _____.** (aid laik tu in-tro-*dus* mai-*self* aim; Me gustaría presentarme. Me llamo __.)

> ✔ **I don't think we've met. I'm _____.** (ai don't zink uiv met aim; No creo que nos hemos conocido. Me llamo__.)

La otra persona generalmente responde con su nombre. Pero si no, puedes agregar a tu presentación: **And what's your name?** (and uats ior neim; ¿Y cómo se llama Ud.?)

Cuando alguien te diga **It's nice to meet you** (its nais tu *mi*-it iu; Gusto en conocerte), sólo repite su respuesta y agrega la palabra **too** (*tu*-u; también), por ejemplo: **It's nice to meet you, too** (its nais tu *mi*-it iu *tu*-u; Gusto en conocerte, también). Más fácil aún, puedes responder informalmente con: **Same here.** (seim *ji*-ar; Igualmente.)

Sin embargo, no digas **Me too** (mi *tu*-u; Yo también) cuando alguien te diga **It's nice to meet you,** porque significa "Me da gusto conocerme a mí también". Es chistoso, ¡pero no es precisamente lo que quieres decir!

## Cómo presentar a otros

Tal vez necesites presentar a tus amigos o a tu familia a otra gente. Las siguientes presentaciones son informales, pero corteses:

> ✔ **This is _____.** (dis is; Él/Ella es__.)

> ✔ **Meet my friend _____.** (*mi*-it mai frend; Te presento a mi amigo __.)

Y cuando la situación demanda una presentación formal, usa uno de los siguientes métodos:

> ✔ **Please let me introduce _____.** (*pli*-is let mi in-tro-*du*-us; Por favor permíteme presentarte a __.)

> ✔ **I'd like you to meet _____.** (aid laik iu tu *mi*-it; Quiero que conozcas a __.)

A veces las personas que estás presentando ya se han conocido. Si no estás seguro, puedes decir:

> ✔ **Have you met _____ ?** (jav iu met; ¿Ya conoces a __.)

> ✔ **Do you know _____?** (du iu *no*-u; ¿Conoces a __.)

## Dominio del apretón de manos

**Let me shake your hand!** (let mi cheik ior jand; ¡Venga esa mano!) se dice cuando se quiere felicitar a alguien. **Let's shake on it!** (lets cheik on it) significa que has llegado a un acuerdo en algo o que has cerrado un trato. Y claro, la gente se da la mano cuando se encuentra y, a veces, cuando se despide.

Cualquier persona puede ser la primera en extender su mano para un **handshake** (jand-cheik; apretón de mano) — ya sea hombre o mujer, supervisor o empleado. Y el saludo de mano apropiado implica un contacto ligeramente firme y más o menos cinco o siete sacudidas leves. Claro, en tu país tal vez se saluden de mano también, aunque el "apretón estadounidense" puede variar un poco. Así que, a continuación verás algunos saludos de mano que no debes dar:

✔ Saludar con las puntas de los dedos o con la mano floja puede implicar que: Estás aburrido, eres muy tímido o que te estás muriendo.

✔ Apretar demasiado fuerte puede interpretarse como que estás diciendo: Yo mando, levanto pesas en un gimnasio o ¡mira que fuerte soy!

✔ Sacudir la mano vigorosamente y por demasiado tiempo puede parecer que estés diciendo: ¡Me da mucho, pero mucho mucho gusto conocerte!; estoy nervioso o soy un robot — ¡por favor apágame!

# *Hablando como se habla*

Te estás quedando con una familia en los Estados Unidos y mientras sales con la madre y la hermana de esa familia, te encuentras con una compañera tuya. (Track 6)

Tú:  **Oh! Hi, Claudia!**
o jai *clo*-dia
¡Hola, Claudia!

Claudia:  **Hi!**
jai
¡Hola!

Tú:  **Have you met my mom?**
jav iu met mai mom
¿Ya conoces a mi mamá?

Claudia:  **No, I haven't. Hi.**
*no*-u ai *jav*-ent jai
Todavía no. Hola.

| Tú: | **This is my mother, Karen. Mom, this is my friend, Claudia.** |
| | dis is mai *mo*-der *ke*-ren mom dis is mai frend *clo*-dia |
| | Esta es mi madre Karen. Mamá, ella es mi amiga Claudia. |
| | |
| Claudia: | **Hello. It's nice to meet you.** |
| | je-*lou* its nais tu *mi*-it iu |
| | Hola. Mucho gusto en conocerle. |
| | |
| Karen: | **Hi, Claudia. Nice to meet you, too.** |
| | jai *clo*-dia nais tu *mi*-it iu tu-u |
| | Hola, Claudia. Mucho gusto en conocerte, también. |

## Palabras para recordar

| Introduce | in-tro-du-us | presentarse |
| let me introduce | let mi in-tro-du-us | déjame presentarte a |
| to meet | tu mi-it | conocer |
| introduction | in-tro-duk-chion | presentación |

**CULTURAL WISDOM**

¿Qué tan cerca es demasiado cerca? Pues, eso depende de dónde eres. Lo que se considera **personal space** (*per*-son-al speis; espacio personal), es algo cultural. Los investigadores sociales que estudian temas como el **personal space,** han encontrado que la gente de los Estados Unidos tiende a mantener una distancia de 12 a 18 pulgadas (de 31 a 46 cm.) cuando conoce a alguien por primera vez o en un encuentro casual (también es una buena distancia para un apretón de manos). Además, fíjate lo que pasa si te acercas más cuando estás hablando con un estadounidense. ¿Da esa persona un paso hacia atrás para mantener la distancia deseada? ¿Y si estás demasiado lejos (tal vez lo correcto en tu cultura), la otra persona se te acerca más para cerrar la distancia? No te sorprendas si eso pasa, la persona sólo está respondiendo a las reglas inconscientes del **personal space.**

## Palabras para recordar

| | | |
|---|---|---|
| personal space | per-son-al speis | espacio personal |
| space | speis | espacio |
| close | clo-us | cerca/cercano |
| far away | far a-uey | lejos |

# ¿Cómo te llamas?

Los nombres estadounidenses son tan pintorescos y variados como la sociedad estadounidense. Después de todo, en los Estados Unidos, la mayoría de los antepasados de la gente (y ellos mismos) vinieron de otras partes como Europa, Asia y Africa. Así que sus nombres, como McMillan, Goldberg, Yamaguchi, Cisneros, Kwan, Mfume, Johnson, etc., reflejan la herencia multicultural de los Estados Unidos.

Los nombres son importantes, así que de esto se trata esta sección: Cómo preguntar el nombre de alguien y dar el tuyo, cómo usar los nombres y títulos sociales correctamente de acuerdo a la situación, y un poco acerca de cómo los estadounidenses reciben sus nombres.

## El nombre de los nombres

Parece haber muchos términos para los nombres en los Estados Unidos. Por ejemplo, al llenar una planilla, se te pide tres nombres: tu primer nombre, otro nombre (el segundo nombre o la letra inicial de ése) y tu apellido. ¡Pero justo cuando crees que ya entendiste, alguien te pide tu **given name** (_giv_-en neim; nombre), tu **surname** (_sur_-neim; apellido), tu **family name** (_fa_-mi-li neim; apellido), tu **nickname** (_nik_-neim; apodo), tu **married name** (_mer_-rid neim; apellido de casada), tu **maiden name** (_mei_-den neim; apellido de soltera), o tu **user name** (_iu_-ser neim; nombre de usuario)!

No te apures por tantos tipos diferentes de nombres. Las siguientes pistas te pueden ayudar a entenderlos:

✔ El **first name**, también llamado **given name**, en general se dice primero (¡obviamente!). Los padres u otros familiares generalmente escogen estos nombres para sus hijos. Algunos nombres tienen una forma larga como **Katherine** y una forma abreviada como **Kathy** o **Kate**. Muchos nombres estadounidenses provienen de la Biblia, así que tal vez escucharás también el término **Christian name** (*kris*-chion neim; nombre cristiano).

✔ No todos tienen un **middle name** (*mi*-del neim; el segundo nombre), pero es muy común tenerlo. Los padres, o alguien más, escogen este nombre también. A veces es el nombre de un antepasado o un apellido. Mucha gente usa sus otros nombres, o sus iniciales, solamente para trámites oficiales.

✔ El **last name** (last neim; apellido) es lo mismo que el apellido o **surname**. Cuando te presentes, da tu apellido al final — no al principio. (Para más información de los apellidos, ve a la sección "La (r)evolución del apellido", más adelante en este capítulo.)

✔ Ese nombrecito de cariño que te puso tu familia durante tu niñez se llama **nickname** — "Miss G." fue el mío. O tal vez un compañero de la escuela o del trabajo te puso un apodo apantallador como "El Cerebro". Los apodos a veces se forman agregando la terminación **-y** o **-ie** a los nombres como **Joanie** o **Joshy**. (Algunas formas diminutivas de nombres terminan naturalmente en **-y** o **-ie,** como en **Susie** o **Tommy.** Esos realmente no son apodos.) Para una conversación divertida, pregúntale a alguien **Do you have a nickname?** (du iu jav ei *nik*-neim; ¿Tienes un apodo?)

Usa algunas de las siguientes expresiones para identificarte y hablar de los nombres:

✔ **My first name is** _____. (mai ferst neim is; Mi nombre es_____.)

✔ **My middle name is** _____. (mai *mid*-del neim is; Mi segundo nombre es_____.)

✔ **My last name is** _____. (mai last neim is; Mi apellido es_____.)

✔ **My maiden name is** _____. (mai *mei*-den neim is; Mi apellido de soltera es _____.)

✔ **My son's name is** _____. (mai sons neim is; El nombre de mi hijo es _____.)

✔ **I call my son** _____. (ai col mai son; Yo le digo _____ a mi hijo.)

✔ **It's short for** _____. (its chort for; Es el diminutivo de _____.)

✔ **I'm named after** _____. (aim neimd *af*-ter; Mi nombre proviene de _____.)

## Mi nombre a secas

En la sociedad informal de los Estados Unidos y en situaciones no formales mucha gente se identifica y se presenta por su nombre solamente. Por ejemplo, en el trabajo o en el salón de clases, un jefe o profesor diría **You can call me by my first name** (iu can col mi bai mai ferst neim; Me pueden llamar por mi primer nombre).

En estas situaciones, el usar solamente el primer nombre de la persona no es irrespetuoso. Pero si es más cómodo para ti usar el apellido, . . . ¡adelante! Mucha gente ni siquiera sabe el apellido de algunos de sus conocidos, y ¡hasta salen en una primera cita con alguien antes de saber su apellido! ¡Así son de tranquilos algunos estadounidenses acerca del uso de los nombres!

## Títulos y términos respetuosos

Cuando el llamar a alguien por su primer nombre es demasiado informal y la situación demanda un poco más de formalidad, tal vez querrás usar algunas frases de cortesía. Es cortés usar **Ms., Mr.** y **Mrs.** para la gente mayor que tú y con las personas en un ambiente profesional o de negocios. Siempre usa los títulos **Dr.** o **Prof.** a menos que la persona te pida que le trates por su primer nombre. La Tabla 3-1 te da una idea de algunos tratamientos de cortesía comunes.

| Tabla 3-1 | Títulos de cortesía |
|---|---|
| *Título* | *Abreviación* |
| Ms. (mis; genérico para mujer) | Ms. |
| Mister (*mis*-ter; Señor) | Mr. |
| Miss (mis; Señorita) | Miss |
| Missus (*mis*-is; Señora) | Mrs. |
| Doctor (*doc*-tor; Doctor) | Dr. |
| Professor (pro-*fes*-sor; Profesor) | Prof. |

## La diferencia entre llamar y nombrar a alguien

Primero **name** (neim; nombra) a alguien, y luego le **call** (col; llamas) por ese nombre (o por su **nickname**).

## La (r)evolución del apellido

Anteriormente al casarse, las mujeres casi siempre substituían a su **family name** (o **maiden name**) con el apellido de su esposo. Muchas mujeres todavía lo hacen, pero hoy en día podemos ver que más mujeres frecuentemente conservan su propio apellido o lo combinan con el apellido de su esposo. Y de vez en cuando, un hombre agrega el apellido de su esposa a su nombre cuando se casa. ¡Eso sí es algo distinto!

En términos simples, **to name** significa darle un nombre a alguien; **to call** significa usar (o decir) ese nombre para llamar su atención. **To name** y **to call** son verbos regulares (el Capítulo 2 contiene más información de los verbos regulares). Para otros usos del verbo **call**, ve al Capítulo 7.

**To name** se usa a menudo en tiempo pasado. Por ejemplo, **My father** *named* **me** (mai *fa*-der neimd mi; Mi papá me puso mi nombre). También se usa junto con otro verbo y se deja en *infinitivo*, como en **She wants** *to name* **the baby Sam.** (Investiga más acerca de los verbos y los tiempos en el Capítulo 2.) A continuación encontrarás más ejemplos del verbo **to name:**

✔ **They named the baby Natalia.** (dei neimd da *bei*-bi na-*tal*-ia; Le pusieron Natalia a la bebé.)

✔ **After we name the baby, we'll celebrate.** (*af*-ter ui neim da *bei*-bi *ui*-al *se*-le-breit; Después de ponerle el nombre al bebé, celebraremos.)

**To call** se usa a menudo en tiempo presente, como en **They call the baby Natalia** (dei col da *bei*-bi na-*tal*-ia; Llaman Natalia a la bebé). A continuación algunas oraciones con el uso del verbo **to call:**

✔ **We call our son by his nickname.** (ui col *au*-er son bai jis *nik*-neim; Nosotros llamamos a nuestro hijo por su sobrenombre.)

✔ **His name is Hans, but we call him Hansy.** (jis neim is jans but ui col jim *jan*-si; Se llama Hans, pero le decimos Hansy.)

## *Hablando como se habla*

 Aaron está inscribiendo a su hijo A.J. en la escuela. Están en la oficina hablando con la recepcionista quien les está haciendo algunas preguntas de requisito. (Track 7)

Recepcionista: **Last name please?**
last neim *pli*-is
¿Su apellido por favor?

| | |
|---|---|
| Aaron: | **Bremer.**<br>*bre*-mer<br>Bremer |
| Recepcionista: | **First name?**<br>ferst neim<br>¿Nombre? |
| Aaron: | **Aaron.**<br>*ei*-ron<br>Aaron. |
| Recepcionista : | **And your son's name?**<br>and *iu*-ar sons neim<br>¿Y el nombre de su hijo? |
| Aaron: | **A.J.**<br>*ei*-llei<br>A.J. |
| Recepcionista : | **A.J.?**<br>*ei*-llei<br>¿A.J.? |
| Aaron: | **Sorry, that's short for Aaron Junior. His name is also Aaron Bremer.**<br>*sor*-ri dats chort for *ei*-ron *llun*-ior jis neim is *al*-so *ei*-ron bre-mer<br>Disculpe, son las siglas de Aaron Junior (hijo). Su nombre es también Aaron Bremer. |
| Recepcionista : | **I see. Then, he was named after you?**<br>ai si den ji uas neimd *af*-ter iu<br>Entiendo. ¿Entonces, fue nombrado en su honor? |
| Aaron: | **Yes, but we call him A.J.**<br>ies bot ui col jim *ei*-llei<br>Sí, pero le decimos A.J. |
| Recepcionista : | **So you're Aaron and he's A.J.?**<br>so-u *iu*-ar *ei*-ron and jis *ei*-llei<br>¿De modo que usted es Aaron y él es A.J.? |
| Aaron: | **Yes, but everyone just calls me Daddy!**<br>Iles bot e-ve-ri-*uan* llost cols mi *da*-di<br>¡Sí, pero en casa todos me dicen Papi! |

## Palabras para recordar

| | | |
|---|---|---|
| surname | sur-neim | apellido |
| nickname | nik-neim | apodo o sobrenombre |
| maiden name | mei-den neim | apellido de soltera |
| married name | mer-rid neim | apellido de casada |
| to name | tu neim | ponerle un nombre a alguien |
| to call | tu col | llamar por su nombre a alguien |
| my name is | mai neim is | me llamo o mi nombre es |
| What's your name? | juats ior neim | ¿Cómo te llamas? |

# Cómo describir a la gente — baja, alta, grande y pequeña

Si necesitas decirle a alguien cómo identificarte en el aeropuerto o si quieres describir las virtudes físicas de tu amor, es útil saber algunas palabras descriptivas para que "se grabe una buena imagen" el que te está escuchando. En los Estados Unidos, se ve gente de todos los tamaños, formas, colores de piel, color de ojos, colores de cabello y estaturas. Las siguientes son algunas palabras que te ayudarán a describir a la gente— y a ti mismo:

- **petite** (pe-*tit*; pequeño)
- **small** (smol; pequeño )
- **thin** (zin; delgado)
- **skinny** (*skin*-ni; flaco)
- **average** (*a*-ver-ich; común)
- **medium build** (*mi*-dium bild; contextura mediana)
- **big** (big; grande)
- **large** (larch; grande)
- **heavy** (*je*-vi; pesado)

Se considera descortés e insensible referirse a una persona muy **large** con el adjetivo **fat** (fat; gorda) o **chubby** (*cho*-bi; rechoncha). Las palabras aceptables son **large** o **heavy**. También ten en mente que **thin** y **slender** (slen-der; esbelta) son palabras bastantes aceptables, pero **skinny** no es ningún elogio.

## Los ojos y el cabello

Se dice que ¡todos los estadounidenses "se ven igual"! — y tal vez los rostros estadounidenses sí te parezcan muy similares. Sin embargo, existen algunas características distintivas, como el color del pelo, el color de los ojos, talla (¡y los últimos gritos de la moda!). Tú puedes usar estos atributos para describir a una persona.

Las palabras siguientes te ayudan a describir el color del cabello de una persona:

- **black** (blak; negro)
- **brown** (braun; color café o castaño)
- **red** (red; pelirrojo)
- **blond** (blond; rubio)
- **strawberry blond** (*stra*-be-ri blond; rubio afresado)
- **gray** (grei; gris o canoso)
- **white** (uait; blanco)

Emplea las siguientes palabras para describir el tipo de pelo de una persona:

- **straight** (streit; lacio)
- **wavy** (*ue*-vi; ondulado o quebrado)
- **curly** (*ker*-li; rizado o chino)
- **kinky** (*kin*-ki; estrafalario)
- **balding/bald** (*bal*-ding /bald/; calvo)

    Sí, pues, el último término no es exactamente un tipo de pelo, pero sí describe la ausencia de éste.

Si deseas describir el color de los ojos de una persona, usa las palabras siguientes:

- **brown** (braun; color café)
- **hazel** (*jei*-sel; color café claro o castaños)
- **green** (*gri*-in; verdes)
- **blue** (blu; azules)

Las siguientes son algunas palabras para describir las características peculiares de una persona:

- **beard** (*bi*-ard; barba)
- **freckles** (*fre*-kels; pecas)
- **tattoo** (ta-*tu*-u; tatuaje)
- **mustache** (*mus*-tach; bigote)
- **glasses** (*glas*-es; lentes)
- **piercing** (*pi*-ar-sing; pendientes o aretes corporales)

## Alcanzando nuevas alturas

Es muy probable que sepas tu **height** (jait; estatura) en metros (porque tu país usa el sistema métrico). Sin embargo, los estadounidenses no usan el sistema métrico, así que debes dar tu **height** en **inches** (*in*-ches; en pulgadas) y **feet** (*fi*-it; pies).

Estas son algunas formas the expresar tu estatura:

- **I'm five feet, ten inches.** (aim faiv *fi*-it ten *in*-ches; Yo mido cinco pies, diez pulgadas.)
- **I'm five feet, ten.** (aim faiv *fi*-it ten; Yo mido cinco pies, diez.)
- **I'm five, ten.** (aim faiv ten; Yo mido cinco, diez)

Para saber tu estatura en pies y pulgadas, puedes pasar el tiempo resolviendo complicadas y tediosas conversiones matemáticas o simplemente medirte con un **yardstick** (iard stik; regla o vara de medir) o una **measuring tape** (*me*-chu-ring teip; cinta de medir) que tenga esas unidades.

¿Y por qué te debe importar tu estatura (además de pura curiosidad)? Precisamente porque cada vez que llenas una planilla (por ejemplo, una solicitud para la licencia de manejar), se te pedirá tu **height.** La solicitud tal vez te pida también tu **weight** — en **pounds** (paunds; libras) por supuesto.

Pero en caso de que te encante calcular, aquí están algunos factores de conversión para la estatura y el peso:

- 1 inch = aproximadamente 25 milímetros
- 1 foot = aproximadamente 30 centímetros
- 1 yard = aproximadamente 0.9 metros
- 1 pound = aproximadamente 0.45 kilogramos

## Palabras para recordar

| | | |
|---|---|---|
| size | sais | tamaño |
| shape | cheip | forma |
| height | jait | estatura |
| weight | güeit | peso |
| feet | fit | pies |
| inches | inch-es | pulgadas |

## Los jóvenes y los viejos

Aunque preguntarle la edad a alguien no es siempre cortés (ve al Capítulo 4 para más información), la gente todavía habla de su edad en ciertas situaciones. El hablar acerca de tu edad con tus **peers** (*pi*-ars; contemporáneos) — gente de la misma edad o etapa de la vida que tú — es generalmente aceptable. Por supuesto, es siempre aceptable preguntarle a los niños su edad ¡y a ellos les encanta decírtela! Si deseas preguntarle a alguien su edad, puedes decir:

- ✔ **How old are you?** (jau old ar iu; ¿Qué edad tienes?)
- ✔ **May I ask your age?** (mei ai ask ior eich; ¿Puedo preguntarte tu edad?)

Y, las siguientes, son algunas formas en las que puedes decir la edad de alguien — o la tuya:

- ✔ **I'm 30 years old.** (aim *zir*-ti *lli*-ars old; Yo tengo 30 años de edad.)
- ✔ **She's a five-year old.** (*chi*-is ei faiv *lli*-ar old; Ella tiene 5 años de edad.)
- ✔ **He's in his 50s.** (jis in jis *fif*-tis; Él anda en los cincuenta.)

En el inglés, el verbo **to be** (tu bi; ser o estar) se usa para expresar la edad — no el verbo **to have** (tu jav; tener) como en muchos otros idiomas. Los estadounidenses nunca dicen que ellos **have years** (jav *lli*-ars; poseen años); por el contrario dicen **I _am_ ___ years old** (ai am ___*lli*-ars old; yo soy o estoy ___ años viejo). Échale un vistazo al Capítulo 2 para enterarte de más usos del verbo **to be.**

Si no sabes o no necesitas decir tu edad con precisión, puedes decirla de una forma que describa una etapa que abarca esa edad. Observa las palabras o términos siguientes y sus significados:

- **Infant** (in-fant; bebé): Un recién nacido

- **Baby** (*bei*-bi; bebé): Un infante o niño de 1 ó 2 años de edad

- **Toddler** (*tod*-ler; niño o niña): Un infante que empieza a caminar

- **Child** (chaild; niño o niña): De los 2 años en adelante

- **Adolescent** (a-do-*les*-ent; adolescente): De 12 a 14 años de edad

- **Teenager** (*ti*-in-eich-er; muchacho/a) o **teen** (*ti*-in; chavo/a): De 13 a 19 años de edad

- **Young adult** (llong a-*dult*; joven): Una persona en sus 20

- **Adult** (*a*-dult; adulto): Una persona físicamente madura y socialmente legal desde los 21 años de edad

- **Middle age** (*mi*-del eich; señor o señora): Una persona típicamente entre los 40 y los 50 años de edad

- **Senior** (*si*-nior; viejo/a): Alguien mayor de los 65 años de edad

- **Elderly person** (*el*-der-li *per*-son; anciano/a): Una persona de bastante edad

Debido a que la gente ahora vive más tiempo, es más sana y con un estilo de vida más activo, la idea de lo que es **middle age** y lo que es **old age** ha cambiado. Mucha gente es tan activa — o casi tan activa — en sus 50, 60 y hasta en sus 70 años como cuando eran más jóvenes. Aunque algunas veces escuches la palabra **old** para describir a una persona muy vieja, es generalmente más apropiado decir **elderly.**

En la Hoja de Referencia encontrarás cómo pronunciar los números chicos o grandes. Y para aprender muchos adjetivos que describen personalidades, tales como cómico, amable, inteligente, artístico y otros, ve al Capítulo 2.

# *Juegos y ejercicios divertidos*

• • • • • • • • • • • • • • • • • • • • • • • • • • • • • • • • • • • • •

Ahora que has descubierto muchas expresiones para conocer, saludar y describir gente, pon a prueba tu conocimiento y asocia cada pregunta con su respuesta.

Preguntas:

1. **Hey, what's up?** (jei juats op; ¿Quiubo?)

2. **Hello. How are you today?** (*je*-lou jau ar iu tu-dei; Hola, ¿cómo estás hoy?)

3. **My name is George. What's yours?** (mai neim is llorch juats iors; Mi nombre es George, ¿y el tuyo?)

4. **What does your mom look like?** (juat dos ior mom *lu*-uk laik; Dime, ¿cómo es tu mamá?)

5. **Have you met my sister, Madonna?** (jav iu met mai *sis*-ter ma-*don*-na; ¿Ya conoces a mi hermana Madonna?)

Respuestas:

A. **I'm Sharon.** (aim *che*-ron; Yo soy Sharon.)

B. **Nothing much. What's up with you?** (*no*-zing mach juats op *wiz* iu; Nada, ¿quiubo contigo?)

C. **She's short, with red hair and green eyes.** (*chi*-is chort uid red jeir and *gri*-in ais; Es bajita, pelirroja y de ojos verdes.)

D. **No, we haven't met.** (*no*-u ui *jav*-ent met; No, no nos hemos conocido todavía.)

E. **I'm fine, thank you. And you?** (aim fain zank iu and iu; Yo estoy bien, gracias. ¿Y tú?)

• • • • • • • • • • • • • • • • • • • • • • • • • • • • • • • • • • • • •

# Capítulo 4

# La charla

*En este capítulo*

▶ La charla acerca del clima

▶ Conversacion sobre temas casuales

▶ Y, ¿cómo está la familia?

▶ Cómo responder a desconocidos

▶ Temas embarazosos que debes evitar

¿**H**as notado cuánto les gusta platicar a los estadounidenses? Inician conversaciones en autobuses y aviones, en los mercados y en las tiendas de ropa, de hecho, en casi todos lados. ¿Por qué les encanta a los estadounidenses conversar? Generalmente, son personas muy amistosas — o a lo mejor les da miedo el silencio. De cualquier manera, en los Estados Unidos, puedes estar seguro de que te verás involucrado en un **small talk** (smal tak; plática o charla).

El charlar es una manera estupenda de descubrir nuevas palabras y expresiones, practicar inglés, y enterarse de muchas cosas interesantes acerca de la gente y su cultura — ¡y es absolutamente gratis! En este capítulo aprenderás **to chat** (tu chat; a charlar). Estudiaremos algunos temas típicos de conversación (como el clima, intereses personales, familia, etc.) y también indicaré algunos de los temas que, en ciertas ocasiones, es mejor evitar. Además te daré algunos consejos o pistas para hablar con desconocidos y como deshacerte de ellos, si es necesario.

## Rompiendo el silencio con preguntas sencillas

Después de las presentaciones, puedes continuar la plática si sabes cómo hacer preguntas simples. (Tal vez reconozcas algunas del Capítulo 2.) Recuerda que, en el inglés, sólo una forma del **you** se usa en situaciones formales e informales y cuando hablas con más de una persona. A continuación tienes unos ejemplos:

- ✔ **Do you speak English?** (du iu *spi*-ik *ing*-lich; ¿Hablas inglés?)
- ✔ **What kind of work do you do?** (juat kaind of uork du iu du; ¿En qué trabajas? o ¿A qué te dedicas?)
- ✔ **What's your name?** (juats ior neim; ¿Cómo te llamas?)
- ✔ **Where are you from?** (jueir ar iu from; ¿De dónde eres?)

Las preguntas siguientes te serán útiles para conocer a alguien (no dejes de ver la sección "Temas tabúes", más adelante en este capítulo, antes de que hagas estas preguntas):

- ✔ **Are you married?** (ar iu *mer*-rid; ¿Estás/Eres casado?)
- ✔ **Do you have children?** (du iu jav *chil*-dren; ¿Tienes hijos?)
- ✔ **How old are you?** (jau old ar iu; ¿Cuántos años tienes?)

Encontrarás mas detalles de cómo formar preguntas con las palabras **what, where, how,** en el Capítulo 2.

## Disculpe, ¿cómo dijo?

Mientras aprendes un idioma nuevo, tal vez te sea necesario pedir que repitan o clarifiquen lo que te dijeron. Sin embargo, no permitas que esto arruine la conversación. Las siguientes expresiones te ayudarán a mantener viva la charla:

- ✔ **Excuse me?** (eks-*kius* mi; ¿Disculpe? )
- ✔ **I don't understand.** (ai dount *an*-der-stand; No entiendo.)
- ✔ **I'm sorry?** (aim *sor*-ri; ¿Lo siento?, ¿Discúlpeme? o ¿Perdón?)
- ✔ **Pardon?** (*par*-don; ¿Perdón?)
- ✔ **Say that again, please.** (sei dat a-*gein* pli-is; Repítelo por favor.)
- ✔ **What did you say?** (juat did iu sei; ¿Qué dijiste?)

En los Estados Unidos, la gente también usa **excuse me** como una exclamación, no como una pregunta, para pedir permiso (al pasar junto a alguien) o cuando chocan accidentalmente con otra persona.

## Frases cordiales

No importa a dónde vayas en el mundo, debes llevar contigo algunas frases universales de cordialidad, tales como **Please** (*pli*-is; Por favor) y **Thank you** (zank iu; Gracias). Estas expresiones pueden ser tu boleto a interacciones agradables y para recibir ayuda amistosa. La respuesta mas común para **Thank you** es **You're welcome** (iour *uel*-com; De nada). Pero también es común que la gente responda **No problem** (nou *prob*-lem; No hay de qué), **Don't mention it** (dount *men*-chan it; Ni lo menciones), o **My pleasure** (mai *ple*-llur; El gusto es mío).

# *Hablando como se habla*

Sirkka aborda un autobús que va repleto de gente y tiene que sentarse apretadamente junto a una señora, golpeándola accidentalmente.

Sirkka: **Excuse me. I'm sorry.**
eks-*kius* mi aim *sor*-ri
Discúlpeme por favor.

Mujer: **That's okay.**
dats ou-*kei*
No tenga cuidado.

Sirkka: **The bus is crowded!**
da bos is *crou*-ded
¡El autobús va lleno!

Mujer: **Yes, it is. Please sit here.**
yes it is *pli*-is sit *ji*-ir
Sí pues. Por favor siéntate aquí.

Sirkka: **Thank you.**
zank iu
Gracias.

Mujer: **You're welcome.**
iour *uel*-com
De nada.

Después de unos minutos, Sirkka y la mujer inician una charla.

| Mujer: | **Where are you from?** |
|---|---|
| | juer ar iu from |
| | ¿De dónde es? |

| Sirkka: | **I'm from Finland.** |
|---|---|
| | aim from *fin*-land |
| | Soy de Finlandia. |

| Mujer: | **I visited Finland once.** |
|---|---|
| | ai vis-it-ed *fin*-land uons |
| | Yo estuve en Finlandia una vez. |

| Sirkka: | **Pardon? What did you say?** |
|---|---|
| | *par*-don juat did iu sei |
| | ¿Perdón? ¿Qué dijo? |

| Mujer: | **I've been to Finland.** |
|---|---|
| | aiv ben tu *fin*-land |
| | He estado en Finlandia. |

| Sirkka: | **Really? Do you speak any Finnish?** |
|---|---|
| | *ri*-i-li du iu *spi-ik* e-ni *fin*-nich |
| | ¿De veras? ¿Habla algo de finlandés? |

| Mujer: | **No. I'm sorry, I don't.** |
|---|---|
| | nou aim *sor*-ri ai dount |
| | No. Lo siento. No hablo nada. |

# La charla del clima

El **weather** (*ue*-der; clima) nos afecta a todos, así que no es una sorpresa que el clima sea el tema de conversación más común. De hecho, el charlar se considera a menudo una conversación acerca del clima **talking about the weather** (*tak*-ing a-*baut* da *ue*-der; charlando acerca del clima), porque una charla sobre el clima es amena, no es personal (íntima) y es universal.

Por supuesto, para hablar del clima, necesitas algunas palabras y frases climatológicas. Fácilmente puedes hablar del clima usando el pronombre **it** (it; esto), tal como en **It is sunny today** (it is *san*-ni tu-*dei*; Está soleado hoy). En esta oración, la palabra **it** no se refiere a ningún sujeto específico; se refiere al estado general del clima. Toma en cuenta que los angloamericanos casi siempre usan la contracción **it's** (its; él o ella está) en lugar de **it is**. (Consulta el Capítulo 2 para más detalles de cómo formar las contracciones.)

Estos son algunos ejemplos del uso de **it's** y las palabras relacionadas al clima:

- ✔ **It's hot.** (its jot; Hace mucho calor.)
- ✔ **It's cold.** (its could; Hace frío.)
- ✔ **It's warm.** (its uarm; Hace calor.)
- ✔ **It's dry.** (its drai; Está seco.)
- ✔ **It's raining.** (its *rein*-ing; Está lloviendo.)
- ✔ **It's snowing.** (its *snou*-ing; Está nevando.)
- ✔ **It's windy.** (its *uin*-di; Hace viento.)
- ✔ **It's humid.** (its *ju*-mid; Está húmedo.)
- ✔ **It's cloudy.** (its *clau*-di; Está nublado.)
- ✔ **It's sunny.** (its *son*-ni; Hace sol.)

La charla típica del clima es generalmente acerca del clima de hoy. Así que la mayoría de los comentarios, como los ejemplos anteriores, usan **is** — el presente singular del verbo **to be** (tu bi; estar). Pero si quieres conversar sobre el clima del pasado o del futuro, sigue los siguientes consejos:

- ✔ Para el clima de ayer, usa **was** (uas; hizo), el pasado singular del verbo **to be.** Por ejemplo: **It was cold yesterday.** (it uas cold *ies*-ter-dei; Hizo frío ayer.)

- ✔ Para el clima de mañana, usa el verbo **will be** (uil bi; estará), el futuro de **to be.** Por ejemplo: **It will be cloudy tomorrow.** (it uil bi *clau*-di tu-mor-rou; Mañana estará nublado.)

  Cuando se habla del clima en el futuro, muchas veces se dice **I hope. . . .** (ai joup; espero) o **It might. . . .** (it mait; Tal vez), porque nadie puede estar 100 por ciento seguro de cómo será el clima mañana — ¡ni siquiera los climatólogos o los síquicos!

Para más información acerca del tiempo y del verbo **to be**, ve al Capítulo 2.

**It's raining buckets!** (its *rein*-ing *bo*-kets; ¡Está lloviendo a cubetadas!) es una expresión que se puede decir cuando está lloviendo especialmente fuerte. Una expresión aún más rara es **It's raining cats and dogs!** (its *rein*-ing cats and dogs; ¡Está lloviendo gatos y perros!) ¡Eso sí sería un espectáculo!

## Frases que inician la charla del clima

El **weather** es un tema impersonal, así que es perfecto para iniciar una charla, especialmente con un desconocido. A continuación algunos "inicios" (y sus respuestas) comunes que se usan para comenzar una conversación:

**It's a beautiful day, isn't it?**
(its ei *biu*-ti-ful dei *is*-ent it;
Es un día bonito, ¿no?)

**Yes, it is!**
(ies it is; ¡Sí, lo es!)

**It sure is hot today, isn't it?**
(it chur is jot tu-*dei is*-ent it;
Hace mucho calor hoy, ¿no?)

**It sure is!**
(it chur is; ¡Seguro que sí!)

**Nice weather, don't you think?**
(nais *ue*-der don't iu zink;
Qué bonito día, ¿no crees?)

**Yes, I do.**
(ies ai du; Sí, estoy de acuerdo.)

Las frases que comienzan una charla, a menudo terminan con una *preguntita* que sigue a la oración declarativa o principal. Si quieres hacer la preguntita, recuerda que cuando la oración principal es afirmativa: **It's a nice day . . .** (its ei nais dei; Es un día bonito), la preguntita es negativa: **. . . isn't it?** (*is*-ent it; ¿no?) Por otro lado, si la oración principal es negativa: **It's not very warm today . . .** (its not *ve*-ri uarm tu-*dei*; No hace mucho calor hoy), la preguntita es afirmativa: **. . . is it?** (is it; ¿verdad?)

## *Hablando como se habla*

Maureen está en la parada esperando el autobús. El hombre que está junto a ella sonríe y comienza una charla.

Hombre:  **It's very hot today, isn't it?**
its *ve*-ri jot tu-*dei is*-ent it
Qué calor hace, ¿no?

Maureen:  **It sure is. And it's humid.**
it chur is and its ju-mid
Seguro que sí. Y hay bastante humedad.

Hombre:  **I hope it's not so hot tomorrow.**
ai joup its not sou jot tu-*mor*-rou
Espero que no haga tanto calor mañana.

Maureen:  **It may be a little cooler.**
it mei bi ei *li*-tel *cu*-ul-er
Tal vez hará un poco menos de calor.

Hombre:  **Good. I don't like hot weather.**
gud ai dount laik jot *ue*-der
Qué bueno. No me gusta el calor.

## Las estaciones

La mayoría de las regiones de los EE.UU. tienen las cuatro **seasons** (*si*-sons; estaciones), pero hay algunas regiones (como en la Florida, el Sur de California y partes del Sudoeste) generalmente tan cálidas y tropicales que parecen tener una estación nada más — ¡verano! A continuación los nombres de las **seasons:**

- **spring** (spring; primavera)
- **summer** (*som*-mer; verano)
- **fall** (fol; otoño) o **autumn** (*o*-tom; otoño)
- **winter** (*uin*-ter; invierno)

Si quieres saber del clima en una cierta región o durante una cierta temporada del año, puedes hacer una de las siguientes preguntas (observa la contracción **what's** para **what is**):

- **What's the weather like in Chicago?** (uats da *ue*-der laik in chi-ca-go; ¿Cómo es el clima de Chicago?)
- **What's it like in the summer?** (uats it laik in da *sam*-mer; ¿Cómo es en el verano?)

# Hablando como se habla

Yang es de Taiwan y está planeando un viaje a San Francisco, California. Nunca ha estado allí, así que le pregunta a un amigo estadounidense acerca del clima. (Track 8)

Yang:
**I'm going to San Francisco soon.**
aim *go*-ing tu san fran-*cis*-co *su*-un
Pronto iré a San Francisco.

Estadounidense:
**Great idea.**
greit ai-*di*-a
Buena idea.

Yang:
**Have you ever been there?**
jav iu *e*-ver ben der
¿Has estado allí alguna vez?

Estadounidense:
**Sure, it's a wonderful city.**
chur its ei *uan*-der-ful *si*-ti
Claro, es una ciudad maravillosa.

| | |
|---|---|
| Yang: | **What's the weather like?** <br> uats da *ue*-der laik <br> ¿Cómo es el clima? |
| Estadounidense: | **In the summer, it can be foggy and chilly.** <br> In da *sam*-mer it can bi *fog*-gui and *chil*-li <br> En el verano, puede estar brumoso y frío. |
| Yang: | **But California is sunny, isn't it?** <br> bat ca-li-*for*-nia is *san*-ni *is*-ent it <br> Pero en California hace sol, ¿no? |
| Estadounidense: | **In many parts, yes. And even in San Francisco, sometimes.** <br> in *me*-ni parts, ies and *i*-ven in san fran-*cis*-co *som*-taims <br> En muchas partes, así es. Pero en San Francisco sólo algunas veces. |
| Yang: | **What's the weather like in the winter?** <br> uats da *ue*-der laik in da *uin*-ter <br> ¿Cómo es el clima en invierno? |
| Estadounidense: | **Usually cold and windy.** <br> *iu*-llu-a-li cold and *uin*-di <br> Generalmente frío y con mucho viento. |

## Palabras para recordar

| it's hot | its jot | Hace calor |
|---|---|---|
| cold | cold | frío |
| weather | ue-der | clima |
| season | si-son | estación |
| small talk | smal tak | charla |
| to chat | tu chat | charlar |
| it's raining | its rein-ing | está lloviendo |

## En caso de que el clima no te agrade . . .

En algunas ocasiones, la gente dice **We're going to get some weather** (*ui*-ir *go*-ing tu get som *ue*-der; Nos va a tocar algo de clima). ¿Qué quieren decir? ¿No hay un clima ya? ¡Claro! La expresión significa que viene la lluvia o una tormenta, asumiendo que el pronóstico del clima sea correcto. En el oriente de los Estados Unidos, los patrones climatológicos pueden cambiar muy rápido, así que la gente suele decir **If you don't like the weather, wait five minutes!** (if iu don't laik da *ue*-der ueit faiv *min*-uts; Si el clima no te gusta, ¡espera cinco minutos!)

# No dejes que la conversación se acabe

El hablar del clima es una buena manera de comenzar una conversación, pero después de un rato, querrás hablar de temas más interesantes, tales como la familia, los trabajos, tus preferencias y sucesos importantes del día — si la mantienes sencilla e informal. (Claro, algunos sucesos importantes del día no son ni sencillos ni casuales, así que la gente muchas veces los discute con mucha emoción.). Las próximas secciones presentan algunos de los temas más comunes en las charlas estadounidenses.

## ¿Dónde vives?

Inmediatamente después de conocer a alguien, puedes contar con que te pregunte de dónde eres. Y conforme vayas conociendo a alguien, es probable que querrán intercambiar direcciones y números de teléfonos. A continuación te muestro cómo formar estas preguntas en inglés:

- ✔ **Where do you live?** (juer du iu liv; ¿Dónde vives?)
- ✔ **What's your address?** (wats iour *ad*-dres; ¿Cuál es tu dirección?)
- ✔ **Can I have your phone number?** (can ai jav ior fon *nom*-ber; ¿Me das tu número de teléfono?)

En tu respuesta, querrás tal vez usar una de estas frases:

- ✔ **I live in Dallas, Texas.** (ai liv in *dal*-las *teks*-as; Vivo en Dallas, Texas.)
- ✔ **I live in an apartment.** (ai liv in an a-*part*-ment; Vivo en un departamento.)
- ✔ **I live at 220 Forest Road.** (ai liv at tu *twen*-ti *for*-est roud; Vivo en la calle Forest, número 220.)

---

## Tu acento te delata

Probablemente no tendrás problemas para continuar una charla, porque, seguro como la lluvia, al instante que digas una palabra, alguien notará tu **accent** (*ak*-sent; acento) y te preguntará **Where are you from?** (juer ar iu from; ¿De dónde eres?).

La gente tiene curiosidad por ti, tu país y tu cultura, así que no te sorprendas si oyes bastante esta pregunta.

---

Hoy en día, es más común dar tu dirección de correo electrónico que la de tu casa. En el inglés, cuando des una dirección electrónica (e-mail), el símbolo @ se pronuncia **at** (at; en) y el punto se pronuncia **dot** (dot; punto).

El Capítulo 5 contiene más información para hablar de lugares y de direcciones. Ve a la Hoja de Referencia para la pronunciación de los números.

## Taller de conversación: El trabajo y la escuela

Para la mayoría de la gente, el trabajo y/o la escuela consumen mucho del tiempo del día, así que estas actividades son temas comunes de conversación en muchas partes del mundo, incluyendo en los Estados Unidos. Los siguientes ejemplos te enseñarán cómo formar preguntas en inglés de tales temas para cuando conozcas a alguien por primera vez:

- ✔ **What kind of work do you do?** (uat kaind of u-*ork* du iu du; ¿A qué te dedicas?)
- ✔ **Where do you work?** (juer du iu u-*ork*; ¿Dónde trabajas?)
- ✔ **What school are you going to?** (uat *sku-ul* ar iu *go*-ing tu; ¿A cuál escuela vas?)
- ✔ **What are you studying?** (uat ar iu *sto*-di-ing; ¿Qué estudias?)

En inglés, cuando dices tu profesión, puedes decir **I'm *a* teacher** (aim ei ti-cher; Soy maestro) o **She is *an* artist** (chi is an *ar*-tist; Ella es artista). Usa el artículo **a** o **an**. *Recuerda:* Los artículos no tienen género en el inglés, son neutrales. (Regrésate al Capítulo 2 si necesitas más detalles.)

Si deseas practicar más el hablar de las profesiones, ve al Capítulo 14.

# Hablando como se habla

 Vas en un autobús cuando una joven llamada Lindsey aborda y se sienta junto a ti. Ella sonríe y te empieza a hablar. (Track 9)

Lindsey:   **Hello.**
je-lou
Hola.

Tú:   **Hi.**
jai
Hola.

Lindsey:   **Nice day, huh?**
nais dei ja
Bonito día, ¿no?

Tú:   **Yes, it is.**
ies it is
Sí, claro.

Lindsey:   **May I ask where you're from?**
mei ai ask juer iour from
¿Te puedo preguntar de dónde eres?

Tú:   **I'm from Guadalajara, Mexico.**
aim from gua-da-la-*ja*-ra meks-*i*-co
Soy de Guadalajara, México.

Lindsey:   **I've never been there.**
aiv *ne*-ver ben der
Nunca he estado allí.

Tú:   **You should go. It's a beautiful city.**
iu chud *go*-u its a *biu*-ti-ful *si*-ti
Deberías de ir. Es una ciudad hermosa.

Lindsey:   **Are you here on vacation?**
Ar iu *ji*-ar on vei-*kei*-chun
¿Estás aquí de vacaciones?

Tú:   **No, I'm a student.**
no, aim ei *stu*-dent
No, soy estudiante.

Lindsey:   **Me too. What are you studying?**
mi tu juat ar iu *stu*-di-ing
Yo también. ¿Qué estás estudiando?

| Tú: | **Engineering. And you?** |
|---|---|
| | en-llin-*i*-ring and iu |
| | Ingeniería. ¿Y tú? |

| Lindsey: | **I'm a theatre major.** |
|---|---|
| | aim ei *zi*-e-ter *mei*-llour |
| | Estoy estudiando teatro. |

| Tú: | **Here's my stop.** |
|---|---|
| | *ji*-ars mai stop |
| | Aquí es mi parada. |

| Lindsey: | **It was nice talking to you.** |
|---|---|
| | it uas nais *tak*-ing tu iu |
| | Me gustó platicar contigo. |

| Tú: | **Same here.** |
|---|---|
| | seim *ji*-ar |
| | A mí también. |

## Palabras para recordar

| address | a-dres | dirección |
|---|---|---|
| phone number | fon nom-ber | teléfono |
| to live | tu liv | vivir |
| to work | tu uork | trabajar |
| to study | tu sto-di | estudiar |
| school | sku-ul | escuela |

## Cómo expresar gustos y preferencias

La sencilla y útil pregunta **Do you like. . . ?** (du iu laik; ¿Te gusta?) puede mantener viva una conversación acerca de lo que te interesa, tus preferencias, tu música favorita, etc. Observa las siguientes preguntas y respuestas:

**Do you like jazz?**
(du iu laik llas;
¿Te gusta el jazz?)

**Yes, I do.**
(lles ai du;
Sí me gusta.)

**Do you like computer games?**
(du iu laik *com*-piu-ter gaims;
¿Te gustan los juegos de
computadora?)

**No, not much.**
(nou not moch;
No, no mucho.)

**Do you like cats?**
(du iu laik cats;
¿Te gustan los gatos?)

**Not really. I prefer dogs.**
(not *ri*-i-li ai pri-*fer* dogs;
En realidad no. Prefiero los perros.)

Otra pregunta para continuar una charla es **How do you like. . . ?** (jau du iu
laik; ¿Qué te parece. . . ?) Esta pregunta pide tu opinión o sentimiento acerca
de algo, mientras que la pregunta **Do you like. . . ?** requiere sólo **yes** o **no**
como respuesta. Observa las siguientes parejas de preguntas y respuestas:

**How do you like this town?**
(jau du iu laik dis taun;
¿Qué te parece este pueblo?)

**I like it. It's great!**
(ai laik it its gre-it;
Me gusta. ¡Es magnífico!)

**How do you like your psychology class?**
(jau du iu laik ior sai-*co*-lo-lli clas;
¿Qué te parece tu clase de sicología?)

**It's interesting.**
(its *in*-trest-ing;
Es interesante.)

**How do you like my haircut?**
(jau du iu laik mai jeir cot;
¿Qué te parece mi corte de pelo?)

**Hmm. It's very short.**
(jm its *ve*-ri chort;
Mmm. Está muy corto.)

Para más ejemplos del uso del verbo **to like** para expresar tus gustos, ve al
Capítulo 15.

¿Todavía no puedes hablar mucho inglés? ¿Pero quieres charlar? Aquí te doy
una treta fácil de usar: Cuando alguien te hace una pregunta, da tu respuesta
y luego devuelve la pregunta, usando una de estas frases:

✔ **And you?** (and iu; ¿Y tú?)

✔ **How about you?** (jau a-*baut* iu; ¿Y tú?)

✔ **What about you?** (juat a-*baut* iu; ¿Y tú?)

A continuación tienes unas parejas de preguntas y respuestas para que
practiques:

**Are you a student?**
(ar iu ei *stu*-dent;
¿Eres estudiante?)

**Yes, I am. What about you?**
(ies ai am juat a-*baut* iu;
Sí. ¿Y tú?)

**Do you have any pets?**
(du iu jav *e*-ni pets;
¿Tienes alguna mascota?)

**Yes, two cats. How about you?**
(ies tu cats jau a-*abaut* iu;
Sí, dos gatos. ¿Y tú?)

**Have you seen the Statue of Liberty?**
(jav iu *si*-in da *sta*-chu of *li*-ber-ti;
¿Has visto la Estatua de la Libertad?)

**Not yet. And you?**
(not iet and iu;
Todavía no. ¿Y tú?)

## ¿A qué tribu perteneces?

Los temas para charlar varían mucho por todo el mundo. Por ejemplo, en Africa, la gente frecuentemente me preguntaba **What tribe do you belong to?** (juat traib du iu *bi*-long tu; ¿A cuál tribu perteneces?) Escuché esa pregunta tan a menudo como tú escucharás **Where are you from?** (juer ar iu from; ¿De dónde eres?)

Siendo yo de ascendencia europea (y no perteneciendo a ninguna tribu), me sorprendió la pregunta, pero los que me preguntaron se sorprendieron aún más cuando les dije, "No pertenezco a ninguna tribu." Pensaron, "¿Cómo que *no* perteneces a ninguna tribu? Todos pertenecen a una." Por supuesto, mucha gente de Los Estados Unidos *sí* pertenece a una tribu. Hay centenares de tribus de indígenas americanos en los Estados Unidos.

# Charlando de la familia

A la mayoría de la gente le gusta hablar de su **family** (*fa*-mi-li; familia). Puedes aprender mucho acerca de la cultura estadounidense, la sociedad y hasta de la historia (sin tomar ningún curso, ni leer largos libros de texto) simplemente con preguntarle a la gente acerca de sus familias. Las siguientes son algunas palabras para ponerte en marcha:

- ✔ **mom** (mom; mamá)
- ✔ **dad** (dad; papá)
- ✔ **parents** (*par*-ents; padres)
- ✔ **children/kids** (*chil*-dren/kids; hijos/niños)
- ✔ **daughter** (*do*-ter; hija)
- ✔ **son** (son; hijo)
- ✔ **sister** (*sis*-ter; hermana)
- ✔ **brother** (*bro*-der; hermano)
- ✔ **siblings** (*sib*-lings; hermanos)

Y aquí tienes los nombres de otros **relatives** (re-la-tivs; familiares o parientes):

- ✔ **aunt** (ant; tía)
- ✔ **uncle** (*on*-kel; tío)
- ✔ **cousin** (co-sin; primo o prima)
- ✔ **niece** (*ni*-is; sobrina)

✔ **nephew** (*ne*-fiu; sobrino)

✔ **grandmother** (*grand*-mo-der; abuela)

✔ **grandfather** (*grand*-fa-der; abuelo)

✔ **stepmom** (*step*-mom; madrastra)

✔ **stepdad** (*step*-dad; padrastro)

✔ **stepchild** (*step*-chaild; hijastro o hijastra)

¿Cuántos **fathers** tienes? Cuidado . . . especialmente si hablas un idioma con base latina (como el francés, el español, el italiano, el portugués, etc.). En el inglés, tu **mom** y tu **dad** se llaman **parents**; no **fathers**. Si dices **my fathers** (mai *fa*-ders; mis padres), estás diciendo que tienes dos **dads**. Aunque en los Estados Unidos hoy en día, puede ser posible, porque muchas personas tienen un **dad** y un **stepdad**. También, evita decir **sons** para tus hijos e hijas, y no digas **brothers** cuando quieres decir hermanos *y* hermanas.

El hablar de la familia es fácil si sabes formar algunas preguntas sencillas. A las personas que acabas de conocer, puedes preguntarles:

✔ **Do you have any children?** (du iu jav *e*-ni *chil*-dren; ¿Tiene hijos?)

✔ **Where does your family live?** (juer dous ior *fa*-mi-li liv; ¿Dónde vive tu familia?)

A las personas que ya conoces, puedes preguntarles:

✔ **How are your parents?** (jau ar ior *par*-ents; ¿Cómo están tus padres/papás?)

✔ **How's your husband?** (jaus ior *jos*-band; ¿Cómo está tu esposo?)

✔ **How's your wife?** (jaus ior uaif; ¿Cómo está tu esposa?)

✔ **How old are your children now?** (jau old ar ior *chil*-dren nau; ¿Qué edades tienen tus hijos?)

La familia es una unidad (un grupo singular de gente), así que a la palabra **family** le sigue un verbo en singular, como en **My family *is* in Peru** (mai *fa*-mi-li is in pe-*ru*; Mi familia está en Perú). Pero el pronombre para la palabra familia es el plural **they** (dei; ellos), el cual necesita un verbo plural, como en **They *are* coming to visit me** (dei ar *com*-ing tu *vi*-sit mi; Vienen a visitarme). ¿Por qué es así la palabra **family**? Pues, es un misterio, ¡pero así es!

Si escuchas a la gente platicar de los **in-laws** (in los; suegros), no se refieren a nuevas leyes o abogados. Se están refiriendo a los padres de su esposo o esposa. Los padres de tu esposo/a son tu **mother-in-law** (*mo*-der in lo; suegra) y tu **father-in-law** (*fa*-der in lo; suegro). Esto hace que tú seas **daughter-in-law** (*do*-ter in lo; nuera) o **son-in-law** (son in lo; yerno).

## Palabras para recordar

| mother | mo-der | madre |
| --- | --- | --- |
| father | fa-der | padre |
| stepchild | step chaild | hijastro o hijastra |
| relative | re-la-tiv | pariente |
| husband | jos-band | esposo |
| wife | uaif | esposa |
| in-law | in lo | suegro o suegra |
| family members | fa-mi-li mem-bers | familiares o parientes |

En los Estados Unidos, mucha gente vive con su *núcleo familiar* (padres e hijos). Otros viven con sus *familias extendidas* (padres, hijos, abuelos y tal vez otros familiares, todos viviendo en la misma casa). Un núcleo familiar muchas veces está a una distancia — de hasta miles de millas — de otros miembros de la familia. El concepto de auto-suficiencia, la capacidad económica para mudarse, y la concentración de empleos en las ciudades ha contribuido al esparcimiento de **family members** (*fa*-mi-li *mem*-bers; familiares) por todo el país.

# Cómo charlar con desconocidos

En tu país, ¿los desconocidos se sonríen, se saludan con **hi** (jai; hola) e inician una conversación? Si es así, vas a sentirte en casa cuando visites los Estados Unidos. Pero si esta clase de interacción no es común en tu lugar de origen, tal vez te incomode, hasta te ponga sospechoso, cuando un desconocido estadounidense te sonría y te diga **hi**. Pero no te preocupes, es perfectamente normal.

¿Y qué debes hacer si un desconocido te dice **hi** al encontrarte en la calle o cuando está a tu lado en la fila del supermercado? Fácil. Sonríe y di **hi**, también.

Puedes practicar algo de charla con un desconocido aun cuando no sepas mucho inglés. Sólo haz contacto visual con una persona cercana, sonríe o inclina la cabeza y di **hello** (*je*-lou; hola).

## Qué hacer cuando los desconocidos se pasan de "cariñosos"

A veces, hasta un desconocido bien intencionado puede acercársete demasiado, haciéndote sentir como un animal atrapado. Puedes ignorarlo y alejarte, o si no, te puedes marchar (si estás en un autobús, por ejemplo); sigue las siguientes sugerencias:

↙ **Be direct and assertive.** Si un desconocido te pregunta si puede ir a tu casa, di **No!** (bi di-*rect* and a-*ser*-tiv; Sé directo e imperativo).

↙ **Lie if you want to.** Si un desconocido te pregunta dónde vives, di **No speak English!** (lai if iu uant tu; Miente si quieres). Esto no es gramaticalmente correcto, pero es exactamente a propósito.

Si persiste el desconocido, entra a una tienda u oficina, cuéntale tu problema a alguien, y pide ayuda. (El Capítulo 16 te da más ideas para deshacerte de los desconocidos.)

La gente generalmente comienza una charla después de hacer un breve contacto visual. Pero si no quieres seguir charlando después de que un desconocido te salude, simplemente deja de mirar a la persona. Tu "lenguaje corporal" muestra que quieres terminar el intercambio. La mayoría de la gente respeta este comportamiento.

Ya sé que voy a sonar como una madre pero, ¡esto es importante! El charlar con desconocidos está bien y los estadounidenses lo hacen todo el tiempo. Pero nunca — y repito *nunca* — divulgues a un desconocido tu número de teléfono o tu dirección, o te subas a su coche. Puedeser que la persona sea sincera y te ofrezca ayuda de una manera muy honesta, pero no hay forma de estar seguro, así que no te arriesgues.

## *Hablando como se habla*

Sirkka, una muchacha de Finlandia, está paseando en un autobús público cuando un hombre se sube y toma el asiento junto a ella. Él inicia una conversación con ella. Al principio, él parece ser buena persona, pero pronto Sirkka se incomoda cuando empieza a preguntarle cosas inapropiadas (de mal gusto).

Hombre:  **Hi.**
jai
Hola.

Sirkka:  **Hello.**
*je*-lou
Hola.

| | |
|---|---|
| Hombre: | **What's your name?**<br>juats iuor neim<br>¿Cómo te llamas? |
| Sirkka: | **It's Sirkka.**<br>its *sir*-ka<br>Me llamo Sirkka. |
| Hombre: | **Are you from around here?**<br>ar iu from a-*raund ji*-ar<br>¿Eres de aquí? |
| Sirkka: | **No, I'm from Finland.**<br>nou aim from *fin*-land<br>No, soy de Finlandia. |
| Hombre: | **Do you have a place to stay?**<br>du iu jav ei pleis tu stei<br>¿Tienes dónde quedarte? |
| Sirkka: | **Uh . . . yes, I do.**<br>o ies ai du<br>Mmm...sí. |
| Hombre: | **Where are you staying?**<br>juer ar iu *stei*-ing<br>¿Dónde te estás quedando? |
| Sirkka: | **I don't give out my address.**<br>ai don't giv aut mai ad-*dres*<br>No divulgo mi dirección. |

Si alguna vez te encuentras en una situación incómoda, puedes dejar de hablar y darle la espalda a la persona o moverte a otro asiento. Si sigue molestándote, párate y cuéntale al chofer (empleado, maestro o a alguien más) el problema. Para más información esencial de qué hacer en situaciones incómodas o de emergencia, ve al Capítulo 16.

# *Temas tabúes*

¡Ay! ¿Dijiste algo incorrecto o impropio? ¿Otra vez **put your foot in your mouth** (put ior *fu*-ut in ior maud; la regaste)? El saber de qué no debes hablar es tan importante como saber de qué puedes hablar — ¡y hasta puede ser más importante! Por ejemplo, en algunas culturas, se le pregunta a alguien su edad tan pronto como se le conoce, para saber *el lenguaje, el tratamiento y el comportamiento* correcto a usar con esa persona. Pero en los Estados Unidos, preguntarle a alguien su edad puede ser descortés, particularmente si la persona parece mayor que tú. Las siguientes preguntas se consideran demasiado personales para una charla o conversación entre desconocidos:

- **How old are you?** (jau ould ar iu; ¿Cuántos años tienes?)

- **How much money do you make?** (jau moch *mo*-ni du iu meik; ¿Cuánto ganas?)

- **Are you pregnant?** (ar iu *preg*-nant; ¿Estás embarazada?)

- **Why don't you have children?** (uai don't iu jav *chil*-dren; ¿Por qué no tienes hijos?)

- **Why are you divorced?** (uai ar iu di-*vorst*; ¿Por qué estás divorciado?)

- **Why aren't you married?** (uai *ar*-ent iu *mer*-rid; ¿Por qué no estás casado?)

- **How much do you weigh?** (jau moch du iu uey; ¿Cuánto pesas?)

Claro, con tus buenos amigos y compañeros, puedes hablar de lo que sea. Pero si no estás seguro, puedes usar cualquiera de estas frases para empezar una pregunta:

- **Do you mind if I ask. . . ?** (du iu maind if ai ask; ¿Te molesta si te pregunto. . . ?)

  - . . . **your age?** (ior eill; . . . tu edad?)

  - . . . **how old you are?** (jau old ar iu; . . . cuántos años tienes?)

- **May I ask. . . ?** (mei ai ask; ¿Te puedo preguntar. . . ?)

  - . . . **if you're married?** (if ior *mer*-rid; . . . si estás casado/a?)

  - . . . **where you live?** (juer iu liv; . . . dónde vives?)

¿Qué puedes hacer cuando alguien te pregunta *a ti* algo personal que no quieres contestar? A continuación algunas respuestas breves (aunque amables) y efectivas:

- **I'd rather not say.** (aid *ra*-der not sei; Prefiero no decirlo.)

- **It's personal.** (its *per*-son-al; Es personal.)

- **It's private.** (its *prai*-vat; Es privado.)

- **It's a secret!** (its ei *si*-cret; Es un secreto.)

## Palabras para conocer

| | | |
|---|---|---|
| pregnant | preg-nant | embarazada |
| married | mer-rid | casado/a |
| divorced | di-vorst | divorciado/a |
| private | prai-vat | privado |
| personal | per-son-al | personal |
| secret | si-cret | secreto |

CULTURAL WISDOM

## La quinta enmienda

Cuando la gente no quiere contestar una pregunta personal, puede que diga, con humor, **I take the fifth!** (ai teik da fifz; ¡Ejerzo la quinta!) ¿Qué significa? Pues, se refiere a la Quinta Enmienda de la Constitución de los Estados Unidos, la cual dice básicamente que a ninguna persona se le puede forzar (en un juicio) a que sea testigo contra sí mismo. En otras palabras, puedes negarte a contestar una pregunta que puede inculparte. Esta frase es común en las telenovelas o en los dramas de la corte.

Si dices en broma esta frase, ¡la gente se impresionará no solamente porque conoces esta expresión sino también porque **"taking the fifth"** implica que tienes secretos que ocultar!

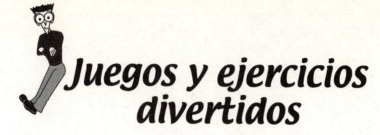

# Juegos y ejercicios divertidos

• • • • • • • • • • • • • • • • • • • • • • • • •

Pretende que eres un locutor del clima. Y, vas a dar el pronóstico del clima para los Estados Unidos, llenando los espacios en las siguientes oraciones. Por ejemplo: **It's raining in Ohio.**

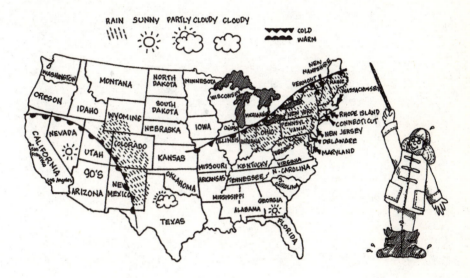

1. It's _____ in Nevada.

2. It's _____ in New York.

3. Texas is _____.

4. It's not _____ in Georgia.

5. It's _____ and _____ in Arizona.

6. Ohio is _____ and _____.

• • • • • • • • • • • • • • • • • • • • • • • • •

# Capítulo 5

# ¿Dónde estoy? — Cómo pedir direcciones

• • • • • • • • • • • • • • • • • • • • • • • • • • • • • • • • • • • • • • •

*En este capítulo*

▶ En busca de sitios usuales

▶ Cómo pedir ayuda

▶ Las indicaciones para llegar

• • • • • • • • • • • • • • • • • • • • • • • • • • • • • • • • • • • • • • •

***E***n busca de una oficina de correos en un país lejos de casa, me paré frente a un peatón y sacudiendo mis tarjetas postales le dije en inglés: "¿Correo?", porque no sabía ni una sola palabra del idioma del peatón. No es de extrañarte que esa persona asustada se haya escabullido porque yo no fui nada cortés. Y, como puedes imaginar, no pude llegar adonde quería ir.

Cuando estés lejos de casa en busca de la **post office** (poust *o*-fis; oficina de correos), tú no tendrás el mismo problema. ¿Cómo es que lo sé? Porque ahora mismo estás leyendo este capítulo. Aquí encontrarás información y muchas expresiones útiles para que puedas pedir ayuda y encontrarle sentido a las **directions** (di-*rec*-chions; indicaciones para llegar a un sitio); así como también, información para encontrar el lugar al que quieres ir — como el banco, el baño, la playa y hasta el correo.

## 1, 2, 3, *probando, probando*

Cuando estés viajando o tratando de encontrar el camino a un nuevo lugar, tal vez necesites pedirle direcciones a otras personas. En los Estados Unidos, es perfectamente aceptable acercársele a alguien en la calle o entrar a una tienda para hablar con el dependiente. Es muy posible que esas personas estén más dispuestas a ayudarte, si usas algunas frases de cortesía para llamar su atención, como por ejemplo:

▸ **Excuse me.** (eks-*kius* mi; Disculpe.)

▸ **Pardon me.** (*par*-don mi; Perdone.)

▸ **Can you help me?** (can iu jelp mi; ¿Me puede ayudar?)

Ahora que ya sabes cómo llamar la atención de alguien, puedes aprender cómo pedir direcciones en las siguientes secciones.

## Cómo pedir direcciones

Dondequiera que estés en el mundo, tus necesidades básicas son las mismas. Generalmente necesitas encontrar **food** (*fu*-ud; comida) un **place to sleep** (pleis tu *sli*-ip; lugar donde dormir), **money** (*mo*-ni; dinero), y el **bathroom** (*baz*-ru-um; baño). Bueno, tal vez tengas otras necesidades, como de amistad, de amor, de felicidad y de un buen par de zapatos para caminar. Pero antes de encontrar a un amigo o el amor, es probable que necesites **eat** (*i*-it; comer) o **use the restroom** (ius da *rest*-ru-um; usar el baño), de modo que saber cómo **ask for directions** (ask for di-*rec*-chions; pedir direcciones) es indispensable.

Después de capturar la atención de alguien, puedes preguntarle cómo puedes llegar al lugar que buscas. Por ejemplo:

- **How do I get to a bank?** (jau du ai guet tu ei bank; ¿Cómo llego al banco?)

- **Where's the grocery store?** (juers da *gro*-cher-i stor; ¿Dónde está el supermercado?)

- **Is there a public restroom nearby?** (is der ei *po*-blic *rest*-ru-um *ni*-ar-bai; ¿Hay un baño público cerca?)

- **How do I find _____?** (jau du ai faind; ¿Dónde puedo encontrar un _____?)

- **Please direct me to _____.** (*pli*-is di-*rect* mi tu; Por favor indíqueme cómo ir a _____.)

---

### Bathrooms, restrooms, toilets y johns

Cuando "tienes que ir", pregunta **Where's the ladies' room?** (juers da *lei*-dis *ru*-um; ¿Dónde está el baño de las mujeres?) o **Where's the men's room?** (juers da mens *ru*-um; ¿Dónde está el baño de los hombres?) O puedes preguntar por el **bathroom** (*baz*-ru-um; baño) o **restroom** (*rest*-ru-um; sanitario). Ésas son palabras corteses y socialmente aceptables para usar cuando necesites usar el **toilet** (*toi*-let; inodoro). Pero no digas **Where's the toilet?** Por alguna razón, eso suena un poco vulgar al oído estadounidense. La gente prefiere **bathroom** o **restroom** por ser más indirecto y "suave", ¡aunque en realidad no entran a bañarse o a tomar un descanso! En cuanto a la palabra **john** (llon; Juan), que es una palabra popular para **toilet**, tal vez sea un poco mejor que **toilet**, pero no lo suficiente como para usarla en los ambientes formales.

Naturalmente, tus necesidades más inmediatas y urgentes dependen de la situación en que te encuentres, de modo que algunas veces tendrás que modificar las preguntas anteriores. Por ejemplo, si estás escalando las Montañas Rocosas, probablemente no preguntarás **How do I get to a bank?** Más bien, debes preguntar: "¡¿Cómo me bajo de aquí?!"

La siguiente lista contiene más vocabulario y frases, relacionadas con direcciones, que puedes usar:

✔ **Excuse me, where is . . . :**

- . . . **the freeway?** (da *fri*-uey; la carretera?)
- . . . **the main part of town?** (da mein part of taun; el centro del pueblo?)
- . . . **the bus station?** (da bos *stei*-chion; la central de autobuses?)
- . . . **a good restaurant?** (ei gud *res*-ta-rant; un buen restaurante?)
- . . . **a pharmacy?** (ei *far*-ma-ci; una farmacia?)
- . . . **Carnegie Hall?** (*car*-ne-gui jol; El Salón Carnegie?)

## Palabras para recordar

| | | |
|---|---|---|
| public restroom | po-blic rest-ru-um | baño público |
| grocery store | gro-che-ri stor | supermercado |
| bank | bank | banco |
| pharmacy | far-ma-ci | farmacia |
| ladies' room | lei-dis ru-um | baño de las mujeres |
| men's room | mens ru-um | baño de los hombres |
| post office | post o-fis | correo |

## En la dirección correcta

Cuando alguien te da indicaciones para llegar a un sitio, tal vez escuches algunas de las siguientes palabras:

✔ **straight** (streit; derecho)

✔ **right** (rait; a la derecha)

✔ **left** (left; a la izquierda)

✔ **on the corner of** (on da *cor*-ner of; en la esquina de)

✔ **block** (blok; cuadra)

✔ **stoplight** (*stop*-lait; el semáforo) o **light** (lait; semáforo)

✔ **stop sign** (stop sain; señal de alto)

✔ **intersection** (in-ter-*sek*-chion; bocacalle o intersección)

✔ **road** (roud; camino)

✔ **street** (*stri*-it; calle)

✔ **avenue** (*a*-ve-nu; avenida)

## *Hablando como se habla*

Javier está buscando una librería para comprar el popular libro *Inglés para Dummies* (Wiley Publishing, Inc.); luego, quiere ir a la playa para relajarse y leer su nuevo libro. Él detiene a un transeúnte y le pregunta: (Track 10)

Javier: **Excuse me. Can you help me?**
eks-*kius* mi can iu jelp mi
Discúlpeme. ¿Puede ayudarme?

Transeúnte: **I'll try.**
ail trai
Trataré.

Javier: **I'm looking for a bookstore.**
aim *luk*-ing for ei *buk*-stor
Estoy buscando una librería.

Transeúnte: **There's a great one on College Avenue.**
ders ei greit uon on *co*-lich *a*-ven-u
Hay una muy buena en la avenida College.

Javier: **Good. How do I get there?**
gud jau du ai guet der
Bien. ¿Cómo llego allí?

Transeúnte: **Go up this street one block and turn right on College Avenue.**
gou op dis *stri*-it uon blok and turn rait on *co*-lich *a*-ve-nu
Sigue esta calle una cuadra más y dale a la derecha en la avenida College.

Javier: **Okay. One block; turn right.**
*o*-kei uon blok turn rait
Bueno. Una cuadra y darle a la derecha.

Transeúnte: **Then go up College Avenue two blocks to River Road.**
den gou op *co*-lich *a*-ve-nu tu bloks tu *ri*-ver roud
Luego sigue dos cuadras en la avenida College hasta llegar al camino River.

Javier: **River Road?**
*ri*-ver roud
¿El camino River?

Transeúnte: **Yes. The bookstore is on the corner. You can't miss it.**
ies da *buk*-stor is on da *cor*-ner iu cant mis it
Sí. La librería está en la esquina. No te puedes equivocar.

Javier: **Thanks.**
zanks
Gracias.

Transeúnte: **My pleasure.**
mai *ple*-chur
Fue un placer.

# Uso de las preposiciones de ubicación: Next to, across, in front of, etc.

Las preposiciones de ubicación te indican dónde se localiza algo con relación a otra cosa. Así que, como te puedes imaginar, es casi imposible comprender o dar direcciones sin usar tales preposiciones — ¡te perderías . . . literalmente!
Por ejemplo, la preposición **next to** (nekst tu; al lado de o junto a) en la oración **My house is next to the bakery** (mai jaus is nekst tu da *beik*-e-ri; Mi casa está al lado de la pastelería) te indica que mi casa y la pastelería quedan lado a lado (¡y

que a lo mejo comor demasiadas galletas recién horneadas!). A continuación encontrarás algunas de las preposiciones más comunes que se usan para dar direcciones:

- **before** (bi-*for*; antes de)
- **after** (*af*-ter; después de)
- **near** (*ni*-ar; cerca de)
- **next to** (nekst tu; al lado de o junto a)
- **across from** (a-*cros* from; al cruzar la/el)
- **in front of** (in front of; en frente de)
- **around the corner** (a-*raund* da *cor*-ner; a la vuelta de la esquina)
- **on the right** (on da rait; a la derecha)
- **on the left** (on da left; a la izquierda)
- **in the middle** (in da *mi*-del; en medio de)
- **at the end** (at da end; al final de)

# *Hablando como se habla*

Ezra está en Hawaii por primera vez y quiere deslizarse en las olas, pero no tiene una tabla de surf, ni experiencia alguna. Él pide ayuda para encontrar una tienda de surf y comprarse una tabla. (Track 11)

Ezra: **Excuse me. Is there a surf shop nearby?**
eks-*kius* mi is der ei surf chop *ni*-ar-bai
Discúlpe. ¿Hay una tienda de surf cerca de aquí?

Dependiente: **There's one a few blocks away.**
ders uon ei fiu bloks a-*uey*
Hay una a varias cuadras de aquí.

Ezra: **How do I get there?**
jau du ai guet der
¿Cómo llego allí?

Dependiente: **Turn right at the intersection; then keep going; after the third light you'll see the surf shop.**
turn rait at da *in*-ter-sek-chion den *ki*-ip *gou*-ing *af*-ter da zird lait *iu*-il *si*-i da surf chop
Dale a la derecha en la intersección; luego sigue derecho y después del tercer semáforo verás la tienda de surf.

| | |
|---|---|
| Ezra: | **Is it on the right or the left side of the street?**<br>is it on da rait or da left said of da *stri*-it<br>¿Está en el lado derecho o izquierdo de la calle? |
| Dependiente: | **The right . . . in the middle of the block.**<br>da rait in da *mi*-del of da blok<br>El derecho . . . en medio de la cuadra. |
| Ezra: | **Okay, thanks.**<br>*o*-kei zanks<br>Bien, gracias. |

Lleva contigo una libreta de notas (y lápiz o lapicero) para que puedas pedir que te dibujen un mapa cuando te den indicaciones. Sólo di: **Can you draw me a map, please?** (can iu dra mi ei map *pli*-is; ¿Me puedes dibujar un mapa por favor?)

La mayoría de los estadounidenses dan indicaciones para llegar a un lugar y ayudan con gusto a un extranjero, así que no te preocupes pensando que estarás molestando a la gente. Nada más busca a alguien que no parece tener prisa — y que no parece ser turista. (¡Buena suerte en San Francisco y Nueva York!)

# Los verbos de dirección: Follow, take y turn

La gente normalmente usa ciertos verbos para dar indicaciones de direcciones. Los siguientes verbos de "dirección" de verdad te pueden **take you places** (teik iu *pleis*-es; llevar lejos):

- ✔ **To follow** (tu *fa*-lou; seguir)
- ✔ **To turn** (tu turn; darle a, doblar a o voltear a)
- ✔ **To take** (tu teik; tomar)

**Follow** y **turn** son *verbos regulares* (los cuales terminan en **-ed** en el pasado). No obstante, **take** es un *verbo irregular,* con **took** y **taken** como las formas del pasado. Ve al Capítulo 2 y al Apéndice A para más información sobre los verbos irregulares.

## Uso del verbo "to follow"

**Follow** puede tener dos significados cuando estás hablando de direcciones. Un significado es seguir a alguien. Por ejemplo, puede que escuches **Follow me. I'll show you where it is** (*fo*-lou mi ail chou iu juer it is; Sígueme. Te mostraré donde está).

El otro significado es seguir el mismo rumbo, como en:

- ✔ **Follow this road for a few miles.** (*fo*-lou dis roud for ei fiu mails; Sigue en este camino por unas millas.)
- ✔ **This road follows the coast.** (dis roud *fo*-lous da coust; Este camino bordea la costa.)

## Llévate el verbo "to take"

Si alguien te da indicaciones con la palabra **take,** puede estar aconsejándote que viajes por un camino específico o indicándote la ruta que normalmente se usa. Los siguientes ejemplos te muestran estos dos significados de la palabra **take:**

- ✔ **Take this road for two blocks.** (teik dis roud for tu bloks; Toma este camino por dos cuadras.)
- ✔ **I usually take highway 80 to Salt Lake City.** (ai *ius*-iu-a-li teik *jai*-uey *ei*-ti tu salt leik *ci*-ti; Normalmente tomo la autopista 80 para llegar a Salt Lake City.)

Para ver más ejemplos de viajes con el verbo **to take,** consulta el Capítulo 12.

## Uso del verbo "to turn"

**Turn right** (turn rait; darle a la derecha o doblar a la derecha), **turn left** (turn left; darle a la izquierda o doblar a la izquierda), o **turn around** (turn a-*raund*; darse la vuelta) — ¡vete en cualquier dirección, pero menos derecho! — Cuando doblas, cambias de dirección y cuando te **turn around** (turn a-*raund*; das la vuelta), regresas por donde acabas de venir (¡ni se te ocurra hacerlo en la carretera!).

A veces una calle puede **turn into** (turn *in*-tu; convertirse en) otra calle, lo que realmente significa que la calle **changes names** (*chein*-ches nei-ms; cambia de nombre). En este caso, **turns into** es lo mismo que decir **becomes** (bi-*coms*; convertirse).

Fíjate en estos ejemplos en los que se usa la palabra **turn:**

✔ **Turn right at First Street.** (turn rait at first *stri*-it; Dale a la derecha en la calle Primera.)

✔ **Mission Street turns into Water Street after the light.** (*mi*-chion *stri*-it turns *in*-to *ua*-ter *stri*-it *af*-ter da lait; La calle Misión se convierte en la calle Water después del semáforo.)

✔ **She went the wrong way, so she turned around.** (chi uent da rong uey sou chi turnd a-*raund*; Ella se equivocó de camino, así que se dio la vuelta.)

En Los Estados Unidos, los **pedestrians** (pe-*des*-tri-ans; peatones o caminantes) tienen preferencia — técnicamente hablando. Así que no te sorprendas si los conductores de automóviles se detienen por cortesía y esperan para que cruces la calle. Pero nunca *asumas* que se detendrán — ya que algunos no lo hacen. También acuérdate de que los coches se manejan en el **right-hand side** (rait jand said; lado derecho) del camino (¡lo que para ti puede ser el lado *incorrecto*!), así que mira a la izquierda para ver el **oncoming traffic** (*on*-com-ing *tra*-fic; tráfico en dirección contraria) más próximo. Mejor aún, sigue los consejos de mi mamá: ¡Mira para los dos lados antes de cruzar la calle, quédate dentro del **crosswalk** (*cros*-uak; paso de peatones) y cruza solamente con la luz verde!

## Palabras para recordar

| | | |
|---|---|---|
| pedestrian | pe-des-tri-an | peatón |
| crosswalk | cros-uak | paso de peatones |
| traffic | tra-fic | tráfico |
| highway | jai-uey | carretera o autopista |
| to turn | tu turn | darle a, voltear a o doblar a |
| to take | tu teik | tomar o viajar |
| to follow | tu fo-lou | seguir |

# ¿Rumbo al norte — o al sur?

Algunas personas tienen un gran sentido de orientación. Siempre saben para dónde es el **north** (norz; norte), el **south** (sauz; sur), el **east** (*i*-ist; este u oriente) y el **west** (uest; oeste o poniente). Mi abuelita era así, y cuando daba indicaciones de direcciones, decía **go west on** esta calle y luego **turn south on** aquella calle. Pues, como crecí en la costa de California donde **going west** (*gou*-ing uest; ir al oeste) te metes al ¡Océano Pacífico! ; y donde **going south** es para donde los pájaros migratorios van en invierno. ¡Yo siempre necesitaba una brújula para seguir las indicaciones de mi abuelita!

Aunque todos saben que el sol sale en el este y se pone en el oeste, todavía puedes **turned around** (turnd a-*raund*; desorientarte) cuando estás en un lugar nuevo. Así que si la persona que te está dando indicaciones para ir a un lugar dice, **go east** pero no estás seguro dónde queda el este, sólo pregunta:

▶ **Do you mean left?** (du iu *mi*-in left; ¿Quieres decir a la izquierda?)

▶ **Do you mean right?** (du iu *mi*-in rait; ¿Quieres decir a la derecha?)

▶ **Is that right or left?** (is dat rait or left; ¿Es a la derecha o a la izquierda?)

Para más información de **getting from one place to another** (*guet*-ting from uon pleis tu a-*no*-der; ir de un lugar a otro) — usando transporte público o un carro rentado — ve al Capítulo 12.

# Hablando como se habla

Ezra encontró la tienda de surf y ahora lleva su tabla nueva de surf atada al toldo de su vehículo utilitario deportivo (SUV) rentado. Pero no tiene idea en dónde queda la playa. Se detiene para pedir indicaciones. (En el Capítulo 15 descubrirás cómo le fue a Ezra en su primera experiencia de surf.)

Ezra: **Excuse me, sir. Which way to the beach?**
eks-*kius* mi sir juich uey tu da *bi*-ich
Discúlpeme señor. ¿Dónde queda la playa?

El hombre: **Get on the freeway going east. You'll see freeway signs about a mile down this road.**
guet on da *fri*-uey *gou*-ing *i*-ist *iu*-al *si*-i *fri*-uey sains a-*baut* ei mail daun dis roud
Toma la autopista hacia el este. Verás los anuncios como a una milla bajando por este camino.

Ezra: **Okay.**
*o*-kei
Bien.

El hombre: **Follow the freeway a few miles, and then take the Harbor Road exit.**
*fo*-lou da *fri*-uey ei fiu mails and den teik da *har*-bor roud *ek*-sit
Sigue en la autopista por varias millas y luego toma la salida a Harbor Road.

Ezra: **Then which way do I go?**
den juich uey du ai gou
¿Y luego para dónde le doy?

El hombre: **Go south.**
gou sauz
Dale hacia el sur.

Ezra: **South?**
sauz
¿Hacia el sur?

El hombre: **Yes, turn right and stay on Harbor Road to the end.**
ies, turn rait and stei on *jar*-bor roud tu da end
Sí, dale a la derecha y sigue en Harbor Road hasta el final.

Ezra: **Does Harbor Road take me to the beach?**
dous *jar*-bor roud teik mi tu da *bi*-ich
¿Harbor Road me lleva hasta la playa?

El hombre: **Yes, Harbor Road ends at the beach. You can't miss it.**
ies *jar*-bor roud ends at da *bi*-ich iu cant mis it
Sí, Harbor Road termina en la playa. No te puedes perder.

Ezra: **Thanks a lot.**
zanks ei lot
Muchas gracias.

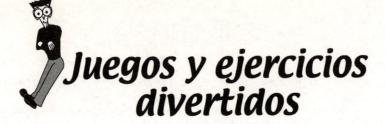

# Juegos y ejercicios divertidos

• • • • • • • • • • • • • • • • • • • • • • • • • • • • • • • • • • • • • •

Has invitado a algunos amigos estadounidenses a una fiesta de fin de semestre en la escuela donde tomas clases de inglés. Escribiste las indicaciones para llegar a la escuela, en tu lengua materna, pero tienes que traducirlas al inglés porque tus amigos, como muchos estdounidenses, hablan solamente un idioma, el inglés.

Toma la autopista hacia el sur. _____

Salte en Harvest Road. _____

Sigue derecho unas tres millas. _____

Dale a la izquierda en el semáforo. _____

Síguele unas tres cuadras. _____

Dale a la derecha en Oak Street. _____

Después de la intersección sigue una cuadra más. _____

La escuela está en la esquina. _____

Está atravesando la calle desde la biblioteca. _____

• • • • • • • • • • • • • • • • • • • • • • • • • • • • • • • • • • • • • •

# Capítulo 6

# Llámame

• • • • • • • • • • • • • • • • • • • • • • • • • • • • • • • • • • • • • • • • •

### En este capítulo

▶ Cómo hacer y contestar llamadas telefónicas

▶ Cómo tomar y dejar mensajes

▶ Cómo lidiar con dificultades durante una llamada

▶ Cómo pedir ayuda a la operadora

• • • • • • • • • • • • • • • • • • • • • • • • • • • • • • • • • • • • • • • • •

*U*n **phone** (foun; teléfono) es solamente un teléfono — un invento útil que has usado durante casi toda tu vida, ¿verdad? Tal vez hasta cargas con un **cell phone** para poder hablar dondequiera y cuando quieras. El hablar por teléfono (en tu propio idioma, es decir) es muy natural pero cuando necesitas hacer o recibir una **call** (col; llamada) en inglés, es una historia diferente.

¿Te sudan las manos? ¿Se te pone débil la voz? ¿De repente se te olvida lo que querías decir? ¿Hasta evitas usar el teléfono? Sí. A mí me pasa lo mismo — así me siento yo cuando necesito usar el teléfono en otro país. Pero no tengas temor de usar el teléfono; levántalo, marca y di **Hello?** (je-*lou*; ¿Hola?) ¿Y luego qué haces? Sigue leyendo para que te enteres.

Este capítulo te ayudará a hablar por teléfono con menos tensión y más éxito. Además, incluye las palabras y las frases más comunes que se usan al hablar por teléfono, junto con unos trucos útiles para ayudarte a que los demás te entiendan. También te provee información de cómo **take or give messages** (teik or guiv *mes*-eich-es; tomar o dejar recados) y lo que debes decir si marcas el **wrong number** (rong *nom*-ber; número equivocado), y cómo pedir ayuda a la **information operator** (in-for-*mei*-chion o-pe-*rei*-tor; operadora de información).

## ¡Ring, Ring! — Contesta la llamada

¿Qué dicen los de habla inglesa cuando **answer the phone** (*an*-ser da foun; contestan el teléfono)? Pues, varias cosas, pero el saludo más común y corriente que escucharás cuando alguien contesta el teléfono es simplemente **Hello** (*je*-lou; Hola) o **Hello?** (como en una pregunta, con el énfasis en la última sílaba)

También es posible que escuches algunos de los siguientes saludos:

- ✔ **Yes?** (i-*es*; ¿Sí?)
- ✔ **Einstein residence, Albert speaking.** (*ain*-stain *re*-si-dens *al*-bert *spi*-ik-ing; La residencia de la familia Einstein. Habla Albert.)

## Cuando tú haces la llamada

Supón que tú tienes que **make a call** (meik ei col; hacer una llamada) porque no puedes convencer, sobornar u obligar a ninguno de tus amigos de habla inglesa a hacerlo por ti. El teléfono **rings** (rings; suena) y alguien contesta, diciendo **Hello?**

Ahora te toca a ti. ¿Cuál de las siguientes opciones vas a hacer ahora?

- ✔ Asustarte y **hang up.** (jang op; colgar).
- ✔ Decir **Fine, thank you.** (fain zank iu; Bien, gracias.)
- ✔ Decir **Who is this?** (*ju*-u is dis; ¿Quién habla?)
- ✔ Decir **Hello?** ¿Y luego esperar, deseando que la otra persona hable otra vez?
- ✔ Ninguna de las opciones anteriores.

Esperamos que hayas escogido la última opción, porque si haces cualquiera de las otras opciones, la persona **on the other end** (on da o-*der* end; al otro lado de la línea) puede pensar que eres un irrespetuoso. Y por ningún motivo te asustes, después de todo, es sólo una llamada. Nada más di **Hello,** habla calmadamente e identifícate con una de las siguientes expresiones:

- ✔ **This is** (<u>tu nombre</u>). (dis is ; Habla _____.) Di esto si la persona que contesta te conoce.
- ✔ **My name is** _____. (mai neim is; Soy _____.) Di esto si la persona que contesta no te conoce.

Luego preguntas por la persona con quien quieres hablar, de la siguiente manera:

✔ **Is _____ there?** (is _____ der; ¿Se encuentra _____?)

✔ **May/can I speak to _____?** (mei/can ai *spi*-ik tu; ¿Puedo hablar con _____? O, ¿me puedes comunicar con _____?)

Ahora, ¿qué dice la otra persona al otro lado de la línea? Depende. Haz de cuenta que llamas a tu amigo Devin. Di: **Hello. Is Devin there?** (*je*-lou is *de*-vin der; Hola. ¿Se encuentra Devin?) Observa lo que puede pasar después de los argumentos planteados:

✔ Devin contesta y dice:

- **This is Devin.** (dis is *de*-vin; Habla Devin.)

- **Speaking.** (*spi*-ik-ing; El que habla.)

✔ Devin no contesta, pero se encuentra en casa. La persona que contesta dice:

- **Just a minute.** (llost ei *mi*-nut; Un momento.)

- **Hold on a minute. Who's calling please?** (jould on ei *mi*-nut *ju*-us *co*-ling *pli*-is; Espera un minuto. ¿Quién habla por favor?)

✔ Devin está ahí, pero no puede hablar por teléfono ahora. La persona que contesta puede decir:

- **Devin can't come to the phone now. Can I have him call you back?** (*de*-vin cant com tu da foun nau can ai jav jim col iu bak; Devin no puede atenderte ahora. ¿Le digo que te llame al rato?)

- **Can he call you back? He's busy.** (can ji col iu bak *ji*-is *bi*-si; ¿Te puede llamar al rato? Está ocupado.)

Si Devin no está, tal vez querrás dejarle un mensaje. Ve a la sección "Cómo dejar un mensaje", más adelante en este capítulo, para más información de lo que debes decir.

Si una **caller** (*col*-er; persona que llama) dice **Who is this?** (ju is dis; ¿Quién habla?) tan pronto como alguien contesta, demuestra muy mala educación. Pero si *tú* llamas a alguien y no te identificas, está perfectamente bien que la persona que conteste, pregunte **Who is this?** o **Who's speaking?** (*ju*-us *spi*-ik-ing; ¿Quién habla?)

¿Necesitas hacer una llamada? Si tienes tiempo, ¿por qué no ensayas primero? Escribe de antemano las preguntas y las frases que quieres decir; luego, practícalas varias veces. (Las personas a tu alrededor te verán hablando solo y pensarán que estás un poco loco, pero no les hagas caso — ¡adelante!)

## Palabras para recordar

| telephone | te-le-foun | teléfono |
| phone | foun | teléfono |
| cell phone | cel foun | teléfono celular |
| the other end | da o-der end | al otro lado |
| to make a call | tu meik ei col | hacer una llamada |
| to receive a call | tu ri-ci-iv ei col | recibir una llamada |

# Verbos telefónicos: To call, to phone y otros más

En el inglés estadounidense, los verbos que se usan comúnmente para describir cómo hacer una llamada son **to call** (tu col; llamar por teléfono) y **to phone** (tu foun; telefonear). Los dos, **to call** y **to phone,** son verbos regulares. (Ve al Capítulo 2 para más información sobre los verbos regulares e irregulares.)

Prueba estas expresiones con tus amigos:

- **Call me sometime**. (col mi som-taim; Llámame cuando puedas.)
- **Okay, I'll phone you this weekend**. (o-kei ail foun iu dis uik-end; Está bien, te llamaré este fin de semana.)

No digas **call to,** como en **I'll call to you tomorrow** (ail col tu iu tu-_mo_-rou; Te llamaré por ti mañana). **Call to** (col tu; Llamar para/a) significa gritar el nombre de alguien o decirlo fuertemente como para llamar su atención. Sólo di: **I'll call you tomorrow.**

**To ring** (tu ring; sonar) — o **beep** (_bi_-ip; sonar con un sonido agudo) si se trata de un teléfono celular — es el sonido que hace el teléfono, como en **The phone is ringing. Someone please answer it!** (da foun is _ring_-ing _som_-uon _pli_-is _an_-ser it; El teléfono está sonando ¡Qué alguien lo conteste por favor!)

**To answer** (tu _an_-ser; contestar) es el verbo que significa aceptar una llamada telefónica o coger el teléfono, como en **I called her house, but nobody answered** (ai cold jer jaus bot _nou_-bo-di an-serd; Llamé a su casa, pero nadie contestó).

Cuando alguien piensa llamarte, tal vez diga una de las siguientes expresiones coloquiales:

- **I'll give you a ring.** (ail guiv iu ei ring; Te voy a echar un telefonazo.)

- **I'll give you a buzz.** (ail guiv iu ei bos; Te voy a echar un timbre (timbrazo). [literalmente])

## Palabras para recordar

| | | |
|---|---|---|
| to phone | tu foun | telefonear |
| to call | tu col | llamar por teléfono |
| to answer (the phone) | tu an-ser | contestar |
| to hang up (the phone) | tu jang op | colgar |

# "N" de Nancy: Cómo deletrear palabras

Al hablar en inglés, las personas muchas veces **spell out** (spel aut; deletrean) la información que tratan de comunicar. Algunas veces, no importa qué tan cuidadosamente hablas, la otra persona puede que todavía no te entienda, así que el saber el **ABCs** (ei-bi-*cis*; alfabeto) puede ayudarte mucho.

# Hablando como se habla

Tran Vu está haciendo una llamada. Ha marcado y está sonando el teléfono.

Otra persona:  **Hello?**
je-*lou*
Hola.

Tran Vu:  **Hello. This is Tran Vu.**
*je*-lou dis is tran vu
Hola. Habla Tran Vu.

Otra persona:  **What? Who is this?**
juat ju is dis
¿Qué? ¿Quién es?

| Tran Vu: | **Tran Vu. This is Tran Vu.**<br>tran vu dis is tran vu<br>Tran Vu. Habla Tran Vu. |
|---|---|
| Otra persona: | **I'm sorry. What did you say?**<br>aim *so*-ri juat did iu sei<br>Discúlpeme. ¿Qué dijo? |
| Tran Vu: | **This is Tran Vu — T-R-A-N V-U. My name is Tran Vu.**<br>dis is tran vu ti ar ei en vi iu mai neim is tran vu<br>Habla Tran Vu — T-R-A-N V-U. Mi nombre es Tran Vu. |
| Otra persona: | **Sorry. I still didn't catch your name. Say that again.**<br>*so*-ri ai stil *did*-ent catch ior neim sei dat a-*guein*<br>Disculpe. Todavía no entiendo su nombre. Dígalo otra vez. |

Si no te entiende la persona con quien hablas, no te regreses en el próximo vuelo a tu país ni dejes de usar el teléfono. Más bien, empieza nuevamente más despacio y **spell out** (deletrea) tu nombre usando la siguiente tabla. Este sistema de deletreo es especialmente útil cuando estás diciendo los nombres de letras con sonidos muy parecidos, tales como **B, C, D, E, G, P, T, V, y Z** (algunas personas llaman a esta última letra "zed", pero la mayoría de los estadounidenses dicen "zee"). Para aprender cómo pronunciar en inglés las letras del alfabeto, ve al Capítulo 1.

Nota que esta tabla no te proporciona todo el alfabeto, porque hay algunas letras, como la **W** (*do*-bel-iu), que son fáciles de entender y son muy raras las veces que se confunden con otras letras.

| | |
|---|---|
| **A as in apple** | (ei as in *a*-pel; A como en manzana) |
| **B as in boy** | (bi as in boi; B como en niño) |
| **C as in cat** | (ci as in cat; C como en gato) |
| **D as in dog** | (di as in dok; D como en perro) |
| **E as in elephant** | (i as in *e*-le-fant; E como en elefante) |
| **F as in Frank** | (ef as in frank; F como en Frank) |
| **G as in George** | (lli as in llourch; G como en George) |
| **H as in Hank** | (eich as in jank; H como en Hank) |
| **J as in John** | (llei as in llon; J como en John) |
| **M as in Mary** | (em as in *me*-ri; M como en Mary) |
| **N as in Nancy** | (en as in *nan*-ci; N como en Nancy) |
| **P as in Paul** | (pi as in pol; P como en Paul) |

| | |
|---|---|
| **R as in Robert** | (ar as in *ro*-bert; R como en Robert) |
| **S as in Sam** | (es as in sam; S como en Sam) |
| **T as in Tom** | (ti as in tom; T como en Tom) |
| **U as in unicorn** | (iu as in *iu*-ni-corn; U como en unicornio) |
| **V as in Victor** | (vi as in *vic*-tor; V como en Victor) |
| **Z as in zebra** | (si as in *si*-bra; Z como en cebra) |

# *Hablando como se habla*

He aquí otra vez la conversación de Tran Vu, pero esta vez con el método de deletreo.

Otra persona: **Sorry. I still didn't catch your name. Say that again.**
*so*-ri ai stil *did*-ent catch ior neim sei dat a-*guen*
Disculpe. Todavía no entendí su nombre. Dígalo otra vez.

Tran Vu: **Let me spell it. My first name is Tran: T as in Tom, R as in Robert, A as in Apple, N as in Nancy. My last name is Vu: V as in Victor, U as in Unicorn.**
let mi spel it mai furst neim is tran ti as in tom ar as in ro-bert ei as in *a*-pel en as in *nan*-ci mai last neim is vu vi as in *vic*-tor iu as in *iu*-ni-corn
Déjeme deletreárselo. Mi nombre es Tran: T como en Tom, R como en Robert, A como en manzana, N como en Nancy. Mi apellido es Vu: V como en Victor, U como en unicornio.

Otra persona: **Oh! Tran Vu!**
ou tran vu
¡Ah! ¡Tran Vu!

Tran Vu: **Yes. Tran Vu.**
ies tran vu
Sí. Tran Vu.

Otra persona: **Hi, Mr. Vu. How can I help you?**
jai *mis*-ter vu jau can ai jelp iu
Hola, Sr. Vu. ¿En qué puedo servirle?

Tal vez te preguntes por qué se usan tantos *nombres personales* en el método de deletreo como en **N as in Nancy**. La razón es que esos nombres no se confunden fácilmente con otras palabras.

He aquí otra razón: Supón, por ejemplo, que hablas un idioma en el que se pronuncia la **E** como la letra **A** del inglés. Aún cuando no pronuncies correctamente la letra **E**, cuando dices **E as in elephant,** la otra persona captará la palabra **elephant** y seguramente entenderá lo que quieres decir.

Encontrarás más ayuda sobre la pronunciación del inglés en el Capítulo 1.

Si no puedes entender lo que alguien te está diciendo, puedes pedirle que deletree las palabras. Sólo di:

- **Please spell that.** (*pli*-is spel dat; Por favor deletréalo.)

- **Can you spell that, please?** (can iu spel dat *pli*-is; ¿Lo puedes deletrear, por favor?)

- **Will you please spell that for me?** (uil iu *pli*-is spel dat for mi; ¿Podrías deletreármelo por favor?)

# Cómo dejar un mensaje

Cuando llamas a alguien, tal vez tengas la suerte de comunicarte directamente con esa persona, pero muchas veces contesta una **answering machine** (*an*-ser-ing ma-*chin*; contestadora) o el **voice mail** (vois meil; buzón de voz) que te dice **Please leave a message** (*pli*-is *li*-iv ei *mes*-ich; Por favor deja tu mensaje) o **Leave me a message** (*li*-iv mi ei *mes*-ich; Déjame un mensaje). En esta sección, encontrarás algunas ideas para recibir tu correo de voz y, además, de cómo dejar mensajes con otras personas.

## En espera del tono: Máquinas contestadoras y buzón de voz

"Hola, te has comunicado con la casa de Sharon, Peewee y Pookie". (Peewee y Pookie son gatos.) "Ellos están en casa, pero yo no. Así que por favor deja un mensaje después del tono". Ese es el mensaje en la contestadora de una de mis amigas. Me gusta porque es breve y simpático, pero no todos los mensajes son tan sucintos. Muchos son rebuscados o completamente incomprensibles, y algunos consisten en piezas interminables con la música que menos te gusta. No te preocupes si no entiendes el saludo de la máquina. Cuando termine (tarde o temprano), sólo deja tu mensaje. Por ejemplo:

**This is Sam. My number is 252-1624. Please give me a call. Thank you.
Goodbye.** (dis is sam mai *nom*-ber is tu faiv tu uon siks tu four *pli*-is guiv
mi ei col zank iu *gud*-bai; Habla Sam. Mi número de teléfono es 252-1624.
Por favor llámame. Gracias. Adiós.)

Claro, si estás llamando a un amigo que sabe tu número de teléfono, no necesitas dejarlo, sólo deja tu mensaje. Luego nada más tienes que esperar a que
te devuelva la llamada.

El llamar a un negocio puede ser, en cierto modo, un poco diferente que hacer
llamadas personales porque puede contestarte una **message machine** o un
**voice mail** que te da una lista de opciones confusas en inglés. Aún para alguien
que habla inglés, el buzón de voz puede representar dificultades. He aquí una
sugerencia: Intenta oprimiendo el cero **0**. A veces, el hacer eso te conectará
directamente con una persona. Claro, siempre puedes escuchar la lista de
opciones una y otra vez hasta que entiendas cuál escoger — ¡buena suerte!

## Cómo pedir que alguien tome un recado

A lo mejor ya conoces este escenario: Llamas a alguien quien no se encuentra, así que pides a quien contestó el teléfono que le diga a tu amigo que **call
you back** (col iu bak; me llame), o si puedes **leave a message** (*li*-iv ei *mes*-ich;
dejas un recado). No es nada diferente al inglés cuando te enfrentas a esta
situación — así que haz lo mismo y usa algunas de las expresiones que se
encuentran en esta sección.

### Recitar los números telefónicos —
### la manera correcta

En los Estados Unidos, si dices **42-75-713** o
**4-2757-13**, la persona que te está escuchando
no lo reconocerá como un número de teléfono.
Pero si dices **427-5713**, ¡no habrá duda! Un
**phone number** (foun *nom*-ber; número telefónico o de teléfono) normalmente se dice así:
Los tres primeros números, una pausa y luego
los otros cuatro números.

Di los primeros tres números separados como
lo siguiente: **four-two-seven** (four tu se-ven;
cuatro-dos-siete), no cuatrocientos veintisiete o
cuatro-veintisiete. Los últimos cuatro números
puedes decirlos separadamente, o como en el
ejemplo anterior **fifty-seven thirteen** (*fif*-ti *se*-ven
*zir*-ti-in; cincuenta y siete, trece). ¡Pero cuidado!
Cuando empiezas a decir **13** (zir-*ti*-in; trece),
algunas personas anticiparán que dirás **30** (zir-ti;
treinta), y podrían empezar a escribir o marcar
**30** antes de que termines. Para la pronunciación
de los números échale un vistazo a la Hoja de
Referencia al principio de este libro.

Para incluir el **area code** (*e*-ri-a coud; clave o
código de area), di **area code 307**, haz una
pausa por un segundo y luego continúa con el
resto del número.

# *Hablando como se habla*

 Yumi Sato está llamando a su amiga Lynn, pero contesta la compañera de cuarto de Lynn. (Track 12)

| | |
|---|---|
| Compañera de Lynn: | **Hello?**<br>je-*lou*<br>Hola. |
| Yumi Sato: | **Hello. This is Yumi Sato.**<br>*je*-lou dis is iu-mi *sa*-to<br>Hola. Habla Yumi Sato. |
| Compañera de Lynn: | **Excuse me?**<br>ek-skius mi<br>¿Disculpa? |
| Yumi Sato: | **This is Yumi Sato. Yu-mi Sa-to.**<br>dis is iu-mi *sa*-to *iu*-mi *sa*-to<br>Habla Yumi Sato. Yu-mi Sa-to. |
| Compañera de Lynn: | **Oh, yes. Hello, Yumi.**<br>ou ies je-lou *iu*-mi<br>Ah, sí. Hola, Yumi. |
| Yumi Sato: | **Is Lynn there?**<br>is lin der<br>¿Se encuentra Lynn? |
| Compañera de Lynn: | **No, but she'll be back this afternoon. Would you like to leave a message?**<br>nou bot *chi*-al bi bak dis *af*-ter-nu-un *u*-ud iu laik tu *li*-iv ei *mes*-ich<br>No, pero regresará por la tarde. ¿Quieres dejar un recado? |
| Yumi Sato: | **Yes. Please ask her to call Yumi.**<br>ies *pli*-is ask jer tu col *iu*-mi<br>Sí. Por favor dile que llame a Yumi. |
| Compañera de Lynn: | **Okay.**<br>*o*-kei<br>Bien. |

| | |
|---|---|
| Yumi Sato: | **My phone number is 423-9876.** |
| | mai foun *nom*-ber is four tu zri nain eit |
| | se-ven siks |
| | Mi número de teléfono es 423-9876. |
| | |
| Compañera de Lynn: | **Okay. I'll give her the message.** |
| | *o*-kei ail guiv jer da *mes*-ich |
| | Bien. Le daré tu recado. |
| | |
| Yumi Sato: | **Thank you very much. Bye.** |
| | zank iu *ve*-ri moch bai |
| | Muchas gracias. Adiós. |
| Compañera de Lynn: | **Bye.** |
| | bai |
| | Adiós. |

He aquí algunas variaciones de tomar y dejar un recado.

✔ La persona que **takes the message** puede decir:

- **Can I take a message?** (can ai teik ei *mes*-ich; ¿Quieres dejar un recado?)

- **Do you want me to have him call you back?** (du iu uant mi tu jav jim col iu bak; ¿Quieres que le diga que te llame?)

✔ La persona que quiere **leave a message** puede decir:

- **May I leave a message?** (mei ai *li*-iv ei *mes*-ich; ¿Puedo dejar un recado?)

- **Could you give her a message?** (cud iu guiv jer ei *mes*-ich; ¿Le puedes dar un recado?)

- **Would you tell him I called?** (*u*-ud iu tel jim ai cold; ¿Le puedes decir que le llamé?)

Las palabras **could** (cud; puede o podría) y **would** (u-ud; el pasado de **will**) son formas corteses de **can** (can; poder) y **will** (uil; el verbo auxiliar del futuro). A menudo, la gente usa **could** y **would** cuando están hablando por teléfono con alguien a quien no conocen bien.

## Palabras para recordar

| | | |
|---|---|---|
| to take a message | teik ei mes-ich | tomar un recado |
| to leave a message | tu li-iv ei mes-ich | dejar un recado |
| to give her a message | tu guiv jer ei mes-ich | darle un recado |
| tell him I called | tel jim ai cold | dile que yo llamé |
| call someone back | col som-uon bak | contestar la llamada a alguien |
| return someone's call | ri-turn som-uons col | devolver la llamada a alguien |

# ¡Discúlpame! — Marqué el número equivocado

En tu país, cuando te equivocas al marcar un número y te conectas al **wrong number** (rong *nom*-ber; número equivocado), probablemente pides disculpas, cuelgas e intentas marcar nuevamente. En esta sección, te enseño cómo hacer lo mismo, pero en inglés. Si descubres que marcaste mal el número, sólo di:

- ✔ **Oops, sorry.** (*u*-ups *so*-ri; ¡Ay! Discúlpeme.)
- ✔ **I think I dialed the wrong number. Sorry.** (ai zink ai daild da rong *nom*-ber *so*-ri; Creo que marqué mal el número. Discúlpeme.)

No obstante, alguien puede equivocarse con tu número. Si la persona que llama pregunta cuál número marcó, no le digas tu número. Es mejor preguntarle cuál número marcó él. **Recuerda:** Nunca des tu número de teléfono a un desconocido, aunque la persona que llamó de veras se haya equivocado.

# Hablando como se habla

Esther está estudiando en los Estados Unidos y está en casa, en su departamento rentado, con sus dos hijos. Suena el teléfono. (Track 13)

Esther: **Hello?**
je-*lou*
¿Hola?

Hablante: **Hello. Is Cory home?**
*je*-lou is *co*-ri joum
Hola. ¿Está Cory en casa?

Esther: **Excuse me?**
eks-*kius* mi
¿Disculpe?

Hablante: **Is Cory there?**
is *co*-ri der
¿Está ahí Cori?

Esther: **There's no Cory here.**
ders no *co*-ro *ji*-ar
No hay ningún Cory aquí.

Hablante: **Hmm. What number is this?**
jmm juat *nom*-ber is dis
Jmm. ¿Qué número es ese?

Esther: **What number did you call?**
juat *nom*-ber did iu col
¿Qué número marcaste?

Hablante: **I called 333-6789.**
ai cold zri zri zri siks *se*-ven eit nain
Llamé al 333-6789.

Esther: **I think you dialed the wrong number.**
ai zink iu daild da rong *nom*-ber
Creo que marcaste mal.

Hablante: **Oh. Sorry to bother you.**
ou *so*-ri tu *bo*-der iu
Ay. Disculpa que te haya molestado.

Esther **That's alright. Goodbye.**
dats al-*rait* gud-*bai*
No hay de qué. Adiós.

Hablante: **Bye.**
bai
Adiós.

## Cómo lidiar con llamadas impertinentes

Justo cuando se sienta tu familia a la mesa para cenar, suena el teléfono. Es un negocio que quiere venderte una subscripción del periódico o una libreta de cupones de descuentos. La llamada puede ser también de una organización que quiere que hagas una donación a su caridad o quiere solicitar tu opinión para una encuesta. Muchas de estas llamadas se tratan de buenos productos y de causas meritorias, ¡pero otras no lo son! Si recibes una llamada que no es nada beneficiosa, puedes usar alguna de las siguientes expresiones breves — ¡y luego cuelga!

- **I'm not interested.** (aim not *in*-ter-est-ed; No me interesa.)

- **I don't give money over the phone.** (ai don't guiv *mo*-ni *o*-ver da foun; No doy dinero por medio del teléfono.)

- **Sorry. No speak English!** (so-ri no *spi*-ik *ing*-lich; Lo siento. ¡No hablo inglés!)

Y si persiste en molestarte, llama a la policía. El hostigamiento telefónico es ilegal en Los Estados Unidos.

# Hola, ¿operadora?

Una compañía estadounidense tiene como lema: Cuando necesites ayuda, encuéntrala rápidamente en las **Yellow Pages** (*lle*-lou *peich*-es; Páginas Amarillas), es decir en las páginas de los negocios del **phone book** (foun buk; directorio telefónico). El directorio telefónico es un gran recurso para encontrar números de teléfono, pero en ocasiones ni siquiera los angloamericanos pueden encontrarlos rápido — ¡si es que los encuentran! En tal circunstancia es cuando una persona, en vivo — una operadora de teléfonos — te puede ayudar.

## Ayuda del directorio: 411

¿Necesitas un número de teléfono, una dirección o una clave? **Dial 411** y una operadora de ayuda directa o una operadora de información contestará y te ayudará. Las operadoras de información muchas veces contestan con **What city?** (juat *ci*-ti; ¿Qué ciudad?), lo que quiere decir "¿A qué ciudad quieres llamar?" En general, la operadora te da el número electrónicamente. Puede ser algo difícil entenderlo, así que ten a la mano un papel y un lápiz para apuntarlo.

## *Para recibir ayuda de la operadora "O"*

Sólo marca el número "O," y te conectarás a una **long-distance operator** (long *dis*-tens *o*-per-ei-tor; operadora de larga distancia) quien te puede ayudar a hacer **long-distance calls** (long *dis*-tens cols; llamadas de larga distancia), a conectarte a una operadora de otro país, y a recibir **emergency calls** (i-*mer*-llen-ci cols; llamadas de emergencia). Estas operadoras generalmente contestan con el nombre de su compañía telefónica, tal como **Ameritech** o **Pacific Bell.**

En el oeste de los Estados Unidos y también otras partes del país, puedes pedirle a la operadora que te conecte con una operadora **Spanish-speaking** (*spa*-nich *spi*-ik-ing; que habla español) quien te puede buscar un número o hacer llamadas de larga distancia, ¡pero no te ayudará a mejorar tu inglés!

## Palabras para recordar

| | | |
|---|---|---|
| Operator | o-per-ei-tor | operadora |
| directory assistance | di-rec-to-ri a-sis-tens | asistencia de directorio |
| yellow pages | lle-lou pei-ches | páginas amarillas o sección amarilla |
| wrong number | rong nom-ber | número equivocado |
| phone bill | foun bil | cuenta del teléfono |
| phone card | foun card | tarjeta telefónica |

## Tarjetas telefónicas — un buen invento

Hoy en día, casi todos usan **phone cards** (foun cards; tarjetas de teléfono) para hacer llamadas de larga distancia cuando están fuera de casa. El usar una tarjeta de teléfono es fácil, bastante rápido y usualmente más barato que llamar de cualquier otra manera. No tendrás problemas en encontrar estas tarjetas en los Estados Unidos; a menudo se venden en las tiendas de autoservicio y en muchos lugares más. Las tarjetas se venden por su valor en dinero ($5, $10, $20, etc.) o por su duración en minutos. Cuando necesites una, puedes preguntar **Where can I buy a phone card?** (juer can ai bai ei foun card; ¿Dónde puedo comprar una tarjeta de teléfono?)

# ¡Los teléfonos celulares!

Los teléfonos celulares están en todas partes. Es casi imposible ir a un lugar — un teatro, un restaurante o hasta la playa — sin oír el molesto timbre de los teléfonos celulares. (¡Ya podrás adivinar mi opinión acerca de ellos!) Tal vez tú también tienes un teléfono celular. Si es así, he aquí algunas reglas de etiqueta para el uso de tu teléfono en público en los Estados Unidos:

✔ Apaga tu teléfono en un restaurante, un teatro o en cualquier lugar donde la gente espera un ambiente quieto o calmado . . . Si debes dejarlo prendido y alguien te llama, salte a un rincón apartado para hablar. Habla discretamente y ¡*sé breve*!

✔ Si manejas en los Estados Unidos, investiga si existen algunas leyes para el uso de los teléfonos celulares. Algunas áreas tienen leyes locales que prohiben el uso de un teléfono celular mientras manejas un coche.

✔ Y siempre apaga tu teléfono celular durante tu clase de inglés — ¡especialmente *mi* clase! (Gracias.)

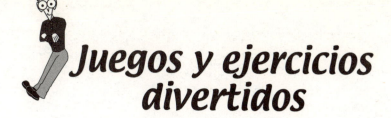

# Juegos y ejercicios divertidos

Pon a prueba tu mente tratando de determinar cuáles son las palabras que faltan en la siguiente conversación telefónica. Forrest ha llamado a su amigo Colin y alguien acaba de contestar el teléfono.

**Bye, there, phone number, This is, are you, Hello, leave, message, fine, Forrest, 487-7311, call**

1. El compañero de cuarto de Colin: _____?

2. Forrest: **Hi.** _____ **Forrest.**

3. El compañero de cuarto de Colin: **Hi Forrest. How** _____?

4. Forrest: **I'm** _____, **thanks. Is Colin** _____?

5. El compañero de cuarto de Colin: **No. Do you want to** _____ **a message?**

6. Forrest: **Yes, please. Just tell him that** _____ **called.**

7. Forrest: **And ask him to** _____ **me back.**

8. El compañero de cuarto de Colin: **Okay. What's your** _____?

9. Forrest: **It's** _____.

10. El compañero de cuarto de Colin: **Okay. I'll give him your** _____.

11. Forrest: **Thanks.** _____.

# Parte III
# De visita

"We're still learning the language and Martin tends to act out things he doesn't know the word for. He tried buying a toilet seat the other day and they almost threw him out of the store."

## En esta parte . . .

Esta parte te proporciona lo que necesitas para llevar tu inglés de viaje. Esta parte fue diseñada para el viajero que llevas dentro de ti y que necesita algunas pistas culturales y el vocabulario para pasar por aduana, subirse a un autobús o usar otras formas de transporte, registrarse en un hotel, comer en un restaurante y, claro, cambiar dinero — sin mencionar, ¡gastarlo en las tiendas y en el súper!

# Capítulo 7

# Dinero, dinero, dinero

· · · · · · · · · · · · · · · · · · · · · · · · · · · · · · · · · · · · · · · · · · ·

***En este capítulo***

▶ Identificación del dinero estadounidense

▶ Intercambio de dinero

▶ Uso de los cajeros automáticos (ATM en inglés)

▶ Tarjetas de crédito

· · · · · · · · · · · · · · · · · · · · · · · · · · · · · · · · · · · · · · · · · · ·

**D**icen que el dinero no compra la felicidad. Eso es probablemente cierto, pero no obstante, se necesita dinero para pagar las cosas esenciales. Y cuando estás viajando o lejos de casa, tus preocupaciones serán menos (¡y te divertirás más!) si sabes cómo conseguir y usar la moneda apropiada. Este capítulo te proporciona el vocabulario e información necesarios para entender el dinero estadounidense, tener acceso a tu cuenta y efectuar tus actividades básicas financieras mientras estás aquí. (Busca en los Capítulos 8, 9 y 10 la información monetaria para ir de compras, dar propina y pagar la cuenta.)

## *Dólares y centavos*

El dinero estadounidense consta de **dollars** (*do*-lars; dólares) o billetes y **cents** (cents; centavos) o monedas. Los billetes estadounidenses se ven prácticamente igual — ¡todos son verdes! Los billetes son del mismo tamaño y todos tienen impresos presidentes estadounidenses. Por supuesto, no tienen el mismo valor. Los billetes estadounidenses **bills** (bils; billetes) vienen en las **denominations** (de-no-mi-*nei*-chions; denominaciones) siguientes:

✔ **ones** (uons; uno)

✔ **fives** (faivs; cinco)

✔ **tens** (tens; diez)

✔ **twenties** (*tuen*-tis; veinte)

- ✔ **fifties** (*fif*-tis; cincuenta)
- ✔ **one hundreds** (uon *jon*-dreds; cien)
- ✔ **five hundreds** (faiv *hon*-dreds; quinientos)

Se pueden conseguir billetes de denominaciones mayores. Aunque no es muy buena idea portar billetes de más de 100-dólares por seguridad y por facilidad de cambio.

Si alguien dice **It costs five bucks** (it cost faiv boks; cuesta cinco bolas), no significa que debes pagar con venado o ciervo (también conocido como **a buck**); ¡se te está hablando de dólares! **A buck** (ei bok; un dólar) es el término popular para un dólar. Otra expresión popular para el dinero es **that green stuff** (dat *gri*-in stof; esa cosa verde) — una referencia general para hablar de los billetes. Si deseas usar esa expresión, no olvides la palabra **that.**

Las diferentes **coins** se representan en **cents** (¢). Cien centavos equivalen a un dólar. La lista siguiente te da una idea general de los nombres de las monedas y sus valores.

- ✔ **penny** (*pe*-ni; un centavo)          1¢
- ✔ **nickel** (*ni*-kel; cinco centavos)          5¢
- ✔ **dime** (*daim*; diez centavos)          10¢
- ✔ **quarter** (*cor*-ter; veinticinco centavos)     25¢

Otra manera de escribir centavos es: **$.05** para **5 cents, $.10** para **10 cents,** etc. Las cantidades en dólares se escriben como **$10** o **$10.00.** Usa un **decimal point** (*de*-ci-mal point; punto decimal), no una coma, para indicar **cents.**

Si usas un billete de 100 dólares (o a veces uno de 20 o 50 dólares) para pagar algo, no te sorprendas si el dependiente verifica la autenticidad del billete. Se exige que el dependiente revise los billetes de alta denominación para asegurarse de que no es dinero falsificado.

Cuando dices **This is ten dollars** (dis is ten *do*-lars; Esto cuesta diez dólares), la palabra **dollars** es un sustantivo en plural, así que termina con una **s.** Pero cuando dices **This is a ten-dollar bill** (dis is ei ten *do*-lar bil; Éste es un billete de diez dólares), ¿dónde quedó la **s** de la palabra **dollar?** La respuesta es fácil. En la segunda oración, **dollar** no es un sustantivo, sino un adjetivo que describe la palabra **bill.** En el inglés, los adjetivos no tienen plural aunque describan a sustantivos en plural. (Encontrarás más información sobre los sustantivos y los adjetivos en el Capítulo 2.)

## Palabras para recordar

| | | |
|---|---|---|
| dollar | do-lar | dólar |
| bill | bil | billete |
| paper money | pei-per mo-ni | billete |
| cents | cents | centavos |
| coin | coin | moneda |
| denomination | de-no-mi-nei-chion | denominación |

# Intercambio de dinero

Sólo puedes usar **currency** (*cu*-ren-ci; moneda o dinero) estadounidense en los Estados Unidos. Así que inmediatamente, debes saber dónde puedes cambiar tu dinero y cómo realizar la **transaction** (trans-*ac*-chion; transacción) en inglés.

En ciudades grandes, puedes cambiar tu dinero en casas o agencias de cambio y en hoteles importantes. También puedes cambiar dinero en los aeropuertos y bancos, aunque no todos los bancos aceptan todas las monedas extranjeras. Con todo esto en mente, deberías comprar algo de dinero estadounidense antes de salir de tu país. De esa manera, tendrás algo de dinero estadounidense a tu llegada.

Las frases siguientes te ayudarán a poner algo de dinero estadounidense en tus manos:

✔ **Where can I exchange money?** (juer can ai eks-*cheinch* mo-ni; ¿Dónde puedo cambiar dinero?)

✔ **Where can I find a bank?** (juer can ai faind ei bank; ¿Dónde puedo encontrar un banco?)

✔ **Do you exchange foreign currency here?** (du iu eks-*cheinch* fo-ren *cu*-ren-ci ji-ar; ¿Cambian moneda extranjera aquí?)

A dondequiera que vayas a cambiar tu dinero, tendrás que saber el **exchange rate** (eks-*cheinch* reit; tipo o tasa de cambio). Puedes enterarte del tipo de cambio y si cobran o no un recargo por el cambio de dinero, preguntándole al cajero/a.

He aquí algunas frases que usarás al intercambiar dinero:

✔ **What is the exchange rate today?** (juat is da eks-*cheinch* reit tu-*dei*; ¿Cuál es el tipo de cambio de hoy?)

✔ **Do you charge a fee?** (du iu charch ei *fi*-i; ¿Cobran algún recargo por el cambio?)

✔ **I'd like to exchange money, please.** (aid laik tu eks-*cheinch* mo-ni *pli*-is; Me gustaría cambiar algo de dinero por favor.)

## Palabras para recordar

| | | |
|---|---|---|
| to exchange | tu eks-cheinch | cambiar o intercambiar |
| exchange rate | eks-cheinch reit | tipo de cambio |
| currency | cu-ren-ci | moneda o dinero |
| transaction | trans-ac-chion | transacción |
| fee | fi-i | recargo u honorario |

# En el banco

CULTURAL WISDOM

La antigua expresión "banker's hours" que en un tiempo se refería al horario lujosamente corto de los banqueros, no tiene el mismo significado hoy en día. La mayoría de los bancos permanecen abiertos de 9 a.m. a 5 o 6 p.m. de lunes a viernes y de 9 a.m. a 2 p.m., o más tarde, los sábados. Y no cierran durante la hora del almuerzo. Más aún — ¡Ésa es su hora pico!

Al entrar a un banco, generalmente encontrarás un área delineada con listones o lazos donde la gente se coloca y espera por el próximo **teller** (*te*-ler; cajero) disponible. Adelante, ponte en la línea y cuando sea tu turno, la cajera dirá:

✔ **Next!** (nekst; ¡El que sigue!)

✔ **May I help you?** (mei ai jelp iu; ¿En qué le puedo servir?)

✔ **I can help you down here.** (ai can jelp iu daun *ji*-ar; Yo le puedo ayudar aquí.)

Acércate entonces al cajero y explícale lo que necesitas. Las expresiones siguientes cubrirán la mayoría de tus necesidades bancarias, además del cambio de moneda, del cual puedes leer en la sección anterior.

✔ **I'd like to cash some travelers' checks.** (aid laik tu cach som *tra*-vel-ers cheks; Me gustaría cambiar algunos cheques de viajero.)

✔ **I need to cash a check.** (ai *ni*-id tu cach ei chek; Necesito cambiar un cheque.)

✔ **I want to make a deposit.** (ai juant tu meik ei di-*po*-sit; Quiero hacer un depósito.)

✔ **I'd like to open an account.** (aid laik tu o-*pen* an a-*caunt*; Me gustaría abrir una cuenta.)

Para obtener más información acerca de las expresiones **I'd like**, **I want** y otras frases útiles, ve al Capítulo 3.

## *Hablando como se habla*

 Fuji acaba de llegar de Dinamarca y está esperando en la fila del banco para cambiar su dinero por dólares estadounidenses. (Track 14)

Cajero: **Next! What can I do for you today?**
nekst juat can ai du for iu *tu*-dei
¡El que sigue! ¿En qué le puedo ayudar?

Fuji: **Do you exchange foreign currency?**
du iu eks-*cheinch* fo-ren *cu*-ren-ci
¿Puede cambiar moneda extranjera?

Cajero: **Yes, some currencies. What do you have?**
ies som *cu*-ren-cis juat du iu jav
Sí, algunos tipos de monedas ¿Qué moneda quiere cambiar?

Fuji: **Euros. Can you exchange that?**
*da irrohs* can iu eks-*cheinch* dat
Los euros. ¿Puede cambiarlos?

Cajero: **Yes, I can. How much would you like?**
ies ai can jau moch *u*-ud iu laik
Sí. ¿Cuánto quiere cambiar?

| | |
|---|---|
| Fuji: | **I'd like to get 200 dollars. What's the exchange rate today?**<br>aid laik tu guet tu *jon*-dred *do*-lars juats da eks-*cheinch* reit tu-*dei*<br>Me gustaría recibir 200 dólares. ¿Cuál es el tipo de cambio hoy? |
| Cajero: | **.988.**<br>point nain eit eit<br>.988. |
| Fuji: | **Okay, that's fine.**<br>*o*-kei dats fain<br>Está bien. |

Fuji ha contado su dinero y ahora el cajero le pregunta en qué denominaciones quiere los dólares.

| | |
|---|---|
| Cajero: | **How would you like your money? Are fifties okay?**<br>jau *u*-ud iu laik ior *mo*-ni ar *fif*-tis o-*kei*<br>¿Cómo quiere su dinero? ¿En billetes de cincuenta le parece bien? |
| Fuji: | **Two fifties and the rest in twenties, please.**<br>tu *fif*-tis and da rest in *tuen*-tis *pli*-is<br>Dos de cincuenta y el resto en billetes de veinte, por favor. |
| Cajero: | **Okay, here's your money and your receipt.**<br>*o*-kei *ji*-ars ior *mo*-ni and ior ri-*ci*-it<br>Bien, aquí tiene su dinero y el recibo. |
| Fuji: | **Thank you. Good-bye.**<br>zank iu gud bai<br>Gracias. Hasta luego. |

Asegúrate de contar tu dinero y revisar el **receipt** (ri-*ci*-it; recibo o factura) antes de que salgas del banco para que confirmes que te han dado la cantidad correcta en dólares. Además, guarda tus recibos del banco para que puedas verificar tu cuenta al regresar a casa.

# Palabras para recordar

| | | |
|---|---|---|
| cash a check | cach ei chek | cambiar un cheque |
| open an account | o-pen an a-caunt | abrir una cuenta |
| make a deposit | meik ei di-po-sit | hacer un depósito |
| teller | te-ler | cajero |
| traveler's checks | tra-vel-ers cheks | cheques de viajero |
| receipt | ri-ci-it | recibo o factura |

# Uso de los cajeros automáticos (ATM, en inglés)

**Automated Teller Machines** (*o*-to-mei-ted te-ler ma-*chins*; Máquinas de cajero automático) o **ATMs** (*ei*-ti-ems; ATMs) abundan en los Estados Unidos. Puedes encontrar **ATMs** en centros comerciales, supermercados, tiendas, aeropuertos, estaciones de autobuses, estaciones del tren, algunos teatros y, por supuesto, en los bancos. El usar **ATM** con tu **credit card** (*cre*-dit card; tarjeta de crédito) o tu **bank card** (bank card; tarjeta bancaria) es definitivamente la manera más simple y rápida de tener acceso a tu dinero, ¡y de gastarlo también!

No encontrarás mucha diferencia en la forma en que operan las **ATMs** en todo el mundo, solamente el idioma y los términos bancarios en la pantalla cambian. En los Estados Unidos, algunas **ATMs** son "bilingües", dándote la opción en inglés o en español, inglés o chino u otros idiomas, dependiendo de la región demográfica en donde se encuentre. Así que si tienes suerte, ¡te puedes encontrar con una **ATM** que habla tu idioma! De lo contrario, usa la siguiente lista de las frases que encontrarás en la pantalla de una **ATM** y cómo interpretarlas. (***Nota:*** El orden de las palabras puede variar, sin embargo, esta lista te dará una idea general de lo que encontrarás.)

1. **Please insert your card.** (*pli*-is in-*sert* ior card; Por favor, introduzca su tarjeta.)

   En ese instante tal vez tengas la opción de escoger otro lenguaje si la ATM es bilingüe.

2. **Enter your PIN (or secret code) and then press Enter.** (*en*-ter ior pin o *si*-cret coud and den pres *en*-ter; Teclee su número de identificación personal (o clave) y presione Continuar.)

3. **Choose the type of transaction that you want to make.** (*chu*-us da taip of trans-*ac*-chion dat iu juant tu meik; Seleccione el tipo de transacción que desea realizar.) Por ejemplo:

> **Withdraw cash** (*uiz*-drau cach; Retiro de dinero)
>
> **Deposit** (di-*po*-sit; Depósito de dinero)
>
> **Account balance** (a-*caunt ba*-lans; Balance de cuenta)
>
> **Transfer/Electronic payment** (*trans*-fer i-lec-*tro*-nic *pei*-ment; Transferencia/Pago electrónico)
>
> Si seleccionas **withdraw cash,** se te preguntará entonces de dónde quieres extraer tu dinero: de tu **checking account** (*chek*-ing a-*caunt*; cuenta de cheques), **savings account** (sei-vings a-caunt; cuenta de ahorros), o **credit card** (*cre*-dit card; tarjeta de crédito).

Después de hacer tu selección, algunas **ATMs** te permiten seleccionar cantidades que van desde $20 a $300, mientras que otras ATMs te piden que especifiques la cantidad que deseas retirar.

Debes tener cuidado al teclear una cantidad en dólares y centavos. Si deseas $200 dólares, no teclees solamente 200, porque se mostrará en la pantalla como $2.00 (¡dos dólares!).

4. **After choosing or typing in an amount, you see the following commands in order** (*af*-ter *chu*-us-ing or *taip*-ing in an a-*maunt* iu *si*-i da *fo*-lou-ing co-*mands* in *or*-der; Después de seleccionar o teclear la cantidad, aparecerán casi en el mismo orden las instrucciones siguientes):

> **You entered $200.00. Is that correct? Yes or No?** (iu *en*-terd tu *hun*-dred *do*-lars is dat co-*rect* ies or nou; Has seleccionado $200.00. ¿Has seleccionado correctamente? ¿Sí o no?)
>
> **Your request is being processed.** (ior ri-*kuest* is *bi*-ing *pro*-cest; Su transacción está en proceso.)
>
> **Please remove your cash.** (*pli*-is ri-*mu*-uv ior cach; Por favor, retire su dinero.)
>
> **Would you like another transaction? Yes or No?** (*u*-ud iu laik a-*no*-der trans-*ac*-chion ies or nou; ¿Desea hacer otra transacción? ¿Sí o no?)
>
> **Please remove your card and receipt.** (*pli*-is ri-*mu*-uv ior card and ri-*ci*-it; Por favor, retire su tarjeta y el recibo.)

## Palabras para recordar

| | | |
|---|---|---|
| to choose | tu chu-us | seleccionar o escoger |
| to enter | tu en-ter | proporcionar o ingresar |
| to remove | tu ri-mu-uv | remover o retirar |
| to press | tu pres | oprimir o presionar |
| to withdraw | tu uiz-drau | retirar (dinero) |
| card | card | tarjeta |
| cash | cach | dinero en efectivo |
| checking | chek-ing | cuenta de cheques |
| savings | sei-vings | ahorros o cuenta de ahorros |
| balance | ba-lans | balance o saldo |

# ¡Cárguelo! Uso de las tarjetas de crédito

Las tarjetas de crédito y las tarjetas bancarias (de pago) hacen la vida — y los viajes — más fáciles. Te proporcionan acceso inmediato al dinero y a toda clase de servicios y beneficios. Pero no todos los negocios aceptan tarjetas de crédito, y algunos negocios sólo aceptan *ciertas* tarjetas de crédito.

Y es mejor que dejes tu chequera en casa — porque cheques personales de cuentas extranjeras casi nunca son aceptados.

# Hablando como se habla

 Megumi se encuentra en una tienda y está preguntando acerca de las maneras aceptables de pago. (Track 15)

Megumi: **Do you take credit cards?**
du iu teik *cre*-dit cards
¿Aceptan tarjetas de crédito?

Vendedor: **Yes, Visa and Mastercard.**
ies vi-sa and *mas*-ter-card
Sí, Visa y Mastercard.

Megumi: **No Discover card?**
nou dis-*co*-ver card
¿No aceptan Discover Card?

Vendedor: **No, I'm sorry.**
nou aim *so*-ri
No, lo siento.

Megumi: **Can I use my bank card?**
can ai ius mai bank card
¿Puedo usar mi tarjeta bancaria?

Vendedor: **Does it say Visa or Mastercard on it?**
dos it sei *vi*-sa or mas-ter-card on it
¿Dice Visa o Mastercard en la tarjeta?

Megumi: **No, it doesn't.**
nou it *dos*-ent
No.

Vendedor: **I'm sorry. I can't accept it.**
aim *so*-ri ai cant ak-sept it
Lo siento. No puedo aceptarla.

Megumi: **May I write a check?**
mei ai rait ei chek
¿Le puedo escribir un cheque?

Vendedor: **Is it local?**
is it *lou*-cal
¿Es local?

Megumi: **No, it's from my bank in Japan.**
nou its from mai bank in *lla*-pan
No, es de mi banco en Japón.

Vendedor: **I'm sorry. We only take local checks.**
aim *so*-ri ui *on*-li teik *lou*-cal cheks
Lo siento. Sólo aceptamos cheques locales.

Megumi: **Well, may I pay with cash?**
uel mei ai pei uiz cach
Bueno, ¿puedo pagar en efectivo?

Vendedor: **Did you say cash? Of course, we always take cash!**
did iu sei cach of cors ui *al*-ueys teik cach
¿Dijo dinero en efectivo? Por supuesto, ¡siempre
aceptamos dinero en efectivo!

## Dos preposiciones que pagan: By y with

Cuando la dependiente o el cajero te pregunta cómo quieres pagar, responde con la preposición **by** (bai; por) o **with** (uiz; con). Estas preposiciones conectan a la palabra **pay** (pei; pago) con la forma de pago. Observa los ejemplos siguientes:

- ✔ **I'll pay by check.** (ail pei bai chek; Pagaré por medio de cheque.)

  . . . **by credit card.** (bai *cre*-dit card; . . . por medio de una tarjeta de crédito.)

- ✔ **I'll pay with a check.** (ail pei uiz ei chek; Pagaré con un cheque.)

  . . . **with a credit card.** (uiz ei *cre*-dit card; . . . con una tarjeta de crédito.)

  . . . **with cash.** (uiz cach; . . . con dinero en efectivo.)

*Nota:* También puedes decir **I'll pay *in* cash** (ail pei in cach; Pagaré en efectivo) pero evita decir **by cash** (bai cach; por dinero).

¿Notaste el artículo **a** enseguida de **with?** Usa un artículo cuando el sustantivo que le sigue es un *sustantivo de cantidad* (o sea en su forma plural). La palabra **cash** es un *sustantivo no contable* (o sea que no existe en plural), así que no necesita un artículo. (Para más información acerca de sustantivos contables y no contables, ve al Capítulo 10. Y si deseas más información de los artículos, ve al Capítulo 2.)

## Dos verbos que pagan: To accept y to take

**Accept** (ak-*cept*; aceptar) y **take** (teik; tomar o coger) son verbos que se usan para hablar de la forma de pago que un negocio o establecimiento comercial permite. **Accept** es un verbo regular, y **take** es irregular. En los ejemplos siguientes observa cómo se usa **accept** y **take** en algunas expresiones de uso común:

- ✔ **Do you accept Visa?** (du iu ak-*cept vi*-sa; ¿Acepta visa?)

- ✔ **We take major credit cards.** (ui teik *mei*-llor *cre*-dit cards; Aceptamos cualquier tarjeta de crédito importante.)

- ✔ **We accept all forms of payment.** (ui ak-*cept* ol forms of *pei*-ment; Aceptamos cualquier tipo de pago.)

Para darle un vistazo a las formas del tiempo pasado de **to take,** ve al Apéndice A. Entérate también de otras maneras de usar el verbo **to take** en los Capítulos 5, 6 y 9.

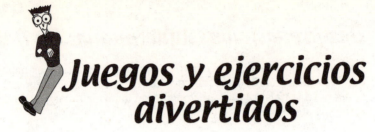

# Juegos y ejercicios divertidos

¿Qué tal está tu sentido monetario? He aquí una oportunidad para que lo averigües. Identifica los billetes y las monedas en las imágenes y luego, conéctalas con las siguientes cantidades escritas:

**ten-dollar bill, quarter, 45 cents, 50 dollars, penny, 2 twenties, nickel, $.30, $30, 5 bucks, 50¢**

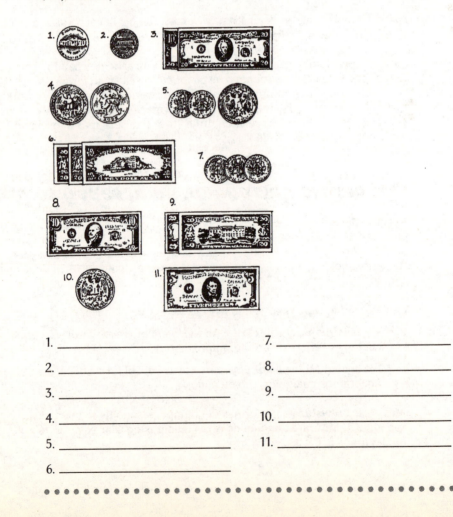

1. _____    7. _____

2. _____    8. _____

3. _____    9. _____

4. _____    10. _____

5. _____    11. _____

6. _____

# Capítulo 8

# Hospedaje en un hotel

- - - - - - - - - - - - - - - - - - - - - - - - - - - - - - - - - - - - - -

*En este capítulo*

▶ Hotel o motel, tú decides

▶ La reservación de un cuarto

▶ Cómo expresar fechas

▶ Registro de llegada y de salida

▶ Uso de los pronombres y adjetivos posesivos

- - - - - - - - - - - - - - - - - - - - - - - - - - - - - - - - - - - - - -

Algunas veces, lo mejor de llegar a un lugar es entrar al cuarto de tu hotel y poner las maletas en el suelo. Ya sea que prefieras la seguridad de hacer reservaciones o la espontaneidad de encontrar alojamiento al llegar, estarás más tranquilo si sabes algunas palabras y frases básicas en inglés antes de llegar a tu destino. (Por supuesto, si lo deseas, lleva este libro contigo y sácalo cada vez que lo necesites.)

En este capítulo, aprenderás a localizar y reservar un cuarto, a hablar con el personal del hotel o motel y a entender los servicios ofrecidos por el hotel. También encontrarás información acerca del uso de los pronombres y adjetivos posesivos.

## Hotel o motel, tú decides

En hoteles y moteles podrás disfrutar de cuartos limpios y cómodos con baño privado, buen servicio y a menudo con piscina. La diferencia mayor entre hoteles y moteles es la variedad de servicios y comodidades que ofrecen y, por supuesto, con ello el precio.

El hospedaje en hoteles cuesta más porque son de **full-service** (ful *ser*-vis; servicio completo), lo cual significa que generalmente ofrecen servicio de restaurante y bar, valet y conserjería, equipo de computación y a menudo un salón para negocios o una oficina donde puedes sacar copias y mandar faxes.

Pero si no necesitas todas las comodidades de un hotel de servicio completo y deseas una estadía menos costosa, entonces el motel es para ti. La mayoría de los moteles están ubicados cerca de restaurantes familiares y algunas veces ofrecen algunos de los servicios especiales que los hoteles proveen.

No importa dónde te hospedes — desde el motel más simple hasta un hotel de **five-star** (faiv star; cinco estrellas) o un hotel de calidad — los precios y opciones de un cuarto pueden variar considerablemente. Así que antes de que tomes la decisión final, infórmate de los precios haciendo las siguientes preguntas:

- **What is the price range of your rooms?** (juat is da prais reinch of ior _ru_-ums; ¿Cuáles son los precios de sus habitaciones?)

- **What type of accommodations do you have?** (juat taip of a-co-mou-_dei_-chions du iu jav; ¿Qué tipos de servicios y alojamiento ofrecen?)

Si los precios resultan ser más altos de lo que quieres pagar, puedes preguntar **Do you have anything less expensive?** (du iu jav _e_-ni-zing les ek-_spen_-siv; ¿Tiene algo menos caro?)

## Palabras para recordar

| | | |
|---|---|---|
| hotel | jo-tel | hotel |
| motel | mo-tel | motel |
| room | ru-um | cuarto o habitación |
| bed-and-breakfast | bed and brek-fast | posada de lujo |
| price range | prais reinch | escala de precios |
| accommodations | a-co-mou-dei-chions | alojamiento o servicios |

## Si te decides por un bed-and-breakfast

Si buscas una experiencia inolvidable de alojamiento, debes quedarte en un **bed-and-breakfast** (bed and *brek*-fast; posada de lujo) o **B&B** (bi and bi). Este tipo popular de alojamiento se ofrece a menudo en una hermosa casa o casa de campo antigua y restaurada, con el desayuno incluido en el precio del hospedaje. Pero recuerda que **B&Bs** son generalmente caros y tendrás que compartir el baño con otros huéspedes. Además, el tipo y la cantidad del desayuno varía considerablemente. Algunos **B&Bs** ofrecen un desayuno completo o un desayuno buffet, mientras que otros pueden ofrecer solamente algunos panecillos, algo de jugo, té y café (¡a duras penas un desayuno respetable en mi opinión!). Los **B&Bs** son ideales para un escape romántico y generalmente no son recomendables para familias con niños.

# Cómo hacer una reservación

Si quieres estar seguro de que tendrás un lugar donde pasar la noche (¿quién no, después de un largo viaje?), debes hacer tu reservación con anticipación. La mayoría de los hoteles y moteles cuentan con **toll-free numbers** (tol *fri*-i *nom*-bers; números telefónicos de llamada gratis para el cliente) — generalmente números que empiezan por 1-800 — a los que puedes llamar para reservar una habitación.

Las frases siguientes te ayudarán a iniciar el proceso de reservación:

- **I'd like to make a reservation for June 15.** (aid laik tu meik ei re-ser-*vei*-chion for llun fif-*ti*-in; Me gustaría hacer una reservación para el 15 de junio.)
- **Do you have any vacancies for the night(s) of July 8?** (du iu jav *e*-ni *vei*-can-cis for da nait(s) of llu-*lai* eit; ¿Tiene vacantes para la noche del 8 de julio?)
- **I'd like to reserve a room for two people for August 22.** (aid laik tu ri-*serv* ei *ru*-um for tu *pi*-pol for *a*-gost *tuen*-ti tu; Me gustaría reservar una habitación para dos personas para el 22 de agosto.)

Ve a la sección "Expresión de las fechas con números ordinales", más adelante en este capítulo, para aprender a decir las fechas.

Para finalizar tu reservación, el hotel requiere la siguiente información:

- **arrival date** (a-*rai*-val deit; fecha de llegada)
- **departure date** (di-*part*-chur deit; fecha de salida)
- **number of people staying in the room** (*nom*-ber of *pi*-pol *stei*-ing in da *ru*-um; número de personas que ocuparán la habitación)

✔ **credit card number** (*cre*-dit card *nom*-ber; número de tu tarjeta de crédito)

✔ **special needs** (*spe*-chial *ni*-ids; necesidades especiales, como cunas, acceso para sillas de ruedas y dietas especiales)

Si esperas hasta llegar a tu destino para encontrar hospedaje, puedes pedirle a la gente que te recomiende un hotel o motel o ve a un centro de información o, simplemente date un paseo por la ciudad. Cuando encuentres un letrero que dice **vacancy** (*vei*-can-ci; vacante), hay cuartos disponibles. Pero si el letrero dice **no vacancy** (nou *vei*-can-ci; no hay vacantes) significa que debes buscar en otro lado porque el hotel o motel está lleno o **booked** (bukt; sin vacantes). Si no ves el letrero, entra y haz la siguiente pregunta: **Do you have any vacancies?** (du iu jav *e*-ni *vei*-can-cis; ¿Tiene vacantes?)

Si tienen cuartos disponibles, puedes preguntar por los precios usando una de las preguntas de la sección anterior. Si no tienen vacantes, pídele al dependiente que te recomiende otro hotel o motel. He aquí cómo debes preguntar:

✔ **Could you recommend another hotel/motel?** (cud iu re-co-*mend* a-*no*-der jo-*tel*/mo-*tel*; ¿Me podría recomendar otro hotel/motel?)

✔ **Do you know where I can find a vacancy?** (du iu nou juer ai can faind ei *vei*-can-ci; ¿Sabe dónde puedo encontrar una vacante?)

# Expresión de las fechas con números ordinales

Imagina que llegas a tu hotel después de un largo viaje y descubres que tienes una reservación — ¡pero es para el próximo mes! Puedes asegurarte que tendrás una habitación a tu llegada si especificas la fecha de tu arribo clara y correctamente al hacer tu reservación. En inglés, las fechas se escriben en el siguiente orden: **month/day/year** (monz/dei/*lli*-ar; mes/día/año).

Por ejemplo, la fecha **3/1/2002** es el primero de marzo del 2002 (y no el 3 de enero del 2002). Al hablar, puedes decir la fecha en alguna de las siguientes formas:

✔ **March first, two thousand and two** (march furst tu *zau*-sand and tu; el primero de marzo, dos mil dos)

✔ **The first of March, two thousand two** (da furst of march tu *zau*-sand tu; el primero de marzo, dos mil dos)

Te tomará algún tiempo para acostumbrarte a escribir primero el mes, pero te acordarás cada vez que veas una fecha como 5/13/01. Por supuesto, ¡no existe el decimotercer mes!

Para expresar una fecha como 3/1/2001, debes usar *números ordinales* — números como primero, segundo, tercero y otros que indican un orden o una secuencia. A continuación algunas reglas simples que te indican cómo decir los números ordinales:

✔ Para los números que terminan en **1** (excepto el **11**), di **first** (furst; primero).

✔ Para los números que terminan en **2** (excepto el **12**), di **second** (*se*-cond; segundo).

✔ Para los números que terminan en **3** (excepto el **13**), di **third** (zurd; tercero).

✔ Para el **11, 12, 13** y cualquier otro número, agrega la terminación **-th** (z española).

Revisa el Capítulo 9 para obtener más información a fondo de los números ordinales; dale un vistazo también a la Tabla 9-1, que contiene los números más comúnmente usados para expresar fechas.

| Tabla 9-1 | Números Ordinales |
|---|---|
| *Palabra (Numerador)* | *Pronunciación / Traducción* |
| first (1st) | furst; primero |
| second (2nd) | *se*-cond; segundo |
| third (3rd) | zurd; tercero |
| fourth (4th) | forz; cuarto |
| fifth (5th) | fifz; quinto |
| sixth (6th) | siksz; sexto |
| seventh (7th) | *se*-venz; séptimo |
| eighth (8th) | eitz; octavo |
| ninth (9th) | nainz; noveno |
| tenth (10th) | tenz; décimo |
| eleventh (11th) | i-*le*-venz; decimoprimero |
| twelfth (12th) | tuelvz; decimosegundo |
| thirteenth (13th) | zur-*ti*-inz; decimotercero |
| fourteenth (14th) | *for*-ti-inz; decimocuarto |
| fifteenth (15th) | *fif*-ti-inz; decimoquinto |

*(continúa)*

### Tabla 9-1 *(continúa)*

| Palabra (Numerador) | Pronunciación / Traducción |
|---|---|
| sixteenth (16th) | *siks*-ti-inz; decimosexto |
| seventeenth (17th) | se-ven-*ti*-inz; decimoséptimo |
| eighteenth (18th) | *ei*-ti-inz; decimooctavo |
| nineteenth (19th) | *nain*-ti-inz; decimonoveno |
| twentieth (20th) | *tuen*-ti-ez; vigésimo |
| twenty-first (21st) | tuen-ti-*furst*; vigesimoprimero |
| thirtieth (30th) | *zur*-ti-ez; trigésimo |
| one-hundredth (100th) | uon *jon*-dredz; centésimo |

## *Hablando como se habla*

 Nettie Abbott llama a la recepción de un hotel para hacer una reservación para ella y su esposo Charlie. (Track 16)

Recepcionista: **Mattison Hotel. How can I help you?**
*ma*-ti-son jo-*tel* jau can ai jelp iu
Hotel Mattison ¿En qué le puedo servir?

Nettie: **Hello. I'd like to make a reservation for February 9th and 10th.**
*je*-lou aid laik tu meik ei re-ser-*vei*-chion for *feb*-ru-eri nainz and tenz
Bueno. Me gustaría hacer una reservación para el nueve y el diez de febrero.

Recepcionista: **How many adults will there be, ma'am?**
jau *me*-ni a-*dults* uil der bi mam
¿Cuántos adultos son, señora?

Nettie: **Two.**
tu
Dos.

Recepcionista: **Any children?**
e-ni *chil*-dren
¿Niños?

| | |
|---|---|
| Nettie: | **Oh my, no! Our children are grown.** |
| | ou mai nou aur *chil*-dren ar groun |
| | ¡Claro que no! Nuestros hijos ya son adultos. |
| | |
| Recepcionista: | **Do you want a smoking or non-smoking room?** |
| | du iu uant ei smou-king or *non*-smou-king *ru*-um |
| | ¿Quiere una habitación de fumar o de no fumar? |
| | |
| Nettie: | **Non-smoking.** |
| | non *smou*-king |
| | De no fumar. |
| | |
| Recepcionista: | **I can give you a room with a queen or king-size bed.** |
| | ai can guiv iu ei *ru*-um uiz ei kuin or king sais bed |
| | Le puedo dar una habitación con cama "queen o king-size". |
| | |
| Nettie: | **We'll take the king.** |
| | *ui*-al teik da king |
| | Que sea una king. |
| | |
| Recepcionista: | **Okay. That room will be $85 per night.** |
| | *o*-kei dat *ru*-um uil bi *ei*-ti faiv per nait |
| | Perfecto. La habitación le costará $85 por noche. |
| | |
| Nettie: | **That's fine** |
| | dats fain |
| | Está bien. |
| | |
| Recepcionista: | **I need a credit-card number to hold your reservation.** |
| | ai *ni*-id ei *cre*-dit card *nom*-ber tu jould ior re-ser-*vei*-chion |
| | Necesito el número de su tarjeta de crédito para apartar su reservación. |
| | |
| Nettie: | **Okay. Here it is.** |
| | *o*-kei *ji*-ar it is |
| | Bien. Aquí está. |

Los estadounidenses usan las expresiones **ma'am** (mam; dama) y **sir** (sur; caballero) como palabras de respeto. Escucharás esas expresiones en los establecimientos de servicio. La expresión **miss** (mis; señorita) se usa a menudo para dirigirse a una mujer joven.

### Reyes y reinas — claro, estamos hablando de camas

Cualquiera que sea tu tamaño, necesidad o preferencia, existe una cama para ti. La pequeña para una sola persona se llama **twin** (tuin; gemela o individual); duplica ese tamaño y se convierte en una **double** (*do*-bel; doble o matrimonial); más ancha y será una **queen** (*kui*-in; reina); y si es más ancha aún y más larga, es una **king** (king; rey). La mayoría de las habitaciones de los hoteles y moteles tienen dos camas tamaño reina, pero puedes conseguir otros tamaños de camas o combinaciones de tamaños en un cuarto. Todo lo que tienes que hacer es pedir y, ¡cuidado con la cama tamaño rey, es enorme!

## Palabras para recordar

| | | |
|---|---|---|
| reservation | re-ser-vei-chion | reservación |
| arrival | a-rai-val | llegada o arribo |
| vacancy | vei-can-ci | vacante |
| a room | ei ru-um | un cuarto o habitación |
| queen-size bed | kui-in sais bed | cama tamaño reina |
| king-size bed | king sais bed | cama tamaño rey |

## Al registrarse

La hora de **check-in** (chek in; registro) es alrededor de las 2 o 3 p.m. en la mayoría de los hoteles y moteles. Claro, puedes registrarte a cualquier hora, pero no hay garantía de que el cuarto esté disponible sino hasta la hora de registro.

La **front desk** (front desk; recepción) es generalmente un buen lugar para encontrar información local, incluyendo mapas, panfletos acerca de restaurantes, museos y otros puntos de interés. El personal de un hotel generalmente responde con agrado a tus preguntas y siempre está dispuesto a ofrecerte sugerencias. Esas son también las personas a las que debes acudir si descubres que necesitas algo como toallas extras, secadora de pelo, una plancha, etc.

# *Hablando como se habla*

Nettie y Charlie Abbott han llegado a su hotel. El Sr. Abbott se registra mientras la Sra. Abbott le da un vistazo a la sala de espera y al restaurante.

Recepcionista: **May I help you?**
mei ai jelp iu
¿Les puedo ayudar?

Sr. Abbott: **Yes, we want to check in. My wife and I have reservations for tonight and tomorrow night.**
ies ai juant tu chek in mai uaf and ai jav re-ser-*vei*-chions for tu-*nait* and tu-*mo*-rou nait
Sí, queremos registrarnos. Mi esposa y yo tenemos reservación para las noches de hoy y mañana.

Recepcionista: **Your name, sir?**
ior naim sur
¿Cuál es su nombre, caballero?

Sr. Abbott: **Charles Abbott.**
charls *a*-bot
Charles Abbott.

Recepcionista: **Yes, your room is ready.**
ies ior *ru*-um is *re*-di
Sí, su cuarto está listo.

Sr. Abbott: **That's wonderful.**
dats *uon*-der-ful
Maravilloso.

Recepcionista: **Here's your room key, and I'll call a porter to get your bags.**
*ji*-ars ior ru-um ki-i and ail col ei *por*-ter tu guet ior bags
Esta es la llave de su cuarto y llamaré al portero para que cargue sus maletas.

Sr. Abbott: **Thank you.**
zank iu
Gracias.

## Propina la propina

Es costumbre darle propina al personal de un hotel. Si el servicio es excepcionalmente bueno, puedes dar una **tip** (tip; propina) muy generosa, pero recuerda que el no dar propina se considera de poca educación (y grosero, además). Así que aquí tienes algunos consejos para que sepas a quién dar **tip** y aproximadamente cuánto.

**Porter/bellhop** (*por*-ter/*bel*-jop; botones)
$1 por maleta

**Valet attendant** (va-*le* a-*ten*-dent; camarero/a)
$2–$5

**Housekeeper/maid** (*jaus*-ki-ip-er/meid; mozo o moza)
$2–$5 por día

**Room service** (*ru*-um *ser*-vis; servicio en la habitación)
15% de cortesía incluido; $1 a la persona que hace la entrega

Para más información acerca de la moneda estadounidense, ve al Capítulo 7

# Qué posesivo: El uso de los pronombres y adjetivos posesivos

Cuando se trata del amor, ser posesivo te puede causar problemas, pero cuando se trata de hablar inglés, ser posesivo (quiero decir usar pronombres y adjetivos posesivos) es algo bueno. El posesivo te ayuda a identificar a quién pertenecen las cosas. (Ve al Capítulo 2 para los pormenores de la gramática del inglés.)

Los **possessive adjectives** (po-*ses*-iv *ad*-llec-tivs; adjetivos posesivos) se anteponen al sustantivo e indican propiedad — es decir, describen a quién o qué pertenece al sustantivo. He aquí los adjetivos posesivos:

- **my** (mai; mi o mis)
- **your** (ior; tu, tus, su o sus)
- **her** (jer; su o sus)
- **his** (jis; su o sus)
- **its** (its; su o sus)
- **our** (aur; nuestro, nuestra, nuestras o nuestros)
- **their** (der; su o sus)

En inglés, los adjetivos posesivos (como cualquier otro adjetivo) no cambian con los sustantivos en singular o en plural. Tal como verás en las frases siguientes:

✔ **These are *her* bags.** (*di*-is ar jer bags; Estas son sus maletas.)

✔ **This is *her* suitcase.** (dis is jer *su*-ut-keis; Esta es su maleta.)

Al principio, el escoger el adjetivo posesivo correcto puede ser un poco difícil. No olvides que se usa un adjetivo posesivo que se refiere al *dueño*, y no a la persona o al objeto *poseído*. En otras palabras, si el dueño es una mujer, usa la palabra **her** para indicar posesión aún cuando el objeto que posea es del género masculino. Observa los siguientes ejemplos acerca de Nettie y Charles Abbott (los viajeros de este capítulo):

✔ **Nettie travels with *her* husband.** (*ne*-ti *tra*-vels uiz her *jos*-band; Nettie viaja con su esposo.)

✔ ***His* wife made a reservation.** (jis uaif meid ei re-ser-*vei*-chion; Su esposa (de él) hizo la reservación.)

Los **possessive pronouns** (po-*ses*-iv *pro*-nauns; pronombres posesivos) y los adjetivos posesivos enfáticos indican a quién o qué pertenece a un sustantivo previamente mencionado. Los pronombres posesivos se encuentran al principio o al final de una oración y pueden ser el sujeto o el objeto. He aquí los adjetivos posesivos enfáticos y los pronombres posesivos (en español se usan con el artículo definido):

✔ **mine** (main; (el) mío o (la) mía)

✔ **yours** (iors; (el) tuyo, (la) tuya, (el) suyo o (la) suya)

✔ **hers** (jers; (la) suya o (el) suyo)

✔ **his** (jis; (el) suyo o (la) suya)

✔ **its** (its; (el) suyo o (la) suya)

✔ **ours** (aurs; (el) nuestro o (la) nuestra)

✔ **theirs** (ders; (el) suyo o (la) suya)

Al igual que los adjetivos posesivos, los pronombres posesivos y los adjetivos posesivos enfáticos tampoco se usan en plural. La terminación -**s** en las palabras **yours, hers, its, ours** y **theirs** implica posesión. A continuación tienes algunos ejemplos:

✔ **This luggage is *yours*.** (dis *lo*-guech is iors; Este equipaje es tuyo.)

✔ ***Mine* is still in the car.** (main is stil in da car; El mío está todavía en el coche.)

# *Hablando como se habla*

 El mozo de un hotel se acerca para llevar el equipaje de Nettie y Charlie hasta su cuarto. (Track 17)

Mozo:    **Are these your bags?**
ar *di*-is ior bags
¿Son éstas sus maletas?

Nettie:  **Yes, they're ours. This is my husband's bag, and these three are mine.**
les *dei*-ar aurs dis is mai *jos*-bands bag and *di*-is zri-i ar main
Sí, son las nuestras. Ésta es la maleta de mi esposo y éstas tres son mías.

Charlie: **Be careful with hers. They're filled with her best shoes!**
bi *keir*-ful uiz jers dei-ar fild uiz jer best *chu*-us
Tenga cuidado con las de ellas. ¡Están llenas con sus mejores zapatos!

Nettie:  **And be careful with his. They're filled with his favorite travel magazines!**
and bi *keir*-ful jis *dei*-ar fild uiz jis fei-vor-it *tra*-vel ma-ga-*sins*
Tenga cuidado con las de él. ¡Están llenas con sus revistas favoritas de viaje!

Mozo:    **No problem. I'll lift them on to my cart.**
nou *prob*-lem ail lift dem on tu mai cart
No hay problema. Las pondré en mi portaequipajes.

Charlie: **Your shoes!**
ior *chu*-us
¡Tus zapatos!

Nettie:  **Your magazines!**
ior ma-ga-*sins*
¡Tus revistas!

Mozo:    **Oh! My back!**
ou mai bak
¡Ay, mi espalda!

## Palabras para recordar

| | | |
|---|---|---|
| front desk | *front desk* | *recepción* |
| a tip | *ei tip* | *una propina* |
| porter | *por-ter* | *mozo o botones* |
| bellhop | *bel-jop* | *botones* |
| luggage | *lo-guech* | *equipaje* |
| bags | *bags* | *maletas o bolsas* |
| suitcase | *sut-keis* | *maleta o valija* |

# Uso de There, Their y They're

¿Esas tres palabritas te acongojan? No te sientas mal, hasta confunden a los angloamericanos de vez en cuando. Y con razón, porque las tres palabras tienen básicamente la misma pronunciación. Sin embargo, difieren en su significado, función y, como habrás notado, en la forma en que se deletrean. La Tabla 9-2 te proporciona más información acerca de sus diferencias. Nota que la palabra **there** (der; allá o allí) tiene dos funciones o propósitos.

| Tabla 9-2 | | There, Their y They're |
|---|---|---|
| **Palabra** | **Función; significado** | **Oración de ejemplo** |
| There | Adverbio; en o para un lugar específico o de ubicación | Our bags are over there. (aur bags ar *o*-ver der; Nuestras maletas están allá.) |
| There | Pronombre; que existe (se usa para iniciar una oración) | There is (There's) a charge for room service. (der is (ders) ei charch for *ru*-um *ser*-vis; Hay un cargo extra por servicio de habitación.) |
| Their | Adjetivo posesivo; que pertenece a dos o más personas o cosas. | Their bags are heavy. (der bags ar *je*-vi; Sus maletas están pesadas.) |
| They're | Contracción (they + are); se usa como una combinación de sujeto y verbo. *They* es un pronombre personal. | They're checking into a motel. (*de*-ar *chek*-ing *in*-tu ei mo-*tel;* Ellos se están registrando en un motel.) |

## Esos pequeños extras: Lo que es gratis y lo que no lo es

Los servicios extras a menudo agregan cargos extras a tu cuenta del hotel. El **laundry service** (*lon*-dri *ser*-vis; servicio de lavandería), **room service** (*ru*-um *ser*-vis; servicio de habitación), **Internet time** (*in*-ter-net taim; tiempo de conexión al internet) y algunas veces hasta las llamadas locales te costarán extra. Y cuidado con esos antojadizos bocadillos en el **minibar** (*mi*-ni-bar; minibar), ¡son costosos!

Así que para evitar sorpresas, revisa el folleto del hotel o el aviso ubicado en la parte interior de la puerta de entrada a tu habitación para que te enteres cuáles servicios extras se te cobrarán, — ¡y cuánto te costarán! Sin embargo, servicios como **wake-up service** (*uek*-op *ser*-vis; servicio de despertador), **cribs** (cribs; cunas), **towels** (*ta*-uls; toallas) extra, **pillows** (*pi*-lous; almohadas) y **blankets** (*blank*-ets; cobijas) son gratis en casi todas partes.

Encontrarás más información acerca de las contracciones en los Capítulos 2 y 3.

# De salida

En la mayoría de los hoteles y moteles, la hora de **check-out** (chek aut; salida o desocupar la habitación) es a las 11 a.m. o al mediodía. Cuando tú registras tu salida, pagas la cuenta incluyendo los servicios extras que hayas usado. Después de registrar tu salida, si no deseas salir de la ciudad inmediatamente, generalmente puedes dejar tus maletas en la recepción o en un cuarto especial de almacenamiento por el resto del día.

En los Estados Unidos, el total de tu cuenta incluye un impuesto local de hotelería que puede variar de un 7 a un 20 por ciento, dependiendo de la ciudad. El promedio es más o menos un 10 por ciento.

# *Hablando como se habla*

Nettie y Charlie han pasado ya dos noches en el hotel y han disfrutado del restaurante y de otros servicios. Ya están listos para salir.

Recepcionista: **Yes, sir. How can I help you?**
ies sur jau can ai jelp iu
Sí, señor ¿En qué le puedo servir?

Charlie: **We'd like to check out. The name is Abbott.**
uid laik tu chek aut da neim is *a*-bot
Queremos pagar la cuenta. Mi apellido es Abbott.

Recepcionista: **What was your room number, sir?**
juat uas ior *ru*-um *nom*-ber sur
¿Cuál fue su número de habitación, señor?

Charlie: **Room 240.**
ru-um tu *jon*-dred *for*-ti
El 240.

Recepcionista: **Was everything alright?**
uas e-ver-i-zing al-*rait*
¿Qué tal estuvo todo?

Charlie: **Yes, it was very nice.**
ies it uas *ve*-ri nais
Todo estuvo muy bien.

Recepcionista: **How would you like to pay?**
jau u-ud iu laik tu pei
¿Cómo desea pagar?

Charlie: **By credit card. Do you take MasterCard?**
bai *cre*-dit card du iu teik *mas*-ter-card
Con tarjeta de crédito. ¿Acepta MasterCard?

Recepcionista: **Yes, we do.**
ies ui du
Sí, la aceptamos.

Charlie: **May we leave our bags here for the day?**
mei ui *li*-iv aur bags *ji*-ar for da dei
¿Podemos dejar nuestras maletas aquí por el resto
del día?

Recepcionista: **Certainly. We'll put them in our locked storage
room.**
cer-tein-li *ui*-al put dem in aur lokt *sto*-rich *ru*-um
Claro que sí. Las colocaremos en un cuarto de
almacén con seguro.

Charlie: **Thanks.**
zanks
Gracias.

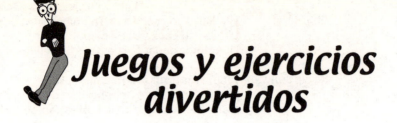

# Juegos y ejercicios divertidos

Conecta con una línea cada palabra o frase de la Lista #1 con una palabra o frase de la Lista #2 que tenga un significado similar.

| List #1 | List #2 |
|---|---|
| porter | vacancy |
| bags | top quality |
| five star | luggage |
| full | leave the hotel |
| rooms available | bellhop |
| check out | no vacancy |

Ahora selecciona la palabra que completa la oración correctamente usando las palabras siguientes: **there, their, theirs** y **they're.** *Nota:* Es posible que tengas que usar más de una vez algunas de las palabras.

1. _____ looking for _____ luggage.

2. Is that _____ luggage over _____?

3. No, that's not _____.

4. Oh, _____ it is!

# Capítulo 9

# A disfrutar de la comida fuera de casa

. . . . . . . . . . . . . . . . . . . . . . . . . . . . . . . . . . . . . . . . . . . . . . .

*En este capítulo*

▶ Vocabulario gastronómico

▶ Cómo hacer una reservación en un restaurante

▶ El menú

▶ Cómo ordenar la comida y la bebida

. . . . . . . . . . . . . . . . . . . . . . . . . . . . . . . . . . . . . . . . . . . . . . .

**C**uando uno piensa en la mejor comida del mundo, la comida de los países de habla inglesa probablemente no viene a la mente. De hecho, hasta puedes preguntarte si "arte culinario" es una palabra apta para la comida asociada a los Estados Unidos, como las hamburguesas, salchichas, papitas fritas y la pizza congelada (es verdad que la pizza es italiana, pero la pizza congelada, ¡esa sí que es completamente estadounidense!)

Afortunadamente, la experiencia del comer estadounidense incluye mucho más que la **fast food** (fast fud; comida rápida). Personas de todas partes del mundo han traído sus variados gustos y tradiciones aquí, influyendo las comidas regionales como la **Cajun** (*kei*-llon; natural del estado de Louisiana y de ascendencia francesa) y la **Tex-Mex** (teks-*meks*; perteneciente al área de Texas y con una fuerte tradición mejicana). Sigue leyendo para que aprendas algunas expresiones gastronómicas esenciales que te ayudarán a seleccionar y ordenar comida en los Estados Unidos. Claro, también hablo un poco de la **fast food**. Así que, ¡buen provecho!

## *Cómo expresar el hambre y la sed*

Cuando tu estomaguito te dice que es hora de comer o cuando necesitas aplacar tu sed, usa estas expresiones para ayudarte a encontrar algo para **eat** (*i*-it; comer) o para **drink** (drink; tomar o beber).

## Palabras hambrientas

**I'm hungry** (aim *jon*-gri; Tengo hambre) es directo y al grano — ¡quieres comer! Pero algunas expresiones comunes no son tan obvias. Por ejemplo, cuando uno tiene mucha hambre, podría decir: **I'm so hungry, I could eat a horse!** (aim sou jon-gri ai cud *i*-it ei jors; ¡Tengo tanta hambre que me podría comer un caballo!) Ésa

si es un hambre poderosa. También se puede decir **I'm starving** (aim *star*-ving; Me estoy muriendo de hambre), lo cual no es verdad, o **I'm famished** (aim fa-micht; Me muero de hambre). De cualquier manera, todos entenderán que quieres comer ¡ahora mismo!

- **I'm hungry.** (aim *jon*-gri; Tengo hambre.)
- **I'm thirsty.** (aim *zurs*-ti; Tengo sed.)
- **Let's eat.** (lets *i*-it; Vamos a comer.)

Usa el verbo **to be** (tu bi; estar) — en lugar de **to have** (tu jav; tener) — con los adjetivos **hungry** y **thirsty**. Además, en inglés se usa **to be** en vez de **to have** cuando se dice la edad. Por ejemplo, se dice **I *am* 20 years old** (ai am *tuen*-ti *lli*-ars old; Soy veinte años viejo), y no, **I *have* 20 years old** (ai jav *tuen*-ti *lli*-ars old; Tengo veinte años de viejo). (En el Capítulo 3 encontrarás más ideas para expresar la edad.)

La hora de comer en los Estados Unidos es una ocasión social — a menos que estés saliendo a todo correr para el trabajo o tengas un descanso corto para el almuerzo — así que puedes estar seguro de que pasarás tiempo alrededor de la mesa, gozando de la compañía de los demás invitados. Aunque el estilo apresurado de la vida de hoy está cambiando la manera en que come la gente, todavía tres comidas al día es lo normal para la mayoría de los estadounidenses. Las próximas secciones describen las comidas del día. Así que, ¿ya tienes hambre?

# ¿Qué hay para desayunar?

Cuando tienes hambre por la mañana, puedes preguntar **What's for breakfast?** (juats for *brek*-fast; ¿Qué hay de desayunar?) **Breakfast** significa literalmente **break the fast** (breik da fast; romper el ayuno). La gente desayuna a cualquier hora de la mañana, pero como el desayuno es una comida tan popular, algunos restaurantes hacen alarde con el anuncio: "¡Se sirve desayuno todo el día!"

He aquí algunos alimentos típicos para el desayuno:

- **bacon** (*bei*-con; tocino)
- **cereal** (*ci*-ri-al; cereal)

✔ **eggs** (eks; huevos)

✔ **French toast** (french toust; pan tostado a la francesa)

✔ **pancakes** (*pan*-keiks; panqueque o "jotkei")

✔ **sausage** (*so*-seich; salchicha)

✔ **toast** (toust; pan tostado)

✔ **waffles** (*ua*-fels; panqueque al estilo de barquillo o "guafle")

Y éstas son algunas bebidas para completar el desayuno:

✔ **coffee** (*co*-fi; café)

✔ **juice** (lluis; jugo)

✔ **tea** (*ti*-i; té)

Aún con toda esta variedad, mucha gente, entre semana, se desayuna a la carrera con sólo una taza de café y un pan tostado. Pero en el fin de semana, la gente suele levantarse tarde y luego sale a comer **brunch** (bronch; una combinación de desayuno y almuerzo). Generalmente el **brunch** se sirve al estilo buffet con todos los alimentos típicos de un desayuno y platillos principales del almuerzo. Además de los **omelets** (om-lets; tortilla de huevos) y otros platillos con huevos, puedes encontrar **fruit** (frut; fruta), **pastries** (*peis*-tris; pasteles o pastas) y **muffins** (*mo*-fins; panecillos dulces), y tal vez **champagne** (cham-*pein*; champaña).

## ¿Cómo quiere los huevos?

Tal vez un cómico contestaría esta pregunta diciendo, "¡en un plato!" Pero tú debes ser más específico — y probablemente menos gracioso — al ordenar tus huevos. Así que échale un vistazo a las maneras más comunes de preparar huevos:

✔ **fried** (fraid; fritos)

✔ **omelet** (*o*-me-let; tortilla)

✔ **poached** (poucht; escalfado)

✔ **scrambled** (*skram*-beld; revueltos)

Los huevos fritos se sirven en una gran variedad de estilos. He aquí algunos modismos comunes que debes saber para ordenar los huevos fritos:

✔ **sunny-side up** (*so*-ni said op; estrellado): La yema (el sol) queda cruda.

✔ **sunny-side down** (*so*-ni said daun; volteado): El huevo es volteado al cocerlo.

✔ **over easy** (*ou*-ver *i*-is-i; volteado suavemente): La yema queda bastante líquida.

✔ **medium** (*mi*-di-om; medio): La yema está un poquito líquida.

✔ **hard** (jard; duro): La yema está completamente cocida.

# ¿Qué hay de almorzar?

Entre el mediodía y la 1 p.m., es hora de decir **Let's have lunch!** (lets jav lonch; ¡Vamos a almorzar!) La mayoría de la gente deja lo que está haciendo para conseguir algo rápido de comer o calientan algo en el horno de microondas de la oficina, y luego regresan al trabajo. Pero para otras personas, un almuerzo caliente y abundante es la comida principal del día.

Las sigientes comidas son típicas de un almuerzo:

- ✔ **salad** (*sa*-lad; ensalada)

- ✔ **sandwich** (*sand*-uich; sándwich)

- ✔ **soup** (*su*-up; sopa)

- ✔ **microwaveable meal** (*mai*-crou-uev-a-bel *mi*-il; comida que se calienta en el horno de microondas)

Puedes (por lo general) usar **to eat** (tu *i*-it; comer) o **to have** (tu jav; tener) para hablar de la comida. Por ejemplo, **Let's eat lunch** (lets *i*-it lonch; Vamos a almorzar) y **Let's have lunch** (lets jav lonch; Vamos al almuerzo) tienen el mismo significado. Puedes usar **to drink** (tu drink; tomar o beber) o **to have** para referirte a una bebida: **I drink coffee every morning** (ai drink *co*-fi *e*-ver-i *mor*-ning; Tomo café todas las mañanas) y **I have coffee every morning** (ai jav *co*-fi *e*-ver-i *mor*-ning; Tomo café cada mañana). **Eat, have** y **drink** son verbos irregulares. (Encontrarás más detalles de sus conjugaciones en la tabla de los verbos irregulares del Apéndice A.)

En muchos idiomas, decir **I *take* breakfast at 7 a.m.** (ai teik *brek*-fast at *se*-ven ei em; Yo tomo el desayuno a las 7 a.m.) es correcto, pero en inglés **take** no se usa de esta manera, suena raro. En su lugar, usa los verbos **to eat** o **to have** como se indica en el párrafo anterior. Puedes usar **take** para hablar de la comida en ciertas situaciones, como cuando ordenas comida: **I'll take the salmon** (ail teik da *sal*-mon; Me llevo el salmón). O en la oficina: **Let's take a break** (lets teik ei breik; Vamos a tomar un descansito). Para informarte más acerca del uso de **take** en estos contextos, ve a la sección "Los verbos que ordenan: To have y to take", que se encuentra más adelante en este capítulo; también puedes consultar el Capítulo 14.

# ¿Qué hay para la cena?

Al final de la tarde, puedes preguntar **What should we have for dinner?** (juat chud ui jav for *di*-ner; ¿Qué cenaremos?) La hora de cenar empieza alrededor de las 5 p.m. o a cualquier hora del atardecer, pero mucha gente come alrededor de las 6 p.m. Generalmente, ésta es la comida fuerte del día y prácticamente es la única que reúne a toda la familia.

Una cena típica incluye un **main course** (mein cors; platillo fuerte), tal como:

- **casserole** (*ca*-se-rol; cacerola)
- **fish** (fich; pescado)
- **meat** (*mi*-it; carne)
- **pizza** (*pit*-sa; pizza)
- **poultry** (*poul*-tri; aves de corral)
- **spaghetti** (spa-*gue*-ti; espagueti)

Y también, uno o todos de los siguientes **side dishes** (said *di*-ches; platillos acompañantes):

- **bread** (bred; pan)
- **potatoes** (pou-*tei*-tous; papas)
- **rice** (rais; arroz)
- **salad** (*sa*-lad; ensalada de verduras crudas)
- **vegetables** (*vech*-ta-buls; verduras cocidas)

  En el Capítulo 10 encontrarás el vocabulario específico para las verduras y frutas.

En algunas regiones del país, como en algunas áreas del Sudeste de Los Estados Unidos, la gente hace su comida fuerte al mediodía y luego hace otra comida más ligera — llamada **supper** (*so*-per; cena ligera) — al anochecer. Claro, si te da hambre entre las comidas del día, puedes comer un pequeño **snack** (snak; bocadillo o merienda).

## Aperitivos

¿Cuándo es aceptable comer con tus dedos? Cuando estás comiendo **finger food**, ¡obviamente! **Finger food** (*fin*-guer *fu*-ud; aperitivos o bocadillos) es una clasificación no oficial para la comida que se puede comer con las manos sin cometer un desastre social. Algunos **finger foods** son **fried chicken** (fraid *chi*-ken; pollo frito), **pizza** (*pit*-sa; pizza), **bacon** (*bei*-con; tocino), y **appetizers** (a-pe-*tai*-sers; aperitivos). Si no estás seguro, observa lo que hacen los demás o nada más pregunta **Is this finger food?** (is dis *fin*-guer *fu*-ud; ¿Esto se come con los dedos?) Pero si te incomoda comer con los dedos, normalmente puedes usar tu tenedor y cuchillo.

Cuando tú **set the table** (set da *tei*-bul; pones la mesa) para la cena, es posible que uses los siguientes utensilios:

- ✔ **silverware** (*sil*-ver-uer; utensilios de comer o utensilios de platería)
    - **forks** (forks; tenedores)
    - **knives** (naivs; cuchillos)
    - **spoons** (*spu*-uns; cucharas)
- ✔ **dishes** (*di*-ches; vajilla)
    - **bowls** (bouls; platos hondos o tazones)
    - **cups** (cops; tazas*)*
    - **glasses** (*glas*-es; vasos)
    - **plates** (pleits; platos)
- ✔ **other items** (*o*-der *ai*-tems; otros artículos)
    - **placemats** (*pleis*-mats; mantelillos)
    - **salt and pepper shakers** (salt and *pe*-per cheik-ers; saleros y pimenteros)
    - **tablecloth** (*tei*-bul cloz; mantel)

En la siguiente conversación puedes practicar los términos usados en el comedor y descubrirás algunas expresiones más que puedes usar si te hace falta un utensilio.

# La comida en un restaurante

**Dining out** (dain-ing aut; comer fuera de la casa) te da acceso a una selección deliciosa y variada de comidas internacionales, y te da la oportunidad de probar la comida y aprender la cultura estadounidense. Esta sección te puede ayudar a sentirte tranquilo cuando alguien te dice **Let's go out to eat!** (lets gou aut tu *i*-it; ¡Salgamos a comer!)

Aún entre semana, los restaurantes más populares pueden estar completamente llenos. Así que si quieres una mesa, llama por adelantado para hacer una reservación; de otro modo, prepárate para esperar.

# *Hablando como se habla*

 Vlada y su esposo Mike quieren probar un nuevo restaurante. El restaurante ha recibido grandes elogios, así que deciden llamar para hacer una reservación. (Track 18)

Empleada: **Hello, Clouds Restaurant.**
*je*-lou clauds *res*-ter-ant
Bueno. Restaurante Clouds.

Mike: **I'd like to make a reservation for Monday night.**
aid laik tu meik ei re-ser-*vei*-chion for *mon*-dei nait
Quiero reservar una mesa para el lunes por la noche.

Empleada: **I'm sorry, we're closed Monday nights.**
aim *so*-ri *ui*-ar cloust *mon*-dei naits
Lo siento, cerramos los lunes.

Mike: **How about Sunday?**
jau a-*baut son*-dei
¿Y el domingo?

Empleada: **Sunday is fine. What time?**
*son*-dei is fain juat taim
El domingo está bien. ¿A qué hora?

Mike: **Seven-thirty.**
*se*-ven *zur*-ti
A las siete y media.

Empleada: **How many people?**
jau *me*-ni *pi*-pol
¿Cuántas personas?

Mike: **Two.**
tu
Dos.

Empleada: **And your name?**
and ior neim
¿Su nombre?

Mike: **Mike Moran**
maik mo-*ran*
Mike Morán

| | |
|---|---|
| Empleada: | **Okay, Mr. Moran. That's two at 7:30 for this Sunday.**<br>*o*-kei *mis*-ter mor-*an* dats tu at *se*-ven *zur*-ti for dis<br>*son*-dei<br>Muy bien, Sr. Morán. Tiene reservación para dos per-<br>sonas para el próximo domingo a las 7:30. |

En muchos restaurantes, como en tu país, el **host** (joust; mozo o mesero) o la **hostess** (*joust*-es; moza o mesera) te da la bienvenida, toma tu nombre y te lleva a tu mesa. Pero en los Estados Unidos, si no ves ni un **host** ni una **hostess** y ves un letrero que dice **Please seat yourself** (*pli*-is *si*-it ior-*self*; Por favor siéntese usted mismo), pasa adelante y siéntate en la mesa desocupada que desees.

## *Hablando como se habla*

Joanne acaba de llegar a la ciudad y ha entrado a un concurrido restaurante con la esperanza de conseguir una mesa para ella.

| | |
|---|---|
| Mozo: | **Good evening. Two for dinner?**<br>gud *iv*-ning tu for *di*-ner<br>Buenas tardes. ¿Dos para cenar? |
| Joanne: | **No, just one.**<br>nou llost uon<br>No, solamente yo. |
| Mozo: | **Do you have a reservation?**<br>du iu jav ei re-ser-*vei*-chion<br>¿Tiene reservación? |
| Joanne: | **No, I'm afraid I don't.**<br>nou aim a-*freid* ai dount<br>No, lamento que no. |
| Mozo: | **Then I'll put your name on our waiting list.**<br>den ail put ior neim on aur *ueit*-ing list<br>Entonces pondré su nombre en la lista de espera. |
| Joanne: | **How long will it be?**<br>jau long uil it bi<br>¿Cómo cuánto tiempo tendré que esperar? |
| Mozo: | **About 20 minutes.**<br>a-*baut* tuen-ti *min*-uts<br>Unos 20 minutos. |

| Joanne: | **Okay, I'll wait. My name is Joanne.** |
|---|---|
| | *o*-kei ail ueit mai neim is llo-an |
| | Está bien, voy a esperar. Me llamo Joanne. |

| Mozo: | **I'll call you as soon as I have a free table.** |
|---|---|
| | ail col iu as *su*-un as ai jav ei *fri*-i *tei*-bul |
| | Le llamaré tan pronto como se desocupe una mesa. |

En un café o tienda de café estadounidense, se considera de muy mala educación sentarse en la silla desocupada de una mesa ocupada, aunque sea la única silla disponible. Esta costumbre te parecerá ilógica, tal vez, pero normalmente es así. Sin embargo, posiblemente encontrarás algunas excepciones a esta regla no escrita, en las escuelas y en las cafeterías de las oficinas donde puedes preguntar **Is this seat taken?** (is dis sit tei-ken), cuando veas una silla desocupada en la mesa.

## Palabras para recordar

| to seat | tu si-it | sentar o sentarse |
|---|---|---|
| to wait | tu ueit | esperar |
| to dine out | tu dain aut | comer fuera de la casa |
| to make a reservation | tu meik ei re-ser-vei-chion | hacer una reservación |

## Cómo ordenar del menú

El escoger lo que quieres del menú puede ser una aventura. En un restaurante de cocina continental, tal vez reconozcas algunos platillos prestados de tu cultura (aunque probablemente estén bastante modificados en el sabor). Sin embargo, algunos platillos del menú tal vez tengan nombres tan creativos que es imposible saber qué clase de comida es — a menos que preguntes. He aquí algunas maneras comunes para hacerlo, junto con otras preguntas útiles para ordenar la comida.

✔ **Excuse me. What's this?** (eks-*kius* mi juats dis; Disculpe ¿Qué es esto?)

✔ **Can you tell me about this item?** (can iu tel mi a-*baut* dis *ai*-tem; ¿Me puede describir este platillo?)

✔ **Which items are vegetarian?** (juich *ai*-tems ar ve-lle-*ter*-i-an; ¿Cuáles platillos son vegetarianos?)

Casi cualquier platillo que ordenes, y más aún el platillo fuerte, presenta más opciones para ti, tales como qué tan cocida quieres la carne, cómo quieres las papas, qué clase de sopa o ensalada, el tipo de aderezo, etc. ¡Así que échale un vistazo a las siguientes secciones para descubrir algunas de tus opciones y recibir un adelanto de tu comida!

### Carnes

Algunas de las selecciones incluyen:

✔ **beef** (*bi*-if; carne de res)

✔ **lamb** (lam; carne de borrego)

✔ **pork** (pork; carne de puerco)

El mesero te puede preguntar **How do you want your meat?** (jau du iu uant ior mi-it; ¿Cómo quieres la carne?) para poder decirle al cocinero por cuánto tiempo debe cocer la carne. Escoge de las siguientes respuestas:

✔ **medium** (*mi*-di-om; medio cocido o término medio)

✔ **rare** (reir; casi crudo)

✔ **well-done** (uel don; bien cocido)

Si quieres algo entre esas selecciones, ordena **medium-rare** (*mi*-di-om reir; medio crudo) o **medium-well** (*mi*-di-om uel; entre cocido y bien cocido).

### Papas

He aquí algunas de las opciones para las papas:

✔ **baked potato** (beikt pou-*tei*-tou; papa horneada), la cual se sirve con uno de los aderezos siguientes (y si no puedes decidirte por uno en particular, ¡escoge los tres!):

  • **sour cream** (saur *cri*-im; crema agria)

  • **butter** (*bo*-ter; mantequilla)

  • **chives** (chaivs; hojitas de cebollín)

✔ **French fries** (french frais; papas a la francesa)

✔ **mashed potatoes** (macht pou-*tei*-tous; puré de papas)

### Aderezo de ensalada

Puedes pedir una muestra antes de ordenar, si no has probado estos aderezos anteriormente:

- **Blue Cheese** (blu *chi*-is; de queso tipo Roquefort)

- **French** (french; francés)

- **Italian** (i-*tal*-ian; italiano)

- **Ranch** (ranch; ranchero)

- **Thousand Island** (*zau*-sand *ai*-land; mil islas)

### Refrescos o bebidas

Puedes tomar con confianza el agua de mesa (o de la llave) en cualquier restaurante de los Estados Unidos. La selección de bebidas probablemente es muy parecida a la de tu país. Por ejemplo, puedes escoger entre

- **milk** (milk; leche)

- **soda** (*sou*-da; refrescos, sodas o gaseosas)

- **hot coffee/tea** (jot *co*-fi/ti; café o té caliente)

- **alcoholic beverages** (al-co-*jo*-lic *bev*-rich-es; bebidas alcohólicas)

**Let's eat** (lets *i*-it; Vamos a comer) es una frase común que se usa para el desayuno, almuerzo o comida. Pero **let's drink** (lets drink; Vamos a tomar) generalmente se refiere al alcohol. Así que si dices **I want to drink** (ai uant tu drink; Quiero tomar), implica que quieres tomar bebidas alcohólicas — ¡y tal vez emborracharte también!

# Hablando como se habla

Al fin se ha desocupado una mesa para Joanne en el concurrido restaurante y la mesera ha llegado a la mesa para tomar su orden. (Track 19)

Mesera: **Hi. I'm Sara, I'll be your server.**
jai aim *se*-ra ail bi ior *ser*-ver
Hola. Me llamo Sara y seré su mesera.

Joanne: **Hi, Sara.**
jai *se*-ra
Hola Sara.

Mesera: **Ready to order?**
*re*-di tu *or*-der
¿Lista para ordenar?

Joanne: **Yes, I'll have the poached salmon with rice.**
les ail jav da poucht *sal*-mon wiz rais
Sí, deme el salmón escalfado con arroz.

| | |
|---|---|
| Mesera: | **That comes with soup or salad.**<br>dat coms wiz *su*-up or *sa*-lad<br>Viene acompañado con sopa o ensalada. |
| Joanne: | **I'll take the salad.**<br>ail teik da *sa*-lad<br>Deme la ensalada. |
| Mesera: | **And which kind of dressing for you?**<br>and juich kaind of *dres*-ing for iu<br>¿Y cuál aderezo para usted? |
| Joanne: | **Ranch.**<br>Ranch<br>Ranchero. |
| Mesera: | **Something to drink?**<br>*som*-zing tu drink<br>¿Algo de tomar? |
| Joanne: | **I'd like a glass of Chardonnay, please.**<br>aid laik ei glas of char-do-*ne pli*-is<br>Me gustaría una copa de Chardonnay, por favor. |
| Mesera: | **Okay. I'll be right back with some bread and your wine.**<br>*o*-kei ail bi rait bak uiz som bred and ior uain<br>Muy bien. Ahorita regreso con el pan y su vino. |

## Conversación con la persona que te atiende

Un mesero/a con experiencia no debe venir a tu mesa continuamente, pero debe estar pendiente en caso de que necesites algo. Si necesitas pedirle algo a la mesera durante tu comida, debe ser fácil llamar su atención. (Yo normalmente hago contacto visual y agito mi mano, aunque también le he pedido a otro mesero que llame a mi mesero si no está a la vista.) Entonces puedes decir **Excuse me. May I please have. . . ?** (eks-*kius* mi mei ai pli-is jav; Disculpe. Por favor, ¿puede traerme. . . ?), seguido por alguno de los artículos de la siguiente lista:

- **more water** (mor *ua*-ter; más agua)
- **some coffee** (som *co*-fi; café)

✔ **another glass of wine** (a-*no*-der glas of uain; otra copa de vino)

✔ **the check** (da chek; la cuenta)

## Los verbos que ordenan: To have y to take

Ambos, el cliente y el mesero, pueden usar los verbos **to have** (tu jav; tener) y **to take** (tu teik; tomar). La mesera normalmente dice **I'll *take* your order** (ail teik ior *or*-der; Le *tomaré* su orden) o pregunta **What will you *have*?** (juat uil iu jav; ¿Qué desea?) El cliente normalmente responde con el verbo **to have**, diciendo **I'll *have* the steak** (ail jav da steik; Quiero el bistec).

Pero cuando el mesero ofrece una variedad de opciones, los clientes general-mente responden con el verbo **to take**, el cual en este caso significa escoger, tal como en **I'll *take* the rice** (ail teik da rais; Escojo el arroz). Ambos, **have** y **take**, son verbos irregulares. (En la tabla de verbos irregulares del Apéndice encontrarás el pasado de estos verbos. Y en los Capítulos 5, 6 y 9 encontrarás más información acerca del verbo **to take**.)

### Palabras para recordar

| | | |
|---|---|---|
| to order | tu or-der | ordenar o pedir |
| menu | me-niu | menú |
| server | ser-ver | mesero o mesera |
| waiter | uei-ter | mesero |
| waitress | uei-tres | mesera |

# La cuenta por favor

Poco después de terminar tu comida, el mesero debe recoger tus platos y preguntarte si deseas café o algún postre. En la siguiente conversación fíjate en el vocabulario apropiado para el final de una comida.

Si te encanta el dulce, en inglés puedes decir que tienes un **sweet tooth** (*sui*-it *tu*-uz; diente dulce). Si deseas algo dulce al final de tu comida, te sugiero los siguientes **desserts** (de-*surts*; postres):

- ✔ **cake** (keik; pastel o torta)
- ✔ **cookies** (*cuk*-is; galletas)
- ✔ **custard** (*cos*-tard; flan)
- ✔ **ice cream** (ais *cri*-im; helado)
- ✔ **pie** (pai; pastel o tarta)
- ✔ **sherbet** (*cher*-bet; nieve o helado)

Cuando termines el último bocado de tu postre y hayas saciado tu antojo de café, el mesero te traerá **the bill** (da bil; la cuenta) o **the check** (da chek; la cuenta). Ésta es un recuento de tu consumo, más el **tax** (taks; impuesto). Para evitar una situación penosa al final de la comida, siempre pregunta qué tipo de pago acepta el restaurante *al hacer tu reservación* o *antes* de sentarte a comer. Algunos restaurantes no aceptan cheques personales o ciertos tipos de tarjetas de crédito. (El Capítulo 8 te ofrece más detalles de cómo pagar la cuenta.)

En los Estados Unidos se espera que dejes propina. De hecho, la **tip** (tip; propina) o **gratuity** (gra-*tu*-i-ti; propina de cortesía) de un 15 al 20 por ciento de la cuenta antes de los impuestos es lo común. Por supuesto, puedes dejar más si crees que recibiste un servicio excelente (o menos, si consideras que el servicio fue mediocre). Si te encuentras con un grupo grande de comensales, una propina del 15 al 20 por ciento es agregada automáticamente a tu cuenta.

## Palabras para recordar

| | | |
|---|---|---|
| dessert | de-surt | postre |
| the bill | da bil | la cuenta |
| the check | da chek | la cuenta |
| tax | taks | impuesto |
| gratuity | gra-tu-i-ti | propina de cortesía |
| doggie bag | do-gui bak | bolsita de comida sobrante |

CULTURAL WISDOM

## La bolsita para el perro

En los restaurantes estadounidenses las porciones de comida son a menudo enormes, así que llevarte a casa lo que te sobró o pedir una **doggie bag** (*do*-gui bak; bolsa para el perrito) no es una vergüenza. Al contrario, es una costumbre muy común — hasta en restaurantes finos o de última moda. En otra época, la **doggie bag** era realmente para el perro; algunos pedazos de carne para el Firulais. Pero ahora, para la mayoría de la gente, las sobras de la cena de hoy son el almuerzo de mañana, ¡dos comidas por el precio de una! Si deseas llevarte la comida que te sobró, sólo tienes que decir:

🗸 **May I have a doggie bag?** (mei ai jav ei *do*-gui bak; ¿Me trae una bolsita para el perro?)

🗸 **I'd like to take this home.** (aid laik tu teik dis joum; Me gustaría llevarme esto a casa.)

# Comida para llevar

Los restaurantes de **fast food** (fast fud; comida rápida) y **take-outs** (teik auts; comida para llevar), se encuentran en todo el mundo, así que probablemente ya conoces el tipo de comida y el servicio ofrecido en esos lugares. Pero si vas a un restaurante de comida rápida, tal vez te sorprenda la variedad de platillos y especialmente el tamaño enorme de sus porciones. Por ejemplo, un refresco **small** (smol; chico) en los Estados Unidos puede ser un **large** (larch; grande) en tu país. Y si ordenas un refresco *grande* ten, cuidado ¡tal vez necesites la ayuda de varios amigos para acabártelo! Las **hamburgers** (*jam*-bur-guers; hamburguesas), igualmente, puede que sean más grandes que las que estás acostumbrado, ¡y una orden grande de **fries** (frais; papas fritas) tal vez te parezca una comida de por si!

El ordenar comida rápida, en inglés, en un restaurante puede ser algo trabajoso, especialmente si el restaurante está repleto y la persona que toma la orden habla demasiado rápido. Pero que no se te alteren los nervios, relájate y pídele al cajero que hable lentamente y que te explique lo que no entiendes.

# Hablando como se habla

Godfrey se encuentra en un restaurante de comida rápida ordenando su almuerzo. El empleado que toma su orden habla muy rápido. Godfrey se siente presionado pero quiere saber exactamente lo que está ordenando, así que se da tiempo para preguntar. (Track 20)

Cajero:    **Next. What would you like?**
next juat *u*-ud iu laik
El que sigue. ¿Qué le preparamos?

Godfrey:   **I'll have a cheeseburger.**
ail jav ei *chi*-is-bur-guer
Quiero una hamburguesa con queso.

Cajero:    **You want everything on that?**
Iu uant *ev*-ri-zing on dat
¿Con todo?

Godfrey:   **Everything? What's everything?**
*ev*-ri-zing juats *ev*-ri-zing
¿Con todo? ¿Qué es todo?

Cajero:    **Mayonnaise, lettuce, tomatoes, onions, and pickles.**
*ma*-nais *le*-tus tou-*mei*-tous *on*-ions and *pi*-kels
Mayonesa, lechuga, tomate, cebolla y pepinillo.

Godfrey:   **No onions, please.**
nou *on*-ions *pli*-is
Sin cebolla, por favor.

Cajero:    **Anything else?**
e-ni-zing els
¿Algo más?

Godfrey:   **I'll have an orange soda.**
ail jav an *or*-ench *so*-da
Un refresco de naranja.

Cajero:    **What size? Small, medium, or large?**
juaat sais smol *mi*-di-om or larch
¿De qué tamaño? ¿Chico, mediano o grande?

Godfrey:   **Small, please.**
smol *pli*-is
Chico, por favor.

Cajero:    **"Fear t'go?"**
fir ta gou
"¿Pa'quí'o llevar?"

Godfrey:   **What? Excuse me?**
juat eks-*kius* mi
¿Qué? ¿Disculpe?

Cajero:   **For here or to go?**
          for *ji*-ar or tu gou
          ¿Para comer aquí o para llevar?

Godfrey:  **To go.**
          tu gou
          Para llevar.

Cajero:   **That's five eighty five.**
          dats faiv *ei*-ti faiv
          Son cinco ochenta y cinco.

# Juegos y ejercicios divertidos

Has decidido ir a cenar a un pequeño restaurante. Ordenas bistec, puré de papas, sopa de vegetales, una ensalada verde, café y un vaso de agua. Antes de que claves el diente, identifica todos los artículos que están sobre la mesa y los que faltan.

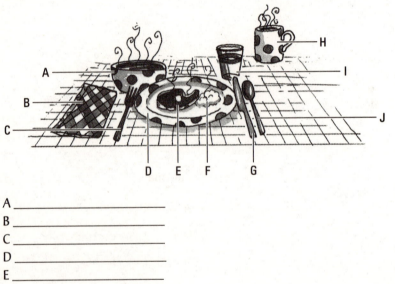

A _____

B _____

C _____

D _____

E _____

F _____

G _____

H _____

I _____

J _____

# Capítulo 10

# De compras

*En este capítulo*

▶ Los comestibles

▶ Los pesos y las medidas estadounidenses

▶ Los adjetivos cuantitativos o numerales

▶ Cómo comprar ropa

▶ Cómo encontrar tu talla

▶ Uso de los pronombres complementos

Cualquiera que sea tu motivo para viajar o vivir fuera de tu país, de seguro tendrás que salir de compras. Ya sea que busques el recuerdito adecuado para tus amigos allá en casa o te pruebes un estilo nuevo de ropa, o tengas que escoger los ingredientes para la cena, ir de compras puede ser una gran oportunidad para que practiques tu inglés.

En este capítulo, te doy toda la información necesaria para que goces de unas exitosas compras, encuentres los artículos que buscas, pidas ayuda y entiendas las tallas y los precios. Más aún, te comento acerca de la norma generalmente "liberal" de devolución y también, si la expresión "el cliente siempre tiene la razón" es *siempre* la verdad. ¡Así que agarra tu dinero y tu tarjeta de crédito porque nos vamos de compras!

## Directo al supermercado

En la mayoría de las ciudades y pueblos podrás encontrar pequeñas **grocery stores** (*grou*-che-ri stors; tiendas de comestibles), comúnmente conocidas como **corner markets** (*cor*-ner *mar*-kets; mercados de la esquina) o **mom and pop stores** (mom and pop stors; tiendas de "amá y apá"). Estas tiendas son a menudo negocios que pertenecen a una familia donde encontrarás un poquito de todo, pero no una gran variedad de marcas.

Si deseas una mayor selección y posiblemente precios de descuento, dirígete a un **supermarket** (*su*-per *mar*-ket; supermercado), donde encontrarás una cantidad sorprendente de marcas y selecciones, además de estantes enteros dedicados exclusivamente a un artículo, ¡cómo salsa para pasta o papel de baño!

## Demasiadas opciones

¿Estás confundido por la interminable selección de los supermercados estadounidenses? Bueno, eso les pasa a los estadounidenses también. Hasta un simple viaje a la tienda para comprar un cuarto de galón de **milk** (milk; leche) puede ser una experiencia aterradora. No hay sólo **milk**, sino **whole milk** (joul milk; leche entera), **non-fat milk** (*non*-fat milk; leche sin grasa), **2% fat milk** (tu per-*cent* fat milk; leche con el 2% de grasa), **organic milk** (or-*ga*-nic milk; leche orgánica), etc. Así que cuando quieras un artículo regular como salsa de tomate o mantequilla de cacahuate, busca las palabras **original flavor** (o-*ri*-lli-nal flei-vor; sabor original), o **plain** (plein; original) en el paquete.

Tal vez tengas que echar mano de tus habilidades como detective al entrar a un supermercado para buscar los artículos que necesitas. Por supuesto, si no quieres hacer de detective, puedes pedirle ayuda a un encargado del súper. Las siguientes son algunas expresiones esenciales para "pedir ayuda" — y qué no se te olvide empezar con **Excuse me** (eks-*kius* mi; Disculpe) o **Pardon me** (par-don mi; Perdone):

- **Where can I find** _____**?** (juer can ai faind; ¿Dónde puedo encontrar?)
- **Where is/are the** _____**?** (juer is/ar da; ¿Dónde está/están el/la las/los _____?)
- **Do you sell** _____**?** (du iu sel; ¿Venden _____?)

## *Maniobrando por los pasillos*

Antes de que entres a los **aisles** (ails; pasillos), toma un **shopping cart** (*chop*-ping cart; carrito de compras) o un **basket** (*bas*-ket; canasto) para que cargues los artículos que proyectas comprar. Arriba, en cada pasillo, encontrarás un anuncio que te indica en forma general los artículos que ahí se encuentran.

El tráfico de carritos del súper tiene el mismo sentido que el tráfico en las calles, así que manten tu derecha. Y, tal como en la calle, ¡ten cuidado con "los cafres"!

## *Hablando como se habla*

Sue necesita comprar algunos comestibles. Normalmente, ella se detiene en la tienda de la esquina pero hoy, ha ido a un supermercado y le pide ayuda al encargado.

Sue:  **Pardon me. Do you carry canned salmon?**
*par*-don mi du iu *ke*-ri cand *sal*-mon
Perdone. ¿Tienen salmón enlatado?

Encargado:  **I think so. It would be on aisle 12 next to the canned tuna.**
ai zink sou it *u*-ud bi on ail tuelv nekst tu da cand *tu*-na
Creo que sí. Debe de estar en el pasillo 12 junto al atún enlatado.

Sue:  **And where can I find the eggs?**
and juer can ai faind da eks
¿Y dónde puedo encontrar los huevos?

Encargado:  **They're in the dairy section on aisle 6.**
*de*-ar in da *de*-ri *sek*-chion on ail siks
En la sección de lácteos en el pasillo 6.

Sue:  **Thank you.**
zank iu
Gracias.

Encargado:  **My pleasure.**
mai *ple*-llur
Fue un placer ayudarla.

# Palabras para recordar

| shopping | chop-ping | ir de compras |
| supermarket | su-per mar-ket | supermercado |
| grocery store | gro-che-ri stor | tienda de comestibles o alimentos |
| market | mar-ket | mercado |
| shopping cart | chop-ping cart | carrito de mercado |
| basket | bas-ket | canasto/a ó cesto/a |
| aisle | ail | pasillo |

# La compra de frutas y vegetales

Las frescas **citrus fruit** (*ci*-tros frut; frutas cítricas) de Florida y California, **bananas** (ba-*na*-nas; plátanos o bananas) y la dulce **tropical fruit** (*tro*-pi-cal frut; fruta tropical) de México, las crujientes **apples** (*ap*-pels; manzanas) del estado de Washington son algunas de las frutas deliciosas que encontrarás en la sección de **produce** (*prou*-du-us; productos agrícolas) de un supermercado. Dependiendo de la temporada y de la región donde te encuentres, encontrarás una mayor o menor variedad.

Estas son algunas de las frutas que comúnmente encontrarás en un supermercado:

- ✔ **apple** (*ap*-pel; manzana)
- ✔ **banana** (ba-*na*-na; banana o plátano)
- ✔ **grapes** (gr*eips;* uvas*)*
- ✔ **lemon** *(le*-mon; limón)
- ✔ **lime** (laim; lima)
- ✔ **mango** (*man*-gou; mango)
- ✔ **melon** (*me*-lon; melón)
- ✔ **orange** (*o*-rench; naranja)
- ✔ **papaya** (pa-*pai*-ya; papaya)
- ✔ **peach** (*pi*-ich; durazno)
- ✔ **pear** (peir; pera)
- ✔ **pineapple** (*pain*-ap-pel; piña)
- ✔ **strawberry** (*stra*-ber-ri; fresa)

Si eres de un país donde la mayoría de las frutas y vegetales son importados, te sorprenderás de la gran selección de productos frescos en la mayoría de los supermercados aquí. Los Estados Unidos produce muchos vegetales. De hecho, el valle central de California es el área más fértil de cultivo que se extiende casi a todo lo largo del estado, y se le conoce como "el tazón de ensalada" de esta nación porque una gran cantidad de los vegetales producidos en el país provienen de ahí.

Esta es una lista de los vegetales que comúnmente encontrarás en el supermercado:

- ✔ **beans** (*bi*-ins; frijoles)
- ✔ **broccoli** (*bro*-co-li; brócoli)
- ✔ **cabbage** (*ca*-bech; col)

- ✔ **carrot** (*ker*-rot; zanahoria)
- ✔ **celery** (*ce*-le-ri; apio)
- ✔ **cucumber** (*kiu*-com-ber; pepino)
- ✔ **lettuce** (*le*-tus; lechuga)
- ✔ **mushroom** (*moch*-ru-um; hongo)
- ✔ **onion** (*o*-ni-on; cebolla)
- ✔ **pea** (*pi*-i; chícharo)
- ✔ **pepper** (*pe*-per; chile o pimiento)
- ✔ **potato** (pou-*tei*-tou; papa)
- ✔ **squash** (skuach; calabaza)
- ✔ **tomato** (técnicamente una fruta) (tou-*mei*-tou; tomate)

Aún si no necesitas comprar **groceries** (*grou*-che-ris; comestibles o abarrotes), échale un vistazo al interior de un supermercado. Paséate por los **aisles** para que veas todos los productos que desconoces. Puedes preguntarle al encargado acerca de algún alimento que no conozcas. Sólo di: **Excuse me. What's this?** (eks-*kius* mi juats dis; Disculpe. ¿Qué es esto?)

## Uso de los adjetivos cuantitativos o numerales

Algunas cosas pueden describirse con números. Es decir, puedes referirte a algunos sustantivos contándolos. Por ejemplo: Puedes decir **one apple** (uon *ap*-pel; una manzana) o **two apples** (tu *ap*-pels; dos manzanas) porque la palabra manzana es un sustantivo modificado por un adjetivo numeral y en inglés se le llama **count noun.**

Pero algunas veces, no se pueden usar números para describir la cantidad de las cosas, tales como la **salt** (salt; sal) y la **lettuce.** Por ejemplo: No se debe decir **two salts** (tu salts; dos sales) o **three lettuces** (zri *le*-tus-es; tres lechugas). Esos son **noncount nouns.**

Para expresar la cantidad general de los sustantivos, puedes usar las palabras **some** (som; algo), **any** (*e*-ni; alguno), **a little** (ei *lit*-tel; un poco), **a lot of** (ei lot of; mucho de), pero no **a** o **an** (an; un o una). Ve al Capítulo 2 para más detalles sobre los artículos. Por ejemplo: Puedes decir **a little juice** (un poquito de jugo), pero no es correcto decir **four milks** (for milks; cuatro leches); es mejor decir **four glasses of milk** (for *glas*-es of milk; cuatro vasos de leche). No se puede contar la leche, pero sí se pueden contar los vasos.

En la frase **four glasses of milk,** observa la preposición **of** (of) entre los **count** y **noncount nouns;** se requiere que la preposición conecte a los dos sustantivos en este tipo de frases. Éstos son algunos ejemplos:

✔ **a can** *of* **soup** (ei can of *su*-up; una lata de sopa)

✔ **three boxes** *of* **cereal** (zri *boks*-es of *ci*-ri-al; tres cajas de cereal)

✔ **two bottles** *of* **soda** (tu *bot*-tels of *sou*-da; dos botellas de soda)

La tabla siguiente te proporciona más adjetivos cuantitativos relacionados con comestibles, junto con palabras de cantidad que puedes usar para indicar cantidades específicas:

| *Adjetivos cuantitativos* | *Palabras de cantidad* |
| --- | --- |
| **milk** | **quart/gallon** (milk cort/*ga*-lon; cuarto/galón de leche) |
| **butter** | **carton/sticks** (*bot*-ter *car*-ton/stiks; caja/barras de mantequilla) |
| **yogurt** | **carton/pint** (*llou*-gurt *car*-ton/paint; vaso/pinta de yogurt) |
| **wine** | **bottle** (uain *bot*-tel; botella de vino) |
| **beer** | **can** (*bi*-ar can; lata de cerveza) |
| **coffee** | **pound/cup** (*co*-fi paund/cop; libra/taza de café) |
| **tea** | **box/cup** (ti boks/cop; caja/taza de té) |
| **salt** | **grain/box** (salt grein/boks; grano/caja de sal) |
| **celery** | **stalk** (*ce*-le-ri stok; tallo de apio) |
| **lettuce** | **head** (*le*-tus jed; cabeza de lechuga) |

## Los pesos y las medidas

El letrero dice **potatoes 57¢ per** *pound* (pou-*tei*-tous fif-ti *se*-ven cents per paund; papas 57¢ por libra), ¿pero cuánto es eso exactamente? ¿Y qué hay de un *quart* of **milk** (quort of milk; cuarto de galón)? Aunque la mayoría del mundo usa el sistema métrico, los estadounidenses continúan usando medidas como la libra, el galón y el cuarto de galón en sus transacciones cotidianas (a pesar de mediocres y fracasados intentos de cambiar al sistema métrico).

Si estás acostumbrado a las unidades del sistema métrico, no tendrás problema alguno para convertir **pounds (lbs)** a **kilograms (kilos)** — sólo tienes que multiplicar el número de libras por dos para obtener el número aproximado de kilos. Para ser exactos, **1 kilo** es igual a **2.2 lbs** y **1 lb** es igual a **.45 kilos.**

¿Y cuántos **quarts** hay en un **liter?** Fácil — un **liter** es un poquito más que un **quart (1 liter = 1.06 quarts).** Hay **4 quarts** en un **gallon**, así que **4 liters** son un poquito más que un **gallon (4 liters = 1.04 gallons).**

He aquí mas conversiones para ayudarte en tus compras:

- ✔ **1 ounce (oz) = 28 grams**
- ✔ **1 cup (c) = .24 liters**
- ✔ **1 pint (pt) = .47 liters**
- ✔ **1 quart (qt) = .95 liters**
- ✔ **½ gallon (gal) = 1.9 liters**

Y estas conversiones te ayudarán en la preparación de alimentos:

- ✔ **3 teaspoons (tsp) = 1 tablespoon (tbsp)**
- ✔ **2 cups = 1 pint (pt)**
- ✔ **2 pints = 1 quart**
- ✔ **4 quarts = 1 gallon**

## En la caja registradora

Una vez que has **checked off** (chekt *o*-of; tachado) cada artículo de tu **shopping list** (*chop*-ping list; lista de compras), dirígete a la **check-out line** (*chek*-aut lain; línea de pago) o **cash register** (cach *re*-llis-ter; caja registradora) para que pagues tus adquisiciones. Generalmente, tú mismo debes sacar la mercancía de tu carrito y colocarla en el **counter** (*caun*-ter; mostrador).

¿Te parece que siempre te toca la fila más lenta? Si es así, te sentirás como en casa en las **check-out lines** de la tienda de comestibles. Mientras esperas, puedes practicar inglés iniciando una charla con la persona que se encuentra cerca de ti.

Cuando sea tu turno de pagar, la persona que coloca tu mercancía en una bolsa tal vez te pregunte qué tipo de bolsa prefieres y si necesitas ayuda para llevar tus cosas a tu coche. Si pagas con tu tarjeta de crédito o tarjeta bancaria, el cajero te puede preguntar si deseas **cash back.** (Normalmente puedes obtener desde $20 a $50 dólares en efectivo con tu tarjeta bancaria.) Las siguientes son algunas expresiones que puedes escuchar en la **check-out line:**

- ✔ **Paper or plastic?** (*pei*-per or *plas*-tic; ¿Papel o plástico?)
- ✔ **Do you want help out?** (du iu uant jelp aut; ¿Desea ayuda con su mercancía?)

✔ **Do you want cash back?** (du iu uant cach bak; ¿Quiere dinero de su cuenta bancaria?)

Si vas a pagar y tienes solamente unos poquitos artículos, y la persona que se encuentra delante de ti tiene lleno su carrito, qué no te extrañe si te ofrece su lugar para que pagues tú primero, diciéndote: **You can go ahead** (iu can gou a-*jed*; Adelante, vaya usted primero). Se trata de un gesto de cortesía, pero no es una regla. Cuando esto te ocurra, sólo di **Thank you** (zank iu; Gracias) y toma el lugar de esa persona.

## *Hablando como se habla*

Kaori ha llegado a la fila para pagar y el cajero le saluda.

| | |
|---|---|
| Cajero: | **Hi. How are you today?**<br>jai jau ar iu tu-*dei*<br>Hola. ¿Cómo está? |
| Kaori: | **Fine, how about you?**<br>fain jau a-*baut* iu<br>Bien, ¿y usted? |
| Cajero: | **Pretty good. Is this cash or charge?**<br>*pri*-ti gud is dis cach or charch<br>Muy bien. ¿Va a pagar con efectivo o con crédito? |
| Kaori: | **Cash.**<br>cach<br>Efectivo. |
| Empacador: | **Paper or plastic?**<br>*pei*-per or *plas*-tic<br>¿Papel o plástico? |
| Kaori: | **Paper please.**<br>pei-per *pli*-is<br>Papel por favor. |
| Cajero: | **Your total is $42.73.**<br>ior *to*-tal is *for*-ti tu *se*-ven-ti zri<br>Su total es $42.73. |
| Empacador: | **Do you want help out?**<br>du iu uant jelp aut<br>¿Desea ayuda con su mercancía? |

| | |
|---|---|
| Kaori: | **No thanks. That's okay.**<br>nou zanks dats o-*kei*<br>No gracias. Está bien. |
| Cajero: | **Here's your change and receipt.**<br>*ji*-ars ior cheinch and ri-*ci*-it<br>Aquí tiene su cambio y el recibo. |
| Kaori: | **Thank you.**<br>zank iu<br>Gracias. |
| Cajero: | **Have a good day.**<br>jav ei gud dei<br>Que tenga un buen día. |
| Kaori: | **Thanks. You too.**<br>zanks iu tu<br>Gracias. Usted también. |

## Palabras para recordar

| | | |
|---|---|---|
| check-out line | chek-aut lain | fila o línea de pago |
| cash register | cach re-llis-ter | caja registradora |
| shopping list | chop-ping list | lista de compras |
| item | ai-tem | artículo o mercancía |
| cash back | cach bak | cambio o vuelto |

# Justo a mi medida: Compra de ropa

Ya sea que compres en **boutiques** (bu-*tiks*; tiendas de moda), **gift shops** (guift chops; tiendas de regalos) o **malls** (mals; centros comerciales), tu salida para ir de compras puede ser más divertida y provechosa si conoces algunos secretos y expresiones útiles. En esta sección, encontrarás información útil y frases sencillas que podrás usar para realizar tus transacciones, pedir ayuda a un **salesperson** (*seils*-per-son; vendedor) o pedirle que te deje "bobear" por tu cuenta.

# Sólo estoy viendo

En **department stores** (di-*part*-ment stors; tiendas de departamentos) grandes puedes pasearte por semanas enteras (bueno, muchos minutos) sin toparte con un **salesperson.** Sin embargo, si tienes la suerte de encontrarte a un **salesperson,** puedes decirle **Excuse me, can you help me?** (eks-*kius* mi can iu jelp mi; Disculpe, ¿me puede ayudar?)

En establecimientos más pequeños, probablemente el vendedor/a se te acerque inmediatamente y te pregunte lo siguiente: **May I help you?** (mei ai jelp iu; ¿Puedo ayudarle?) o **Do you need help finding anything?** (du iu *ni*-id jelp *faind*-ing *e*-ni-zing; ¿Necesita ayuda para encontrar lo que busca?) Tal vez lo único que deseas es **browse** (braus; mirar o curiosear). En tal caso, sólo di **No thanks. I'm just looking** (nou zanks aim llost *luk*-ing; No gracias. Sólo estoy viendo).

# Cómo te quieres vestir

Puedes encontrar ropa estilo "western" en todo el mundo. Las palabras **jeans** (llins) y **T-shirt** (*ti*-churt) son casi internacionales. Encontrarás el nombre en inglés de otras prendas y varios tipos de calzados en las listas de esta sección.

A continuación encontrarás algunas palabras para **women's clothes** (*ui*-mens clous; ropa para mujeres):

- ✔ **dress** (dres; vestido)
- ✔ **blouse** (blaus; blusa)
- ✔ **skirt** (skurt; falda)
- ✔ **suit** (sut; coordinado o conjunto)
- ✔ **pantsuit** (*pant*-sut; traje de mujer con pantalón)
- ✔ **nightgown** (*nait*-gaun; camisón)
- ✔ **underwear** (*on*-der-uer; ropa interior)

Usa las siguientes palabras para hablar de la **men's clothes** (mens clous; ropa para hombres):

- ✔ **dress shirt** (dres churt; camisa formal o de vestir)
- ✔ **sport shirt** (sport churt; camisa sport)
- ✔ **sport jacket** (sport *lla*-ket; saco sport)

✔ **tie** (tai; corbata)

✔ **undershirt** (*on*-der-chirt; camiseta)

Puedes usar los siguientes términos para referirte a la ropa para mujeres *u* hombres:

✔ **pants** (pants; pantalón)

✔ **slacks** (slaks; pantalón formal o de vestir)

✔ **jeans** (llins; pantalón de mezclilla)

✔ **sweater** (*sue*-ter; suéter)

✔ **jacket** (*lla*-ket; chamarra)

✔ **coat** (cout; abrigo o saco)

✔ **suit** (sut; traje o conjunto)

✔ **shirt** (churt; camisa)

✔ **shorts** (chorts; pantalón corto)

✔ **swimsuit** (*suim*-sut; traje de baño)

✔ **sweatshirt** (*suet*-churt; camiseta o camisa deportiva)

✔ **robe** (roub; bata)

✔ **pajamas** (pa-*lla*-mas; pijama)

Si tu diccionario de inglés fue impreso en Inglaterra, encontrarás algunos nombres de prendas diferentes a los de las listas previas. Por ejemplo: En un diccionario británico la palabra **pants** puede estar definida solamente como ropa interior, no como pantalón o pantalones; y un suéter se conoce como **jumper,** lo cual, en el inglés americano es un tipo de vestido.

Respecto al calzado, encontrarás los siguientes estilos en la zapatería de tu vecindario:

✔ **dress shoes** (dres chu; zapatos de vestir)

✔ **high heels** (jai *ji*-als; zapatos de tacón)

✔ **loafers** (*lou*-fers; mocasines)

✔ **pumps** (pomps; zapato bajo y liso de mujer)

✔ **sandals** (*san*-dals; sandalias o huaraches)

✔ **slippers** (sli-pers; pantuflas o zapatillas)

Existen muchos nombres para zapatos deportivos, dependiendo del deporte para el cual fueron diseñados. Muchas veces ni los angloamericanos saben con seguridad como llamarles, así que no te preocupes si tú tampoco estás seguro. Los zapatos de lona para usar fuera de casa solían llamarse **sneakers** (*sni*-i-ker; zapato de lona) o **tennis shoes** (*te*-nis chus; zapatos de tenis). La gente todavía usa esos términos; pero hoy en día, a los zapatos deportivos también se les llama **athletic shoes** (az-*le*-tic chus; calzado atlético), **running shoes** (*ron*-ning chus; zapatos para correr) y **trainers** (*train*-ers; zapatos de entrenamiento), para nombrar algunos.

## *Hablando como se habla*

Nykato acaba de mudarse a Manhattan y necesita ropa para el invierno. Así que va de compras a una de las tantas tiendas de moda.

Vendedora: **Hello. Can I help you find something?**
*je*-lou can ai jelp iu faind *som*-zing
Hola. ¿Le puedo ayudar a encontrar lo que busca?

Nykato: **Yes. I'm looking for a winter coat.**
ies aim *luk*-ing for ei *uin*-ter cout
Sí. Busco un abrigo para el invierno.

Vendedora: **A casual coat or dressy coat?**
ei *ca*-llu-al cout or *dres*-si cout
¿Un abrigo casual o de vestir?

Nykato: **Casual.**
*ca*-llu-al
Casual.

Vendedora: **We have wool coats here.**
ui jav *u*-ul couts *ji*-ar
Tenemos algunos abrigos de lana por acá.

Nykato: **Anything in leather?**
e-ni-zing in *le*-der
¿Tienen de piel?

Vendedora: **Yes, we have leather jackets over there.**
ies ui jav *le*-zer *jak*-ets o-ver der
Sí, tenemos chaquetas de piel allá.

| Nykato: | **Thank you. I'll take a look at them.** |
|---|---|
| | zank iu ail teik ei luk at dem |
| | Gracias. Les daré un vistazo. |

# Encuentra tu talla

Si eres hombre (o si estás comprando para uno), no tendrás muchos proble-mas para entender las tallas o para encontrar lo que te queda. Pero para las mujeres, el mismo proceso es engañoso por la extraña razón, las **sizes** (*sai-ses*; tallas) femeninas varían ampliamente dependiendo del fabricante. Por ejemplo: ¡Mi ropa (la que actualmente uso) tiene tallas impresas en la eti-queta que varían desde la 3 hasta la 12! Así que, si eres mujer, debes **try on** (*trai on*; probarte) toda la ropa para ver si te queda. ¡La talla grande de una marca puede ser la talla "mini" de otra!

La tabla siguiente te muestra la comparación entre las tallas estadounidenses y las europeas:

| Tallas de EE.UU. | 6 | 8 | 10 | 12 | 14 | 16 | 18 | 20 |
|---|---|---|---|---|---|---|---|---|
| Tallas europeas | 34 | 36 | 38 | 40 | 42 | 44 | 46 | 48 |

Usa las conversiones siguientes para la talla de sacos para hombres:

| Tallas de EE.UU. | 36 | 38 | 40 | 42 | 44 | 46 | 48 | 50 |
|---|---|---|---|---|---|---|---|---|
| Tallas europeas | 46 | 48 | 50 | 52 | 54 | 56 | 58 | 60 |

# Pruébatelo

Busca ropa en los **racks** (*raks*; anaqueles o estantes) y encuentra algunas prendas que te gusten. Y ahora pruébatelas en el **dressing room** (*dres*-sing *ru*-um; probador o vestidor). He aquí algunas frases simples que te ayudarán a hacerlo:

✔ **May I try this on?** (mei ai trai dis on; ¿Puedo probarme esto?)

✔ **Where are the dressing rooms?** (juer ar da *dres*-sing *ru*-ums; ¿Dónde están los vestidores?)

O tal vez el vendedor te haga las siguientes preguntas:

- ✔ **Are you ready to try those on?** (ar iu *re*-di tu trai dous on; ¿Está listo/a para probárselas?)

- ✔ **Shall I put those in a dressing room for you?** (chal ai put dous in ei *dres*-sing *ru*-um for iu; ¿Quiere que se las ponga en un vestidor?)

# Hablando como se habla

La vendedora deja a Nykato para que mire las chaquetas. Después de algunos minutos regresa para ver si ella necesita algo. (Track 21)

Vendedora: **Are you finding everything okay?**
ar iu *faind*-ing *ev*-ri-zing o-*kei*
¿Encontró lo que buscaba?

Nykato: **I like this coat, but I can't find the size.**
ai laik dis cout bot ai cant faind da sais
Me gusta este abrigo, pero no encuentro la talla.

Vendedora: **It's in the sleeve. This is a small.**
its in da *sli*-iv dis is ei smol
Se encuentra en la manga. Éste es de talla chica.

Nykato: **I need a medium.**
Ai *ni*-id ei *mi*-di-om
Necesito uno mediano.

Vendedora: **Here's a medium. Would you like to try it on?**
*ji*-ars ei *mi*-di-om ud iu laik tu trai it on
Aquí está uno mediano. ¿Se lo quiere probar?

Nykato: **Yes. Where are your dressing rooms?**
ies juer ar ior *dres*-sing *ru*-ums
Sí. ¿Dónde están los vestidores?

Vendedora: **They're over there by the purses.**
*de*-ar *ou*-ver der bai da *purs*-es
Están allá junto a las bolsas de mano.

## Palabras para recordar

| | | |
|---|---|---|
| salesperson | seils-per-son | vendedor o vendedora |
| just looking | llost luk-ing | curioseando |
| to try on | tu trai on | probarse o medirse (una prenda) |
| to fit | tu fit | sentar bien o quedar bien |
| size | sais | talla o tamaño |
| dressing room | dres-sing ru-um | vestidor o probador |

## De chico a grande: Uso de los comparativos

Supón que te pruebas una camisa, pero te queda muy ajustada, así que necesitas una talla más grande. Para pedir una talla más grande o más chica, debes usar el **comparative** (com-*per*-a-tiv; comparativo). El **comparative** es una forma del adjetivo que se usa para comparar dos cosas. Debes usar el **comparative** de acuerdo al número de sílabas del adjetivo, por ejemplo:

✔ En el caso de un adjetivo de una o dos sílabas, agrega la terminación **-er.** Por ejemplo:

- **big** → **bigger** (bik/*bik*-er; grande → más grande)

- **small** → **smaller** (smol/smol-ler; chico → más chico)

- **fancy** → **fancier** (*fan*-ci/*fan*-ci-er; elegante → más elegante)

✔ En el caso de un adjetivo de tres o más sílabas, usa la palabra *more* (mor; más) o la palabra *less* (les; menos) antes del adjetivo. Por ejemplo:

- **more casual** (mor *ca*-chu-al; más casual)

- **less casual** (les *ca*-chu-al; menos casual)

- **more expensive** (mor eks-*pen*-siv; más caro)

- **less expensive** (les eks-*pen*-siv; menos caro)

A continuación tienes algunas expresiones con el uso de comparativos muy comunes en una compra:

✔ **Do you have this in a larger size?** (du iu jav dis in ei *lar*-cher sais; ¿Tiene ésta en una talla más grande?)

✔ **Do you have anything less expensive?** (du iu jav *e*-ni-zing les eks-*pen*-siv; ¿Tiene algo menos caro?)

## *Hablando como se habla*

Kaori se probó una chaqueta de lana de talla mediana, pero le ha quedado chica. Ella necesita otra talla.

Kaori:
**This jacket is too small. Do you have a larger size?**
dis *lla*-ket is tu smol du iu jav ei *lar*-cher sais
Esta chaqueta me queda chica. ¿Tiene una talla más grande?

Vendedora:
**I'm sorry. I don't have any larger sizes in that style.**
aim so-ri ai dount jav *e*-ni *lar*-cher saises in dat stail
Lo siento. No tenemos tallas más grandes en ese estilo.

Kaori:
**What do you have in my size?**
juat du iu jav in mai sais
¿Qué tienen en mi talla?

Vendedora:
**I have this leather jacket in a medium.**
ai jav dis *le*-der *lla*-ket in ei *mi*-di-om
Tenemos esta chaqueta de piel en talla mediana.

Kaori:
**Do you have something less expensive?**
du iu jav *som*-zing les eks-*pen*-siv
¿Tienen algo menos caro?

Vendedora:
**This synthetic leather is less expensive and more casual.**
dis sin-*ze*-tic *le*-der is les eks-*pen*-siv and mor *ca*-chu-al
Tenemos ésta de piel sintética que es menos cara y más casual.

Kaori:
**Okay, I'll try that.**
*o*-kei ail trai dat
Está bien, me la probaré.

## *Sólo lo mejor: Uso del superlativo*

El **superlative** (su-*per*-la-tiv; modo superlativo) expresa el nivel más alto o bajo de algo. Al igual que en el comparativo de desigualdad, el superlativo es una forma del adjetivo y se forma de acuerdo al número de sílabas del adjetivo, de la siguiente manera:

✔ Para los adjetivos con una o dos sílabas, agrega la terminación **-est**. Por ejemplo:

- **big** → **biggest** (bik/bik-est; grande → /el más grande)

- **small** → **smallest** (smol/*smol*-est; chico → /el más chico)

- **fancy** → **fanciest** (*fan*-ci/*fan*-ci-est; elegante → /el más elegante)

✔ En el caso de los adjetivos de tres o más sílabas, usa la palabra ***most*** (moust; el/la más) o la palabra ***least*** (*li*-ist; el/la menos) antes del adjetivo. Por ejemplo:

- **most casual** (moust *ca*-chu-al; el más casual)

- **least casual** (*li*-ist *ca*-chu-al; el menos casual)

- **most expensive** (moust eks-*pen*-siv; la más cara)

- **least expensive** (*li*-ist eks-*pen*-siv; la más barata)

Existen algunas excepciones a las reglas del comparativo y del superlativo. Por ejemplo: Se dice **most patient** (moust *pei*-chant; el más paciente) en vez de **patientest**. Y en algunos casos, como en las siguientes palabras — muy comunes — las formas del comparativo y del superlativo son completamente irregulares, así que debes memorizarlas:

✔ **Good** (gud; bueno), **better** (*be*-ter; mejor) y **best** (best; el mejor). Por ejemplo: **This coat is *better* quality than that coat.** (dis cout is *be*-ter *cua*-li-ti dan dat cout; Este abrigo es de *mejor calidad* que ese abrigo.)

✔ **Bad** (bad; malo), **worse** (uors; peor) y **worst** (uorst; pésimo o el peor). Por ejemplo: **This store has the *best* prices, but the *worst* service!** (dis stor jas da best *prais*-es bot da uorst *ser*-vis; ¡Esta tienda tiene *los mejores precios* pero *el peor* servicio!)

# *Hablando como se habla*

Hans se prueba unos zapatos en el departamento de zapatos. Él necesita usar un superlativo para pedir unos zapatos más grandes.

Hans: **Excuse me, do these come in a larger size?**
eks-*kius* mi du *di*-is com in ei *lar*-cher sais
Disculpe. ¿Tiene éstos en un número más grande?

| Vendedor: | **No. Size 13 is the largest.** |
| | nou sais zur-*ti*-in is da *lar*-chest |
| | No. El 13 es el más grande. |

| Hans: | **And how about this style?** |
| | and jau a-*baut* dis stail |
| | ¿Y en este estilo? |

| Vendedor : | **Yes. That comes in your size.** |
| | ies dat coms in ior sais |
| | Sí. En ese estilo sí tenemos su número. |

| Hans: | **What is the widest width you carry?** |
| | juat is da *uai*-dest uiz iu *ke*-ri |
| | ¿Cuál es la horma más ancha que tienen? |

| Vendedor: | **D is the widest width.** |
| | di is da *uai*-dest uiz |
| | D es lo más ancho. |

| Hans: | **Okay, I'll try that.** |
| | o-kei ail trai dat |
| | Muy bien, me pruebo ésa. |

## Palabras para recordar

| comparative | com-per-a-tiv | comparativo (adjetivo) |
| superlative | su-per-la-tiv | superlativo (adjetivo) |
| more | mor | más |
| less | les | menos |
| most | moust | el/la/los/las más |
| least | li-ist | el/la/los/las menos |

En casi todas las tiendas estadounidenses los precios son fijos y se les agrega un impuesto de venta en la caja registradora. No existe el regateo. Sin embargo, si encuentras **damaged merchandise** (*da*-mecht mer-chan-daiz; mercancía defectuosa), puedes preguntarle al vendedor si te le pueden hacer un descuento al precio de la mercancía. Si encuentras un artículo marcado **as**

**is** (as is; como está), significa que la tienda sabe que el artículo tiene algún defecto y que ya le han rebajado el precio. (Normalmente el defecto no es mucho, sólo una manchita o un descosido muy pequeño, que puedes remediar en casa.)

# Las normas de devolución: Regreso de la mercancía

Le has comprado una camisa a un amigo, pero resulta que no le queda. No hay problema. Puedes **take it back** (teik it bak; regresarla) a la tienda para que te den un **refund** (*ri*-fond; reembolso) o **exchange** (eks-*cheinch*; intercambio). Pero debes conservar tu **receipt** (*ri*-ci-it; recibo o factura) si deseas recuperar tu dinero. Aún sin recibo, algunas veces puedes regresar la mercancía, pero sólo recibirás crédito para gastarlo en la misma tienda en vez de un reembolso.

En un país donde **the customer is always right** (da *cos*-to-mer is *al*-ueys rait; el cliente siempre tiene la razón) — al menos en teoría — generalmente es posible regresar artículos ya sea porque no te satisfacen o porque simplemente **change your mind** (cheinch ior maind; cambiaste de parecer) después de llevártelos a tu casa.

# Hablando como se habla

A Matt le regalaron una camisa para su cumpleaños, pero no es de su estilo. Va a la tienda para regresarla pero no tiene el recibo. (Track 22)

Matt: **I'd like to return this shirt.**
aid laik tu ri-*turn* dis churt
Me gustaría regresar esta camisa.

Vendedor: **Do you have the receipt?**
du iu jav da ri-*ci*-it
¿Tiene su recibo?

Matt: **No, it was a gift.**
nou it uas ei guift
No, es un regalo.

Vendedor: **Is there a problem with the shirt?**
is der ei *prob*-lem uiz da churt
¿Hay algún problema con la camisa?

| | |
|---|---|
| Matt: | **It's just not my style.**<br>its llost not mai stail<br>Simplemente no va con mi estilo. |
| Vendedor: | **With no receipt, I can only give you a store credit.**<br>uiz nou ri-*ci*-it ai can *on*-li guiv iu ei stor *cre*-dit<br>Sin el recibo sólo puedo darle nuestro crédito. |
| Matt: | **That's fine. Thanks.**<br>dats fain zanks<br>Está bien. Gracias. |

## *You y me: Pronombres personales*

Los **pronouns** (*prou*-nauns; pronombres) son muy útiles en cualquier idioma. Ya que evitan la necesidad de repetir el nombre de personas, lugares o cosas reemplazando los sustantivos a los que se refieren.

Fíjate qué complicado es y qué absurdo suena hablar sin pronombres:

> *Matt* **didn't like the shirt his friend gave** *Matt*. (mat *did*-ent laik da churt jis frend gueiv mat; A *Matt* no le gustó la camisa que su amigo le dio a *Matt*.)

Pero con pronombres, puedes decir:

> *He* **didn't like the shirt his friend gave** *him*. (ji *did*-ent laik da churt jis frend gueiv jim; A él no le gustó la camisa que su amigo le dio.)

De los pronombres **he** y **him** en la oración anterior, la palabra **him** se conoce como **object pronoun** (*ob*-llect *prou*-naun; complemento directo). Los pronombres de complemento directo e indirecto actúan como el objeto del verbo o de la preposición que les precede. Normalmente se encuentran cerca del final o al final de una oración — no entre el sujeto y el verbo tal como en tu idioma. (Busca más información acerca de los pronombres personales, como **he**, en el Capítulo 2.)

He aquí una lista de los complementos directos e indirectos:

- **me** (mi; me)
- **you** (iu; te)
- **her** (jer; le, la)

✔ **him** (jim; le, lo)

✔ **it** (it; le, lo, la)

✔ **them** (dem; les, los, las)

✔ **us** (os; nos)

Practica las siguientes oraciones con complementos directos e indirectos. (Los complementos están en letra cursiva.)

✔ **Ann bought this shirt for *me*.** (an bot dis churt for mi; Ann *me* compró esta camisa.)

✔ **She wants *me* to show *it* to *you*.** (chi uants mi tu chou it tu iu; Ella quiere que yo *te la* enseñe a *ti*.)

✔ **My cousins will visit *us*.** (mai *co*-sins uil *vi*-sit os; Mis primos *nos* van a visitar.)

✔ **You can meet *them*.** (iu can *mi*-it dem; Tú *los* puedes conocer.)

## *To y for: Algunas preposiciones*

Las preposiciones son algo engañosas porque hay pocas reglas que te indican cuáles exactamente debes usar. Así que no trates de aprenderte todas las preposiciones de una vez. Enseguida te presento algunas preposiciones — **to** (tu; para o a) y **for** (for; para o por) — que podrás usar con tu vocabulario para andar de compras.

Se usa **to** con las siguientes palabras:

✔ **give (something) to** (guiv (*som*-zing) tu; dar (algo) a)

✔ **show (something) to** (chou (*som*-zing) tu; mostrar (algo) a)

Se usa **for** con las siguientes palabras:

✔ **buy (something) for** (bai (*som*-zing) for; comprar (algo) para)

✔ **just right for** (llos rait for; justo para)

✔ **pay for (something)** (pei for (*som*-zing); pagar por (algo))

✔ **too big/small for** (tu bik/smol for; muy grande/muy chico para)

Con las palabras **give** (guiv; dar), **show** (chou; mostrar) y **buy** (bai; comprar), no uses las preposiciones cuando el complemento indirecto está entre el verbo y el sustantivo. Por ejemplo: **I bought her a gift** (ai bot jer ei guift; Le compré un regalo a ella).

# *Hablando como se habla*

 Practica el uso de los pronombres de complemento y las preposiciones con la siguiente conversación entre un vendedor y Matt, quien se está probando algunas prendas. (Track 23)

Vendedor: **How do those pants fit?**
jau du dous pants fit
¿Cómo le quedan esos pantalones?

Matt: **They're too big for me.**
De-ar tu bik for mi
Están muy grandes para mí.

Vendedor: **Okay, give them to me. I'll get a smaller size for you.**
*o*-kei guiv dem tu mi ail guet ei *smol*-er sais for iu
Bueno, pásemelos. Le traeré una talla más chica.

Matt: **Thanks. I need one size smaller.**
zanks ai *ni*-id uon sais *smol*-er
Gracias. Necesito una talla más chica.

El vendedor regresa con una talla más chica y Matt se los prueba.

Vendedor: **How do they fit?**
jau du dei fit
¿Cómo le quedan?

Matt: **They're perfect. Where do I pay for them?**
*de*-ar *per*-fect juer du ai pei for dem
Perfectamente. ¿Dónde los pago?

Vendedor: **At the front register.**
at da front *re*-llis-ter
En la caja registradora.

CULTURAL WISDOM

# Ya no los hacen como antes:
# Artículos de segunda mano

La basura de una persona es el tesoro de otra —como dice el dicho. Y en los Estados Unidos, la venta de artículos usados es un negocio grande. Puedes encontrar **thrift stores** (zrift es-*toh*-res; tiendas de ahorro), también conocidas como **secondhand stores** (*se*-cond jand stors; tiendas de segunda o de segunda mano), en las que encontrarás artículos a precios muy rebajados. También podrás comprar artículos usados en mercados al aire libre llamados **flea markets** (*fli*-i *mar*-kets; mercado de las pulgas) y en las **garage sales** (gar-*ach* seils; ventas de garaje) donde la gente vende las cosas que ya no desea conservar en su casa.

¿Te gusta negociar el precio? Te puedes dar una vuelta por los **flea markets** y **yard sales** (pero no en **thrift stores**). El regatear un poquito debe ser un intercambio amistoso y cortés y nada agresivo. He aquí algunas expresiones útiles para negociar y hacer una compra:

- **How much do you want for this?** (jau moch du iu uant for dis; ¿Cuánto quiere por esto?)

- **Would you take _____ for it?** (*u*-ud iu teik _____ for it; ¿Aceptaría _____ por esto?)

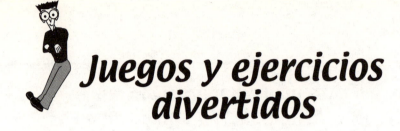

# Juegos y ejercicios divertidos

Después de regresar de un exitoso viaje de compras, la familia Baxter se ha puesto sus nuevas compras. Vamos a ver si puedes identificar sus nuevas prendas. Por supuesto, puedes regresar a ver la sección de ropa de este capítulo si deseas un poco de ayuda.

1._____   8._____
2._____   9._____
3._____   10._____
4._____   11._____
5._____   12._____
6._____   13._____
7._____

# Capítulo 11

# De paseo por la ciudad

*En este capítulo*

▶ Información acerca de espectáculos locales

▶ Expresión de la hora

▶ Obras teatrales, películas y conciertos

▶ Bares y clubes nocturnos

**G**oing out on the town (*gou*-ing aut on da taun; dar la vuelta o salir a pasear por la ciudad), especialmente en un lugar nuevo y desconocido, es una forma formidable de darse una idea de la cultura e historia de una ciudad y ver cómo sus habitantes pasan el tiempo libre. Puedes visitar museos, cafés, librerías, sitios históricos, parques, teatros y clubes nocturnos. En algunas ciudades puedes tomar paseos a pie o en autobús a sitios de interés cultural o históricos.

En este capítulo te enterarás de cómo obtener información acerca de las **attractions** (a-*trak*-chions; atracciones) y espectáculos locales. También te proporciono algunas expresiones útiles a la hora de comprar boletos y para pedirle a alguien que te acompañe a salir por la noche. Y para tu diversión y seguridad en la **nightlife** (*nait*-laif; vida nocturna), incluí información acerca de lo que es legal y de lo que no lo es.

## Entérate de lo que está pasando

¿Quieres enterarte de lo que está pasando? He aquí algunas maneras de informarte acerca de **events** (i-*vents*; espectáculos) en la ciudad:

✔ Visita un **information center** (in-for-*mei*-chion *cen*-ter; centro de información para turistas).

✔ Llama o acude a la **Chamber of Commerce** (*cheim*-ber of *co*-mers; Cámara de Comercio) local.

✔ Consulta un **guidebook** (*gaid*-buk; guía del viajero).

✔ Busca información en los **brochures** (brou-*churs*; folletos) de un hotel.

✔ Revisa la **calendar section** (*ca*-len-dar *sec*-chion; sección del calendario) del **newspaper** (*nius*-pei-per; periódico) local.

✔ Busca los lugares de interés en un **map** (map; mapa) local.

✔ Busca **flyers** (*flai*-llers; volantes o circulares) y **posters** (*pou*-sters; carteles o afiches) acerca de futuros espectáculos.

Por supuesto, la mejor y más interesante manera de enterarse de lo que está pasando en una comunidad es, ¡simplemente preguntarle a la gente! Habla con la gente en los comercios y en tu hotel, pregúntale al mesero o mesera (¡los jóvenes conocen los mejores clubes!) y también habla con otros turistas. No te de pena, a la gente le gusta hablar de sus espectáculos y centros nocturnos favoritos.

Usa las frases siguientes para informarte acerca de los espectáculos locales:

✔ **Can you recommend a good art gallery?** (can iu re-co-*mend* ei gud art *ga*-le-ri; ¿Me puede recomendar una buena galería de pinturas?)

✔ **What should I see while I'm here?** (juat shud ai *si*-i uail aim *ji*-ar; ¿Qué debo visitar mientras estoy aquí?)

✔ **Are there any museums here?** (ar der *e*-ni miu-*si*-oms ji-ar; ¿Hay museos aquí?)

✔ **Where can I find tourist information?** (juer can ai faind *tu*-rist in-for-*mei*-chion; ¿Dónde puedo encontrar información turística?)

## Palabras para recordar

| | | |
|---|---|---|
| event | *i*-vent | espectáculo |
| attraction | a-*trak*-chion | atracción o espectáculo |
| information | in-for-*mei*-chion | información |
| nightlife | *nait*-laif | vida nocturna o ambiente nocturno |

# Cómo obtener información

¿Alguna vez has planeado tu agenda para ir **sightseeing** o ir de farra? ¿Y cuando llegas al lugar que deseas visitar está cerrado (y abrirá nuevamente hasta el martes; claro, cuando ya te has ido)? Pues, si tú sabes un poco de inglés puedes evitar ese problema.

Con algunas frases simples, podrás enterarte del horario de un lugar o cuándo un evento va a llevarse a cabo. Usa las frases siguientes para obtener información y hacer tus planes:

- ✔ **What are your hours?** (juat ar ior aurs; ¿Qué horario tienen?)

- ✔ **What days are you open?** (juat deis ar iu *o*-pen; ¿Qué días abren?)

- ✔ **When does the event take place?** (juen dos da i-*vent* teik pleis; ¿Cuándo se llevará a cabo el espectáculo?)

- ✔ **How much does it cost?** (jau moch dos it cost; ¿Cuánto cuesta la admisión?)

- ✔ **Is there an admission fee?** (is der an ad-*mi*-chion *fi*-i; ¿Hay algún cargo por la admisión?)

Para planificar y obtener información acerca de espectáculos y atracciones, necesitas hablar acerca de la hora y fecha. La sección siguiente te da las bases para decir la hora; el Capítulo 8 te ayudará a entender cómo expresar una fecha. Además encontrarás, en la Carta de referencia que se encuentra al principio del libro, información acerca de los nombres de los días y de los meses.

## *La hora en inglés*

En los Estados Unidos puedes hablar de la hora de las maneras siguientes:

- ✔ Con los números del 1 al 12, y no del 1 al 24

- ✔ Con las abreviaciones **a.m.** (de la medianoche al mediodía) y **p.m.** (del mediodía a la medianoche)

    Si le dices a alguien que lo encontrarás mañana a la 10:00, debes especificar **a.m.** o **p.m.** De lo contrario, ¡te tocará esperarla todo el día si ella cree que tú quisiste decir 10:00 de la noche! La hora 12:00 es fácil de entender, porque 12 a.m. se conoce como **midnight** (*mid*-nait; medianoche) y 12 p.m. se conoce como **noon** (*nu*-un; mediodía).

En los Estados Unidos, sólo el ejército usa el sistema de horario de las **24-hour** (*tuen*-ti for aur; 24 horas) (1:00 a 24:00). Así que si tú usas este sistema en tus conversaciones y correspondencia cotidianas, confundirás a la gente y tendrás que descifrar lo que quieres decir. Por lo tanto, es mejor que uses **a.m.** y **p.m.** y otras expresiones comunes de la hora que describo en los próximos párrafos.

La hora se expresa generalmente con la hora seguida por los minutos. En el caso de la **1:30,** se dice **one-thirty** (uon *zir*-ti; una treinta). He aquí más ejemplos:

- **7:05 = seven oh five** (*se*-ven ou faiv; siete cinco)
- **10:15 = ten fifteen** (ten fif-*ti*-in; diez quince)
- **11:45 = eleven forty-five** (i-*le*-ven *for*-ti faiv; once cuarenta y cinco)

¿Necesitas saber la hora? Puedes preguntarle a alguien con alguna de las expresiones siguientes:

- **What time is it?** (juat taim is it; ¿Qué hora es?)
- **Do you have the time?** (du iu jav da taim; ¿Sabes qué hora es?)

Acuérdate de usar el artículo **the** cuando preguntes: **Do you have the time?** Si se te olvida, estarás diciendo **Do you have time?** (du iu jav taim; ¿Tienes tiempo?); esto es otra cosa que significa "¿Tienes tiempo como para hacer algo?" o "¿Puedes regalarme un poquito de tu valioso tiempo?" Si cometes ese error y haces esa pregunta, la persona puede responderte con "¿Tiempo para qué?"

El decir la palabra **o'clock** (ou-*clok*; en punto) después de la hora no es necesario y rara vez la gente lo dice antes de los términos **a.m.** y **p.m.** Pero hay diferentes maneras de decir una hora específica en inglés. Observa los siguientes ejemplos:

- **It's three p.m.** (its zri pi em; Son las tres p.m.)
- **It's three in the afternoon.** (its zri in da af-ter-*nu*-un; Son las tres de la tarde.)
- **It's three o'clock in the afternoon.** (its zri ou-*clok* in da af-ter-*nu*-un; Son las tres en punto de la tarde.)
- **It's three.** (its zri; Son las tres.)

Los términos **past** (past; pasado) y **before** (bi-*for*, faltan o antes) casi nunca se usan en los Estados Unidos para expresar la hora. Más bien, la gente tiende a usar la palabra **after** (*af*-ter; después) como en **ten** *after* **three** (ó 3:10) y la palabra **to** (tu; a) o **till** (til; para) como en **ten** *to* **five** (ó 4:50). Cuando son quince minutos alrededor de la hora puedes usar las expresiones **a quarter after** (ei *kor*-ter *af*-ter; un cuarto después) y **a quarter to** (ei *kor*-ter tu; un cuarto para). De modo que podrías expresar las 3:45 como **a quarter to four** (ei *kor*-ter tu for; un cuarto para las cuatro).

# *Hablando como se habla*

 Jan llama al Museo de Historia Natural para enterarse del horario del museo. (Track 24)

**Empleado:** **Natural History Museum. May I help you?**
*nat*-iur-al *jis*-to-ri miu-*si*-om mei ai jelp iu
Museo de Historia Natural. ¿En qué puedo servirle?

**Jan:** **I need information about your hours.**
ai *ni*-id in-for-*mei*-chion a-*baut* ior aurs
Necesito información acerca del horario del museo.

**Empleado:** **We're open Tuesday through Friday from 11 a.m. to 5 p.m.**
*ui*-ar o-pen *tus*-dei zru *frai*-dei from i-*le*-ven ei em tu faiv pi em
El museo abre de martes a viernes, de 11 a.m. a 5 p.m.

**Jan:** **What about the weekends?**
juat a-*baut* da *uik*-ends
¿Y los fines de semana?

**Empleado:** **On Saturday and Sunday, the hours are noon to 4.**
on *sat*-ur-dei and *son*-dei da aurs ar *nu*-un tu for
Los sábados y domingos abrimos del mediodía hasta las 4.

**Jan:** **Is there an admission fee?**
is der an ad-*mi*-chion *fi*-i
¿Cobran la entrada?

**Empleado:** **Five dollars for adults, and three dollars for children and seniors.**
Faiv *do*-lars for a-*dults* and zri *do*-lars for *chil*-dren and *sin*-iors
Los adultos pagan cinco dólares y los niños y ancianos tres dólares.

**Jan:** **Thank you.**
zank iu
Gracias.

## Palabras para recordar

| | | |
|---|---|---|
| in the morning | *in da mor-ning* | *en la mañana* |
| in the afternoon | *in da af-ter-nu-un* | *en la tarde* |
| in the evening | *in da i-ven-ing* | *en la noche* |
| noon | *nu-un* | *mediodía* |
| midnight | *mid-nait* | *medianoche* |

## Preposiciones de tiempo: At, in y on

Tres preposiciones se usan — **at** (at; a), **in** (in; en) y **on** (on; sobre) — para expresar tiempo. Tal vez recuerdes esas palabras acerca de cómo decir la hora de la sección anterior. El decidir cuál de ellas usar puede *parecerte* un poco caprichoso, sin embargo debes seguir algunas reglas:

✔ Usa **at** en expresiones de tiempo exacto y con la palabra **night.**

✔ Usa **in** con las expresiones **the morning, the evening** y **the afternoon**.

✔ Usa **on** con los días de la semana, el **weekend** (*uik*-end; fin de semana) y los días festivos.

Observa los siguientes ejemplos:

✔ **The concert starts *at* 9:00 *at* night.** (da *con*-cert starts at nain at nait; El concierto comienza a las 9:00 de la noche.)

✔ **We went to the park *in* the afternoon.** (ui uent tu da park in da af-ter-*nu*-un; Nosotros fuimos al parque por la tarde.)

✔ **The museum is closed *on* Monday.** (da miu-*si*-om is cloust on *mon*-dei; El museo está cerrado los lunes.)

## El cine

Un buen lugar para practicar tu habilidad auditiva y aprender nuevos modismos es en **the movies** (da *mu*-vis; el cine). Te preguntarás por qué la gente dice **the movies** (plural) cuando, en realidad, les toca ver sólo una película. ¿Por qué no llamarlo **cinema** (*ci*-ne-ma; cinema)? Además, ¿por qué la gente dice que va al **theater** (*zi*-e-ter; teatro) cuando en realidad planea ir a ver una película, no una actuación en vivo?

La palabra **theater** es reducción de **movie theater** (*mu*-vi *zi*-e-ter; sala de película). Y la palabra **movies** es un viejo sobrenombre para **moving pictures** (*mu*-ving *pic*-churs; imágenes móviles), un nombre muy antiguo. El sobrenombre corto, **movies,** pegó y la gente todavía lo usa en estos días.

Busca en la sección cinematográfica del periódico la **movie listings** (*mu*-vi *list*-ings; lista de películas) y el horario. O puedes practicar tu destreza auditiva llamando al teatro para escuchar el anuncio que enlista las películas en exhibición y sus horarios. Si hablas con una persona por teléfono o en el cine, puedes preguntarle lo siguiente:

- **What movies are playing today?** (juat *mu*-vis ar *plei*-ing tu-*dei*; ¿Qué películas se exhiben hoy?)

- **What time does the movie start?** (juat taim dos da *mu*-vi start; ¿A qué hora empieza la película?)

- **Is there a matinee?** (is der ei ma-ti-*ne*; ¿Hay matinée?)

## *Hablando como se habla*

Barry y Hedy van a la taquilla para comprar sus boletos.

Taquillero:  **What movie?**
juat *mu*-vi
¿Para cuál película?

Hedy:  **That depends. What time is *Titanic* playing?**
dat di-*pends* juat taim is tai-*ta*-nic *plei*-ing
Depende. ¿A qué hora se exhibe *Titanic*?

Taquillero:  **There are two showings: at 5:00 and 8:30.**
der ar tu *chou*-ings at faiv o-*clok* and eit *zur*-ti
Hay dos funciones: a las 5:00 y a las 8:30.

Barry:  **Let's go to the later one, okay?**
lets gou tu da *lei*-ter uon o-*kei*
Vamos a la de las 8:30, ¿está bien?

Hedy:  **Okay. Two for the 8:30 showing, please.**
o-kei tu for da eit *zir*-ti *chou*-ing *pli*-is
Bueno. Dos para la función de las 8:30, por favor.

Taquillero:  **That will be fifteen dollars.**
dat uil bi fif-*ti*-in *do*-lars
Son quince dólares.

## Clasificada PG: Clasificación de las películas

No es necesario ir a los Estados Unidos para ver una película estadounidense. Podrás encontrar películas estadounidenses hasta en los lugares más remotos del mundo. Así que de dondequiera que seas, probablemente has visto ya una película estadounidense y sabes algo de las **ratings** (*rei*-tings; clasificaciones).

En los Estados Unidos cada película debe mostrar una clasificación que advierte al público acerca del tipo de película y de su nivel de lenguaje y contenido de acuerdo a la edad. Las siguientes son las clasificaciones más comunes y su significado:

- ✔ **G:** Para todo público (los niños, la abuela, los padres y hasta el perro)
- ✔ **PG:** Recomienda guía tutelar para menores de 17 años
- ✔ **R:** Restringido (está prohibido a menores de 17 años debido al contenido de la película)

## Palabras para recordar

| showing | chou-ing | exhibición o función |
|---------|----------|----------------------|
| ticket | ti-ket | boleto |
| box office | boks o-fis | taquilla |
| matinee | ma-ti-ne | matinée |

# Conciertos y obras de teatro

La **live music** (laiv *miu*-sic; música en vivo), el **live theater** (laiv *zi*-e-ter; teatro) y los **dance concerts** (dans *con*-certs; conciertos de danza) te acercan de una manera más personal a los **musicians** (miu-*si*-chions; músicos) y **performers** (per-*for*-mers; actores).

En las ciudades pequeñas puedes ver el **talent** (*ta*-lent; talento) local; en las ciudades grandes, podrás ver actores de fama internacional. Cuando vayas a un concierto en el Carnegie Hall o a una obra de la preparatoria de la escuela local, absorberás un poco del lenguaje y de la cultura y, además, verás cómo el **audience** (*a*-di-ens; público) estadounidense responde. Esa experiencia será, con seguridad, muy divertida y muy educativa.

# *Hablando como se habla*

Hedy está leyendo el calendario de espectáculos en el periódico y encuentra unos eventos que le gustaría ver.

| | |
|---|---|
| Hedy: | **Hey Barry, my favorite musician is playing tomorrow night.**<br>jei *be*-ri mai *fei*-vor-it miu-*si*-chion is *plei*-ing tu-*mo*-rou nait<br>Oye Barry, mi músico favorito va a tocar mañana por la noche. |
| Barry: | **Who is it?**<br>ju is it<br>¿Quién es? |
| Hedy: | **Mary McCaslin. She's a great folk musician.**<br>*me*-ri mic-*cas*-lin chis ei greit fouk miu-*si*-chion<br>Mary McCaslin. Su música popular es maravillosa. |
| Barry: | **Where is she playing?**<br>juer is chi *plei*-ing<br>¿Dónde va a tocar? |
| Hedy: | **At the Rounder Theater at 8 p.m.**<br>at da *raun*-der *zi*-e-ter at eit pi em<br>En el teatro Rounder a las 8 p.m. |
| Barry: | **Okay. I'll call for tickets.**<br>*o*-kei ail col for *ti*-kets<br>Bien. Voy a llamar para conseguir boletos. |

# *¿Por qué tan solo?*

Si encuentras un espectáculo interesante al que quieres asistir y quieres invitar a un amigo o amiga a que te acompañe, debes saber algunas frases breves que te ayudarán a hacer tu cita. Prueba las siguientes expresiones:

- **Would you like to see a movie with me?** (*u*-ud iu laik tu *si*-i ei *mu*-vi uiz mi; ¿Te gustaría ver una película conmigo?)

- **Do you like plays?** (du iu laik pleis; ¿Te gustan las obras de teatro?)

- **I'm going to a concert tomorrow. Do you want to come?** (aim gou-ing tu ei *con*-cert tu-*mo*-rou du iu uant tu com; Voy a ir a un concierto mañana. ¿Te gustaría ir?)

# *Hablando como se habla*

 Winston y su amiga Ellie están conversando, y Winston le propone a Ellie una cita. (Track 25)

Winston: **Would you like to do something Friday night?**
u-ud iu laik tu du *som*-zing frai-dai nait
¿Te gustaría que saliéramos la noche del viernes?

Ellie: **Sure.**
chur
Claro.

Winston: **Have you seen the musical "Cats"?**
jav iu *si*-in da *miu*-si-cal cats
¿Ya viste el show musical "Cats"?

Ellie: **No, not yet.**
no not iet
No, todavía no.

Winston: **It's playing at the Majestic Theater. Would you like to go?**
its *plei*-ing at da ma-*lles*-tic *zi*-e-ter *u*-ud iu laik tu gou
Se exhibe en el Teatro Majestic. ¿Te gustaría ir?

Ellie: **I'd love to go.**
aid lov tu gou
Me encantaría.

Winston: **Great. I've heard that it's an excellent show.**
greit aiv jerd dat its an *ek*-se-lent chou
¡Qué bien! Escuché que es un espectáculo excelente.

# *A gozar de la noche*

La mejor manera de encontrar buenos **nightclubs** (*nait*-clobs; clubes nocturnos) y **bars** (bars; bares) es preguntando. Todos tiene su lugar favorito, pero con algunas preguntas selectas, podrás obtener suficiente información como para que puedas tomar tu propia decisión.

## Si tomas no manejes y si manejas no tomes

Aunque se te permite manejar a los 16 años (15 con el permiso y acompañado de un adulto) en los Estados Unidos, ¡no podrás entrar (legalmente) a clubes nocturnos o bares si eres menor de 21 años — la **legal drinking age** (*li*-gal *drink*-ing eich; edad legal para ingerir bebidas alcóholicas)! Debes estar preparado para mostrar tu **picture ID** (*pic*-chur ai di; documento de identificación con foto). Además, toma en cuenta que algunos clubes no aceptan **passports** (*pas*-ports; pasaportes) como un **ID** válido.

En un club o en una fiesta o restaurante, tal vez escuches a alguien decir **I'm the designated driver** (aim da *de*-sik-nei-ted *drai*-ver; soy el conductor designado). Esa persona se compromete a mantenerse **sober** (*sou*-ber; sobrio) y llevar (conduciendo un auto) a todos a su casa. Muchos bares y clubes regalan bebidas sin alcohol al conductor designado.

Algunas ciudades cuentan con **breweries** (*bru*-ris; cervecerías) locales que sirven diferentes tipos de **beer** (*bi*-ar; cerveza) hecha localmente, y generalmente sirven también comida ligera. Aquí tienes algunas preguntas que puedes hacerle a la gente acerca de clubes nocturnos y bares:

- ✔ **Do you know any good nightclubs ?** (du iu nou *e*-ni gud *nait*-clobs; ¿Conoces un club nocturno bueno?)

- ✔ **What kind of bar is it?** (juat kaind of bar is it; ¿Qué tipo de bar es?)

- ✔ **Is there live music?** (is der laiv *miu*-sic; ¿Tocan música en vivo?)

- ✔ **Does the club have dancing?** (dos da clob jav *dan*-sing; ¿Se permite bailar?)

Cuando te pregunten si quieres café o té, puedes decir **Coffee, please** (*co*-fi *pli*-is; Café por favor). Pero si quieres ser más formal o mostrar tu preferencia por alguno de los dos, di **I *prefer* coffee** (ai pri-*fer* co-fi; Yo *prefiero* café). Cuando te pregunten si te gusta la música clásica, puedes decir **I *prefer* jazz** (ai pri-*fer* llas; Yo *prefiero* el jazz). Observa las siguientes preguntas y respuestas:

**Do you want to go to a museum?** (du iu uant tu gou tu ei miu-*si*-om; ¿Quieres ir a un museo?) **I prefer to go see a movie.** (ai pri-*fer* tu gou *si*-i ei *mu*-vi; Prefiero ir a ver una película.)

**Do you mind if I smoke?** (du iu maind if ai smouk; ¿Te molesta si fumo?) **I prefer that you don't.** (ai pri-*fer* dat iu dount; Prefiero que no lo hagas.)

## ¿Te molesta si fumo?

Si eres un **smoker** (*smou*-ker; fumador), puedes decir, "Ey, a los Estados Unidos lo llaman la tierra de la libertad, ¡pero no puedo fumar en ningun lugar!" Y tienes razón, es un argumento válido. Pero una **nonsmoker** (non-*smou*-ker; persona que no fuma) también puede decir, "¡Yo tengo derecho a estar libre del humo del cigarrillo!" La persona que no fuma también tiene su privilegio. Pero cualquiera que sea tu interpretación de la libertad, la verdad es que está prohibido fumar en la mayoría de los lugares públicos, ¡incluyendo bares y clubes nocturnos!

Si no ves **ashtrays** (*ach*-treis; ceniceros), probablemente el fumar is **not allowed** (not a-*laud*; no está permitido). Si no estás seguro dónde puedes fumar, pregunta **Is it okay to smoke here?** (is it o-*kei* tu smouk *ji*-ar; ¿Puedo fumar aquí?)

## *Hablando como se habla*

Winston y Ellie deciden ir a un club nocturno después de ver el show musical *Cats*. En la puerta encuentran al guardia, o sea el empleado que revisa tu identificación.

Guardia: **Do you have your ID?**
du iu jav ior ai di
¿Traen su identificación?

Winston: **I have my passport.**
ai jav mai *pas*-port
Yo tengo mi pasaporte.

Guardia: **We prefer a driver's license.**
Ui pri-*fer* ei *drai*-vers *lai*-cens
Preferimos la licencia para manejar.

Winston: **I have that, too**
ai jav dat *tu*-u
También la traigo.

Ellie: **Here's mine.**
*ji*-ars main
Aquí tiene la mía.

Guardia: **Okay, you can go in.**
o-kei iu can gou in
Muy bien, pasen.

Adentro, una mesera les pregunta si desean algo de tomar.

Mesera:  **Can I get you a drink?**
can ai guet iu ei drink
¿Les traigo algo de tomar?

Ellie:  **A glass of white wine.**
ei glas of juait uain
Una copa de vino blanco.

Mesera:  **And you, sir, something from the bar?**
and iu sir *som*-zing from da bar
Y usted, señor, ¿algo del bar?

Winston:  **Just some sparkling water.**
llost som *spark*-ling *ua*-ter
Sólo agua mineral.

Ellie:  **May I smoke in here?**
mei ai smouk in *ji*-ar
¿Se permite fumar aquí?

Mesera:  **We prefer that you go out on the patio.**
ui pri-*fer* dat iu gou aut on da *pa*-ti-o
Preferimos que lo haga afuera en el patio.

Ellie:  **Okay.**
*o*-kei
Está bien.

---

No se te olvide darle la propina a la persona que te sirve las bebidas en un bar o club nocturno. Lo normal es dar un 15 a un 20 por ciento del total de la cuenta.

# Palabras para recordar

| | | |
|---|---|---|
| alcohol | al-*co*-jol | alcohol |
| minor | mai-*nor* | menor |
| underage | on-der-eich | menor de edad |
| smoke | smouk | fumar o humo |
| ashtray | ach-trei | cenicero |

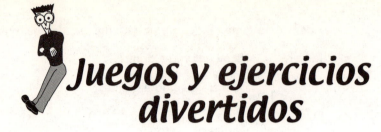

# Juegos y ejercicios divertidos

• • • • • • • • • • • • • • • • • • • • • • • • • • • • • • • • • • • • • • • • • •

En el espacio en blanco, indica otra forma de escribir la hora. (Te doy la muestra en el primer ejemplo.)

**Two in the afternoon:** <u>2:00 p.m.</u>

**1. Midnight:** _____.

**2. 12 p.m.:** _____.

**3. A quarter after three:** _____.

**4. A quarter to three:** _____.

**5. 5:00 a.m.:** _____.

**6. Five-thirty in the evening:** _____.

• • • • • • • • • • • • • • • • • • • • • • • • • • • • • • • • • • • • • • • • • •

# Capítulo 12

# Ir y venir: Uso de diferentes medios de transporte

**En este capítulo**

▶ Cómo llegar y salir del aeropuerto

▶ Uso del transporte público: Autobuses, aviones y trenes

▶ Cómo tomar un taxi

▶ Cómo alquilar un coche

▶ Conduciendo por los caminos y autopistas estadounidenses

¡Cuando llegas al **airport** (*eir*-port; aeropuerto) después de un largo vuelo, lo primero que querrás hacer (después de asegurarte de que tu equipaje no haya sido enviado a otro país) es! salirte de ahí!

Luego, debes presentar tu pasaporte y pasar por la Aduana estadounidense (lo cual se puede hacer relativamente sin problemas — ¡te lo prometo!) antes de que puedas encontrar **transportation** (trans-por-*tei*-chion; transporte) y dirigirte hacia tu alojamiento. Pero si sabes algo de inglés, puedes tener una experiencia mucho más placentera — y un poco menos molestosa. Este capítulo te proporciona el vocabulario necesario para viajar y además, información para salir del aeropuerto, cómo usar el transporte público y cómo rentar un coche y conducir en las autopistas estadounidenses.

## El paso por el aeropuerto y la aduana

En general, en los aeropuertos estadounidenses casi todos los anuncios están escritos en inglés únicamente (a menos que estés cerca de la frontera mejicana o cerca de la frontera canadiense en Québec). He aquí algunos de los letreros que verás:

✔ **Baggage Claim** (*bak*-ech cleim; Reclamo de equipaje)

✔ **Immigration** (i-mi-*grei*-chion; Inmigración)

> ✔ **Customs** (*cost*-oms; Aduana)
>
> ✔ **Information** (in-for-*mei*-chion; Información)
>
> ✔ **Arrivals** (a-*arai*-vals; Llegadas)
>
> ✔ **Departures** (di-*part*-churs; Salidas)
>
> ✔ **Ground Transport** (graund *trans*-port; Transporte terrestre)

A la mayoría de la gente le incomoda un poquito el pasar por **immigration** y **customs,** pero si no traes contigo artículos prohibidos en los Estados Unidos, puedes pasar por esos asuntos burocráticos fácilmente. Sólo asegúrate que tienes a la mano todos los documentos necesarios: **visa** (*vi*-sa; visa), tu **passport** (*pas*-port; pasaporte) y tu **ticket** (*ti*-ket; boleto) de vuelo — y sigue los letreros que dicen **Immigration.**

# *Hablando como se habla*

 Kasozi acaba de llegar a los Estados Unidos. Se encuentra en la ventanilla de Inmigración y está hablando con el agente de Inmigración. (Track 26)

| | |
|---|---|
| Agente: | **May I see your passport?**<br>mei ai *si*-i ior *pas*-port<br>¿Puedo ver su pasaporte? |
| Kasozi: | **Yes. Here it is.**<br>ies *ji*-ar it is<br>Sí, aquí está. |
| Agente: | **And your ticket. What's the purpose of your visit?**<br>and ior *ti*-ket juats da *pur*-pos of ior *vi*-sit<br>¿Y su boleto? ¿Cuál es el propósito de su visita? |
| Kasozi: | **I've come on a student visa.**<br>aiv com on ei *stu*-dent *vi*-sa<br>Vine con una visa de estudiante. |
| Agente: | **May I see your visa?**<br>mei ai *si*-i ior *vi*-sa<br>¿Puedo ver su visa? |
| Kasozi: | **Here you are.**<br>*ji*-ar iu ar<br>Aquí tiene. |

| | |
|---|---|
| Agente: | **How long will you be staying in the United States?**<br>jau long uil iu bi *stei*-ing in da iu-*nai*-ted steits<br>¿Por cuánto tiempo se quedará en los Estados Unidos? |
| Kasozi: | **Two months.**<br>tu monzs<br>Por dos meses. |
| Agente: | **Okay. Please proceed to customs.**<br>o-kei *pli*-is prou-*ci*-id tu *cos*-toms<br>Muy bien.  Por favor pase a la aduana. |

En la aduana pueden pedirte que abras o desempaques tu equipaje y que contestes algunas preguntas acerca de ciertos artículos. Si tienes suerte, el **customs officer** (*cost*-oms *o*-fi-cer; agente de aduana) sólo te preguntará si traes contigo artículos prohibidos en los Estados Unidos. He aquí algunas frases que debes conocer:

✔ **Please open your bags.** (*pli*-is *o*-pen ior baks; Por favor abra sus maletas.)

✔ **Do you have any items to declare?** (du iu jav *e*-ni *ai*-tems tu di-*cleir*; ¿Tienes artículos para declarar?)

Si se te presenta algún problema en inmigración o en la aduana o si el agente de aduana te confisca artículos prohibidos, debes mantenerte calmado, ser cortés y cooperar con las autoridades. Nunca trates de pasarte de listo con los agentes de inmigración y aduana. Y si te detienen por cualquier razón, no ofrezcas dinero — no es legal.

## Palabras para recordar

| | | |
|---|---|---|
| luggage | lo-guich | equipaje |
| baggage | ba-guich | equipaje o maletas |
| bags | baks | maletas |
| schedule | ske-llul | horario |
| ticket | ti-ket | boleto |
| passport | pas-port | pasaporte |

---

## Éstos no pasan

Ten en mente que hay ciertos artículos que la aduana no te permitirá introducir al país. Generalmente no puedes traer verduras, frutas, carnes, plantas vivas, nueces o alimentos de ciertos países o regiones y por supuesto, nada de armas o drogas. Otros artículos prohibidos son los animales en peligro de extinción o sus partes como el marfil y la piel de leopardo, corales y la concha de carey. Ve al sitio Web de la Oficina de Aduana Estadounidense `www.customs.ustreas.gov` para más información sobre los artículos prohibidos.

---

# Al salir del aeropuerto

Después de pasar por todos los lugares de inspección y recoger tu **luggage,** debes ver algunos letreros que te dirigen al **ground transport,** donde puedes conseguir un **taxi** (*tak*-si; taxi), tomar un **bus** (bus; autobús o bus) o tomar el **airport shuttle** (*eir*-port *cha*-tel; transportador del aeropuerto). Si no ves ningún letrero, dirígete al mostrador de información para conseguir el horario de autobuses o del transportador.

La siguiente lista te provee información detallada para conseguir transporte al salir del aeropuerto:

✔ **Bus:** Un autobús puede llevarte hasta el centro de la ciudad o hasta las áreas alejadas del centro, pero no siempre a tu destino específico. Para estar seguro, pregunta al **driver** (*drai*-ver; chofer) exactamente para dónde va el autobús. También, debes traer el **fare** (feir; pasaje) exacto porque normalmente los choferes de autobuses no cambian dinero. Las siguientes preguntas te pueden ayudar a tomar el autobús correcto:

- **Where does this bus go?** (juer dos dis bos gou; ¿Adónde va este autobús?)

- **Does this bus go to ___?** (dos dis bos gou tu ___; ¿Pasa este autobús por___? ¿Va este autobús a ___?)

Cuando viajas en autobús en una ciudad desconocida, es muy fácil perder tu **stop** (stop; parada). Así que pide al **driver** que te avise cuando el autobús llegue a tu destino. He aquí lo que debes decir:

- **Please tell me where to get off the bus.** (*pli*-is tel mi juer tu guet of da bos; Por favor avíseme donde debo bajarme.)

- **Can you tell me when we get to my stop?** (can iu tel mi juen ui guet tu mai stop; ¿Me puede avisar cuando lleguemos a mi parada?)

✔ **Airport shuttle:** Esta furgoneta carga entre seis y nueve pasajeros y te lleva a tu destino exacto. Claro, este tipo de transporte es más caro que un autobús (pero a menudo menos caro que un taxi). Y si bien puede ser un viaje largo (especialmente si eres el último en bajarte), el servicio de "puerta a puerta" es una gran ventaja.

✔ **Taxi:** Normalmente encuentras numerosos **taxis** o **cabs** (taxis; cabs) en el aeropuerto. Pregúntale al **driver** la tarifa cuando te subes — puede que haya una tarifa fija desde el aeropuerto hasta el centro de la ciudad. Para más información acerca de viajes en taxi, ve a la sección "Taxi por favor", más adelante en este capítulo.

# El uso del transporte público

Si acaso estás visitando una de las ciudades principales de la nación — **Chicago, New York, San Francisco, Washington** u otra — tendrás, generalmente, acceso a excelente y eficiente **public transportation** (pa-blic transpor-tei-chion; transporte público). Los autobuses circulan frecuentemente y viajan por toda la ciudad. Los **commuter trains** (co-*miu*-ter treins; trenes locales) y los **subways** (*sob*-ueys; trenes subterráneos o metros) trabajan continuamente — son rápidos, disponibles y baratos. Además, son mucho mejores que el estar buscando estacionamiento para tu coche toda una tarde.

Pero en muchas ciudades pequeñas y en las afueras de la ciudad, el transporte público es a menudo limitado. Si buscas donde tomar transporte público, le puedes pedir indicaciones a alguien de esta forma:

✔ **Where is the closest train station?** (juer is da *clou*-sest trein stei-chion; ¿Dónde se encuentra la estación de trenes más cercana?)

✔ **Where is the nearest bus stop?** (juer is da *ni*-ar-est bos stop; ¿Dónde se encuentra la parada de autobuses más cercana?)

✔ **Where can I find the subway?** (juer can ai faind da *sob*-uey; ¿Dónde se encuentra el tren subterráneo?)

Para transportarte en un autobús público, consigue un horario en la estación de autobuses o camiones, o pregúntale a una persona dónde puedes conseguir uno. Las **routes** (rauts; rutas) de autobuses están numeradas, y generalmente tienes que pagar el pasaje con el cambio exacto a menos que compres un **bus pass** (bos pas; boleto o pase de autobús) para varios días.

La mayoría de las líneas ofrecen **transfers** (*trans*-fers; boletos de transbordo), los cuales son boletitos que te permiten transbordar sin pagar más en camino a tu destino final. Si planeas tomar el **subway** o **commuter train,** generalmente debes comprar tu boleto antes de abordarlo. He aquí algunas frases que te pueden ayudar cuando uses el transporte público:

- **How do I get to ___ Street?** (jau du ai guet to ___ *stri*-it; ¿Cómo llego a la calle ___?)

- **Which train goes to ___?** (juich trein gous tu ___; ¿Cuál tren va para ___?)

- **May I have a transfer?** (mei ai jav ei *trans*-fer; ¿Me puede dar un boleto de transbordo?)

# *Hablando como se habla*

Escucha en la siguiente conversación algunas frases útiles para transportarte en autobús. (Track 27)

| | |
|---|---|
| Onetta: | **What bus goes to Elder Street?**<br>juat bos gous tu *el*-der *stri*-it<br>¿Cuál autobús va para la calle Elder? |
| Empleado: | **Number 5 bus.**<br>*nom*-ber faiv bos<br>El autobús número 5. |
| Onetta: | **Where do I catch number 5 bus?**<br>juer du ai catch *nom*-ber faiv bos<br>¿Dónde tomo el autobús número 5? |
| Empleado: | **Take number 27 bus to Lake Street, and then transfer to number 5.**<br>teik *nom*-ber *tuen*-ti *se*-ven bos tu leik *stri*-it and den *trans*-fer tu *nom*-ber faiv<br>Tome el autobús número 27 hacia la calle Lake y luego transborde al número 5. |
| Onetta: | **Is there a more direct route to Elder Street?**<br>is der ei mor di-*rect* raut tu *el*-der *stri*-it<br>¿Hay una ruta más directa para la calle Elder? |
| Empleado: | **Yes, you can take the commuter train to Elder.**<br>ies iu can teik da co-*miu*-ter trein tu *el*-der<br>Sí, puede tomar el tren local a Elder. |
| Onetta: | **Where's the nearest train station?**<br>juers da *ni*-ar-est trein *stei*-chion<br>¿Dónde está la estación de trenes más cercana? |

Empleado:   **One block down this street.**
            uon blok daun dis *stri*-it
            A una cuadra por esta calle.

Onetta:     **Great. Thanks.**
            greit zanks
            ¡Qué bueno! Gracias.

## Palabras para recordar

| bus | bos | autobús o camión |
| train | trein | tren |
| subway | sob-uey | tren subterráneo |
| route | raut | ruta |
| bus pass | bos pas | boleto o pasaje de autobús |
| transfer | trans-fer | transbordo |
| direct route | di-rect raut | ruta directa |

## ¡Taxi por favor!

Alrededor del centro de algunas ciudades principales, podrás encontrar **taxis** (*tak*-sis; taxis) en la calle esperando pasajeros. Pero en muchas ciudades y pueblos más pequeños tienes que llamar un servicio de taxi para que te recoja. Así que no esperes en la esquina, de otra forma, ¡tendrías que esperar días hasta que pase un taxi!

Si viajas en taxi, debes saber que las **fares** (feirs; tarifas o pasajes) están establecidas a una cierta cantidad por milla y la tarifa se muestra en el **meter** (*mi*-ter; medidor o taxímetro) el cual es una caja montada en el tablero de instrumentos.

El llamar un **taxi** en los Estados Unidos puede ser igual que cómo lo haces en tu ciudad. Sólo levanta tu mano arriba de la cabeza o a la altura del hombro (no abajo a tu lado) y la agitas. El compartir un **taxi** con desconocidos es muy poco común. Es preferible, pero no es obligación, darle propina al chofer entre un 15 a un 20 por ciento de la tarifa total.

He aquí algunas frases que necesitarás después de subirte al taxi:

- ✔ **I'd like to go to _____.** (aid laik tu gou tu\_\_\_; Quiero ir a \_\_\_.)
- ✔ **Please take me to _____.** (pli-is teik mi tu \_\_\_\_; Lléveme a \_\_\_\_, por favor.)

## Viajes largos por autobús, tren o avión

Si tienes poco dinero y mucho tiempo — o si solamente quieres ver el paisaje — un viaje largo por autobús puede ser para ti. Compra un **one-way** (uon uey; viaje de ida o vuelta) o **round-trip ticket** (raund trip *tik*-et; boleto de viaje de ida y vuelta) en la **bus station** (bos *stei*-chion; central camionera o terminal de autobuses) y prepárate para toparte con algunos personajes raros e interesantes en el camino, ¡tus compañeros de viaje!

Si buscas un poco más de comodidad y no tienes inconvenientes en gastar un poco más, toma un **train** (trein; tren). Para más lujo (y más precio), puedes comprar un **private sleeper** (*prai*-vet *sli*-ip-er; camerino o camarín), el cual es un compartimiento pequeño para dormir y gozar de tus comidas en el **dining car** (*dai*-ning car; coche-comedor). El tren también te permite darle un vistazo al paisaje. Compra tus boletos en la estación del tren o por medio de una **travel agency** (*tra*-vel *ei*-llen-ci; agencia de viajes).

## Hablando como se habla

Sid se dirige a Atlanta para visitar a unos amigos. Está en la central de autobuses para ver los horarios y los precios de los pasajes.

Sid:
**When does the bus leave for Atlanta?**
juen dos da bos *li*-iv for at-*lan*-ta
¿A qué hora sale el autobús para Atlanta?

Empleado:
**In one hour, at 3 p.m.**
in uon aur at zri pi em
En una hora, a las 3 p.m.

Sid:
**Okay. I'd like a one-way ticket to Atlanta.**
*o*-kei aid laik ei uon uey *ti*-ket tu at-*lan*-ta
Está bien. Quiero un boleto de ida a Atlanta.

Empleado:
**That's 62 dollars.**
dats *siks*-ti tu dolars
Son 62 dólares.

| Sid: | **When does the bus arrive in Atlanta?** |
|---|---|
| | juen dos da bos a-*raiv* in at-*lan*-ta |
| | ¿Cuándo llega el autobús a Atlanta? |

| Empleado: | **Around 5 p.m. tomorrow.** |
|---|---|
| | a-*raund* faiv pi em tu-*mo*-rou |
| | Mañana como a las 5 p.m. |

| Sid: | **Okay, thanks.** |
|---|---|
| | *o*-kei zanks |
| | Está bien, gracias. |

| Empleado: | **Here's your ticket.** |
|---|---|
| | *ji*-ars ior *ti*-ket |
| | Aquí tiene su boleto. |

Por alguna razón inexplicable, las estaciones de autobuses y de trenes suelen estar localizadas en las áreas más remotas (y a veces indeseables) de la ciudad. Así que tal vez sea mejor que tomes un taxi a la estación si un auto-bús (o un amigo) no te puede llevar.

Por su valor y rapidez, el **air travel** (eir *tra*-vel; viaje aéreo) es la selección más común para la mayoría de la gente que viaja dentro de los Estados Unidos. Puedes atravesar el país en **plane** (plein; avión) en unas cuatro horas. Asegúrate de llegar temprano para registrar tu equipaje, pasar por una **security check** (se-*kiur*-i-ti chek; revisión de seguridad) y llegar a tu **gate** (gueit; sala de espera). Puedes comprar tu boleto por adelantado en una **travel agency**, en el Internet (*in*-ter-net; Internet), o en el **ticket counter** (*ti*-ket *caun*-ter; mostrador de la aerolínea) en el aeropuerto.

# Un descanso costoso

En los Estados Unidos se prohíbe fumar en los autobuses y trenes. El **bus driver** (bos *drai*-ver; chofer) o **train conductor** (trein con-*doct*-er; conductor de tren) te dirá cuáles paradas son **smoking stops** (*smou*-king stops; paradas para fumar) donde puedes bajarte para fumar.

Pero no te alejes demasiado porque te pueden dejar. Fíjate lo que le pasó a una amiga mía cuando se bajó del tren en una parada para estirar sus piernas. De repente vio que el tren estaba saliendo de la estación. Se trepó a un taxi y trató en vano de alcanzar al tren en la siguiente estación. Por fin, después de 100 millas y una tarifa enorme del taxi, mi amiga lo alcanzó y saltó al tren. Ésa fue una parada para fumar muy cara, ¡y mi amiga ni siquiera fuma!

# *Hablando como se habla*

 Takako va a una agencia de viajes para informarse acerca de un vuelo de ida y vuelta de Los Ángeles a Nueva York. (Track 28)

Takako:
**I need a round-trip ticket to New York.**
ai *ni*-id ei raund trip *ti*-ket tu nu iork
Necesito un vuelo de ida y vuelta a Nueva York.

Agente:
**What are your dates of travel?**
juat ar ior deits of *tra*-vel
¿En qué fechas quieres viajar?

Takako:
**I want to leave April 3rd and return April 10th.**
ai uant tu *li*-iv *ei*-pril zurd and ri-*turn ei*-pril tenz
Quiero salir el 3 de abril y regresar el 10 de abril.

Agente:
**And where are you leaving from?**
and juer ar iu *li*-iv-ing from
¿Y de dónde vas a salir?

Takako:
**Los Angeles.**
los *an*-lle-les
De Los Ángeles.

Agente:
**I can get you a non-stop from L.A. to New York La Guardia airport.**
ai can guet iu ei *non*-stop from el ei tu nu iork la *güar*-di-a *eir*-port
Te puedo conseguir un vuelo directo de Los Ángeles al aeropuerto La Guardia en Nueva York.

Takako:
**What's the fare?**
juats da feir
¿Cuánto cuesta el pasaje?

Agente:
**$430 plus tax.**
for *hun*-dred *zur*-ti *do*-lars plos taks
$430 dólares más el impuesto.

Takako:
**Okay. I'll take it.**
*o*-kei ail teik it
Está bien. Lo compro.

Agente:
**Do you want a window or aisle seat?**
du iu uant ei *uin*-dou or ail *si*-it
¿Prefieres ventana o pasillo?

Takako: **Window, please.**
*uin*-dou *pli*-is
Ventana, por favor.

---

## Palabras para recordar

| one-way | *uon uey* | *viaje de ida* |
| round trip | *raund trip* | *viaje de ida y vuelta* |
| ticket counter | *ti-ket caun-ter* | *ventanilla de boletos* |
| travel agency | *tra-vel ei-llen-ci* | *agencia de viajes* |
| station | *stei-chion* | *estación, terminal o central* |

## *Cómo preguntar acerca del tiempo y la distancia*

Cuando emprendes un viaje por cualquier medio de transporte, probablemente querrás saber qué tan lejos queda tu destino y cuánto tiempo durará el viaje. Tal vez tienes que transbordar un vuelo o un autobús, o quizás un amigo te va a buscar al llegar. Fácilmente puedes averiguar la distancia y el tiempo de un viaje con las dos preguntas siguientes:

✔ **How far is it?** (jau far is it; ¿Qué tan lejos está?)

✔ **How long does it take to get there?** (jau long dos it teik tu guet der; ¿En cuánto tiempo llegamos? o ¿Cuánto tiempo dura el viaje?)

## *Hablando como se habla*

Raja está planeando un viaje de Los Ángeles a San Francisco. Ella le pregunta a un amigo acerca de la distancia y el tiempo que toma para llegar. (Track 29)

Raja: **How far is it from Los Ángeles to San Francisco?**
jau far is it from los *an*-lle-*les* tu san fran-*sis*-co
¿Qué tan lejos queda San Francisco de Los Ángeles?

Evan:      **About 400 miles.**
           a-*baut* for *jon*-dred mails
           Alrededor de 400 millas.

Raja:      **How long does it take to get there?**
           jau long dos it teik tu guet der
           ¿Cuánto tarda uno en llegar?

Evan:      **About 1 hour by plane.**
           a-*baut* uon aur bai plein
           Alrededor de una hora en avión.

Raja:      **How about by car?**
           jau a-*baut* bai car
           ¿Y en coche?

Evan:      **Around 6 to 8 hours depending on the route you take.**
           a-*raund* siks tu eit aurs di-*pen*-ding on da raut iu teik
           Alrededor de 6 a 8 horas dependiendo de la ruta que
           tomes.

Raja:      **What is the best route to take?**
           juat is da best raut tu teik
           ¿Cuál es la mejor ruta?

Evan:      **That depends. The coast route is more scenic, but
           Interstate 5 and Highway 101 are faster.**
           dat di-*pends* da coust raut is mor *si*-nik bot *in*-ter-steit
           faiv and jai-uey *uon*-ou-uon ar *fas*-ter
           Depende.  La ruta de la costa es más pintoresca, pero
           la interestatal 5 y la autopista 101 son los caminos
           más rápidos.

# El alquiler de un coche

¿Te gusta ponerte en marcha solito y tener la libertad de viajar a tu propio
paso? ¿O simplemente necesitas un coche para tus negocios o para una
breve excursión? Si es así, puedes rentar un coche y gozar de lo último en
aventuras — ¡conducir en los **freeways** (*fri*-ueys; autopistas o carreteras)
estadounidenses!

Hay muchas compañías de alquiler de autos en los Estados Unidos, y cada
una tiene sus procedimientos y requisitos específicos. Dependiendo de la
compañía de alquiler, debes tener al menos de 18 a 25 años de edad para
alquilar un coche y necesitas lo siguiente:

✔ **A valid driver's license** (ei *va*-lid *drai*-vers *lai*-cens; Una licencia válida de manejo). La licencia puede ser internacional o de tu país.

✔ **A major credit card** (ei *mei*-llor *cre*-dit card; Una tarjeta de crédito). En general, las compañías solamente aceptan Visa, American Express y Master Card.

El alquilar un coche no es muy caro, especialmente si compartes el costo con amigos. La mayoría de las compañías alquilan **by the day** (bai da dei; por día) y te dan **free miles** (*fri*-i mails; millas gratis) — lo cual significa que no cobran el número de millas que manejes — hasta 200 millas o más, dependiendo de la compañía. Algunas compañías ofrecen **free miles** sin límite por un cobro adicional. He aquí algunos términos que necesitas saber para seleccionar un coche:

✔ **compact** (*com*-pact; compacto)

✔ **luxury** (*lok*-chu-ri; de lujo)

✔ **mini-van** (*mi*-ni-van; mini-furgoneta)

✔ **two-door** (tu dor; de dos puertas)

✔ **four-door** (for dor; de cuatro puertas)

✔ **stick shift** (stik chift; de transmisión )

# En el camino

Antes de salir a la carretera o andar por las calles de la ciudad en coche, necesitas saber algunas importantes **rules of the road** (ruls of da roud; reglas de manejo) y cómo interpretar las **road signs** (roud sains; señales de tráfico). Primero, recuerda que en los Estados Unidos se maneja en el **right-hand side** (rait jand said; lado derecho) de la calle.

Algunas **road signs** son universales o al menos lógicas. Por ejemplo, una señal con el dibujo de niños caminando y cargando con libros, claramente indica que necesitas estar al pendiente de niños que están caminando a o regresando de la escuela. He aquí otras descripciones de las señales de tráfico:

✔ **Stop** (stop; Alto): Un hexágono rojo con letras blancas

✔ **Yield** (*lli*-ald; Cede el paso): Un triángulo blanco con borde rojo

✔ **One-way street** (uon uey *stri*-it; Calle de un solo sentido): Una flecha blanca dentro de un rectángulo negro

✔ **No U-turn** (nou iu turn; Prohibida la vuelta en U): Un rectángulo blanco con el símbolo universal rojo de NO sobre una flecha en forma de U

✔ **Railroad crossing** (*reil*-roud *cros*-ing; Cruce de ferrocarril): Una X sobre un fondo blanco con las letras RR

En algunos estados se permite que **turn right** (turn rait; voltees a la derecha) con la luz roja, pero solamente del carril final a la derecha y cuando el paso es seguro. Ten cuidado con el paso de peatones y pon atención a las señales que dicen **no turn on red** (nou turn on red; Prohibido voltear con la luz roja).

Los límites de velocidad y otras leyes de tráfico se hacen cumplir estrictamente. A menudo las infracciones por velocidad excesiva (al contrario de las infracciones por estacionamiento indebido) tienen multas muy altas. Si te para un policía, salte del camino lentamente a la derecha y quédate en tu coche; el policía se acercará a tu ventana. Y no te asustes — sólo coopera con él o ella y sé cortés.

## Palabras para recordar

| | | |
|---|---|---|
| stop sign | stop sain | señal de alto |
| traffic light | tra-fic lait | semáforo |
| pedestrian | pe-des-tri-an | peatón |
| crosswalk | cros-uak | área de cruce peatonal |
| intersection | in-ter-sec-chion | intersección |

## Comparación de millas y kilómetros

¿Alguna vez has corrido en una carrera de "10k" (o diez kilómetros)? En los Estados Unidos las carreras de "10k" son muy comunes. Diez kilómetros equivalen a unas 6.2 millas. Pero eso es casi todo lo que la mayoría de los estadounidenses saben de los kilómetros; ellos están mucho más familiarizados con las millas.

A pesar de las serias intenciones de algunas campañas nacionales para cambiar al sistema métrico, los Estados Unidos se ha empecinado en mantener su sistema de medición — quizás por hábito o por el costo del cambio. (Y, tal vez, para evitar convertir todas las letras de las canciones que usan la palabra "miles," tal como **I can see for miles and miles and miles**. . . . ¿Lo puedes imaginar?) Así que, cuando veas un letrero que dice 300 millas hasta Nueva York, no te dejes engañar. Si estás pensando en kilómetros, tu cerebro dirá "eso no es lejos" (nada más unas 186 millas). ¡Pero fíjate dos veces! Son 300 *millas,* ¡las cuales equivalen a unos 500 kilómetros!

## Ped X-ing y los niños lentos

Cuando un amigo británico vio las letras **Ped X-ing** pintadas en la calle frente a él, no tenía ni la menor idea de lo que significaban. ¿Quién iba a saber que **Ped X-ing** es una abreviatura del Cruce de peatones? (De una manera similar, podrás ver **RR X-ing** pintado en la calle. Esta señal indica que más adelante hay un Cruce de ferrocarriles.) ¿Qué hay con la señal que dice **Slow Children** (slou *chil*-dren; Lento niños)? Tal vez te preguntes si debes tener cuidado con el paso lento de los niños o si esa área es para los niños que andan mal en la escuela. Pero la señal simplemente significa que debes **drive slowly** (draiv *slou*-li; manejar despacio) porque es muy probable la presencia de niños en esa zona. (Se supone que las señales deben ser fáciles de leer y no engañosas, ¿verdad?)

# Al comprar gasolina

Al estar manejando, tal vez te percates de que necesitas encontrar una **gas station** (*gas* stei-chion; gasolinera). Si no ves anuncios o señales de gasolineras en el camino, detente y haz una de las siguientes preguntas:

- **Where is the nearest gas station?** (juer is da *ni*-ar-est gas *stei*-chion; ¿Dónde está la gasolinera más cercana?)

- **Where can I buy gas?** (juer can ai bai gas; ¿Dónde puedo comprar gasolina?)

Acuérdate de que en los Estados Unidos la mayoría de las gasolineras son de **self-service** (*ser*-vis; autoservicio), lo que significa que tú mismo **pump** (pomp; bombeas) la gasolina. Pero en algunas áreas todavía puedes encontrar gasolineras de **full-service** (ful *ser*-vis; servicio completo) o una **full-service pump** donde un **attendant** (a-*tend*-ent; encargado) le pondrá gasolina y tal vez revisará el **oil** (oil; aceite) y las **tires** (tairs; llantas) a tu auto.

Encontrarás el precio por **gallon** (*ga*-lon; galón) escrito en la bomba y debes pagar antes o después de poner gasolina dependiendo de las reglas de la gasolinera. A menudo, se paga adentro de la tienda de la gasolinera, la cual puede ser una **mini-market** (mini-*mar*-ket; tiendita) repleta de bocadillos y bebidas.

Existen cuatro tipos básicos de combustible: **unleaded** (*on*-led-ed; sin plomo), **regular** (*re*-guiu-lar; regular), **super** (*su*-per; súper), y **diesel** (*di*-sel; diesel). Si pagas la gasolina por adelantado, usa cualquiera de las siguientes expresiones para indicarle al encargado cuánto combustible deseas:

✔ **I want 10 gallons of regular.** (ai uant ten *ga*-lons of *re*-guiu-lar; Quiero 10 galones de la regular.)

✔ **Give me 20 dollars of unleaded.** (guiv mi *tuen*-ti *do*-lars of on-*led*-ed; 20 dólares de la de sin plomo.)

✔ **I want to fill it up.** (ai uant tu fil it op; El tanque lleno por favor.) La expresión **fill it up** significa llenar totalmente el tanque de gasolina.

## Palabras para recordar

| | | |
|---|---|---|
| gas station | gas stei-chion | gasolinera |
| pump | pomp | bomba |
| to pump | tu pomp | bombear |
| oil | oil | aceite |
| gas tank | gas tank | tanque de gasolina |
| tires | tairs | llantas o neumáticos |

# Juegos y ejercicios divertidos

Este capítulo te prepara para que sepas conducir en terrenos desconocidos. Así que prueba que tan rápido puedes descifrar este juego localizando las palabras **bus, cab, car, freeway, gas, oil, plane, street, subway, taxi, tire, traffic, train, trip, U-turn** y **yield**. (Las palabras se encuentran escondidas en forma horizontal, vertical y diagonal.)

```
X  A  T  M  P  S  U  B  W  A  Y
R  C  A  R  L  O  T  U  Q  E  I
A  Z  X  E  A  F  U  R  U  M  E
T  R  I  P  G  I  R  I  E  U  L
R  O  M  S  L  C  N  E  E  E  D
A  D  U  P  R  X  A  S  O  E  T
F  B  G  H  L  G  K  T  M  I  R
F  R  E  E  W  A  Y  I  I  F  L
I  D  A  G  H  S  N  L  X  R  N
C  A  B  B  O  A  S  E  A  C  E
```

# Parte IV
# Echando raíces

The 5th Wave — By Rich Tennant

"I managed to have the car fixed today using just the food terms I knew. I filled it up with coffee, changed the gravy, and had the left rear donut fixed."

# En esta parte . . .

Si piensas establecerte y quedarte por un tiempo en los Estados Unidos, estos capítulos te ayudarán a satisfacer tus necesidades en casa, en el trabajo y en tu tiempo libre. Aquí encontrarás el inglés que necesitas para gozar tu hogar, sentirte cómodo en el ambiente estadounidense de trabajo y, cuando termines el trabajo, gozar de buenas vacaciones o simplemente relajarte. Por último y de gran importancia, he incluido un capítulo de consejos para que actúes con precaución, sepas qué hacer en casos de emergencias y puedas conseguir atención médica. Esperamos que nunca necesites usar esta información, pero es mejor estar prevenido...que lamentar.

# Capítulo 13

# Estás en tu casa

. . . . . . . . . . . . . . . . . . . . . . . . . . . . . . . . . . . . . . . . . . .

## En este capítulo

▶ Visitando una casa estadounidense

▶ Identificación de los artículos domésticos

▶ De visita en una casa ajena

▶ Expresiones relacionadas con el aseo doméstico

▶ Reparaciones

. . . . . . . . . . . . . . . . . . . . . . . . . . . . . . . . . . . . . . . . . . .

**S**i le preguntas a un estadounidense cuál es "el sueño americano", lo más seguro es que te conteste "tener casa propia". Hoy en día, yo creo que le llaman *sueño* porque los precios están subiendo y hay cierta inseguridad en el trabajo, además de otros factores, que no le permiten a la gente comprar fácilmente una casa .

Ya sea que renten o sean los dueños, la mayoría de los estadounidenses pasan bastante tiempo en sus casas y les encanta recibir invitados. Así que si vas a visitar un hogar estadounidense debes saber al menos un poquito de inglés. Este capítulo te introduce al hogar básico estadounidense. Te proporcionaré algunas palabras y frases claves para que te familiarices con una casa y puedas ayudar a mantenerla en orden y en buen estado. También explico algunas costumbres estadounidenses para que sepas qué hacer cuando estés de visita.

## Casa y hogar

Los estadounidenses generalmente usan la palabra **house** (jaus; casa) cuando se refieren a la estructura física, tal como se usa en **I live in a house** (ai liv in ei jaus; Yo vivo en una casa). Pero la gente dice **I'm going** *home* (aim *go*-ing *jo*-um; Voy a mi hogar) o **Welcome to my** *home* (juel-com tu mai *jo*-um; Bienvenido a mi hogar) al referirse a su refugio personal, al lugar donde se relajan y se rejuvenecen. Otros tipos de vivienda que la gente llama hogar son:

> ✔ **apartment** (a-*part*-ment; departamento)
>
> ✔ **condominium** (con-do-*mi*-nium; condominio)
>
> ✔ **mobile home** (*mo*-bil *jo*-um; casa rodante)

## *Por dentro*

Abre la puerta y entra a una típica **residence** (*re*-si-dens; casa) estadounidense, y encontrarás dos o tres **bedrooms** (*bed-ru*-ums; recámaras o cuartos) con uno o dos **bathrooms** (*baz-ru*-ums; cuartos de baño). Tal vez encuentres también un **half-bath** (jaf baz; medio baño), ¡el cual no es la mitad de una **bathtub** (*baz*-tub; tina o bañera)! Es un cuarto con un **sink** (sink; lavabo o lavamanos) y un **toilet** (*toi*-let; excusado o inodoro) — ¡pero sin tina o regadera!

Dependiendo del tamaño de la casa, también encontrarás algunos de los cuartos siguientes:

- **den** (den; estudio) o **family room** (*fa*-mi-li *ru*-um; salón familiar)
- **dining room** (*dain*-ing *ru*-um; comedor)
- **kitchen** (*kit*-chen; cocina)
- **living room** (*liv*-ing *ru*-um; sala)
- **office** (*of*-fis; oficina)
- **utility room** (iu-*ti*-li-ti *ru*-um; lavandería)

Para continuar con el paseo por la casa, camina por el **hall** (jal; corredor o pasillo) que conecta a las recámaras; sube por las **stairs** (steirs; escaleras) de una casa de **two-story** (tu *sto*-ri; dos pisos o dos plantas) y estarás en el **second floor** (*se*-cond flor; segundo piso). O baja las escaleras, y estarás en el **basement** (*beis*-ment; sótano) debajo de la casa, aunque muchas de las casas últimamente construidas no tienen sótano. ¿Quieres algo de aire fresco? Entonces salte al **porch** (porch; porche). O si hay una **deck** (dek; terraza) o **patio** (pa-ti-o; patio), agarra una silla de jardín y disfruta de las flores y del pasto verde del **yard** (iard; jardín). (Y si vienes a mi casa, ¡te ofreceré un vaso de té helado!)

---

### Datos verídicos del piso

Es común encontrar lujosas **wall-to-wall carpet** (ual tu ual *car*-pet; alfombras de pared a pared) en las casas estadounidenses. A la gente le gusta porque es más suave, más silenciosa y más cálida que el **bare floor** (beir flor; piso de losa). Sin embargo, algunas personas prefieren el brillo y los tonos cálidos de un **hardwood floor** (*jard-u*-ud flor; piso de madera o duela) cubierto con algunos tapetes decorativos **throw rugs** (*zro*-u rogs; tapetes). Te preguntarás: ¿Pero como limpia uno el suelo alfombrado? ¡Pues con una buena aspiradora y una lavada profesional de vez en cuando!

En los Estados Unidos, el piso o nivel de una casa o edificio que da a la calle se conoce como **first floor** (first flor; primer piso) o **ground floor** (graund flor; primer piso), y el siguiente nivel hacia arriba es el **second floor** (*se*-cond flor; segundo piso), al cual le sigue el **third floor** (zird flor; tercer piso) y así sucesivamente. (Puedes leer un poco más acerca de esto en el Capítulo 14.)

Al visitar una casa estadounidense, se te invita generalmente a pasar a la sala, al comedor y tal vez a la cocina. Pero si tu anfitrión está estrenando su casa o acaba de remodelarla, tal vez querrá mostrártela por completo, así que podrás ver los baños y las recámaras también. Mientras el dueño o dueña de la casa te lleva de recámara en recámara, es muy probable que haga alarde de su inglés descriptivo, así que aquí tienes una lista de algunas palabras para que entiendas lo que te dice tu anfitrión:

✔ Artículos de la cocina:

- **cabinets** (*cab*-i-nets; gabinetes)
- **microwave** (*mai*-cro-ueiv; horno de microondas)
- **refrigerator** (ri-*fri*-ller-ei-tor; refrigerador)
- **sink** (sink; fregadero)
- **stove** (stouv; estufa)

✔ Muebles del comedor:

- **hutch** (jutch; vitrina)
- **table and chairs** (*tei*-bul and cheirs; mesa y sillas)

✔ En la sala encontrarás:

- **armchair** (*arm*-cheir; sillón)
- **coffee table** (*co*-fi-i *tei*-bul; mesita central)
- **couch** (kauch; sofá)
- **desk** (desk; escritorio)
- **end tables** (end *tei*-buls; mesitas)
- **fireplace** (*fai*-er-pleis; chimenea)
- **lamp** (lamp; lámpara)

✔ Artículos de la recámara:

- **bed** (bed; cama)
- **closet** (*clo*-set; closet)
- **dresser** (*dre*-ser; cómoda)

✔ Artículos del baño:

- **bathtub** (*baz*-tub; tina)
- **shower** (*chau*-er; regadera)
- **sink** (sink; lavamanos)
- **toilet** (*toi*-let; taza, excusado o inodoro)

## Preposiciones de ubicación: On, under y near

Una preposición de ubicación indica la posición de un objeto con relación a otro. Por ejemplo, la preposición **on** (on; en, sobre) en la oración **The cat is on the sofa** (da cat is on da *so*-fa; El gato está en el sofá) indica exactamente dónde encontrar al gato — sobre los cojines del sofá. (¡También te indica que el sofá está probablemente lleno de pelos de gato!)

Aquí tienes una lista de algunas preposiciones de ubicación muy útiles:

- **above** (a-*bov*; arriba de)
- **against** (a-*gainst*; junto con o pegado a)
- **behind** (bi-*jaind*; detrás de)
- **below** (bi-*lo*-u; debajo de)
- **beside** (bi-said; al lado de)
- **in** (in; en) o **inside of** (in-*said* of; dentro de)
- **in front of** (in front of; en frente de)
- **near** (*ni*-ar; cerca de)
- **next to** (nekst tu; junto a o al lado de)
- **on** (on; en, sobre) o **on top of** (on top of; sobre)
- **under** (*on*-der; debajo de) o **underneath** (on-der-*ni*-az; debajo de)

Si una amiga te pide que la ayudes a reacomodar sus **furniture** (*fur*-ne-chur; muebles), necesitarás saber algunas preposiciones de ubicación para que el tapete quede **under** — y no **on** — la mesita central. A continuación tienes una lista de frases que tu amiga puede decir, ¡especialmente si te convence para que hagas tú todo el trabajo!:

- **Move the couch against the wall.** (muv da cauch a-*gainst* da ual; Pon el sillón contra la pared.)
- **Put the table near the window.** (put da *tei*-bul *ni*-ar da *uin*-do-u; Pon la mesa cerca de la ventana.)

➤ **Lay the rug in front of the door.** (lei da rog in front of da dor; Tiende el tapete frente a la puerta.)

➤ **Tired? Put yourself on the couch.** (taird put ior-*self* on da cauch; ¿Cansado? Siéntate en el sofá.)

# *Hablando como se habla*

Anne se encuentra en una mueblería buscando algunos muebles para su nueva casa.

Vendedor:  **May I help you?**
mei ai jelp iu
¿En qué le puedo ayudar?

Anne:  **Yes. I need some lamps.**
ies ai *ni*-id som lamps
Sí. Necesito unas lámparas.

Vendedor:  **Most of the lamps are over here.**
*mo*-ust of da lamps ar o-ver *ji*-ar
Nuestra selección de lámparas está por aquí.

Anne:  **I want two matching table lamps to go on my end tables.**
ai uant tu *mat*-ching *tei*-bul lamps tu *go*-u on mai end *tei*-buls
Quiero un juego de lámparas para las mesitas de los lados.

Vendedor:  **We have many styles to choose from.**
ui jav *me*-ni stails tu *chu*-us from
Tenemos muchos estilos para que escoja.

Anne:  **Okay, I'll just look.**
o-*kei* ail llost *lu*-uk
Muy bien, sólo voy a ver.

Más tarde, Anne entra al departamento de muebles de una tienda de departamentos para buscar un tapete.

Anne:  **Do you carry rugs?**
du iu *ke*-ri rogs
¿Tiene tapetes?

Vendedor:  **Yes, right over there. What type do you want?**
les rait o-ver der juat taip du iu uant
Sí, allí están. ¿De qué tipo busca?

| | |
|---|---|
| Anne: | **I want a large area rug to go under my dinette set.**<br>ai uant ei larch e-ri-a rog tu go *on*-der mai dai-*net* set<br>Quiero un tapete grande para ponerlo debajo de la mesa y sillas del comedor. |
| Vendedor: | **About how large?**<br>a-*baut* jau larch<br>¿De qué tamaño? |
| Anne: | **Approximately 6 feet by 8 feet.**<br>a-*proks*-i-meit-li siks *fi*-it bai eit *fi*-it<br>Aproximadamente de 6 por 8 pies. |

## Palabras para recordar

| | | |
|---|---|---|
| furniture | fur-*ni*-chur | muebles |
| appliance | a-plai-ens | aparato doméstico |
| household | jaus-jold | casa |
| floor | flor | piso |
| ceiling | si-il-ing | techo |
| wall | ual | pared |
| door | dor | puerta |

# Bienvenido: De visita en un hogar privado

Los estadounidenses pueden decir **Come over sometime** (com *o*-ver *som*-taim; Ven cuando quieras), pero generalmente ésa no es una invitación formal a sus hogares. La frase es una expresión amistosa y una indicación de que tal vez te inviten a su hogar en el futuro. Una invitación de verdad incluye la hora y el día de la visita, como por ejemplo:

✔ **Can you come to my house for dinner next Tuesday?** (can iu com tu mai jaus for *din*-ner nekst tus-dei; ¿Puedes venir a mi casa a cenar el próximo martes?)

✔ **We'd like to have you over for dinner. How about this Saturday?** (*ui*-id laik tu jav iu *o*-ver for *din*-ner jau a-*baut* dis *sa*-tur-dei; Nos gustaría que vinieras a cenar. ¿Qué te parece este sábado?)

Y tú puedes responder:

✔ **Thank you. That would be great.** (zank iu dat *u*-ud bi greit; Gracias. Creo que será formidable.)

✔ **I'd love to come. Thank you.** (aid lov tu com zank iu; Claro que me gustaría. Gracias.)

¿Debes quitarte o no los zapatos cuando **enter** (en-ter; entres) a un hogar estadounidense? Depende de tu anfitrión. La mayoría de los estadounidenses usan sus zapatos dentro de su casa y no se los quitan hasta que se sientan a descansar o se van a dormir. Sin embargo, algunas personas se han cansado ya de limpiar su alfombra, así que no te sorprenda ver gente quitándose los zapatos al entrar a su casa. Cuando estés como invitado en la casa de alguien, no tienes que quitarte los zapatos a menos que tus anfitriones estén usando solamente **stocking feet** (*sto*-king *fi*-it; calcetines o medias). Entonces puedes preguntar **Should I take off my shoes?** (chud ai teik *o*-of mai *chu*-us; ¿Debo quitarme los zapatos?)

## *Hablando como se habla*

La siguiente conversación te da algunas frases básicas para cuando visites la casa de alguien (o invites a alguien a la tuya). Lois va a visitar a sus nuevos amigos Ed y Portia. (Track 30)

Lois:      **Hello.**
           *je*-lou
           Hola.

Portia:    **Welcome! Please come in!**
           *uel*-com *pli*-is com in
           ¡Bienvenido! Pásale por favor.

Lois:      **What a lovely home you have.**
           juat ei *lov*-li *jo*-um iu jav
           ¡Qué bonita casa tienen!

Portia:    **Thank you.**
           zank iu
           Gracias.

| | |
|---|---|
| Ed: | **Hi, Lois. We're glad you could come.**<br>jai lo-is *ui*-ar glad iu cud com<br>Hola Lois. Nos da mucho gusto que hayas venido. |
| Lois: | **Thank you for inviting me.**<br>zank iu for in-*vait*-ing mi<br>Gracias por invitarme. |
| Ed: | **May I take your coat?**<br>mei ai teik ior *co*-ut<br>¿Me permites tu saco? |
| Lois: | **Yes, thanks. Should I take off my shoes?**<br>ies zanks chud ai teik *o*-of mai *chu*-us<br>Sí, gracias. ¿Debo quitarme los zapatos? |
| Portia: | **If you like, but it's not necessary.**<br>If iu laik bot its not *ne*-ce-se-ri<br>Si lo deseas, pero no es necesario. |
| Ed: | **Please, sit down. Would you like something to drink —**<br>**soda, wine, juice?**<br>*pli*-is sit daun *u*-ud iu laik *som*-zing tu drink *so*-da<br>uain llus<br>Toma asiento por favor. ¿Deseas algo de tomar —<br>soda, vino, jugo? |
| Lois: | **Thanks. I'll have a soda.**<br>zanks ail jav ei *so*-da<br>Gracias. Me tomo una soda. |

---

# El regalito

Cuando seas un **guest** (guest; invitado) en la casa de alguien, es un buen detalle que le lleves un **gift** (guift; regalito) a tu anfitrión. No es una obligación, pero es un gesto de buen gusto que siempre se agradece. En ocasiones no formales, puedes llevar dulces, un postre, flores o vino o cerveza de buena calidad. Cuando entregues tu regalito puedes decir:

✔ **This is for you.** (dis is for iu; Esto es para ti.)

✔ **I brought you something.** (ai *bro*-ut iu som-zing; Te traje un regalito.)

Si pasas la noche o te quedas por más tiempo, entonces tu regalo debe ser de un poco más de valor o puedes mandar un **thank-you gift** (zank iu gift; regalo de agradecimiento) después de marcharte. El regalo puede ser algo para el hogar o algo típico de tu país.

## Sírvete como en tu casa

Si te alojas en la casa de alguien por algunos días, que no te sorprenda ni te ofenda si tu anfitrión te dice **help yourself** (jelp ior-*self;* sírvete tú mismo) de la comida en el refrigerador. O tal vez tu anfitrión te diga **make yourself at home** (meik ior-*self* at jo-um; hazte de cuenta que estás en tu casa) mientras te muestra dónde encontrar el café o los bocadillos o cómo usar la lavadora. Es probable que en tu cultura ésta sea una forma mediocre de tratar a un invitado, pero en los Estados Unidos es una forma de demostrarte que eres parte de la familia y por lo tanto puedes usar la casa como si fuese la tuya.

En algunas culturas es correcto rechazar ofrecimientos de bebida o comida dos o tres veces antes de finalmente aceptar. Pero en los Estados Unidos, si no aceptas la primera vez, ¡tal vez no tengas una segunda oportunidad! ¿Por qué? Porque se considera una grosería forzar o presionar a alguien para que tome o coma sin desearlo. Rara vez la gente ofrece más de dos veces. Así que si tienes hambre, sed o simplemente quieres aceptar lo que se te ofrece, di **Yes, thank you** (lles zank iu; Sí, gracias) en la primera oportunidad que se te ofrece.

## Palabras para recordar

| | | |
|---|---|---|
| to invite | tu in-vait | *invitar* |
| invitation | in-vi-tei-chion | *invitación* |
| to visit | tu vi-sit | *visitar* |
| guest | guest | *invitado* |
| host | jo-ust | *anfitrión* |
| welcome | uel-com | *bienvenido* |
| gift | guift | *regalo* |

# La limpieza

A muy poca gente le gustan de verdad los **housework** (*jaus*-uerk; quehaceres domésticos), pero cuando la casa es un desastre, debes **clean up the clutter** (*cli*-in op da *clo*-ter; ordenar el desorden). Puedes usar diferentes productos y aparatos para agilizar y facilitar la limpieza. A pesar de todas la facilidades modernas, el aseo doméstico es todavía una **chore** (chor; obligación o faena).

Muchos estadounidenses hacen su propio trabajo doméstico; ellos no cuentan con una **maid** (meid; criada) o **housekeeper** (*jaus-ki-*ip-er; empleada/o doméstica/o) que les ayude. Los **housekeepers** cobran de $15 a $25 por hora, de modo que mucha gente siente que no puede darse ese lujo. (Y muchos estadounidenses creen que contratar a un empleado doméstico es de verdad un lujo.)

Debido al horario diario de trabajo, la mayoría de la gente asea su casa durante el fin de semana. Cuando estés listo para limpiar tu casa (o emplear a alguien para que lo haga), usa las siguientes expresiones para las tareas básicas:

- **clean the bathroom** (*cli-*in da *baz-*ru-um; limpia el baño)
- **scrub the toilet** (scrob da *toi-*let; friega el excusado)
- **vacuum the carpets** (*va-*cu-um da *car-*pets; aspira las alfombras)
- **mop the floors** (mop da flors; trapea los pisos)
- **wash the dishes** (uach da *dich-*es; lava los platos)
- **dust the furniture** (dost da *fur-*ni-chur; sacude los muebles)
- **wash the windows** (uach da *uin-*do-us; lava las ventanas)

## Palabras para recordar

| | | |
|---|---|---|
| housework | jaus-uerk | quehaceres domésticos |
| housekeeper | jaus-ki-ip-er | empleado doméstico |
| clean up | cli-in op | organizar, ordenar |
| clutter | clo-ter | desorden |
| chore | chor | quehacer o faena |

## Los verbos del aseo doméstico: To do y to make

Los verbos **do** (du; hacer) y **make** (meik; hacer) son a menudo usados para describir tareas en el hogar. ¡Pero ten cuidado! Cuando tú *do* **housework**, tú *do* algunos trabajos y tú *make* otras tareas. No hay una regla que diga cuál palabra usar, así que para ayudarte a memorizarlas . . . *make* **a list** (meik ei list; haz una lista).

Estas son algunas tareas en las que se usa el verbo **do:**

- ✔ **do the dishes** (du da di-ches; lava los platos)
- ✔ **do the laundry** (du da lon-dri; lava la ropa)
- ✔ **do the ironing** (du da *ai*-er-ning; plancha la ropa)

He aquí algunas en las que se usa el verbo **make:**

- ✔ **make the beds** (meik da beds; tiende/haz las camas)
- ✔ **make a meal** (meik ei *mi*-al; cocina/haz la comida)

# *Hablando como se habla*

Unos invitados vienen a la casa de los Bremer, así que todos están ayudando con la limpieza de la casa.

| | |
|---|---|
| Mamá: | **Everyone has to pitch in and help do the cleaning.**<br>e-vri-uan jas tu pitch in and jelp du da *cli*-in-ing<br>Todos debemos cooperar en la limpieza de la casa. |
| Aaron: | **I'll empty the trash and make the beds.**<br>ail *emp*-ti da trach and meik da beds<br>Yo sacaré la basura y tenderé las camas. |
| Kristy: | **I'll do the vacuuming and dusting.**<br>ail du da *va*-cu-um-ing and *dost*-ing<br>Yo sacudo el polvo y también aspiraré. |
| Mamá: | **Lisa, you pick up your toys.**<br>lisa iu pik op ior tois<br>Lisa, tu guarda tus juguetes. |
| Papá: | **I'll do the dishes.**<br>ail du da *dich*-es<br>Yo lavo los platos. |
| Mamá: | **And I'll start making the dinner.**<br>and ail start *meik*-ing da *din*-ner<br>Y yo empezaré a hacer la cena. |
| Lisa: | **What will Joseph do?**<br>uat uil *llo*-sef du<br>¿Y qué va a hacer Joseph? |

| Papá: | **He's only a baby. He gets to play while we do the work.** |
|---|---|
| | *ji*-is *on*-li ei *bei*-bi ji gets tu plei *ua*-il ui du da uerk |
| | Él es todavía un bebé. A él le toca jugar mientras nosotros trabajamos. |

Los niños estadounidenses tienen la obligación de ayudar con las tareas hogareñas, realizando trabajos apropiados para su edad. Generalmente, se les otorga un "pago semanal" por ayudar. (¡Sólo después de que hayan terminado su trabajo!)

## Herramientas para los quehaceres domésticos y el cuidado del jardín

Ya sea que tú realices el aseo de tu casa y el **yardwork** (*iard*-uerk; trabajo de jardinería) o contrates a alguien para que lo haga, el saber el nombre de algunas herramientas y productos te puede ser de gran utilidad, ¡especialmente si quieres pedir prestado el rastrillo de tu vecino!

Estos son los nombres de algunas herramientas de limpieza para el interior de una casa:

- **broom** (*bru*-um; escoba)
- **mop** (mop; trapeador)
- **dishcloth** (*dich*-cloz; jerga o trapo para platos)
- **dish towel** (dich *tau*-el; toalla para secar los platos)
- **dishwasher** (*dich*-uach-er; lavaplatos)
- **detergent** (de-*ter*-llent; detergente)
- **washer** (*ua*-cher; lavadora)
- **dryer** (*drai*-ller; secadora)
- **furniture polish** (*fur*-ni-chur po-lich; pulidor de muebles)
- **cleanser** (*clen*-ser; limpiador)

Las herramientas siguientes te ayudarán con el trabajo del jardín:

- **lawn mower** (lon *mo*-uer; podadora de pasto)
- **garden hose** (*gar*-den *jo*-us; manguera)
- **rake** (reik; rastrillo)
- **clippers** (*clip*-pers; tijeras de jardinería)

# Esta antigua casa: Cómo resolver problemas y reparaciones

Ha estado lloviendo todo el día y de repente, el agua no está afuera de tu casa solamente sino que ¡está **dripping** (*drip*-ping; goteando) en tu alfombra, también! ¡O bien, el agua de tu lavabo no baja por la tubería! O peor, le bajaste la manivela al indoro y el agua se está derramando sobre el suelo. ¡Es hora de pedir auxilio!

Si estás rentando llama a tu **landlord** (*land*-lord; arrendador) o **landlady** (land-*lei*-di; arrendadora). Ellos deben arreglar el problema — ¡y pagar también! Pero si *tú eres* el dueño, necesitarás ayuda de algunos de los siguientes trabajadores:

✔ **electrician** (i-lec-*tri*-chion; electricista)

✔ **plumber** (*plo*-mer; plomero o fontanero)

✔ **repair person** (ri-*peir* per-son; mecánico general)

✔ **roofer** (*ru*-uf-er; especialista de techos)

## Cómo describir problemas domésticos

Cuando llames al plomero (o al arrendador), y tu casa se está convirtiendo rápidamente en un lago, debes ser capaz de describir el problema rápidamente — y con precisión. No importa a quién llames para que te haga la reparación, las frases siguientes te ayudarán a explicar tu problema:

✔ **The roof is leaking.** (da *ru*-uf is *li*-ik-ing; El techo está goteando.)

✔ **The drain is clogged.** (da drein is clogt; La tubería del drenaje está tapada.)

✔ **The toilet has overflowed.** (da *toi*-let jas o-ver-*flo*-ud; El inodoro se está derramando.)

✔ **The light switch doesn't work.** (da lait suitch *do*-sent uerk; El contacto de la luz no funciona.)

# Hablando como se habla

 Devin vive en una casa vieja, rentada. Algunas cosas empiezan a descomponerse de modo que Devin llama a su arrendador, el Sr. James, y le explica los problemas. (Track 31)

Devin:    **Hello, Mr. James?**
          *je*-lou *mis*-ter lleims
          Hola. ¿Hablo con el Sr. James?

El Sr. James:    **Hi, Devin.**
                 jai *de*-vin
                 Hola, Devin.

Devin:    **There are some problems with the house.**
          der ar som *prob*-lems uid da jaus
          Hay algunos problemas con la casa.

El Sr. James:    **What kind of problems?**
                 juat kaind of *prob*-lems
                 ¿Qué clase de problemas?

Devin:    **The bathroom faucet is dripping, and the toilet isn't working right.**
          da *baz*-ru-um fo-cet is *drip*-ping and da toi-let is-ent *uerk*-ing rait
          La llave del baño no deja de gotear y el inodoro no funciona correctamente.

El Sr. James:    **Is the hot or cold tap dripping?**
                 is da jot o cold tap *drip*-ping
                 ¿Gotea la llave del agua caliente o de la fría?

Devin:    **The hot.**
          da jot
          La caliente.

El Sr. James:    **And what about the toilet?**
                 and juat a-*baut* da *toi*-let
                 ¿Y qué pasa con el inodoro?

Devin:    **The water keeps running after I flush.**
          da *ua*-ter *ki*-ips *ron*-ning af-ter ai floch
          El agua continúa saliendo después de que le bajo la manivela.

El Sr. James:    **Okay, I'll come around 3 this afternoon to look at it.**
                 o-kei ail com a-*raund* zri dis *af*-ter-nu-un tu *lu*-uk at it
                 Bueno, estaré allí como a las 3 esta tarde para ver lo que pasa.

Devin:        **Thanks.**
              zanks
              Gracias.

El Sr. James:  **No problem.**
              no *pro*-blem
              No hay problema.

## Palabras para recordar

| | | |
|---|---|---|
| broken | brou-ken | roto |
| problem | pro-blem | problema |
| not working | not uerk-ing | no funciona |
| to repair | tu ri-peir | reparar o arreglar |
| to fix | tu fiks | arreglar o reparar |

## *Repárelo usted mismo*

Tal vez seas un genio para arreglar cosas o tal vez quieras ahorrarte algo de dinero haciéndolo tú mismo. Si es así, la **hardware store** (*jard*-uer stor; ferretería) tiene lo que tú necesitas. Encontrarás las **tools** (tuls; herramientas) que necesitas, así como consejos del ferretero y hasta un libro de **do-it-yourself** (hágalo usted mismo). En la lista siguiente te doy algunas "palabras de ferretería" que te ayudarán a hacer tu trabajo:

- **wrench** (rench; llave)
- **pliers** (*plai*-ers; pinzas)
- **screw driver** (*scru*-u *drai*-ver; desarmador)
- **hammer** (*jam*-mer; martillo)
- **nails** (neils; clavos)
- **screws** (*scru*-us; tornillos)
- **caulking** (*ko*-king; sellador)
- **masking tape** (*mas*-king teip; cinta adhesiva)

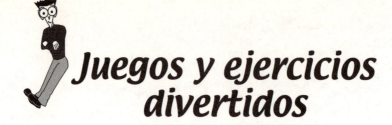

# *Juegos y ejercicios divertidos*

Date un recorrido por esta casa e identifica – en inglés – las recámaras y los artículos domésticos que están marcados con una línea continua. Para un poquito más de práctica y dificultad, nombra tantos artículos domésticos como puedas.

# Capítulo 14

# En el trabajo

• • • • • • • • • • • • • • • • • • • • • • • • • • • • • • • • • • •

**En este capítulo**

▶ Cómo describir tu trabajo y el lugar donde trabajas

▶ El tiempo es dinero

▶ Cómo hacer una cita

▶ Los negocios en las compañías estadounidenses

• • • • • • • • • • • • • • • • • • • • • • • • • • • • • • • • • • •

Ya sea que estés haciendo negocios o describiendo tu trabajo, el saber algo del estilo y del lenguaje de negocios estadounidenses puede dejarte tranquilo después del primer **handshake** (*jand*-cheik; saludo de mano). Este capítulo está lleno de términos de negocios, expresiones e información cultural que debes guardar en tu **briefcase** (*brif*-keis; portapapeles, portafolio o maletín) y llevar contigo en tus viajes de negocio o viajes al extranjero.

## ¿En qué trabajas? — Conversación acerca de tu trabajo

¿Qué quieres ser cuando crezcas? Antes de ser un adulto, ¡un niño escucha esta pregunta centenares de veces! ¿Por qué? Porque en los Estados Unidos, tu **job** (llob; trabajo) a menudo es considerado tan importante como tu familia. Para muchos estadounidenses su **work** (uerk; ocupación o empleo) define su identidad y su valor como persona.

### Cómo preguntar a qué se dedica alguien

Después de algunos minutos de conocer a alguien tal vez te pregunte, **What do you do?** (juat du iu du; ¿En qué trabajas?) o **What is your occupation?** (juat is ior o-kiu-*pei*-chion; ¿Cuál es tu profesión o trabajo?) Otras dos maneras de preguntarlo son:

✔ **What do you do for a living?** (juat du iu du for ei *li*-ving; ¿Cómo te ganas la vida?)

✔ **What kind of work do you do?** (juat kaind of uerk du iu du; ¿Qué tipo de trabajo haces?)

De igual forma, puedes contestar diciendo tu ocupación o describiendo tu trabajo así:

✔ **I'm a computer programmer** (aim ei com-*piu*-ter *pro*-gram-mer; Soy programador de computadoras) o **I design computer programs.** (ai di-sain com-*piu*-ter *pro*-grams; Diseño programas computacionales.)

✔ **I'm a truck driver** (aim ei trok *drai*-ver; Soy chofer de camiones) o **I drive a truck.** (ai draiv ei trok; Manejo un camión.)

Cuando dices tu ocupación, debes usar el verbo **to be** como en **I *am* a doctor** (ai am ei *doc*-tor; Soy doctor). Cuando describes lo que haces, usa un verbo que explica tu trabajo como en **I *teach* . . .** (ai *ti*-ich; Enseño . . .) o **I *manage* . . .** (ai *ma*-nich; Dirijo o Estoy encargado de . . .).

¿Tienes tu negocio? Entonces di **I own a business** (ai oun ei *bis*-nes; Tengo mi propio negocio). También puedes decir **I'm self-employed** (aim self em-*ploid*; Trabajo por cuenta propia) o **I work for myself** (ai uerk for mai-*self*; Trabajo por mi cuenta). Una persona de edad que ya no trabaja puede decir **I don't work. I'm retired** (ai don't uerk aim ri-*taird*; No trabajo. Ya me jubilé).

En un ambiente de negocios es común ofrecer tu **business card** (*bis*-nes card; tarjeta de presentación) después de conocer a alguien. Puedes decir **Here's my card** (*ji*-ars mai card; Aquí tienes mi tarjeta). Para pedir la tarjeta de alguien, di **Do you have a card?** (du iu jav ei card; ¿Tienes una tarjeta de presentación?)

## Palabras para recordar

| work | uerk | ocupación, trabajo o empleo |
|------|------|------|
| job | llob | trabajo |
| occupation | o-kiu-pei-chion | ocupación |
| a living | ei liv-ing | modo de vida |
| employed | em-ploid | empleado |

# *Cómo hablar de las ocupaciones*

En la televisión estadounidense, hubo un programa en donde los concursantes debían adivinar la ocupación o **line of work** (lain of uerk; tipo de trabajo) de un invitado. Naturalmente, el trabajo jamás era algo común, como un **teacher** (*ti-i-cher*; maestro) o un **insurance salesperson** (in-*chur*-ans *seils*-per-son; vendedor de seguros). El trabajo del invitado siempre era algo exótico y casi imposible de adivinar, ¡como un entrenador de elefantes o un catador de té!

Para ayudarte a describir tu **line of work** (a menos que sea algo exótico), presentamos algunas categorías generales de trabajos con las ocupaciones específicas:

✔ **Profesiones:**

- **dentist** (*den*-tist; dentista)
- **doctor** (*doc*-tor; doctor o médico)
- **engineer** (en-llin-*i*-ar; ingeniero)
- **lawyer** (*lo*-ller; abogado*)*
- **professor** (*pro*-fes-or; profesor)
- **psychologist** (sai-*co*-lo-llist; psicólogo)

✔ **Negocios:**

- **accountant** (a-*kaunt*-ant; contador)
- **administrator** (ad-*min*-is-trei-tor; administrador)
- **CEO** (ci-i-o; gerente general de compañía)
- **secretary** (*se*-cre-te-ri; secretaria)

✔ **Oficios:**

- **construction worker** (con-*struc*-chion uerk-er; obrero de la construcción)
- **electrician** (i-lec-*tri*-chion; electricista)
- **mechanic** (me-*ca*-nic; mecánico)
- **painter** (*pein*-ter; pintor)
- **plumber** (*plom*-er; plomero)

✔ **Artes:**

- **artist** (*ar*-tist; pintor, escultor o diseñador)
- **entertainer** (en-ter-*tein*-er; artista)
- **writer** (*rait*-er; escritor)

✔ **Servicio público:**

- **firefighter** (fair *fait*-er; bombero)
- **police officer** (po-*lis* o-fi-ser; policía)

✔ **Otro:**

- **farmer** (*farm*-er; granjero)
- **factory worker** (*fac*-to-ri *uerk*-er; obrero industrial)
- **salesperson** (seils-*per*-son; vendedor)
- **social worker** (*so*-chial *uerk*-er; trabajador social)

# *Hablando como se habla*

Nettie y Portia están platicando en el salón de belleza mientras les hacen sus peinados.

Nettie:     **What are your children doing now?**
            juat ar ior *chil*-dren *du*-ing nau
            ¿A qué se dedican tus hijos ahora?

Portia:     **Ann is an architect working for a company in Seattle.**
            an is an *ar*-ki-tect *uerk*-ing for ei *com*-pa-ni in si-*a*-tl
            Ann es arquitecta para una compañía ubicada en Seattle.

Nettie:     **Is your son still teaching?**
            is ior son stil *ti*-ich-ing
            ¿Todavía está enseñando tu hijo?

Portia:     **Yes. He's head of the English department.**
            Iles *ji*-is jed of da *ing*-lich di-*part*-ment
            Sí. Es el director del departamento de inglés.

Nettie:     **Excellent!**
            *ek*-se-lent
            ¡Excelente!

Portia:     **And how about your daughters?**
            and jau a-*baut* ior *do*-ters
            ¿Y tus hijas?

| Nettie: | **Miriam is a landscaper and runs her own business.** |
|---|---|
| | *mi*-ri-am is ei *land*-skeip-er and rons jer oun *bis*-nes |
| | Miriam tiene su propio negocio; es diseñadora de jardines. |

| Portia: | **Good for her.** |
|---|---|
| | gud for jer |
| | ¡Qué gusto para ella! |

| Nettie: | **And Deborah is a psychologist with a private practice.** |
|---|---|
| | and *de*-bor-a is ei sai-*co*-lo-llist wiz ei *prai*-vat *prac*-tis |
| | Y Deborah es psicóloga; tiene su consultorio privado. |

| Portia: | **Wonderful!** |
|---|---|
| | *uon*-der-ful |
| | ¡Qué maravilla! |

# Camino al trabajo

Si eres como yo, probablemente prefieres quedarte acostado cuando la **alarm goes off** (a-*larm go*-us of; suena la alarma), pero finalmente, tienes que **get up** (guet op; levantarte) y prepararte para ir a trabajar. Luego te vas al **job site** (llob sait; sitio de trabajo): la **factory** (*fac*-to-ri; fábrica), la **office** (*o*-fis; oficina), o el **classroom** (clas-ru-um; aula). O si eres geólogo o vendedor ambulante, tu trabajo es **out in the field** (aut in da *fi*-ald; de campo), o sea, un sitio fuera de las oficinas de trabajo. (Claro, si eres granjero, casi siempre trabajas en el campo.)

## Obreros y profesionales

Tal vez has oído el dicho "la ropa no hace al hombre" (o a la mujer, si es el caso). Sin embargo, la norma de usar una camisa azul de trabajo (con cuello azul) del obrero y una camisa blanca de vestir (con cuello blanco) del profesional inspiró los términos **blue-collar worker** (blu *co*-lar *uerk*-er; trabajador de cuello azul) y **white-collar worker** (juait *co*-lar *uerk*-er; trabajador de cuello blanco). En los Estados Unidos puede que veas estos términos usados en comentarios sociales y en estudios demográficos.

## El lugar de trabajo

La gente suele preguntar **Where do you work?** (juer du iu uerk; ¿Dónde trabajas?) después de enterarse de lo que haces. Puedes darles una respuesta específica o general, tal como:

- ✔ **I work on a construction site.** (ai uerk on ei con-*struc*-chion sait; Trabajo en un sitio de construcción.)
- ✔ **I have a desk job.** (ai jav ei desk llob; Trabajo en una oficina.)
- ✔ **I work for John Wiley and Sons.** (ai uerk for llon *uai*-li and sons; Trabajo para John Wiley e Hijos.)

A continuación algunos lugares comunes de trabajo y el vocabulario relacionado al tipo de trabajo:

- ✔ **Factory:** Cuando suena la señal o el timbre en la **factory** o **manufacturing plant** (man-iu-*fac*-chur-ing plant; fábrica o planta de manufacturación ), tú **clock in** (clok in; marcas la hora de entrada) o **punch a time clock** (panch e taim clok; perforas tu boleta) y te vas hacia la **assembly line** (a-sem-bli lain; línea de ensamblaje) o a la **production line** (pro-*duc*-chion lain; línea de producción).

  Algunas personas trabajan en **shipping** (*chip*-ping; despacho o envíos) y **receiving** (ri-*siv*-ing; recibo). Los **machinists** (ma-*chin*-ists; maquinistas) hacen lo necesario para mantener las máquinas funcionando, mientras el **quality-control personnel** (*cua*-li-ti con-*trol* per-son-*el*; personal de control de calidad) revisa la elaboración y calidad del producto.

- ✔ **Office:** Después de llegar a la oficina, lo primero del día es ir por una taza de café al **break room** (breik *ru*-um; salón de descanso o cuarto de café), y luego ir a tu escritorio para revisar tu **e-mail** (i-meil; correo electrónico).

  Por lo general, solamente el CEO y los administradores tienen **private offices** (*prai*-vat *o*-fi-ces; oficinas privadas). El **office staff** (*o*-fis staf; personal de oficina) suele compartir una oficina o un espacio grande dividido en **workspaces** (*uerk*-speis-es; áreas de trabajo) individuales o **cubicles** (*kiu*-bi-cals; cubículos).

### Equipo de oficina

Generalmente hasta un negocio pequeño está bien equipado con cada pieza imaginable de **office equipment** (*o*-fis i-*quip*-ment; equipo de oficina) y papelería. Es probable que ya conozcas el siguiente equipo, pero aquí tienes sus nombres en inglés:

- ✔ **computer** (com-*piu*-ter; computadora u ordenador)
- ✔ **copier** (*co*-pi-er; fotocopiadora)

✔ **fax machine** (faks ma-*chin*; fax)

✔ **file cabinet** (fail *ca*-bi-net; estante o archivero)

✔ **keyboard** (*ki*-bord; teclado)

¿Se te acabó el papel? ¿Alguien se llevó tu dispensador de cinta? Revisa el cajón del escritorio, el **supply cabinet** (su-*plai cab*-net; gabinete de suministros) ¡o el escritorio de tu colega!, para localizar estos artículos:

✔ **eraser** (i-*rai*-sor; borrador)

✔ **file folders** (fail *fol*-ders; carpetas de archivos)

✔ **paper** (*pei*-per; papel)

✔ **paperclips** (*pei*-per-clips; sujetapapeles)

✔ **pen** (pen; lapicero)

✔ **pencil** (*pen*-cil; lápiz)

✔ **stapler** (*stei*-pler; engrapadora)

✔ **tape** (teip; cinta adhesiva)

### ¿En qué piso estoy?

Cuando entras a un **elevator** (e-le-*vei*-tor; ascensor o elevador), puedes terminar en un **floor** (flor; piso) equivocado si no sabes la siguiente verdad. En los edificios de los Estados Unidos, el piso que da a la calle casi siempre se le llama **first floor** (first flor; primer piso) o **ground floor** (graund flor; planta baja), o **lobby** (*lob*-bi; vestíbulo). El siguiente piso es el **second floor** (*se*-cond flor; segundo piso) y no el primer piso como en algunos países. (Las palabras **first, second,** etc. se conocen como números ordinales. En el Capítulo 8 encuentras más información al respecto.)

En los Estados Unidos, ¡no te sorprendas si un edificio no tiene un **thirteenth floor** (zir-*ti*-inz flor; decimotercer piso)! O más bien, ningún piso con el número 13 — la numeración de los pisos se puede brincar del **twelfth** (tuelf; decimosegundo) al **fourteenth floor** (for-ti-inz flor; decimocuarto piso). ¿Por qué? Porque algunos estadounidenses piensan que el número 13 es de mala suerte. Llámalo superstición, o no, pero ¿para qué tomar riesgos, verdad?

## Descripción de tus colegas

Pasas mucho tiempo con la gente de tu trabajo, así que es útil conocer algunos términos para describirlos a ellos y su relación profesional contigo. Además de tu **boss** (bos; jefe o patrón) o **employer** (em-*ploi*-ller; empleador), aquí tienes otras de las personas que puedes conocer en el trabajo:

✔ **Business partner** (*bis*-nes *part*-ner; socio): Persona que comparte la posesión de un negocio contigo

✔ **Client** (*clai*-ent; cliente): Persona que paga por los sevicios de una compañía o un profesional

✔ **Colleague** (*co*-li-ik; colega): Compañero en un ambiente profesional o académico

✔ **Co-worker** (*co*-uerk-er; compañero de trabajo): Cualquier persona con quien trabajas, a menudo en un ambiente no profesional

✔ **Customer** (*cos*-tom-er; cliente): Persona que entra a un establecimiento comercial a comprar algo

En inglés, la palabra **patron** (*pei*-tron; benefactor o cliente) tiene el significado opuesto a una palabra similar en español y en otros idiomas. En inglés, **patron** significa benefactor o cliente, ¡no significa jefe!

## Palabras para recordar

| | | |
|---|---|---|
| office | o-fis | oficina |
| factory | fac-to-ri | fábrica |
| staff | staf | personal |
| boss | bos | jefe o patrón |
| employer | em-ploi-ller | empleador |
| employee | em-ploi-i | empleado |

# El tiempo es dinero

En ninguna otra parte, el dicho **time is money** (taim is *mo*-ni; el tiempo es dinero) se toma más seriamente que en el lugar de trabajo (a pesar del ambiente amable e informal). El negocio de las corporaciones estadounidenses o de cualquier compañía, grande o pequeña, es de **make a profit** (meik ei *pro*-fit; tener ganancias).

Olvídate de las imágenes de la tele y de Hollywood que muestran a los estadounidenses despreocupados pasando sus días alrededor de la piscina. La realidad es que los trabajadores estadounidenses trabajan más horas por semana y tienen menos días de vacaciones que los trabajadores en muchas otras naciones industrializadas.

El preguntar acerca del **salary** (*sa*-la-ri; salario) de otra persona se considera indiscreto, ¡y comparar salarios con compañeros de trabajo puede hasta costarte tu trabajo en algunas compañías! Eso sí, ¡quejarse de los bajos salarios y escasas prestaciones sociales es un pasatiempo muy popular! La gente a menudo hace comentarios (buenos o malos) acerca de su salario de una manera vaga — y tú también puedes hacerlo. Esto es lo que probablemente escuches o digas:

- **I'm paid hourly.** (aim peid *aur*-li; Me pagan por hora.)
- **I'm on a salary.** (aim on ei *sa*-la-ri; Me pagan un salario.)
- **I get minimum wage.** (ai guet *mi*-ni-mom ueich; Me pagan el salario mínimo.)
- **I have a good-paying job.** (ai jav ei gud pei-ing llob; Tengo un trabajo bien pagado.)
- **I got a raise.** (ai got ei *re*-is; Recibí un aumento.)
- **We received a pay cut!** (ui ri-*civd* ei pei cot; ¡Nos redujeron el sueldo!)

## Palabras para recordar

| | | |
|---|---|---|
| paycheck | pei-chek | cheque de pago o paga |
| wage | ueich | pago |
| salary | sa-la-ri | salario |
| raise | re-is | aumento |
| pay cut | pei cot | reducir el sueldo |

## El horario de trabajo

Para la mayoría de los negocios, el horario normal es de las 8 a.m. hasta las 5 o 6 p.m., de lunes a viernes, así que la mayoría de la gente tiene **day jobs** (dei llobs; trabajos durante el día). Pero un **24-hour business** (*tuen*-ti for aur *bis*-nes; negocio que abre las 24 horas del día) o una fábrica puede tener varios **shifts** (chifts; turnos). Por ejemplo:

- **Day shift** (dei chift; turno diurno): En general el horario de trabajo es desde las 8 a.m. hasta las 5 p.m.

✔ **Night shift** (nait chift; turno nocturno): El horario de trabajo durante las horas del atardecer y de la noche. Algunas compañías dividen este periodo en dos turnos:

- **Graveyard shift** (greiv-llard chift; "turno de cementerio"): Normalmente desde las 12 a.m. hasta las 8 a.m.

- **Swing shift** (suing chift; turno mixto): Normalmente desde las 4 p.m. hasta las 12 a.m.

## La hora del almuerzo y los descansos

La hora favorita del día de trabajo, además de la **quitting time** (*kuit*-ing taim; hora de salida), es la **lunch hour** (lonch aur; hora del almuerzo). A pesar de llamarla **lunch hour,** puede que nada más te den media hora para almorzar.

El trabajador típico **brown-bags** (braun bags; pone en una bolsa de papel) su almuerzo o sea, se lleva la comida de la casa al trabajo, casi siempre en una bolsa de papel de color café. Algunas personas prefieren salir de la oficina a la hora del almuerzo. Si algún colega quiere que lo acompañes a comprar un bocado, puede invitarte de la siguiente manera:

✔ **Do you want to get some lunch?** (du iu uant tu guet som lonch; ¿Quieres ir por el almuerzo?)

✔ **Want to join me for lunch?** (uant tu lloin mi for lonch; ¿Quieres almorzar conmigo?)

✔ **Do you want to grab a bite to eat?** (du iu uant tu grab ei bait tu *i*-it; ¿Quieres ir a buscar algo para el almuerzo?)

La invitación a almorzar de un compañero de trabajo es en general un gesto de amabilidad, pero no implica necesariamente que la persona quiera formar una amistad duradera contigo o que vaya a pagar por tu almuerzo. Es muy común que los compañeros de trabajo gocen de una amistad amigable pero que muchas veces no se extiende más allá del lugar de trabajo.

## El pan de cada día

Si tú mantienes a tu familia y traes a casa un **pay-check**, entonces eres el o la **breadwinner** (bred-uin-er; sostén de la familia) o, como le gusta decir a los estadounidenses, eres quien **bring home the bacon** (bring *jo*-um da *bei*-con; traes a casa el tocino) — ¡sin entrar al supermercado!

Estas expresiones se refieren a la persona que trabaja fuera de la casa en vez de ser un o una **homemaker** (*jo*-um *meik*-er; amo/a de casa) — ¡es la persona quien en realidad paga por la comida o sea, "el pan y el tocino" de la casa!

Otra hora favorita del día de trabajo es el **coffee break** (*co*-fi breik; "la hora del café"). "La hora del café" es un descanso para tomarse un café o té, y normalmente es de unos quince minutos dos veces al día. Pero en la mayoría de los lugares de trabajo, no tienes que esperar hasta la hora del descanso para usar el baño o conseguir algo más para tomar. Sin embargo, el fumar se reserva generalmente para esa hora del descanso.

El verbo **to take** (tu teik; tomar) se usa a menudo cuando se habla de la hora del almuerzo en el trabajo, como en **I take my lunch at noon** (ai teik mai lonch at *nu*-un; Como mi almuerzo al mediodía). De otro modo, los verbos **to have** (tu jav; tener) y **to eat** (tu *i*-it; comer) se usan en general para hablar de una comida o un café, como en **Let's have dinner now** (lets jav din-ner nau; Vamos a cenar ahora). Ve al Capítulo 9 para más información sobre los verbos **have** y **take**.

# *Hablando como se habla*

 Amelia y Camille están platicando en la oficina. (Track 32)

Amelia: **Do you want to join me for lunch?**
du iu uant tu lloin mi for lonch
¿Me quieres acompañar al almuerzo?

Camille: **Thanks, but I can't. I have to finish this report.**
zanks bot ai cant ai jav tu *fin*-ich dis ri-*port*
Gracias, pero no puedo. Tengo que terminar este reporte.

Amelia: **Do you want me to bring you something?**
du iu uant mi tu bring iu *som*-zing
¿Quieres que te traiga algo?

Camille: **That's nice of you, but I brought my lunch.**
dats nais of iu bot ai brot mai lonch
Eres muy amable, pero traje mi almuerzo.

Amelia: **Have you even taken a break today?**
Jav iu *i*-ven *teik*-en ei breik tu-*dei*
¿Has tomado un descanso hoy?

Camille: **No time. I'll stop for lunch soon.**
No taim ail stop for lonch *su*-un
No tengo tiempo. Me detendré para almorzar pronto.

Amelia: **Okay. Don't work too hard!**
o-kei dount uerk *tu*-u jard
Está bien.  ¡No trabajes demasiado!

Camille: **Thanks.**
Zanks
Gracias.

## Palabras para recordar

| | | |
|---|---|---|
| shift | *chift* | turno |
| lunch hour | *lonch aur* | hora del almuerzo |
| quitting time | *kuit-ting taim* | hora de salida |
| brown-bag | *braun bag* | bolsa de papel para el almuerzo |
| to smoke | *tu smo-uk* | fumar |
| to take a break | *tu teik ei breik* | tomar un descanso |

# Cómo hacer una cita

En la sociedad activa de hoy, hay dos cosas que se han hecho tan esenciales y familiares como el aire que respiras: el **cell phone** (cel *fo*-un; teléfono celular) claro y la **appointment book** (a-*point*-ment buk; libreta de citas) o la **planner** (*plan*-ner; agenda).

Con estos aparatos modernos, puedes **conduct business** (con-duct bis-nes; hacer negocios) y **schedule appointments** (*ske*-diul a-point-ments; hacer citas) en cualquier parte y a cualquier hora. Y gracias a estos útiles dispositivos, ¡algunas personas jamás tienen un descanso verdadero de su trabajo y tampoco un momento de paz!

El uso de una agenda se ha hecho tan común que antes de planificar una reunión con un amigo para tomar un café, mucha gente dice:

✔ **Let me check my planner.** (let mi chek mai *plan*-ner; Déjame revisar mi agenda.)

✔ **Let me look at my schedule.** (let mi luk at mai *ske*-diul; Déjame darle un vistazo a mi horario.)

Así de importante es la planificación del horario. Ahora, con algunas frases sencillas en inglés, podrás concertar citas o compromisos fácilmente. Pero encontrar el tiempo en que ambas partes estén disponibles — bueno, ¡esa es ya otra historia!

Observa las siguientes expresiones útiles para hacer una cita:

✔ **I'd like to make an appointment with you.** (aid laik tu meik an a-point-ment uid iu; Me gustaría hacer una cita contigo.)

✔ **Can we schedule a meeting?** (can u-*i* ske-diul ei *mi*-it-ing; ¿Podemos fijar una hora para reunirnos?)

✔ **Let's schedule a time to meet.** (lets *ske*-diul ei taim tu *mi*-it; Vamos a fijar una hora para reunirnos.)

Y como respuesta, una persona frecuentemente dice:

✔ **When would you like to meet?** (juen *u*-ud iu laik tu *mi*-it ; ¿Cuándo te gustaría reunirnos?)

✔ **When are you free?** (juen ar iu *fri*-i; ¿Cuándo estás disponible?)

✔ **I can meet you on . . .** (ai can *mi*-it iu on; Puedo reunirme contigo el . . .)

✔ **I'm free on . . .** (aim *fri*-i on; Me es posible el . . .)

## *Hablando como se habla*

 Barry llama a su colega Robert para programar una junta. (Track 33)

Barry:  **Hello, Robert. This is Barry.**
*je*-lou *ro*-bert dis is *ber*-ri
Hola, Robert.  Soy Barry.

| Robert: | **Hey, how are you?** |
|---|---|
| | jei jau ar iu |
| | Hola, ¿cómo estás? |

| Barry: | **Fine, thanks. I'm calling to set up a meeting to go over the proposal.** |
|---|---|
| | fain zanks aim *col*-ling tu set op ei *mi*-it-ing tu gou *ou*-ver da pro-*pou*-sal |
| | Bien, gracias. Te llamo para concertar una junta para revisar la propuesta. |

| Robert: | **When would you like to meet?** |
|---|---|
| | juen *u*-ud iu laik tu *mi*-it |
| | ¿Cuándo te gustaría reunirnos? |

| Barry: | **Early next week. Are you free Monday or Tuesday?** |
|---|---|
| | *er*-li nekst *ui*-ik ar iu *fri*-i *mon*-dei or *tus*-dei |
| | Al principio de la próxima semana. ¿Te es posible el lunes o el martes? |

| Robert: | **I'm booked on Monday, but I'm free on Tuesday.** |
|---|---|
| | aim bukt on *mon*-dei bot aim *fri*-i on *tus*-dei |
| | Estaré muy ocupado el lunes, pero el martes estoy disponible. |

| Barry: | **How about Tuesday at 10 a.m. in my office?** |
|---|---|
| | jau a-*baut* *tus*-dei at ten ei em in mai *of*-fis |
| | ¿Qué te parece el martes a las 10 a.m. en mi oficina? |

| Robert: | **That's fine. I have us down for Tuesday at 10 a.m.** |
|---|---|
| | dats fain ai jav os daun for *tus*-dei at ten ei em |
| | Está bien. Ya lo apunté para el martes a las 10 a.m. |

| Barry: | **Perfect. Thanks Robert.** |
|---|---|
| | *per*-fect zanks *ro*-bert |
| | Perfecto. Gracias Robert. |

| Robert: | **See you next Tuesday.** |
|---|---|
| | *si*-i iu next *tus*-dei |
| | Nos vemos el próximo martes. |

# Palabras para recordar

| | | |
|---|---|---|
| to set up | tu set op | fijar, concertar o determinar |
| to make | tu meik | hacer |
| to schedule | tu ske-diul | planificar o programar |
| to check | tu chek | revisar |
| schedule | ske-diul | el horario |
| planner | plan-ner | almanaque o agenda |
| appointment | a-point-ment | cita o compromiso |
| meeting | mi-it-ing | junta o reunión formal |

A pesar de planificar cuidadosamente y tener una agenda impecable, acéptalo, la vida real es impredecible. Las personas no siempre pueden cumplir con sus citas o evitar posponerlas. Así que si necesitas **cancel** (*can*-cel; cancelar) o **reschedule** (ri-*ske*-diul; posponer) una cita, puedes hacerlo con una de las siguientes expresiones:

✔ **I'm sorry. I have to reschedule our appointment.** (aim *sor*-ri ai jav tu re-*ske*-diul aur a-*point*-ment; Lo siento. Tengo que posponer nuestra cita.)

✔ **Is it possible to reschedule?** (is it *po*-si-bul tu ri-*ske*-diul; ¿Es posible posponerla?)

✔ **I need to change our meeting date.** (ai *ni*-id tu cheinch aur *mi*-it-ing deit; Necesito cambiar la fecha de nuestra junta.)

## Palabras para recordar

| | | |
|---|---|---|
| to keep (an appointment) | tu ki-ip | confirmar (una cita) |
| to break | tu breik | faltar o no cumplir (a una cita) |
| to cancel | tu can-cel | cancelar |
| to change | tu cheinch | cambiar |
| to reschedule | tu ri-ske-diul | posponer |

# ¿Cómo va el negocio? — El manejo de negocios en los Estados Unidos

El manejar un negocio en una cultura (¡y lengua!) desconocida puede ser desconcertante. En los Estados Unidos, el **business style** (*bis*-nes stail; estilo de negocio) y el **protocol** (*pro*-to-col; protocolo) a seguir pueden ser muy diferentes a los que tú estás acostumbrado; así que el conocer algunas características generales de los negocios estadounidenses te ayudará a comprender lo que sucede. Esta sección te ofrece algunas ideas.

Algunos aspectos del estilo empresarial estadounidense pueden parecerte contradictorios a primera vista, como por ejemplo:

✔ Se le otorga un alto valor a la honestidad y a la comunicación que es **direct** (*di*-rect; directa) y **to the point** (tu da point; al grano), pero al mismo tiempo no **aggressive** (a-*gres*-siv; forzada).

✔ El ambiente puede parecerte informal hasta cierto punto, pero se exige la **efficiency** (e-*fi*-chen-si; eficiencia) y el **hard work** (jard uerk; trabajo duro).

✔ La interacción entre colegas — y entre el jefe y los empleados — puede ser informal en la oficina pero muy profesional durante las juntas o al realizar negocios con otras compañías.

## La política de puertas abiertas

Muchos gerentes tienen una **open-door policy** (*o*-pen dor *po*-li-ci; política de puertas abiertas). Esto es, las puertas de sus oficinas están abiertas y ellos están disponibles para sus empleados cuando están libres. Sólo tienes que ir a la puerta, toca suavemente y di:

✔ **Do you have a minute?** (du iu jav ei *min*-ut; ¿Tiene un minuto?)

✔ **May I see you for a minute?** (mei ai *si*-i iu for ei *min*-ut; ¿Podemos hablar por un minuto?)

✔ **May I speak with you?** (mei ai *spi*-ik uiz iu; ¿Puedo hablar con usted?)

Si estás haciendo negocios con una compañía estadounidense y tienes dudas acerca de un trabajo o un proyecto que te han pedido, nunca digas **It is difficult** (it is *di*-fi-cult; Es difícil). Al decir eso, estás realmente diciendo que tú *puedes*, de hecho, cumplir lo que te han pedido, pero que es un reto para ti. En lugar de eso, si tienes dudas, es mejor decir:

✔ **I'm sorry. I don't understand.** (aim *sor*-ri ai dount *on*-der-stand; Lo siento. No entiendo.)

✔ **I'm not totally clear.** (aim not *to*-ta-li *cli*-ar; No estoy completamente claro.)

✔ **Can you please explain this again?** (can iu *pli*-is eks-*plein* dis a-*guein*; ¿Me lo puede explicar otra vez?)

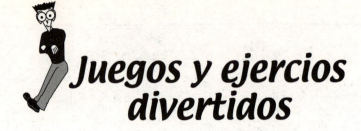

# Juegos y ejercios divertidos

• • • • • • • • • • • • • • • • • • • • • • • • • • • • • • • • • • • • •

Justo cuando necesitas algo de tu escritorio, no lo puedes encontrar o alguien te lo ha pedido prestado. Encuentra los artículos desaparecidos (y otros equipos de oficina escondidos) ordenando correctamente las letras de las siguientes palabras. ¡Al final une las letras que quedaron en los paréntesis de cada respuesta correcta (en orden) para saber lo que hace sonreír a cualquier empleado!

**1. axf:** __ (_) __

**2. pumotrec:** __ __ __ (_) __ __ __ __

**3. paet:** __ (_) __ __

**4. yoaebrdk:** __ __ (_) __ __ __ __ __

**5. eprap:** __ __ __ __ (_)

**6. tlerpas:** __ __ (_) __ __ __ __

**7. reiopc:** __ __ __ (_) __ __

**8. erersa:** __ __ __ (_) __ __

**9. nep:** __ (_) __

**What makes employees smile?** __ __ __ __ __ __ __ __ __ __ __!

• • • • • • • • • • • • • • • • • • • • • • • • • • • • • • • • • • • • •

# Capítulo 15

# Tómalo con calma: El tiempo libre

● ● ● ● ● ● ● ● ● ● ● ● ● ● ● ● ● ● ● ● ● ● ● ● ● ● ● ● ● ● ● ● ● ● ● ● ● ● ● ●

*En este capítulo*

▶ Los deportes y el esparcimiento

▶ Diferentes maneras de hablar del juego

▶ A gozar de la naturaleza

● ● ● ● ● ● ● ● ● ● ● ● ● ● ● ● ● ● ● ● ● ● ● ● ● ● ● ● ● ● ● ● ● ● ● ● ● ● ● ●

**D**icen que el **baseball** (*beis*-bol; béisbol) es el **national pastime** (*na*-chion-al *pas*-taim; pasatiempo nacional) de los Estados Unidos; pero hoy en día, la gente se ocupa en toda clase de actividades, desde la jardinería hasta el paracaidismo — ¡y todo lo que exista en medio de ellos!

En este capítulo, descubrirás cómo hablar de los **sports** (sports; deportes), de la **recreation** (re-cri-*ei*-chion; recreación) y de muchas otras actividades emocionantes que puedes hacer en tu tiempo libre. También descubrirás algunos lugares magníficos donde puedes pasar tus vacaciones. A menudo te darás cuenta que en los Estados Unidos el tiempo libre puede serlo todo pero nunca lento; muchos estadounidenses pasan su tiempo libre ocupados en actividades de mucha demanda física — ¡así que prepárate para una **work out** (uerk aut; actividad fuerte)!

# Las actividades de esparcimiento

Después de conocer a alguien, no pasa mucho tiempo antes de que la conversación sea sobre los pasatiempos favoritos y las actividades de esparcimiento. Es probable que se te pregunte lo siguiente:

✔ **What do you do in your spare time?** (juat du iu du in ior speir taim; ¿Qué haces en tu tiempo libre?)

✔ **What kinds of sports do you like?** (juat kainds of sports du iu laik; ¿Cuáles deportes te gustan?)

✔ **What do you do for fun?** (juat du iu du for fon; ¿Qué haces para divertirte?)

Puedes contestar de muchas maneras diferentes. He aquí algunos ejemplos:

- ✔ **I like to work in my garden.** (ai laik tu uerk in mai *gar*-den; Me gusta trabajar en mi jardín.)

- ✔ **I enjoy playing chess.** (ai en-*lloi plei*-ing ches; Me gusta jugar ajedrez.)

- ✔ **I go jogging.** (ai *go*-u *llog*-guing; Salgo a correr.)

- ✔ **I'm into surfing.** (aim *in*-tu *surf*-ing; Me encanta deslizarme en las olas.) **I'm into** (algo) es una expresión popular que significa que me encanta mucho o soy muy aficionado a algo.

## Cómo decir lo que te gusta hacer

Puedes usar una serie de estructuras gramaticales, que varían ligeramente, para hablar de tus actividades recreativas. Fíjate en las siguientes "fórmulas", y practica los ejemplos para que hagas ejercicios; quiero decir, ejercicios mentales:

- ✔ Fórmula 1: **I + verb** (Yo + el verbo)

  - • **I sew.** (ai *so*-u; Yo coso.)

  - • **I play volleyball.** (ai plei *vo*-li-bol; Yo juego vóleibol.)

- ✔ Fórmula 2: **I like + infinitive or gerund** (Me gusta + el infinitivo o el gerundio)

  - • **I like to read.** (ai laik tu *ri*-id; Me gusta leer.)

  - • **I like reading.** (ai laik *ri*-id-ing; Me gusta la lectura.)

- ✔ Fórmula 3: **I enjoy + gerund** (Yo disfruto + el gerundio)

  - • **I enjoy camping.** (ai en-lloi camp-ing; Yo disfruto acampando.)

  - • **I enjoy playing hockey.** (ai en-lloi plei-ing jo-ki; Yo disfruto jugando jockey.)

## El verbo juguetón: To play

Las actividades que implican **competition** (com-pe-*ti*-chion; competencia) — y muchas veces una **ball** (bol; pelota o balón) de cualquier tipo — utilizan el verbo **to play** (tu plei; jugar). Por ejemplo:

- ✔ **I like to play tennis.** (ai laik tu plei *te*-nis; Me gusta jugar tenis.)

- ✔ **Do you play golf?** (du iu plei golf; ¿Juegas golf?)

- ✔ **Want to play a game of basketball?** (uant tu plei ei gueim of *bas*-ket-bol; ¿Quieres jugar un partido de básquet?)

Una excepción es el **bowling** (*bo*-ul-ing; boliche); no digas **play bowling** (plei *bo*-ul-ing; jugar boliche) aunque se usa una bola. Pero *sí* usa el verbo **play** con **cards** (cards; cartas), **chess** (ches; ajedrez), **board games** (bord gueims; juegos de mesa), **pool** (*pu*-ul; billar), etc.

# *Hablando como se habla*

Joyce y Lynn son colegas quienes acaban de conocerse y están enterándose de los pasatiempos favoritos de cada una. (Track 34)

Joyce:    **What do you do in your spare time?**
          juat du iu du in ior speir taim
          ¿Qué haces en tu tiempo libre?

Lynn:     **I like to exercise — maybe go for a run or go dancing.**
          ai laik tu *eks*-er-sais *mei*-bi *go*-u for ei ron or *go*-u *dan*-cing
          Me gusta hacer ejercicio — tal vez ir a correr o salir a bailar.

Joyce:    **What kind of dancing?**
          juat kaind of *dan*-cing
          ¿Qué tipo de baile?

Lynn:     **Salsa is my favorite. What do you like to do?**
          *sal*-sa is mai *fei*-vor-it juat du iu laik tu du
          La salsa es mi tipo preferido. ¿Qué te gusta hacer a ti?

Joyce:    **I do yoga, and I like to paint.**
          ai du *llo*-ga and ai laik tu peint
          Practico yoga y me gusta pintar.

Lynn:     **Do you like any sports?**
          du iu laik *e*-ni sports
          ¿Te gusta algún deporte?

Joyce:    **I play racketball sometimes.**
          ai plei *ra*-ket-bol *som*-taims
          A veces juego squash.

Lynn:     **Me too. I really like that game.**
          mi tu-u ai *ri*-li laik dat gueim
          Yo también. Me gusta mucho ese deporte.

| Joyce: | **Great! Want to play this weekend?** |
|---|---|
| | greit uant tu plei dis *uik*-end |
| | ¡Magnífico! ¿Quieres jugar este fin de semana? |

| Lynn: | **Sure! But I warn you — I always win!** |
|---|---|
| | chur bot ai uarn iu ai *al*-ueys uin |
| | ¡Claro que sí! Pero te advierto: ¡yo siempre gano! |

## Palabras para recordar

| pastime | pas-taim | pasatiempo |
|---|---|---|
| leisure | li-chur | esparcimiento o tiempo libre |
| recreation | re-cri-ei-chion | recreación |
| sports | sports | deportes |
| to play | tu plei | jugar o practicar (un deporte) |
| to win | tu uin | ganar |
| to lose | tu lu-us | perder |
| game | gueim | juego o partido (de un deporte) |
| competition | com-pe-ti-chion | competencia |
| board game | bord gaim | juego de mesa |

## El deporte de ser aficionado

¿Eres un **sports fan** (sports fan; aficionado al deporte)? Ya sea que juegues en un **team** (*ti*-im; equipo) o seas un **spectator** (*spec*-tei-tor; espectador), puedes gozar de una abundancia de acontecimientos deportivos durante todo el año por la televisión o en un **stadium** (*stei*-di-um; estadio) o **ballpark** (*bol*-park; parque de pelota o estadio de béisbol).

## Conceptos estadounidenses del esparcimiento

La siguiente conversación revela algo acerca del concepto estadounidense del **leisure** (*li*-chur; esparcimiento). En mi clase, le pregunté a mis alumnos "¿Qué hicieron durante el fin de semana?" Un estudiante de México dijo **I listened to music** (ai *lis*-end tu *miu*-sic; Escuché música). Mi ayudante estadounidense — quien se crió pensando que la música es algo que escuchas *mientras* haces otra cosa — respondió, "Sí, ¿pero qué hiciste mientras escuchabas música?" La "extraña" pregunta de mi ayudante confundió a mi estudiante . . . . Finalmente, dijo enfáticamente, "Pues, ¡Me senté en una silla!" La idea de que toda actividad — y aún las de **relaxation** (ri-lak-*sei*-chion; relajamiento) — debe ser productiva de alguna manera está profundamente arraigada en la consciencia estadounidense.

¡El ver y el apostar en el **football** (*fut*-bol; fútbol americano), el **baseball,** el **basketball** y en otros deportes, es de hecho un deporte en sí! Algunos estadounidenses son fanáticos leales de su equipo favorito profesional o universitario. (Mi vecino pintó su cocina y su baño con los colores de su equipo favorito — ¡anaranjado y verde!) Otros estadounidenses, sin embargo, no tienen el más mínimo interés en los deportes.

## Se va, se va, se fue: El béisbol

Cuando grita el árbitro **Play ball!** (plei bol; ¡Lanza la pelota!), se lanza el primer **pitch** (pitch; tiro) para comenzar el partido. Desde los años 1800, los estadounidenses han estado jugando el **baseball.** Puedes aprender todo acerca de la historia del **baseball** y de sus jugadores legendarios como **Babe Ruth** (beib ruz), **Jackie Robinson,** (*lla*-ki *ro*-bin-son) y de la liga mayor femenil de los años 1940 en el **Baseball Hall of Fame** (*beis*-bol jal of feim) en Cooperstown, New York. Hasta los que no son aficionados hablan con entusiasmo de ese museo. ¡Yo lo sé porque soy una de ellos!

Para aumentar tu goce de este deporte popular, aquí tienes algo del vocabulario común del **baseball:**

- ✔ **bat** (bat; bate)
- ✔ **batter** (*bat*-ter; bateador)
- ✔ **catcher** (*cat*-cher; receptor o cácher)
- ✔ **fly ball** (flai bol; lanzamiento alto)
- ✔ **glove** (glov; guante)

✔ **home run** (*jo*-um ron; jonrón)

✔ **mitt** (mit; guante)

✔ **strike** (straik; golpe)

## El fútbol americano y el fútbol

La mayoría de las personas del mundo conoce al deporte de la Copa Mundial como el fútbol, pero los estadounidenses le llaman **soccer** a este deporte. En los Estados Unidos, **football** (*fut*-bol; fútbol americano) es en juego completamente diferente.

El **American football** se juega con una pelota color café, ovalada, que los jugadores llevan al otro lado de la **end zone** (end *so*-un; zona de gol) para hacer un **touchdown** (*toch*-daun; gol). Los jugadores usan **helmets** (*jel*-mets; cascos), petos, hombreras y rodilleras para evitar lesiones cuando son **tackled** (*tak*-eld; detenidos). En cambio en el fútbol, si agarras el balón o atajas a otro jugador, te dan una **foul** (*fa*-ul; falta). Y si se te ocurre agarrar el balón y llevártelo hasta el **goal** (*go*-al; arco o portería), serás el hazme reír del otro equipo.

## Hablando como se habla

Después de organizar un partido de fútbol con algunos amigos estadounidenses, un estudiante extranjero por equivocación trae un **soccer ball** (*so*-ker bol; balón de fútbol) para jugar **football** americano.

Estadounidenses:　**Are we going to play football?**
　　　　　　　　　ar ui *go*-ing tu plei *fut*-bol
　　　　　　　　　¿Vamos a jugar fútbol?

Estudiante:　　　**Yes! I brought the ball.**
　　　　　　　　　ies ai brot da bol
　　　　　　　　　Sí, yo traje el balón.

Estadounidenses:　**But that's a soccer ball.**
　　　　　　　　　bot dats ei *so*-ker bol
　　　　　　　　　Pero ése no es un balón de "fútbol".

Estudiante:　　　**Soccer, football — it's the same.**
　　　　　　　　　so-ker *fut*-bol its da seim
　　　　　　　　　Fútbol, fútbol americano — es lo mismo.

Estadounidenses: **Not in the United States — it's very different.**
not in da iu-*nai*-ted steits its *ve*-ri *dif*-er-ent
No en los Estados Unidos. Son muy diferentes.

Estudiante: **Oops! I guess we're going to play soccer then.**
*u*-ups ai gues *we*-ar *go*-ing tu plei *sok*-er den
¡Ni modo! Entonces vamos a jugar fútbol.

El **football** es una tradición estadounidense pero el **soccer** se ha hecho muy popular y muchos estadounidenses ven la Copa Mundial con (casi) tanto entusiasmo como el resto del mundo.

## Palabras para recordar

| | | |
|---|---|---|
| player | plei-*ller* | jugador |
| team | ti-*im* | equipo |
| spectator | spec-*tei*-tor | espectador |
| fan | fan | fanático o aficionado |
| stadium | stei-di-um | estadio |
| home run | jo-um ron | jonrón |
| goal | go-al | gol |
| touchdown | toch-daun | gol |

# La naturaleza

Los Estados Unidos es una nación con inmensos campos abiertos y con una espectacular **natural beauty** (*na*-chu-ral *biu*-ti; belleza natural). Si gozas de la naturaleza al aire libre, podrás encontrar paisajes impresionantes de costa a costa. Podrás ver majestuosas e imponentes **mountains** (*maun*-tens; montañas); verdes y abundantes **valleys** (*va*-li-is; valles); **lakes** (leiks; lagos) puros; **rivers** (*ri*-vers; ríos) y **waterfalls** (*ua*-ter-fols; cascadas); silenciosos **deserts** (*de*-serts; desiertos) barridos por el viento; y además, majestuosos y antiguos **forests** (*for*-ests; bosques). También podrás ver miles de millas del **coastline** (*co*-ust-lain; litoral), con escabrosas **seashores** (*si*-i-chors; costas) y resplandecientes **beaches** (*bi*-ich-es; playas) arenosas. Casi toda esta belleza natural es de fácil acceso al público.

## A gozar de los deportes invernales y veraniegos

Si a ti te gusta la nieve y el aire frío y seco, probablemente querrás dirigirte hacia las montañas y pasar el día haciendo algunas de estas actividades:

- **cross-country skiing** (cros *coun*-tri *ski*-ing; esquí a campo traviesa)
- **downhill skiing** (*daun*-jil *ski*-ing; esquí)
- **ice skating** (ais *skeit*-ing; patinaje sobre hielo)
- **snowboarding** (*snou*-bor-ding; esquiar con raqueta para nieve)

Cuando haga calor, puedes dirigirte a las playas, los ríos y los lagos. Si te sientes con ganas de flojear un poco, puedes darte un **sunbathe** (*son*-beiz; baño de sol) en la **sand** (sand; arena). O puedes meterte en el agua para disfrutar de algunas de estas actividades:

- **river rafting** (*ri*-ver *raf*-ting; cruce de ríos en balsa)
- **sailing** (*sei*-ling; navegar en un bote de vela)
- **snorkeling** (*snor*-kel-ing; bucear con tubo de respiración)
- **water skiing** (*ua*-ter *ski*-ing; esquí acuático)

# Hablando como se habla

Lori y Mark están planeando un viaje al Lago Tahoe para esquiar en la nieve. (Track 35)

| | |
|---|---|
| Lori: | **I'm excited about our trip next month.** <br> aim ek-*sai*-ted a-*baut* aur trip next monz <br> Estoy emocionada por nuestro viaje del próximo mes. |
| Mark: | **Me too! I can try out my new skis.** <br> mi *tu*-u ai can trai aut mai nu *ski*-is <br> ¡Yo también!  Voy a estrenar mis esquís nuevos. |
| Lori: | **And I can wear my new snow boots.** <br> and ai can uer mai nu snou *bu*-uts <br> Y yo puedo estrenar mis botas nuevas. |

Mark:   **We should stay in the lodge.**
ui chud stei in da loch
Deberíamos quedarnos en la posada.

Lori:   **I'd love to, but it's kind of expensive.**
aid lov tu bot its kaind of ek-*spen*-siv
Me encantaría, pero es algo caro.

Mark:   **Well, the price includes a ski-lift ticket.**
uel da prais *in*-cluds ei ski lift *ti*-ket
Mira, el precio incluye el pago del ascensor
de esquíes.

Lori:   **Good. And we don't need to rent ski equipment
this time.**
gud and ui don't *ni*-id tu rent ski i-*quip*-ment dis taim
¡Qué bién! Y no necesitamos rentar el equipo esta
vez.

Mark:   **Right . . . ! Hey, I heard they opened two new slopes.**
rait jei ai jerd dei *o*-pend tu nu sloups
¡Ya se hizo . . . ! Oye, oí que abrieron dos nuevas
pendientes.

Lori:   **I hope they're beginners' slopes!**
ai joup *dei*-ar bi-*guin*-ners sloups
¡Espero que sean para principiantes!

# De visita a un parque nacional o estatal

El **U. S. National Park Service** enlista más de 380 sitios, incluyendo **parks**
(parks; parques), **trails** (treils; senderos), **monuments** (*mon*-iu-ments;
monumentos), **rivers** (*ri*-vers; ríos) y otros tesoros de la naturaleza.
Hay miles de parques estatales y locales.

Algunos parques son únicamente para **day use** (dei ius; uso durante el día)
y tienes que salir antes del atardecer. Otros ofrecen áreas para acampar
y alojamiento **overnight** (*o*-ver-nait; para la noche). Pero durante la **summer
season** (*som*-mer *si*-i-son; temporada de verano), los parques se llenan
rápido, así que si los quieres visitar, haz una reservación con bastante tiempo
de anticipación. Durante **off-season** (*o*-of *si*-i-son; fuera de temporada),
muchos parques permanecen cerrados debido a la nieve.

## Palabras para recordar

| | | |
|---|---|---|
| outdoors | aut-dors | sitios al aire libre |
| park | park | parque |
| natural beauty | na-chu-ral biu-ti | belleza natural |
| nature | nei-chur | naturaleza |
| river | ri-ver | río |
| desert | de-sert | desierto |
| lake | leik | lago |
| mountain | maun-tein | montaña |

# Acampando

El **camping** (*cam*-ping; camping o acampar) y el **backpacking** (*bak*-pak-ing; excursión con mochila) son buenas maneras para **get away from it all** (get a-uey from it ol; olvidarse de todo). ¡Pero los mejores sitios para acampar pueden estar llenos de campistas ruidosos que se traen todo con ellos! ¡Algunas personas traen televisores, estéreos, cerveza y hasta los problemas familiares! Si de veras quieres adentrarte en las montañas, consulta al Servicio de los Parques Nacionales o a un guía de campamentos para localizar los lugares más calmados y menos visitados.

Dondequiera que decidas acampar, necesitarás llevar contigo algo de **camping gear** (*cam*-ping *gui*-ar; equipo de campamento o alpinismo) básico:

- ✔ **backpack** (*bak*-pak; mochila)
- ✔ **camp stove** (camp stouv; estufa de campamento)
- ✔ **firewood** (*fair*-u-ud; leña)
- ✔ **flashlight** (*flach*-lait; lámpara)
- ✔ **lantern** (*lan*-tern; linterna)
- ✔ **matches** (*mat*-ches; cerillos o fósforos)
- ✔ **sleeping bag** (*sli*-ip-ing bag; saco o bolsa para dormir)
- ✔ **tent** (tent; casa o tienda de campaña)

No te olvides del **bug repellant** (bog ri-*pel*-ent; repelente de insectos) ni del **sunscreen** (*son*-skri-in; protector solar), o regresarás de tus vacaciones picado y tostado ¡y entonces necesitarás otras vacaciones para recuperarte!

# *Hablando como se habla*

 Ron y Nancy llegan a un parque retirado esperando que haya una vacante. (Track 36)

| | |
|---|---|
| Guardabosques: | **Hello. Welcome to the park.**<br>*je*-lou *uel*-com tu da park<br>Hola. Bienvenidos al parque. |
| Ron: | **Do you have any campsites available?**<br>du iu jav e-ni *camp*-saits a-*veil*-a-bul<br>¿Tiene espacio libre? |
| Guardabosques: | **Yes. For how many nights?**<br>ies for jau *me*-ni naits<br>Sí. ¿Por cuántas noches? |
| Ron: | **Three, if possible.**<br>zri if *po*-si-bul<br>Tres, si es posible. |
| Guardabosques: | **Yes, we can do that. Please fill out this form.**<br>ies ui can du dat *pli*-is fil aut dis form<br>Sí, es posible. Por favor llene este formulario. |
| Nancy: | **And what's the fee?**<br>and uats da *fi*-i<br>¿Y cuánto es la tarifa? |
| Guardabosques: | **$45 total, $15 per night.**<br>*for*-ti faiv *to*-tal fif-*ti*-in per nait<br>$45 en total, $15 por cada noche. |
| Nancy: | **Here you go.**<br>*ji*-ar iu *go*-u<br>Aquí tiene. |
| Guardabosques: | **Your campsite is number 52. This map will show you how to find it.**<br>ior *camp*-sait is *nom*-ber *fif*-ti tu dis map uil *cho*-u iu jau tu faind it<br>Su sitio es el número 52. Este mapa les mostrará cómo encontrarlo. |

| | |
|---|---|
| Ron: | **Are there shower facilities near the site?**<br>ar der *chau*-er fa-*cil*-li-tis *ni*-ar da sait<br>¿Hay regaderas cerca del sitio de acampar? |
| Guardabosques | **Yes, about 200 yards away.**<br>ies a-*baut* tu *jon*-dred iards a-*uey*<br>Sí, a unas 200 yardas. |
| Nancy: | **Perfect.**<br>*per*-fect<br>Perfecto. |
| Guardabosques: | **Here's a list of park rules. Please read them carefully.**<br>*ji*-ars ei list of park *ru*-als *pli*-is *ri*-id dem *ker*-ful-li<br>Ésta es una lista de las reglas del parque. Por favor léanla. |

## *Sigue el camino*

Los Estados Unidos tiene miles de millas de **hiking trails** (*jaik*-ing treils; senderos de caminata) abiertos al público durante todo el año. El **Appalachian Trail** (ap-el-*ei*-chion treil), en el este de los Estados Unidos, y el **Pacific Crest Trail** (pa-*ci*-fic crest treil), que va desde México hasta el estado de Washington, son dos de los senderos más largos — ¡más de 2.000 millas cada uno! Algunas personas logran caminar la ruta entera de estos senderos largos, ¡pero no todo en una sola vacación, claro!

Antes de comenzar tu **trek** (trek; recorrido), consigue algo de información acerca de la topografía, la **altitude** (*al*-ti-tud; altitud) y la dificultad del sendero. Las siguientes preguntas pueden ayudarte a decidir si es un buen día para una caminata:

- ✔ **Where can I get a topographical map?** (juer can ai get ei to-po-*gra*-fi-cal map; ¿Dónde puedo conseguir un mapa topográfico?)

- ✔ **How difficult is this trail?** (jau *di*-fi-cult is dis treil; ¿Qué tan difícil es este sendero?)

- ✔ **How long does it take to hike the trail?** (jau long dos it teik tu jaik da treil; ¿En cuánto tiempo atraviesa uno este sendero?)

- ✔ **Are there any dangerous animals on the trail?** (ar der e-ni *dan*-ller-os a-ni-mals on da treil; ¿Hay animales peligrosos en el sendero?)

Ahora ya estás listo para ponerte tus **hiking boots** (*jaik*-ing *bu*-uts; botas de excursionismo) y tu mochila, llenar tu **water bottle** (*ua*-ter *bo*-tel; cantimplora), sacar tu **compass** (*com*-pas; brújula) y emprender tu camino.

## *Apreciando la naturaleza*

El estar en los **great outdoors** te pone en contacto íntimo con una abundante **wildlife** (*uaild*-laif; fauna), aunque no querrás ponerte tan *íntimo* con todo. A continuación los nombres de algunos animales que puedes encontrar **in the wild** (in da uaild; en el yermo o zona silvestre o salvaje), el cual es *su* vecindario:

- **bear** (ber; oso)
- **beaver** (*bi*-i-ver; castor)
- **coyote** (kai-*yo*-ti; coyote)
- **deer** (*di*-ir; venado)
- **fox** (foks; zorro)
- **frog** (frog; rana)
- **moose** (*mu*-us; alce)
- **mosquito** (mo-*ski*-to; zancudo o mosquito)
- **mountain lion** (*maun*-tein *lai*-on; gato montés)
- **raccoon** (ra-*cu*-un; mapache)
- **snake** (sneik; serpiente o víbora)
- **squirrel** (sku-*irl*; ardilla)
- **wolf** (*o*-olf; lobo)

"Correr como loca" sería mi impulso si me encontrara con un animal peligroso en el yermo, ¡pero es justamente lo peor que puedes hacer! Para tener una visita sin peligros en cualquier zona salvaje, consulta a un **park ranger** (park *rein*-ller; guardabosques) o una guía para informarte de cómo resolver encuentros con animales posiblemente peligrosos.

Cuando estés acampando, nunca guardes la comida en tu casa de campaña, ¡posiblemente tendrás visitas indeseables buscando su cena!

La **plant life** (plant laif; flora) en los parques nacionales y a través de los Estados Unidos es muy abundante y variada. Como por ejemplo: el **cactus** (*cac*-tos; cacto) del desierto, los altos **grasses** (*gras*-ses; zacates), las **redwood trees** (*red*-u-ud *tri*-is; secoyas), las **rainforests** (*rein*-for-ests; selvas tropicales) y las **seaweed** (*si*-i-uid; algas). En el **woods** (*u*-uds; bosque), podrás ver frondosos **ferns** (ferns; helechos) y **meadows** (*me*-dous; praderas) llenas de **wildflowers** (uaild fla-guers; flores silvestres), pero cuidado con **poison oak** (*poi*-son ouk; zumaque venenoso) y el **poison ivy** (*poi*-son *ai*-vi; zumaque venenoso). ¡El tocar alguna de esas dos plantas puede causarte una irritación cutánea dolorosa y con mucha comezón!

### Recoge tu basura

Indiscutiblemente debes de **pack your trash** (pak ior trach; recoger tu basura) antes de salir del parque natural. Y recuerda que el personal del parque prohibe que la gente se lleve cualquier **plant** o **wildlife** "de recuerdo".

## ¿Alguna vez has. . . ? — El uso del presente perfecto

Se puede uno enterar de cosas muy interesantes con tan sólo escuchar las experiencias de la gente, ¡y tú puedes mejorar tu inglés hablando de las tuyas! Para hablar en general acerca de algo que ha pasado en tu vida (sin dar una fecha específica), usa el **present perfect tense** (pre-sent *per*-fect tens; tiempo presente perfecto). Puedes comenzar una conversación preguntándole a alguien **Have you ever. . . ?** (jav iu *e*-ver; ¿Alguna vez has. . . ?)

Éstos son algunos ejemplos:

✔ **Have you ever** *been* **to Yellowstone?** (jav iu *e*-ver ben tu *iel*-ou-stoun; ¿Has estado alguna vez en el parque Yellowstone?)

✔ **Have you ever** *seen* **a whale?** (jav iu *e*-ver *si*-in ei jueil; ¿Has visto alguna vez una ballena?)

✔ **Have you ever** *climbed* **a mountain?** (jav iu *e*-ver claimd ei *maun*-tein; ¿Has escalado alguna vez una montaña?)

Para responder a preguntas **have you ever. . .** , simplemente di lo siguiente:

✔ **Yes, I have.** (ies si jav; Sí, ya he estado; o, sí, ya lo he hecho.)

✔ **No, I haven't.** (*no*-u ai *jav*-ent; No, no he estado; o, no, no lo he hecho.)

✔ **No, I've never done that.** (*no*-u aiv *ne*-ver don dat; No, nunca he hecho eso.)

Tal vez te preguntes por qué a este tiempo se le llama *present* **perfect,** cuando en realidad, se refiere al pasado. Se le llama **present perfect** porque para hablar en este tiempo, se usa el *present* de **to have** y el **past participle** del verbo principal.

Observa en la lista anterior de las preguntas **have you ever**, que los verbos escritos con letras cursivas están en la forma del pasado participio. (Puedes ver en la tabla de los verbos en pasado del Apéndice A, la forma del pasado participio de los verbos irregulares. El pasado participio de todos los verbos *regulares* tiene la terminación **-ed.**)

Aquí tienes la "fórmula" del **present perfect: have** o **has** + **verb** (forma del pasado participio). Observa los siguientes ejemplos:

- *Have* you ever *been* to a national park? (jav iu *e*-ver ben tu ei *na*-chion-al park; ¿Has estado alguna vez en un parque nacional?)

- **Yes, I** *have visited* **Yosemite three times.** (ies ai jav *vi*-si-ted yo-*se*-mi-ti zri taims; Sí, he visitado el parque Yosemite tres veces.)

Para parecerte a un angloamericano, trata de usar contracciones con el presente perfecto: **I've, you've, she's, he's, it's, we've** y **they've.** Estas contracciones aparecen explicadas en los Capítulos 2 y 3.

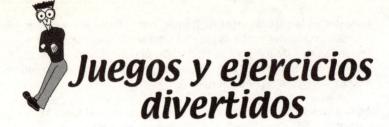

# Juegos y ejercicios divertidos

En este juego de gramática, pon a prueba tu conocimiento para ver si calificas para lasi "Olimpíadas del lenguaje"! Selecciona la palabra que completa la oración correctamente y revisa tus respuestas en el Apéndice C.

1. I enjoy _____ tennis. (to play, playing)

2. I like _____. (to surf, have surfed)

3. Have you ever _____ Mauna Loa volcano? (seeing, seen)

4. I've _____ a baseball fan for many years. (being, been)

5. He _____ never played in a golf tournament. (has, have)

6. She _____ basketball every Saturday. (to play, plays)

7. We _____ reading. (play, enjoy)

8. Do you _____ every morning? (jog, jogging)

# Capítulo 16

# ¡Auxilio! — Cómo tratar las emergencias

· · · · · · · · · · · · · · · · · · · · · · · · · · · · · · · · · · · · · · · · · · · ·

*En este capítulo*

▶ Cómo obtener ayuda de inmediato

▶ Cómo lidiar con emergencias y el peligro

▶ Cómo describir problemas de salud

· · · · · · · · · · · · · · · · · · · · · · · · · · · · · · · · · · · · · · · · · · · ·

**S**i eres como yo, probablemente estés tentado a brincarte este capítulo porque lo más seguro es que no quieras pensar en las posibilidades de tener problemas o emergencias durante el viaje. Pero cuando estás viajando o viviendo en el extranjero, es "mejor estar seguro que estar arrepentido". En otras palabras, querrás estar preparado para una emergencia u otras molestias, especialmente cuando te encuentras en un área donde la gente no habla tu propia lengua. Este capítulo te ofrece algunas frases y términos claves para que sepas lidiar con algunas situaciones repentinas e imprevistas, tales como desastres naturales, accidentes y emergencias legales o de salud. Así que adelante, échale un vistazo a este capítulo y recibirás información vital que te traerá paz a tu mente.

## En caso de emergencia

Lo más seguro es que no te sean desconocidas las pequeñas **emergencies** (i-*mer*-llen-sis; emergencias) de la vida, como las llantas ponchadas, tus niños con las rodillas raspadas y la pérdida de las llaves de tu casa o del auto. Pero las emergencias grandes, las situaciones **life-threatening** (laif *zret*-en-ing; de vida o muerte) y los **natural disasters** (*na*-chu-ral dis-*as*-ters; desastres naturales) son, afortunadamente, menos comunes, así que tal vez te sientas menos preparado para lidiar con situaciones como:

- ✔ **accident** (*ak*-si-dent; accidente)
- ✔ **earthquake** (*erz*-kueik; temblor o terremoto)
- ✔ **fire** (*fai*-ar; incendio)
- ✔ **flood** (flod; inundación)
- ✔ **hurricane** (*jur*-i-kein; huracán)
- ✔ **robbery** (*ro*-ber-i; robo)
- ✔ **tornado** (tor-*nei*-dou; tornado)

## Cómo pedir auxilio y cómo advertir a otros

Cuando necesitas ayuda de inmediato, normalmente no tienes tiempo para sacar tu diccionario y tienes que "sacar" de tu memoria las palabras adecuadas. Así que memoriza las siguientes palabras y frases de emergencia y ¡mantenlas a "la mano" en tu mente!

- ✔ **Help!** (jelp; ¡Socorro!)
- ✔ **Help me!** (jelp mi; ¡Ayúdenme!)
- ✔ **Fire!** (*fai*-ar; ¡Incendio!)
- ✔ **Call the police!** (col da po-*lis*; ¡Llamen a la policía!)
- ✔ **Get an ambulance!** (guet an *am*-biu-lans; ¡Consigan una ambulancia!)

Si tienes que **warn** (uarn; advertir) a otros de un **danger** (*dein*-ller; peligro) inminente, no puedes dejar que se te trabe la lengua. Necesitas saber algunas frases cortas que te puedan ayudar a "tocar la alarma". Las siguientes expresiones pueden comunicar claramente tu mensaje:

- ✔ **Look out!** (lul aut; ¡Fíjate! o ¡Mira!)
- ✔ **Watch out!** (uatch aut; ¡Ten cuidado!)
- ✔ **Get back!** (guet bak; ¡Regresa!)
- ✔ **Run!** (ron; ¡Corre!)

Cuando no tienes tiempo que perder y la rapidez es esencial, puedes agregar una de las siguientes palabras enfáticas para apurar a la gente:

- ✔ **Quick!** (kuik; ¡Rápido!)
- ✔ **Hurry!** (*ju*-ri; ¡Apúrense!)
- ✔ **Faster!** (*fas*-ter; ¡Más rápido!)

## *Hablando como se habla*

Un hombre se ha caído en la banqueta. La gente se junta alrededor de él para ver lo que ha pasado. Todd intenta ayudarle.

La gente: **A man has fallen! Help!**
ei man jas *fol*-len jelp
¡Un hombre se ha caído! ¡Socorro!

Todd: **Sir, can you hear me?**
ser can iu *ji*-ar mi
Señor, ¿me puede oír?

La gente: **Did he faint?**
did ji faint
¿Se desmayó?

Todd: **He's unconscious. Someone call an ambulance. Quick!**
*ji*-is on-*con*-chios *som*-uon col an *am*-biu-lans kuik
Está inconsciente. ¡Llamen una ambulancia! ¡Rápido!

La gente: **What's wrong?! Is it a heart attack?**
juats rong is it ei jart a-*tak*
¿Qué le pasa? ¿Es un infarto?

Todd: **I don't know. I'm checking his pulse and breathing.**
ai *do*-unt *no*-u aim *chek*-ing jis puls and *bri*-zing
No sé. Estoy revisando su pulso y su respiración.

La gente: **Does he need CPR?**
dos ji *ni*-id *ci*-pi-ar
¿Necesita resucitación cardiopulmonar?

Todd: **He's breathing okay, but his pulse is a little weak.**
*ji*-is *bri*-zing o-*kei* bot his puls is a *lit*-tel *ui*-ik
Su respiración es normal, pero su pulso está un poco débil.

La gente: **Here comes the ambulance!**
*ji*-ar coms da *am*-biu-lans
¡Ahí viene la ambulancia!

## Palabras para recordar

| | | |
|---|---|---|
| emergency | i-mer-llen-ci | emergencia |
| to warn | tu uarn | advertir |
| to help | tu jelp | ayudar |
| to faint | tu feint | desmayarse |
| danger | dein-ller | peligro |
| injury | in-llur-i | herida o lesión |

## El 911

En los Estados Unidos, el número para llamar y pedir ayuda es el 911 (nain uon uon; nueve uno uno). Este número te conecta a un **dispatcher** (*dis*-patch-er; operador o trabajador) que toma tu información y la manda a la **police**, al **fire department** y/o a la **ambulance.** Si llamas al **911,** el operador te preguntará el lugar de la emergencia, el número de teléfono del cual estás hablando y si hay heridos o lesionados. Si eres testigo de un crimen, el operador te pedirá una descripción del **suspect** (*sos*-pect; sospechoso). (Ve a la sección "En caso de un crimen", más adelante en este capítulo, para más detalles de cómo reportar un crimen.)

Llama al **911** aunque no sepas inglés; el Centro del **911** tiene intérpretes en muchos idiomas.

## *Hablando como se habla*

En camino a su trabajo, Sánchez es testigo de un accidente auto-movilístico. Se estaciona fuera del camino y marca el **911** para pedir ayuda. (Track 37)

Operador:     **911 Center. What are you reporting?**
nain uon uon *cen*-ter juat ar iu ri-*port*-ing
El Centro 911. ¿Qué está reportando?

Sánchez: **There's an accident on northbound Route 17.**
ders an *ac*-si-dent on norz-baund raut se-ven-*ti*-in
Hay un accidente en la Ruta 17 hacia el norte.

Operador: **Where on Route 17?**
juer on raut se-ven-*ti*-in
¿A qué altura de la Ruta 17?

Sánchez: **Just after the Eastlake turnoff.**
llost *af*-ter da *i*-ist-leik turn-o-of
Justo después de la salida para Eastlake.

Operador: **And where are you calling from?**
and juer ar iu *col*-ling from
¿Y de dónde está llamando?

Sánchez: **My cell phone.**
mai cel foun
De mi celular.

Operador: **Can you tell if there are injuries?**
can iu tel if der ar *in*-llur-is
¿Puede ver si hay lesionados o heridos?

Sánchez: **I think two or three people are hurt.**
ai zink tu or zri *pi*-pol ar jurt
Creo que hay dos o tres personas heridas.

Operador: **Are any police or highway patrol there yet?**
ar e-ni po-*lis* or *jai*-uey pa-*trol* der llet
¿Ya está ahí la policía o la patrulla de caminos?

Sánchez: **No. The accident just happened.**
*no*-u da *ac*-si-dent llost *ja*-pend
No. Acaba de suceder el accidente.

Operador: **Okay. We're sending help now.**
o-kei *ui*-ir *sen*-ding jelp nau
Está bien. Mandaremos ayuda ahora mismo.

## Palabras para recordar

| to report | tu ri-port | reportar |
| 911 | nain-uon-uon | 911 (número para emergencias) |
| Help! | jelp | ¡Socorro! o ¡Auxilio! |
| police | po-lis | policía |
| fire department | fair di-part-ment | departamento de bomberos |
| ambulance | am-biu-lens | ambulancia |

# Una cita con el doctor

El estar **sick** (sik; enfermo) o **injured** (*in*-llurd; lesionado) en tu propio pueblo o ciudad es desagradable, pero cuando estás viajando, ¡la experiencia es de plano horrible! El buscar ayuda médica y **treatment** (*tri*-it-ment; atención o tratamiento médico) en un país ajeno puede ser confuso e intimidante. Si tu **condition** (con-*di*-chion; estado) no es grave, tienes el tiempo para que un amigo o una colega, o hasta el dependiente del hotel, te recomiende un doctor. Usa una de las siguientes frases:

- ✔ **Do you know a good doctor?** (du iu *no*-u ei gud *doc*-tor; ¿Conoces a un buen doctor?)
- ✔ **Can you recommend a doctor?** (can iu re-com-*mend* ei *doc*-tor; ¿Me puedes recomendar un doctor?)

Espero que nunca necesites atención médica de emergencia pero si la necesitas, estas frases te pueden ayudar:

- ✔ **I feel sick.** (ai *fi*-al sik; Me siento mal.)
- ✔ **I'm injured.** (aim *in*-llurd; Estoy herido o lesionado.)
- ✔ **I need a doctor.** (ai *ni*-id ei *doc*-tor; Necesito un doctor.)
- ✔ **Please call a doctor.** (*pli*-is col ei *doc*-tor; Por favor llama a un doctor.)

Tal vez *tú* te sientas bien, pero alguien más está enfermo o herido. He aquí cómo preguntarle a alguien qué es lo que le pasa:

✔ **What's wrong?** (juats rong; ¿Qué tienes?)

✔ **What's the matter?** (juats da *ma*-ter; ¿Qué te pasa?)

✔ **What happened?** (juat *ja*-pend; ¿Qué pasó?)

Tienes varias opciones para obtener atención médica. La mayoría de las comunidades tienen **walk-in clinics** (uak in *cli*-niks; clínicas donde no se requiere hacer cita) o **24-hour medical clinics** (tuen-ti fo-ur aur me-di-cal cli-nics; clínicas de servicio las 24 horas). Las clínicas cuentan con **physicians** (fi-*si*-chions; médicos) de calidad y con experiencia, y lo mejor de todo es que no necesitas hacer una **appointment** (a-*point*-ment; cita).

Los **hospitals** (*jos*-pi-tals; hospitales) a menudo tienen el servicio sin cita también, pero para situaciones de vida o muerte, dirígete directamente al **emergency room** (i-*mer*-llen-ci *ru*-um; sala de emergencias).

## Palabras para recordar

| doctor | doc-tor | doctor |
|--------|---------|--------|
| physician | fi-si-chion | médico |
| clinic | cli-nic | clínica |
| hospital | jos-pi-tal | hospital |
| injury | in-llu-ri | herida o lesión |
| sick | sik | enfermo |

## *Cómo explicar dónde te duele*

En ocasiones mis estudiantes dicen la palabra **uncle** (*on*-kel; tío) cuando en realidad quieren decir **ankle** (*ank*-el; tobillo). Si tu **uncle** se ha lastimado, él debería ir al doctor y no tú. Pero si te tuerces el pie, entonces es tu **ankle** (*ank*-el; tobillo) el que se ha lastimado. No digas **uncle** o el doctor querrá ver a tu **uncle**, ¡cuando eres tú el que tiene el dolor!

Así que cuando el doctor te pregunte **Where does it hurt?** (juer dos it jert; ¿Dónde te duele?) o **Where is the pain?** (juer is da pein; ¿Dónde tienes el dolor?), debes saber el nombre de la parte de tu cuerpo que está afectada y saber cómo pronunciarlo. Lee la siguiente lista:

- ✔ **Head and face** (jed and feis; cabeza y cara)
  - **cheeks** (*chi*-iks; cachetes o mejillas)
  - **chin** (chin; mentón o barbilla)
  - **ear** (*i*-ar; oreja)
  - **eye** (ai; ojo)
  - **forehead** (*for*-jed; frente)
  - **lips** (lips; labios)
  - **mouth** (mauz; boca)
  - **nose** (*no*-us; nariz)
  - **neck** (nek; cuello)
- ✔ **Torso** (*tor*-so; torso o tronco)
  - **back** (bak; espalda)
  - **chest** (chest; pecho)
  - **hip** (jip; cadera)
  - **shoulders** (*chol*-ders; hombros)
  - **stomach** (*stou*-mak; estómago)
- ✔ **Limbs** (lims; extremidades)
  - **arms** (arms; brazos)
  - **elbow** (*el*-bou; codo)
  - **hand** (jand; mano)
  - **finger** (*fin*-guer; dedo)
  - **knee** (*ni*-i; rodilla)
  - **leg** (lek; pierna)
  - **thigh** (zai; muslo)
  - **foot** (fut; pie)
  - **toe** (tou; dedo del pie)

Dicen que "la belleza es de la piel hacia fuera", pero debajo de la piel está la belleza de las partes internas de nuestro cuerpo: la sangre, los huesos y **organs** (*or*-gans; órganos).

- ✔ **Insides** (in-saids; entrañas)
  - **artery** (*ar*-ter-i; arteria)
  - **blood** (blod; sangre)
  - **bone** (boun; hueso)

- **heart** (jart; corazón)
- **intestine** (in-*tes*-tin; intestino)
- **kidney** (*kid*-ni; riñón)
- **liver** (*li*-ver; hígado)
- **lung** (long; pulmón)
- **muscle** (*mo*-sel; músculo)
- **vein** (vein; vena)

# *Hablando como se habla*

 Rebecca va al doctor porque se acaba de lesionar en su trabajo. La enfermera revisa sus signos vitales y hace apuntes en el expediente de Rebecca. (Track 38)

Enfermera:  **Let me take your temperature. Put this thermometer in your mouth.**
let mi teik ior *tem*-pe-chur put dis zer-*mo*-me-ter in ior mauz
Permíteme tomarte la temperatura. Ponte este termómetro en la boca.

Enfermera:  **Now let me take your pulse. Okay, now let's listen to your heart.**
nau let mi teik ior puls *o*-kei nau lets *lis*-en tu ior jart
Ahora voy a tomarte el pulso. Bien, ahora vamos a escuchar tu corazón.

Enfermera:  **You have normal temperature and good heart rate. Tell me what hurts.**
iu jav *nor*-mal *tem*-pe-chur and gud jart reit tel mi juat jurts
Tienes temperatura normal y buen ritmo cardiaco. Dime qué te duele.

Rebecca:  **My neck hurts on the right side. And my right arm.**
mai nek jurts on da rait said and mai rait arm
Tengo dolor en el lado derecho del cuello y también en mi brazo derecho.

Enfermera:  **Can you raise your right arm?**
can iu reis ior rait arm
¿Puedes levantar tu brazo derecho?

| Rebecca: | **Yes, but my shoulder hurts when I do.** |
| | ies bot mai *choul*-der jurts juen ai du |
| | Sí, pero me duele el hombro al hacerlo. |

| Enfermera: | **Any back pain?** |
| | e-ni bak pein |
| | ¿Y la espalda no te duele? |

| Rebecca: | **No, just my neck, upper arm, and shoulder.** |
| | no llost mai nek *o*-per arm and *choul*-der |
| | No, sólo el cuello, la parte superior del brazo y el hombro. |

| Enfermera: | **Okay, the doctor will be in shortly to examine you.** |
| | *o*-kei da *doc*-tor uil bi in *chort*-li tu eks-*a*-min iu |
| | Bien, el doctor estará contigo pronto para examinarte. |

CULTURAL WISDOM

El inglés tiene una abundancia de modismos relacionados con las "diferentes partes del cuerpo"; esto es, modismos que incluyen el nombre de una parte del cuerpo. Por ejemplo: **to *foot* the bill** (tu fut da bil; poner el pie en la cuenta) significa ser la persona que paga la cuenta por alguien más; y **to have a *heart*** (tu jav ei jart; tener un corazón) se usa para sugerir que alguien sea más compasivo. Otro modismo chistoso, y que ciertamente podría referirse al costo alto de la atención médica, es **to cost an *arm* and a *leg*** (tu cost an arm and ei leg; ¡costarte un brazo y una pierna!).

## Palabras para recordar

| body | bo-di | cuerpo |
| temperature | tem-pe-chur | temperatura |
| thermometer | zer-mo-me-ter | termómetro |
| heart | jart | corazón |
| pain | pein | dolor |
| to hurt | tu jurt | doler |

## Los dolores: Cómo describir los síntomas

Tu habilidad para describir tus **symptoms** (*sim*-toms; síntomas) puede ayudar a tu doctor a llegar al **diagnosis** (dai-ak-*nou*-sis; diagnóstico) y **treatment** (trit-ment; tratamiento) correcto más rápidamente.

Estas palabras "dolorosas" pueden ayudarte a decirle al doctor qué es lo que tienes:

- **broken bone** (*brou*-ken boun; hueso fracturado)
- **burn** (burn; quemadura)
- **cramp** (cramp; calambre o contracción muscular involuntaria)
- **cut** (cot; cortada)
- **diarrhea** (dai-a-*ri*-a; diarrea)
- **dizzy** (*di*-si; mareado)
- **fever** (*fi*-ver; temperatura)
- **food poisoning** (fud *poi*-son-ing; envenenamiento causado por alimento)
- **nauseous** (*no*-chios; náusea)
- **scratch** (scratch; arañazo o raspón)
- **sore throat** (*so*-ar zroat; dolor de garganta)
- **sprain** (sprein; torcedura o desgarre)

Pocos doctores pueden **heal** (*ji*-al; sanar) un **broken heart** (*bro*-ken jart; corazón herido) si tu síntoma es de **heartache** (*jart*-eik; tristeza), pero tu doctor tal vez pueda **cure** (kiur; curar) otros dolores comunes. Por ejemplo:

- **earache** (*i*-ar-eik; dolor de oído)
- **headache** (*jed*-eik; dolor de cabeza)
- **stomachache** (*sto*-mek-eik; dolor de estómago)

Pronuncia la **ch** (*ci*-eich) en **ache** como la **k** (ka) y pronuncia la **a** (ei) con el sonido de **long a**. En el Capítulo 1 encuentras más detalles de las vocales y su pronunciación.

## *Hablando como se habla*

 Liz se siente muy mal, ha estado enferma por una semana y no siente ninguna mejoría. Va a una clínica de atención médica, sin cita, para ver a un doctor. (Track 39)

| | |
|---|---|
| Doctor: | **Tell me how you're feeling.** |
| | tel mi jau *iu*-ar *fi*-il-ing |
| | Dime cómo te sientes. |
| | |
| Liz: | **Terrible! I have a bad headache, and I'm hot and nauseous.** |
| | *te*-ri-bul ai jav ei bad *jed*-eik and aim jot and *no*-chios |
| | ¡Horrible! Tengo un dolor de cabeza muy fuerte y tengo temperatura y náuseas. |
| | |
| Doctor: | **The nurse reports that you have a fever of 102.** |
| | da nurs ri-*ports* dat iu jav ei *fi*-ver of uon *hon*-dred tu |
| | La enfermera reporta que tu temperatura es de 102. |
| | |
| Liz: | **I've felt this way for a week.** |
| | aiv felt dis uey for ei *ui*-ik |
| | Me he sentido así desde hace una semana. |
| | |
| Doctor: | **Any other symptoms?** |
| | e-ni o-der *sim*-toms |
| | ¿Tienes algún otro síntoma? |
| | |
| Liz: | **Yes, my body aches, and I'm a little dizzy.** |
| | ies mai *bo*-di eiks and aim ei *li*-tel *di*-si |
| | Sí, me duele todo el cuerpo y me siento un poco mareada. |
| | |
| Doctor: | **Sounds like you may have the flu. Any coughing?** |
| | saunds laik iu mei jav da flu e-ni *co*-fing |
| | Parece que tienes gripe. ¿Tienes tos? |
| | |
| Liz: | **No. No coughing.** |
| | nou nou *co*-fing |
| | No, nada de tos. |
| | |
| Doctor: | **Okay, first we need to get your fever down.** |
| | *o*-kei furst ui *ni*-id tu guet ior *fi*-ver daun |
| | Bueno, lo primero que hay que hacer es bajar tu temperatura. |

## Asuntos del seguro

En los Estados Unidos no hay un sistema de medicina social, así que si no tienes **insurance** (in-*chur*-ens; seguro), pagas **out of pocket** (aut of *po*-ket; de tu bolsillo) y, por supuesto, ¡"en exceso"! Aún con un seguro, tal vez tengas que pagar de contado y mandar luego un **claim** (cleim; reclamo o petición) a tu seguro para que te hagan un reembolso. No importa a dónde vayas por atención médica, siempre te harán las siguientes preguntas:

✔ **Do you have insurance?** (du iu jav in-*chur*-ens; ¿Tienes seguro médico?)

✔ **Who's your insurance company?** (jus ior in-*chur*-ens *com*-pa-ni; ¿Cuál es tu compañía de seguro?)

✔ **How do you plan to pay?** (jau du iu plan tu pei; ¿Cuál es tu método de pago?)

Si no tienes seguro médico, puedes decir **I'll pay for it myself** (ail pei for it mai-*self*; Pagaré por mi cuenta).

# ¿Cómo están tus reflejos? — El uso de los pronombres reflexivos

A menudo se usan los **reflexive pronouns** (ri-*flek*-siv *pro*-nauns; pronombres reflexivos) para describir las heridas ocasionadas por accidentes por descuido de uno mismo, tales como tocar una plancha caliente o cortarse un dedo. Fíjate cómo el pronombre reflexivo va después del verbo principal en las siguientes oraciones:

✔ **I hurt** *myself.* (ai jurt mai-*self*; Me lastimé.)

✔ **She cut** *herself.* (chi cot jer-*self*; Ella se cortó.)

A continuación tienes la lista de los pronombres reflexivos:

✔ **myself** (mai-*self*; mí mismo)

✔ **himself** (jim-*self*; él mismo)

✔ **herself** (jer-*self*; ella misma)

✔ **itself** (it-*self*; sí mismo)

✔ **ourselves** (aur-*selvs*; nosotros mismos)

✔ **themselves** (dem-*selvs*; ellos mismos)

✔ **oneself** (uon-*self*; uno mismo)

# *Hablando como se habla*

A.J. se cortó con un cuchillo mientras ayudaba a su papá a preparar una ensalada. La cortada es profunda, así que van a la clínica.

Doctor: **You have a deep cut. Tell me what happened.**
iu jav ei *di*-ip cot tel mi juat *jap*-pend
Tienes una cortada profunda. Dime que pasó.

A.J.: **I was helping my dad make a salad. I cut myself.**
ai uas *jelp*-ing mai dad meik ei *sa*-lad ai cot mai-*self*
Estaba ayudando a mi papá a preparar una ensalada y me corté.

Doctor: **Well, I think it needs a few stitches.**
uel ai zink it *ni*-ids ei fiu *stit*-ches
Bueno, creo que algunas puntadas son necesarias.

A.J.: **Stitches! That will hurt! Can it heal itself?**
*stit*-ches dat uil jurt can it *ji*-al it-*self*
¡Puntadas! ¡Me va a doler! ¿No se puede cicatrizar por sí misma?

Doctor: **It's too deep. And I'm afraid you'll need a tetanus shot.**
its *tu*-u *di*-ip and aim a-*freid* iul *ni*-id ei *te*-ta-nos chot
Es demasiado profunda. Y lo siento, pero necesitarás vacunarte contra el tétanos.

A.J.: **A shot? I hate shots!**
ei chot ai jeit chots?
¡Una inyección! ¡Odio las inyecciones!

Doctor: **We'll be quick, and then you can go home to your dinner.**
uil bi kuik and den iu can *go*-u *jo*-um tu ior *din*-ner
Lo haremos rápido y luego puedes regresar a casa para cenar.

A.J.: **Good. Next time, I'll let Dad make the salad himself!**
Gud nekst taim ail let dad meik da *sa*-lad jim-*self*
Bueno. ¡La próxima vez voy a dejar que papá haga la ensalada él mismo!

## Palabras para recordar

| insurance | in-chur-ens | seguro o compañía de seguros |
| --- | --- | --- |
| symptoms | sim-toms | síntomas |
| to heal | tu ji-al | sanar |
| to cure | tu kiur | curar |
| nauseous | no-chios | náusea |
| dizzy | di-si | mareado |
| fever | fi-ver | calentura |
| headache | jed-eik | dolor de cabeza |

# Abre la boca: Una visita al dentista

El visitar al **dentist** (*den*-tist; dentista) probablemente no es una de tus prioridades en tu lista de cosas para hacer mientras viajas — sin ofender a mi fantástico dentista. Pero si tienes que ver a un dentista en los Estados Unidos, encontrarás personal profesional y oficinas con todo lo último en tecnología dental. ¡Tal vez encontrarás que las tarifas están muy actualizadas también! Tanto la atención dental como la atención médica, no son baratas.

La mejor manera de encontrar un buen dentista o **hygienist** (*jai*-llin-ist; asistente de dentista) es por medio de **word of mouth** (uerd of mauz; la boca de otra gente) — disculpa el juego de palabras. Pregunta y encontrarás a alguien quien puede recomendarte un buen dentista. Usa las siguientes frases para decirle al dentista a qué se debe tu visita:

- ✔ **My teeth need cleaning.** (mai tiz *ni*-id *cli*-in-ing; Necesito una limpieza dental.)
- ✔ **I have a toothache.** (ai jav ei tu-uz-eik; Me duele un diente o muela.)
- ✔ **I have a cavity.** (ai jav ei *ca*-vi-ti; Tengo caries.)
- ✔ **I broke a tooth.** (ai *bro*-uk ei *tu*-uz; Se me quebró un diente.)

✔ **I lost a filling.** (ai lost ei *fil*-ling; Se me cayó un empaste.)

✔ **My crown came off.** (mai craun keim *o*-of; Se me salió mi corona.)

✔ **My dentures hurt my mouth.** (mai *den*-churs jurt mai mauz; Mi dentadura postiza me lastima la boca.)

El dentista puede sugerir algunos de los siguientes tratamientos:

✔ **I'll have to pull this tooth.** (ail jav tu *pu*-ul dist *tu*-uz; Tendré que extraer este diente.)

✔ **I can make you a bridge.** (ai can meik iu ei brich; Puedo hacerte un puente.)

✔ **I can replace your filling.** (ai can ri-*pleis* ior *fil*-ling; Puedo reponerte tu empaste.)

✔ **I can re-cement your crown.** (ai can ri-ci-*ment* ior craun; Puedo pegar nuevamente tu corona.)

✔ **I can adjust your dentures.** (ai can a-*llost* ior *den*-churs; Puedo ajustar tu dentadura postiza.)

# Cómo adquirir ayuda legal

El **legal system** (*li*-gal *si*-stem; sistema jurídico) estadounidense, con su intrincado cuerpo de leyes, cortes, jueces y abogados, puede parecer intimidante. Pero es útil para ti saber que si alguien viola tus **rights** (raits; derechos) en este país, puedes buscar justicia en una corte. Por otro lado, si tú quebrantas la ley tal vez te enfrentarás a una acusación. Claro, no puedes conocer todas las leyes, pero dedica tiempo para aprender las leyes relacionadas a tu visa, a las drogas y el alcohol y las relacionadas con el tránsito, si es que estás planificando manejar durante tu viaje.

De acuerdo a las leyes estadounidenses, una persona acusada de un crimen, es — técnicamente — considerada "**innocent** (*in*-no-cent; inocente) hasta que se compruebe que es **guilty**" (*guil*-ti; culpable). El gobierno tiene que probar la culpabilidad de la persona "sin dejar lugar a dudas". Por otro lado, tal vez escuches la frase "el desconocimiento de la ley no es excusa". En otras palabras, si un policía de caminos te para por **breaking the law** (*break*-ing da lau; quebrantar la ley), no podrás evitar una sanción diciendo **I'm a foreigner; I didn't know the law** (aim ei *for*-en-er ai *did*-ent *no*-u da lau; Soy extranjero; no conozco la ley) — ¡Aunque esa frase le ha funcionado a algunos de mis estudiantes!

CULTURAL WISDOM

Tal vez te interese saber que en los casos criminales, si la persona acusada de un crimen no puede pagar por un abogado, la corte puede asignarle un abogado para ayudarlo en su defensa.

Si necesitas **legal advice** (*li*-gal ad-*vais*; consejo legal), pide referencias o busca en el directorio telefónico la lista de ayuda jurídica. Tal vez necesites una de estas frases:

- ✔ **Can you recommend a lawyer?** (can iu re-co-*mend* ei lau-ller; ¿Puede recomendarme un abogado?)

- ✔ **I need some legal advice.** (ai *ni*-id som *li*-gal ad-*vais*; Necesito consejo legal.)

- ✔ **Where can I find a consulate?** (juer can ai faind ei *con*-su-let; ¿Dónde puedo encontrar el consulado?)

# En caso de un crimen

De seguro que ni quieres pensar acerca de un **crime** (craim; crimen) cuando estás disfrutando de tu viaje. Pero debes recordar que la idea de un viaje puede darte un sentido falso de despreocupación y al mismo tiempo de seguridad. Y como extranjero, tal vez te sea más difícil determinar qué situaciones son posiblemente **dangerous** (*dein*-ller-os; peligrosas).

Si necesitas exigir que alguien se aparte de ti o te deje en paz, hazlo con convicción y en voz alta. Puedes decir:

- ✔ **Go away!** (gou a-*uey*; ¡Vete!)

- ✔ **Get away!** (guet a-*uey*; ¡Aléjate!)

- ✔ **Stop!** (stop; ¡Ya basta!)

Puedes encontrar más información de cómo deshacerte de desconocidos agresivos o impertinentes en el Capítulo 4.

# Hablando como se habla

Enrique presencia un asalto y decide llamar al 911 para reportar el crimen.

Operador:   **911. What are you reporting?**
nain uon uon juat ar iu ri-*por*-ting
911. ¿Qué desea reportar?

Enrique:   **A robbery. It's happening right now!**
ei *ro*-be-ri its *ja*-pen-ing rait nau
Un asalto. ¡Está pasando ahora mismo!

| | |
|---|---|
| Operador: | **Can you see the robbery?**<br>can iu *si*-i da *ro*-be-ri<br>¿Puede usted ver el asalto? |
| Enrique: | **Yes.**<br>ies<br>Sí. |
| Operador: | **Where are you located?**<br>juer ar iu *lou*-keit-ed<br>¿Dónde se encuentra usted? |
| Enrique: | **At the bus station, downtown.**<br>at da bos *stei*-chion daun-*taun*<br>En la estación de autobuses, en el centro de la ciudad. |
| Operador: | **Can you describe the suspect?**<br>can iu di-*scraib* da *sos*-pect<br>¿Puede describir al sospechoso? |
| Enrique: | **A big man, in a blue shirt and jeans. He's wearing a cap.**<br>ei bik man in ei blu chirt and llins *ji*-is *uer*-ing ei cap<br>Es un hombre grande, trae una camisa azul y un pantalón de mezclilla. Trae una gorra roja. |
| Operador: | **Are there any weapons?**<br>ar der *e*-ni *ue*-pons<br>¿No hay armas? |
| Enrique: | **Yes, he has a gun.**<br>ies je jas ei gon<br>Sí, tiene una pistola. |
| Operador: | **Officers are on their way. Please stay on the line.**<br>*o*-fi-cers ar on der uey *pli*-is stei on da lain<br>La policía ya va en camino. Por favor no cuelgue. |
| Enrique: | **Now he's running away.**<br>nau *ji*-is *ron*-ing a-*uey*<br>El sospechoso está huyendo. |
| Operador: | **What direction is he going?**<br>juat di-*rec*-chion is ji *gou*-ing<br>¿En qué dirección está huyendo? |
| Enrique: | **Toward Fifth Avenue.**<br>toard fifz *a*-ve-nu<br>Hacia la Quinta avenida. |

**Knowledge is power** (*no*-lech is *pau*-er; El conocimiento es poder), así que el conocer algunas medidas de **precautions** (pri-*ca*-chions; precauciones) y de sentido común te da el poder de protegerte y de poder detener a los posibles **crooks** (cruks; malhechores).

He aquí algunos consejos valiosos de seguridad que te pueden ayudar a sentirte "seguro y no arrepentido":

✔ No cargues o muestres cantidades grandes de dinero.

✔ No descuides tu cámara, el teléfono celular o la cartera.

✔ Sé cordial, pero no des tu dirección o número de teléfono a desconocidos.

✔ Retírate de situaciones que te incomoden.

✔ Si alguien te molesta o te persigue, entra a una tienda y dile al empleado/a.

## Palabras para recordar

| | | |
|---|---|---|
| rights | raits | derechos |
| law | lau | ley |
| lawyer | lau-ller | licenciado |
| attorney | a-tur-ni | abogado |
| crime | craim | crimen |
| suspect | sos-pect | sospechoso |
| Stop! | stop | ¡Basta! o ¡Detente! |

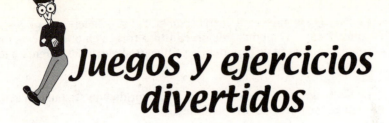

# Juegos y ejercicios divertidos

A Ezra le tocó una ola grande y empezó a lucirse, parándose en el borde de su tabla y saludando a las chicas en la playa. Gozó su breve encuentro con la gloria, ¡pero luego se lo tragó una ola! Se lastimó más él que su propio orgullo y tuvo que ir a la sala de emergencias. En inglés, escribe en los espacios correctos los nombres de las partes de su cuerpo y luego describe sus lesiones a tus amigos en la playa.

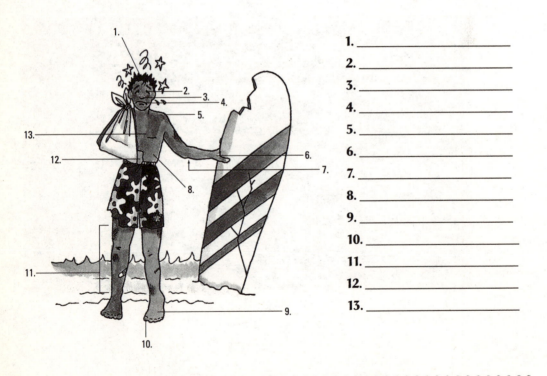

1. _____
2. _____
3. _____
4. _____
5. _____
6. _____
7. _____
8. _____
9. _____
10. _____
11. _____
12. _____
13. _____

# Parte V
# De diez en diez

# En esta parte . . .

Esta parte contiene las listas de diez puntos de *Inglés para Dummies*. Cortas y divertidas pero muy informativas, estas listas te dan diez maneras de incrementar tu inglés rápidamente, diez equivocaciones cómicas pero posiblemente vergonzosas que hay que evitar, y diez maneras fáciles de distinguir algunas palabras provocativamente similares. ¿Y el número uno de cualquier lista de *Inglés para Dummies*? Aquí está ¡Relájate, diviértete y sigue hablando!

# Capítulo 17

# Diez maneras para acelerar el aprendizaje del inglés

. . . . . . . . . . . . . . . . . . . . . . . . . . . . . . . . . . . . . . . . . . . . . .

### En este capítulo

▶ Habla inglés en cada oportunidad posible

▶ Maneras divertidas de mejorar tu inglés

▶ Aprende inglés mientras ayudas a otros

. . . . . . . . . . . . . . . . . . . . . . . . . . . . . . . . . . . . . . . . . . . . . .

**Y**a has empezado a mejorar tus destrezas del inglés. ¿Cómo es que sé esto? Porque compraste este libro, una decisión sabia. Además de leer mi libro, puedes acelerar tu aprendizaje del inglés usando los diez métodos descritos en este capítulo y de paso, ¡conocerás a nuevas personas y tendrás experiencias formidables!

## Habla, habla y habla con la gente

A dondequiera que vayas, aprovecha la oportunidad de hablar en inglés con la gente. Hazlo como práctica — y por la diversión de conocer a otras personas y sus culturas. Aún si no estás visitando a un país de habla inglesa, es seguro que encontrarás personas que hablan inglés. Intenta charlar con desconocidos. Di **Hi. How are you today?** (jai jau ar iu tu-*dei*; Hola. ¿Cómo estás hoy?) a la vendedora, al chofer del autobús o a la recepcionista. (Regresa al Capítulo 3 para aprender más ideas de cómo iniciar una charla.) Claro, tal vez te sientas un poco tímido, ¡pero no importa! Sonríe y habla de todos modos. Cada vez que lo hagas, ¡recibirás una lección de inglés gratis!

# Reúnete con un grupo de conversación en inglés

Forma un grupo de conversación en inglés con otras personas que quieran mejorar su inglés. Invita a algunos angloamericanos, también. Invita a tus compañeros de clase, de trabajo y a tus amigos para que formen parte de tu Club de inglés, y luego reúnanse regularmente en un café, un restaurante o un bar. Un ambiente relajado es perfecto para platicar y divertirte mientras practicas el inglés. Escoge como tema de conversación las noticias, una película, un buen libro, un problema social o hasta un punto gramatical y platíquenlo, ¡en inglés por supuesto!

# Renta una película

Renta algunas películas en inglés sin subtítulos o apaga la opción de subtítulos mientras las ves. Te sorprenderás de cuánto puedes entender después de escuchar por un rato. No te fuerces tratando de entender cada palabra — sólo relájate y escucha el ritmo del lenguaje. Observa también el lenguaje corporal y los gestos faciales de el/la que habla ya que pueden darte claves acerca de lo que están hablando. Con un video puedes repetir ciertas partes o poner la pausa para pronunciar algunas frases del libreto. Te sugiero algunas de las películas antiguas en blanco y negro porque frecuentemente son más lentas y contienen menos palabras o frases deformadas que las películas modernas. Ten un lápiz y un papel a la mano para que anotes tus nuevas expresiones. Después puedes preguntarle a un amigo de habla inglesa acerca de ellas. ¡Y no se te olviden las palomitas de maíz!

# Usa tarjetillas de referencia

Sé creativo y dale un empujón a tus destrezas del lenguaje poniendo etiquetas en inglés a los artículos de tu casa — marca las puertas, las sillas, las lámparas, etc. (Te aconsejo que no les pongas etiquetas a los gatos o a los perros, aunque no parece molestarles.) Escribe expresiones cotidianas en tus tarjetas y pégalas en sus lugares correspondientes. Una tarjeta en el refrigerador podría decir **What's to eat?** (juats tu *i*-it; ¿Qué hay de comer?) o **I'm hungry!** (aim *jon*-gri; ¡Tengo hambre!) En el espejo del baño, pega una notita que dice **Good morning!** (gud *mor*-ning; ¡Buenos días!), y en la puerta principal, pega por dentro una nota que diga **Don't forget your keys** (dount for-*guet* ior ki-is; No se te olviden las llaves).

Rotula en tarjetas de 3-x-5-pulgadas los verbos irregulares u otras palabras que quieras memorizar. Deja las tarjetas en un lugar visible, como la mesa del comedor, y prueba tu memoria frecuentemente. Haz un juego de memoria, escribiendo dos grupos de tarjetas: uno con preguntas y el otro con las respuestas. Pon las tarjetas boca abajo. Luego voltea dos tarjetas, tratando de hallar una pareja. Si no volteaste una pareja, memoriza la ubicación de las tarjetas y luego voltéalas boca abajo otra vez. Intenta otra vez con dos tarjetas más. ¡Cuando halles una pareja, saca las tarjetas y ponlas en el montón de la victoria! Inventa tu propio juego del idioma inglés o alguna técnica para aumentar tus destrezas y compártela con un amigo — en inglés, claro.

# Asiste a obras de teatro, a lecturas de poesía y a conferencias

¡Sal de la casa! No te quedes en casa cada noche con tus ojos pegados a un libro de inglés, ¡ni siquiera *Inglés para Dummies*! Ve a un acontecimiento de habla inglesa para vivir una experiencia nueva que sea a la vez entretenida y educativa (y por la oportunidad de escuchar disimuladamente las conversaciones ajenas). Tal vez no captes cada palabra en el evento, pero hasta a los angloamericanos se les escapan algunas palabras. Así que siéntate cómodamente y gózalo. Lee el programa o guárdalo para repasarlo después. Si es posible, habla con los intérpretes o los oradores después de la función. No tienes que decir nada profundo; sólo di **Thank you, that was very interesting** (zank iu dat uas *ve*-ri *in*-ter-es-ting; Gracias, fue muy interesante). Después, cuéntale a un amigo acerca del acontecimiento, en inglés, con lujos de detalles. He aquí otra sugerencia: ¿Por qué no programas tu propio evento en inglés con algunos amigos?

# ¡Lee la letra de las canciones y cántalas!

¿A quién le importa si no tienes la voz de Ella Fitzgerald? ¡Ponte a cantar!, ya sea a solas en la regadera o con un grupo en coro. Te asombrarás de cuánto inglés puedes adquirir a través de las canciones. Hablo por experiencia propia; aprendí más vocabulario y gramática en español con la canción "Eres Tú", que con un montón de lecciones de español. ¿Por qué? Porque la música es divertida. La melodía y la letra se graban en la cabeza y, antes de darte cuenta, estás cantando como un profesional. Puedes aprender mucho vocabulario, gramática y expresiones en inglés con la letra de las canciones. Fíjate en las notas de los discos compactos, las grabaciones y los álbumes o encuentra la letra de las canciones en el Internet, y ¡empieza a cantar! Y si nunca has intentado cantar el karaoke, ¿qué estás esperando?

# Ve a la biblioteca por libros de literatura infantil

Aparte de visitar a México y cantar "El Rancho Grande", una manera en la que aprendí un poco de español fue a través de la literatura, literatura sencilla en mi caso. Consigue algunos libros de literatura infantil en la biblioteca pública. (Le puedes decir al bibliotecario que son para tus hijos.) Pregunta si la biblioteca tiene algunos libros bilingües (en inglés y en tu idioma). En los libros de literatura infantil, el contenido puede estar simplificado, pero el lenguaje es para parlantes nativos, así que las palabras y la estructura de las frases están en una forma natural y no en el lenguaje de un libro de texto de inglés. La literatura infantil en inglés, aún para niños chiquitos, puede ser sofisticada y encantadora. Descubrirás mucho lenguaje en los libros para niños, y puedes aprender acerca de la cultura también, porque los temas en la literatura infantil muchas veces reflejan los valores sociales. Aquí tienes otra sugerencia: Consigue un libro grabado en cinta de audio o en disco compacto y también la versión impresa para que puedas escucharlo mientras lo lees.

# Toma un curso — cualquier curso

Un curso de inglés es una manera obvia de aprender el inglés. ¿Pero qué te parece un curso en inglés de un tema que te interese? En la mayoría de las regiones, hay clases de todo tipo ofrecidas a través del programa de Parques y Recreación, centros comunitarios, hospitales, colegios locales, etc. No tienes que saber mucho inglés para involucrarte en yoga, escalar montañas, en jardinería, observación de las aves, las artes y artesanías, en primeros auxilios, baile o muchos otros cursos que ofrecen en tu área. Mientras descubres algo nuevo, aprenderás mucho inglés y conocerás a personas de habla inglesa que comparten los mismos intereses que tú.

# Haz amistades con angloamericanos

Inicia una amistad con un compañero/a angloamericano invitándole a un café, a dar un paseo contigo o a comer en tu casa. Organiza un intercambio de lenguaje con alguien que quiere estudiar y hablar tu idioma. Puedes poner anuncios en la biblioteca, en la librería o en el departamento de lenguaje de un colegio o de una universidad local para "buscar" a alguien. Luego se pueden reunir (en un lugar público al principio) una vez a la semana para dos horas de conversación — una hora en inglés y una hora en tu idioma. Y como extra: Aún durante la hora de conversación en tu idioma, puedes aprender mucho de inglés a través de las preguntas de tu amigo y ¡de sus equivocaciones!

# Participa como voluntario en una organización de caridad

Una de las mejores y más bonitas maneras de aprender inglés rápidamente, y ayudar a otras personas durante ese proceso, es ser voluntario en una organización de caridad o en un programa comunitario. Muchas organizaciones como los Clubes de Niños y Niñas de América, los centros para ancianos, los hospitales, los museos, las iglesias, los refugios para desamparados, las escuelas públicas y *ASPCA* (La Sociedad Americana para la Prevención de la Crueldad a los Animales) dependen de la ayuda de voluntarios. Qué tan bien hables el inglés no es lo importante; el programa te pone a trabajar y te sumerge en un ambiente de habla inglesa. ¡Así que sonríe, relájate y diviértete mucho! Estarás tan ocupado ayudando a otros que no te darás cuenta que estás aprendiendo más inglés cada día. Tu generosidad será valorada y harás muchas amistades nuevas, y posiblemente contactos de trabajo, también. Más aún, no tienes que viajar a un país de habla inglesa para encontrar una organización de caridad manejada por personas de habla inglesa. ¡Tal vez haya algunas en tu propio pueblo o ciudad!

# Capítulo 18

# Diez errores que debes evitar al hablar inglés

*En este capítulo*

▶ No metas la pata

▶ Cómo prevenir quedar en ridículo

▶ Corrección de algunos errores gramaticales

Algunas veces, el más pequeño error puede causar una equivocación monumental y, con suerte, esperemos que al menos sea chistosa. Muchas veces una frase inofensiva pero ligeramente incorrecta puede convertirse en una situación penosa o en una frase de doble sentido. Pero allí no se acaba el mundo si llegas a cometer tal error. Lo único que debes hacer es decir, **Oops! What did I say wrong?** (*u*-ups uat did ai sei rong; ¡Ay! ¿Qué es lo que dije mal?) Con un poco de suerte, alguien te dirá cuál es el error y te reirás de las locuras del lenguaje. Este capítulo incluye algunos de los errores más comunes para que los evites al hablar inglés.

## ¡¿A qué vas al gimnasio?!

El esposo de una de mis amigas es extranjero y un día le dijo que se iba al gimnasio a **make out** (meik aut), lo cual significa en inglés besarse apasionadamente por largo tiempo (y tal vez algo más); mi amiga, quien estaba más intrigada que celosa, le preguntó: "¿De veras? ¿Y con quién planeas hacer tal cosa?" "Ah," contestó él tranquilamente "pues con mis amigos". Mi amiga, ya acostumbrada a sus ocasionales torpezas lingüísticas, supuso (o más bien *confió*) que él quiso decir **work out** (uerk aut; hacer ejercicios) o hacer ejercicio en el gimnasio. De modo que si quieres **work out,** ve a un gimnasio. Si lo que quieres es *make out,* bueno, ¡probablemente quieras un lugar más privado!

## Tu esposa está muy fea

Un visitante extranjero, al agradecerle a sus anfitriones por la deliciosa cena en su casa, le dijo al anfitrión: **Your wife is very homely** (ior uaif is *ve*-ri *jo*-um-li; Tu esposa está muy fea). ¿Qué dijiste? Bueno, puede que sea verdad que su esposa sea **homely,** pero decírselo es una falta de respeto (y también un riesgo). ¿Por qué? ¡Porque **homely** significa de apariencia aburrida o desagradable!

El visitante quiso decir **homey** (*jo*-um-i; hogareña), lo cual significa placentero, cálido y hogareño. Así que decirle a alguien que es **homey** tampoco es correcto. Una casa puede ser **homey** pero no una persona. Una persona puede ser un buen **homemaker** (*jo*-um-mei-ker; ama/amo de casa) o que conserva un hogar agradable y bonito. Pocos adjetivos como **lovely** (*lov*-li; adorable) y **burly** (*bur*-li; robusto) terminan en **-ly** (li; -mente), tal vez sea por eso que la gente comete el error al decir **homely**. Pero si evitas este error, ¡es seguro que te invitarán a cenar otra vez y probablemente también te salvarás de un posible puñetazo en la nariz!

## ¡Apestas!

El usar los verbos de los cinco sentidos puede parecerte muy sencillo — pero ten cuidado. Es correcto decir **I see** (ai *si*-i; Ya veo y no, "yo veo") cuando has entendido algo, o **I heard** (ai jerd; Ya escuché) cuando una noticia no es una novedad para ti. Pero si dices **I smell** (ai smel; Yo apesto), ¡tal vez la gente se retirará y te sugerirá que te des un baño! **I smell** quiere decir: "Tengo un fuerte olor corporal" o "¡yo apesto!" Y si te gusta el perfume de alguien y dices, **you smell** (iu smel; apestas) ¡seguramente arruinarás tu cita!

Es mucho mejor si dices **I smell something good** (ai smel *som*-zing gud; Huelo algo agradable) o **Something smells bad** (*som*-zing smels bad; Algo huele mal). Si te agrada el **smell** del perfume o colonia de alguien, di: **You smell nice** (iu smel nais; qué bonito hueles). Un consejo más: No digas **I smell bad** (ai smel bad; Yo huelo mal) cuando no puedes respirar bien debido a un resfriado. **I smell bad** significa "Yo apesto". Al contrario, sólo di: **I can't breathe well** (ai cant briz uel; No puedo respirar bien). Por supuesto, si estás sudando por haber hecho ejercicios en el gimnasio, puedes decir **I smell,** ¡porque a lo mejor puede que sea la pura verdad!

# Mi mama cocinó a mis amigos para la cena

¿Tus amigos evitan visitarte en tu casa? Tal vez el error está en la forma en que los invitas a cenar. He escuchado a mis estudiantes decir, **My mom will cook us** (mai mom uil cuk os; Mi mamá nos va a cocinar); también, **She likes to cook my friends for dinner** (chi laiks tu cuk mai frends for *din*-ner; A ella le gusta cocinar a mis amigos para la cena). "¿De veras?" Y de casualidad, "¿también te come a ti?" Se puede cocinar un pollo, algunos vegetales o una comida, ¡pero nunca debes cocinar a tus hijos o amigos!

Lo que en realidad quieren decir mis estudiantes es **My mom will cook *for* us** (mai mom uil cuk for os; Mi mamá va a cocinar algo para nosotros) y **She likes to cook *dinner for* my friends** (chi laiks tu cuk *din*-ner for mai frends; A ella le gusta cocinar la cena para mis amigos). Usa siempre la preposición **for** (for; para) entre la palabra **cook** y la persona que va a comer lo que se cocina. El sustantivo que sigue después de **cook** (la cena, un bistec, etc.) es lo que se cocina y se come. Así que definitivamente invita a tus amigos a cenar en casa, ¡pero no te los comas!

# Amigos y amantes

Una tímida estudiante coreana me presentó a su amigo diciendo, **This is my lover** (dis is mai *lo*-ver; Él es mi amante). ¡¿Cómo respondes cuando alguien te presenta a la persona con la que tiene relaciones sexuales?! En inglés, **lover** (*lo*-ver; amante) significa pareja sexual. A lo mejor estaba diciendo la verdad, ¡pero generalmente no se divulga al público con quién tienes relaciones íntimas.

Ella debió haber dicho **This is my boyfriend** (dis is mai *boi*-frend; Te presento a mi novio). Las palabras **boyfriend** (*boi*-frend; novio), **girlfriend** (*guirl*-frend; novia), **sweetheart** (*suit*-jart; enamorado/a) y **fiancé** (fi-an-*ce*; prometido/a) pueden describir a tu pareja o a un amigo/a íntimo/a, pero **lover** es algo muy personal. Muchos diccionarios bilingües muestran la palabra **lover** como la traducción de novio o novia, pero no aclaran que **lover** implica que existe una relación sexual. Así que sólo usa esa palabra si de verdad quieres dar a entender que existe una relación íntima. Por otro lado, si escuchas a alguien decir **I'm a nature lover** (aim ei *nei*-chur *lo*-ver; Soy un amante de la naturaleza) o **I'm an animal lover** (aim an *a*-ni-mal *lo*-ver; Soy un amante de los animales), no te preocupes; simplemente significa que a la persona le gusta o tiene bastante interés en la naturaleza o en los animales.

# Me "mojé" los pantalones

Durante una junta, a un hombre de negocios, extranjero, se le derramó un poco de soda en sus pantalones. Con el fin de limpiarse, se levantó, diciendo **Excuse me, I wet my pants** (eks-*kius* mi ai uet mai pants; Disculpen, acabo de "orinarme" en mis pantalones). ¿Qué? Todos voltearon incrédulos a verlo. ¡Qué pena! ¡Tal vez tenga problemas renales y necesita un pañal! Bueno, tú ya me entiendes. La expresión **I wet my pants** significa "Me oriné en mis pantalones". Si dices algo así, ¡de seguro recibirás algunas miradas humillantes!

El hombre debió haber dicho **I got my pants wet with soda** (ai got mai pants uet wiz *so*-da; Me ha caído soda en mis pantalones) o **I spilled soda on my pants** (ai spild *so*-da on mai pants; Se me derramó la soda en mis pantalones). De una manera similar, debes evitar decir **I soiled my pants** (ai soild mai pants; Me ensucié en los pantalones); mejor di **I got dirt on my pants** (ai got durt on mai pants; Se me ensuciaron los pantalones) o **I got my pants dirty** (ai got mai pants *dur*-ti; Ensucié mis pantalones).

# ¿¡Qué dejaste en tu casa?!

Hay que ver qué errores ocurren cuando la gente usa las palabras incorrectamente. Por ejemplo, una vez en clase, un estudiante explicaba por qué le gustaba ser el dueño de su departamento y dijo, **"Because I can leave my privates there"** (bi-*cos* ai can *li*-iv mai *prai*-vets der; Porque ahí puedo dejar mis "partes privadas"). ¿Sus **privates?** ¡Increíble! Yo no sabía que es posible dejar las partes privadas en casa, y en tal caso, ¡tus compañeros no tienen por qué enterarse! Por supuesto, el estudiante no tenía ni idea de lo que en realidad estaba diciendo. **Privates** es una palabra delicada y antigua que se refiere a eso, las partes privadas de la persona.

Lo que él debió haber dicho fue I can leave **my private possessions** (mai *prai*-vet po-*se*-chions; puedo dejar mis pertenencias), o **my personal things** (mai *per*-so-nal zings; mis cosas o artículos personales). Es muy conveniente tener un lugar seguro donde dejar tus pertenencias, ¿no crees?

# ¡Qué vulgar!

Tal vez te interese aprender **swear words** (suer uerds; groserías o insultos) en otro lenguaje. ¡Pero cuidado! Saber exactamente cuándo y dónde usarlas es difícil, además las **dirty words** (*dur*-ti uerds; malas palabras) son aún más difíciles. El lenguaje callejero y la letra de algunas canciones suelen estar salpicadas de groserías, sin embargo ese tipo de vocabulario no se acostumbra en otros ambientes o situaciones. Aún, palabras menos ofensivas como **hell** (jel; demonios) y **damn** (dam; maldición) pueden ofender a algunas personas y te muestran como una persona vulgar y sin educación. Generalmente, debes vivir en un país por un cierto tiempo para entender cuándo es "apropiado" el uso de ese tipo de lenguaje.

Aquí tienes otra idea: Ten cuidado cómo pronuncias algunas palabras que tienen el sonido largo de la **e** tal como **beach** (*bi*-ich) y **sheet** (*chi*-it). Si acortas la **e** larga convirtiéndola en la **i** corta (como muchos lo hacen cuando están aprendiendo inglés), ¡creas accidentalmente dos palabras ofensivas! Así que alarga los sonidos de la **e** larga para evitar una metida de pata. ¡Lo puedo **swear** (suer; jurar)! (Dale un vistazo al Capítulo 1 para ver cómo pronunciar la **e** larga y otras vocales.)

## ¡Amo a tu esposo!

"**I love *your* husband**", dijo mi estudiante. ¡¿Qué?! **You love *my* husband**? ¡Ay! "**I mean, I love my own husband**", dijo ella, corrigiendo así un error muy común. He aquí otro error que escucho muy seguido: **I will go to my country to visit *your* parents.** ¿Cómo? ***My* parents**? Pero si mis padres viven aquí en los Estados Unidos.

El problema aquí es el uso excesivo del adjetivo posesivo **your** (ior; tus), el cual ayuda a identificar las cosas que pertenecen a la persona con quien platicas. Pero **your** no es una palabra "talla única", o sea, que la puedes usar en cualquier ocasión. No debes usarla al hablar de cosas que te pertenecen o que le pertenecen a una tercera persona (él, ella o esto). Así que cuidado cuando le dices a alguien **I saw a movie with *your* wife** (ai sa-u ei *mu*-vi uiz ior uaif; Vi una película con tu esposa), ¡tal vez te metas en un lío! Dale un vistazo al Capítulo 8 para obtener información acerca del uso de los adjetivos posesivos y recuerda, ni se te ocurra ir al cine con la esposa de tu amigo.

## No digas nunca dobles negativos

El uso de *doble negativos* (dos negativos en la misma frase) es correcto en algunos lenguajes y en algunas formas vernáculas del inglés. Pero en el inglés estándar, los doble negativos son a menudo incorrectos porque, como en las matemáticas, dos negativos hacen un positivo. Por ejemplo, si regresas de la tienda con las manos vacías, no digas **I *didn't* buy *nothing*** (ai *did*-int bai *no*-zing; Yo no compré nada). En inglés eso significa "Yo compré algo", ¡lo cual es opuesto a lo que estás tratando de decir! Dos maneras de decirlo correctamente son **I didn't buy *anything*** (ai *did*-int bai *e*-ni-zing; Yo no compré "algo") o **I *bought* nothing** (ai bot *no*-zing; "Nada compré").

Algunas veces, dos negativos pueden funcionar en una oración si uno de ellos es un prefijo negativo. Por ejemplo, **I'm *not un*happy** lo cual implica **I'm happy** . . . o al menos, contento. En este caso, los dos negativos forman una idea positiva o neutral, lo cual es correcto porque es exactamente lo que quieres expresar.

# Capítulo 19

# Diez palabras que se confunden fácilmente

*En este capítulo*

▶ Unas reglas fáciles para escoger la palabra correcta

▶ Encuéntrale sentido a los sentidos

▶ Distinción del sonido y del significado

*E*l inglés tiene posiblemente 2 millones de palabras, según Richard Lederer, autor del libro *Crazy English*. Más aún, el inglés está saturado de *homónimos* (palabras que se deletrean y se pronuncian igual pero que tienen diferentes significados), *sinónimos* (palabras que se deletrean y se pronuncian diferente pero con significados similares), *antónimos* (palabras de significado opuesto), etc. ¡Así que no te sientas mal si confundes sólo algunas de las 2 millones de palabras que hay para escoger! (Ni los angloamericanos usan la palabra correcta todo el tiempo.) Este capítulo te proporciona consejos y reglas sencillas para evitar la dificultad de esas palabras que a menudo confunden mucho.

## Coming y going

¿No estás seguro si **coming** (*com*-ing; vienes) o **going** (*gou*-ing; vas)? Las palabras **come** (com; venir) y **go** (gou; ir) representan problemas interminables para la gente, pero no son un problema si se observan las reglas siguientes:

Usa **go** para referirte al lugar en el que no *estás* al momento de estar hablando. Por ejemplo: Si vives en los Estados Unidos, tal vez tengas la siguiente conversación:

▶ **When will you *go* back to your country?** (juen uil iu gou bak tu ior *con*-tri; ¿Cuándo regresarás a tu país?)

▶ **I plan to go back next month.** (ai plan tu gou bak nekst monz; Pienso regresar el próximo mes.)

Usa **come** para referirte al lugar en el que *estás* al momento de estar hablando. Por ejemplo: Tal vez tengas la siguiente conversación mientras estás en los Estados Unidos:

✔ **Why did you *come* to the United States?** (juai did iu com tu da iu-*nai*-ted steits; ¿Por qué viniste a los Estados Unidos?)

✔ **I came here for a vacation.** (ai caim *ji*-ar for ei vei-*cai*-chion; Porque vine de vacaciones.)

Cuando menos te acuerdes, estarás **coming** y **going** con facilidad. Por ahora aquí tienes dos órdenes muy comunes que te ayudarán a recordar por dónde ir: **Come here!** (com *ji*-ar; ¡Ven acá!) y **Go away!** (gou a-*uey*; ¡Vete!)

# Borrowing y lending

¿Necesitas un **loan** (loun; préstamo)? ¿O tu amigo te ha pedido uno? Si es así, debes saber la diferencia entre los verbos **borrow** (*bo*-rou; pedir algo prestado) y **lend** (lend; dar algo prestado). La siguiente escena te ayudará a entender quién recibe el dinero.

Jason tiene $100. Su amigo Sam quiere pedírselos **borrow**. Él espera que Jason le pueda **lend** el dinero, el cual él piensa pagarle después. Sam puede pedir el préstamo usando **borrow** o **lend,** dependiendo de la estructura de su pregunta. Pero nota que cuando Sam está hablando, él dice "**I borrow**" y "**you lend**". En otras palabras, Sam está **borrowing** (*bo*-rou-ing; recibiendo el préstamo), y Jason está **lending** (*lend*-ing; haciendo el préstamo). Esto es lo que Sam dice:

✔ **Hey, Jason, can *I borrow* $50?** (jei *llei*-son can ai *bo*-rou *fif*-ti *do*-lars; ¿Oye Jason, me prestas $50?)

✔ **Hey, Jason, can *you lend* me $50?** (jei *llei*-son can iu lend mi *fif*-ti *do*-lars; ¿Oye Jason, me puedes dar prestado $50?)

Jason también puede responder usando las palabras **borrow** o **lend.** Pero cuando Jason — el **lender** (*lend*-er; prestamista) — está hablando, dice "**you borrow**" y "**I lend.**" He aquí lo que Jason dice:

✔ **Sure, *you can borrow* $50.** (chur iu can *bo*-rou *fif*-ti *do*-lars; Claro, te puedo prestar $50.)

✔ **Sorry, I can't, but *I'll lend* you $25.** (*so*-ri ai cant bot ail lend iu *tuen*-ti faiv *do*-lars; Lo siento, no puedo; pero te presto $25.)

Por último: El verbo **loan** (loun; prestar) tiene el mismo significado que **lend.** Sam puede decir **Can *you loan* me $50?** (can iu loun mi *fif*-ti *do*-lars; ¿Me prestas $50?) Y Jason puede responder **No way, *I loaned* you $25 last week!** (nou uey ai lound iu *tuen*-ti faiv *do*-lars last *ui*-ik; ¡No hombre, ya te presté $25 la semana pasada!)

# Such y so — ¿Y qué?

Las palabras **such** (soch; tal) y **so** (sou; tan) tienen básicamente el mismo significado que la palabra **very** (*ve*-ri; muy), pero no se pueden usar tan libremente como **very** — he ahí la confusión. El error más común que la gente comete es usar **so** cuando debe decir **such**.

Esta es la regla: Usa **such** antes del sustantivo y generalmente en combinaciones de adjetivo/sustantivo, y usa **so** sólo con los adjetivos y adverbios. ¿Facilito verdad? Los ejemplos siguientes muestran el uso de **such** y **so**:

✔ **This is *such* an easy lesson.** (dis is soch an *i*-is-i *les*-son; Ésta es una lección tan fácil.)

✔ **This is *so* easy.** (dis is sou *i*-is-i; Esto es tan fácil.)

✔ **You speak *such* good English.** (iu *spi*-ik soch gud *ing*-lich; Tú hablas inglés tan bien.)

✔ **You speak English *so* well.** (iu *spi*-ik *ing*-lich sou uel; Tú hablas inglés tan bien.)

Además, usa **so** con las palabras **much** (moch; mucho), **many** (*me*-ni; mucho), **little** (*li*-tel; poco), and **few** (fiu; poco). Por ejemplo: En una librería de mi ciudad, hay un afiche que dice **So many good books, so little time** (sou *me*-ni gud buks sou *li*-tel taim; Tantos libros buenos pero tan poco tiempo). En el Capítulo 10 puedes encontrar más información acerca del uso de **much, many, little** y **few**.

# Like y alike — Birds of a feather

Las palabras **like** (laik; como) y **alike** (a-*laik*; parecido) tienen un significado tan similar que pueden dejarte confundido — hasta que descubras algunas breves reglas. Observa en las oraciones siguientes la diferencia entre **like** y **alike**:

✔ **I am *like* my sister.** (ai am laik mai *sis*-ter; Yo soy como mi hermana.)

✔ **My sister and I are *alike*.** (mai *sis*-ter and ai ar a-*laik*; Mi hermana y yo somos parecidas.)

**Like** significa similar *a* o igual *que* y normalmente se encuentra *entre* las dos cosas o personas que se están comparando (en otras palabras, después de **like** va un complemento). **Alike** significa similar o igual, y normalmente se encuentra *después* de las dos cosas o personas que están siendo comparadas, a menudo al final de la oración. (A la palabra **alike** *no* le sigue un complemento.)

Para crear oraciones negativas, agrega la palabra **not** (not; no) antes de **like** o **alike:**

✔ **Fish are *not* like zebras.** (fich ar not laik *si*-bras; Los peces no son como las cebras.)

✔ **Fish and zebras are *not* alike.** (fich and *si*-bras are not a-*laik*; Los peces y las cebras no se parecen en nada.)

También puedes usar la palabra **unlike** (*on*-laik; diferente) en vez de **not like** (not laik; no como o no igual a), tal como en **Fish are *unlike* zebras** (fich ar *on*-laik *si*-bras; Los peces no son como las cebras).

## Hearing y listening

Acuérdate de la última vez que te tocó escuchar un aburrido discurso. Pudiste **hear** (*ji*-ar; oír) al presentador hablar, pero al final, no te acordabas de lo que dijo porque tú no estabas **listening** (*li*-sen-ing; escuchando). **Hearing** (*ji*-ar-ing; oír) es para lo que el oído está naturalmente diseñado. Si tu **hearing** es normal, entonces tú **hear** las cosas automáticamente. Pero **listening** requiere de un esfuerzo consciente para oír o poner atención. Cuando "ignoras" a un expositor aburrido, tu oído todavía está funcionando, pero tú no estás **listening.**

Si alguien te habla en voz baja o si la conexión telefónica es muy mala, entonces tú dirías **I can't *hear* you. Please speak louder** (ai cant ji-ar iu Pli-is spi-ik *lau*-der; No te puedo escuchar. Por favor habla más fuerte). Si alguien está hablando contigo pero tu mente está en otro lado, tú dirías **I'm sorry. What did you say? I wasn't *listening*** (aim *so*-ri juat did iu sei ai gua-sent li-se-ning; Discúlpame ¿Qué dijiste? No estaba escuchando).

Por último, usa la palabra **hear** para hablar sobre noticias o información y de eventos musicales o discursos. A continuación algunos ejemplos:

✔ **Did you *hear* what happened?** (did iu *ji*-ar juat *ja*-pend; ¿Oíste lo que pasó?)

✔ **I *heard* it on the radio.** (ai jerd it on da *rei*-di-o; Lo escuché en la radio.)

✔ **Have you *heard* Midori play in concert?** (jav iu jerd mi-*do*-ri plei in con-cert; ¿Has escuchado a Midori en un concierto?)

# Seeing, looking at y watching

Al igual que oír, **seeing** (*si*-ing; ver) es una función natural del cuerpo; es para lo que tus ojos fueron diseñados. Aún cuando no tengas una **vision** (*vi*-chion; visión) perfecta, puedes ver con claridad con el uso de lentes o lentes de contacto. Yo necesito lentes para leer, así que no importa qué tan cuidadosamente y por cuánto tiempo observe un documento, sin mis lentes no podré verlo bien.

Cuando alguien dice **Look at that!** (luk at dat; ¡Mira eso!), esa persona quiere que dirijas tus ojos (o tu atención) hacia algo. **Look at** (luk at; mira) significa darle un vistazo o enfocarse en algo. Tú puedes **look at** una revista, la pantalla de una computadora o a alguien que se encuentra sentado al otro lado de la mesa.

**Looking** (*luk*-ing; mirar) se convierte en **watching** (*uat*-ching; observar) cuando uno ve detenidamente algo que tiene la posibilidad de moverse o cambiar por sí solo. Tú puedes **watch** una película, un juego de béisbol o a tus hijos mientras juegan. Tú no puedes **watch** una revista (a menos que esperes que se levante a caminar). Pero sí se pueden **watch** los precios de las inversiones en la bolsa de valores — ¡Están cambiando continuamente!

Ahora ya sabes las diferencias básicas en el uso de **see, look at** y **watch.** Pero ten cuidado, el inglés tiene cantidades de modismos que contienen muchas de esas palabras. **Look at** un diccionario de modismos, si deseas **see** decenas de expresiones con **see, look at** y **watch.**

# Feeling y touching

Tal como oír y ver, **feeling** (*fi*-il-ing; sentir) es una función natural de tu cuerpo. **Touching** (*toch*-ing; tocar), por otro lado, es lo que uno decide hacer cuando quiere **feel** (*fi*-il; sentir) algo. Si tú **touch** (toch; tocas) la llama ¡se **feels** caliente! Si tú **touch** hielo, se **feels** frío. **Touch** es una acción voluntaria — al menos que accidentalmente tú **touch** algo como una plancha caliente. Cuando los padres salen de compras con sus hijos, pueden decirles **Don't touch anything** (dount toch *e*-ni-zing; No toquen las cosas). Pero no deben decirles **Don't feel anything** (dount *fi*-il *e*-ni-zing; No sientan las cosas), ya que **feeling** es involuntario. Sólo una persona que ha perdido el tacto en una parte de su cuerpo puede **touch** algo — o ser **touched** — y no **feel** algo.

**Feeling** es también una emoción, como el amor, el odio, el miedo, el coraje, etc. Cuando se trata de asuntos del corazón, te puedes sentir **happy** (*ja*-pi; feliz), **sad** (sad; triste) o **loved** (lovd; amado). Y cuando te sientes profundamente conmovido, ¡te puedes hasta **feel touched!** (*fi*-il tocht; ¡sentir que te han "tocado" en lo más profundo de tus emociones!)

# Lying y laying — La verdad acerca de las gallinas

Al entender cuándo usar **lie** (lai; asumir una posición de descanso) o **lay** (lei; quedarse inmóvil), **lying** (*lai*-ing; recostarse) o **laying** (*lei*-ing; permanecer inmóvil), puede que quieras **lie down** (lai daun; echarte) a dormir. ¡Pero no **lay an egg** (lei an eg; pongas un huevo)! Yo te puedo ayudar a diferenciar entre **lying** y **laying,** y ¡eso es **no lie** (nou lai; no es una mentira)!

El verbo **lie** significa:

✔ Colocarse en una posición reclinada, como en **Lie down and go to sleep.** (lai daun and gou tu *sli*-ip; Recuéstate para dormir.)

✔ Decir algo que no es verdad, como en **Don't lie. Tell the truth!** (dount lai tel da truz; No mientas. ¡Di la verdad!)

El verbo **lay** significa:

✔ Colocar algo sobre una superficie, tal como en **Lay the book on the table.** (lei da buk on da *tei*-bul; Coloca el libro sobre la mesa.)

✔ Poner o depositar un huevo, como en **Chickens *lay* eggs.** (*chi*-kens lei egs; Las gallinas *ponen* huevos.)

**Lie** y **lay** no presentan mayor confusión mientras los uses en el tiempo presente o en el gerundio. Pero cuando los usas en el pasado, sería mejor que tú **lay down** tus libros y te vayas a **lie** en la playa. (Hasta los angloamericanos se jalan el pelo con eso de **lie/lay**.) Brevemente, el gerundio de **lie** es **lying**; el gerundio de **lay** es **laying**. En el Apéndice A al final del libro encontrarás las formas del pasado de **lie** tal como en **lie down** y **lay**. Memorízalas todas, ¡y los angloamericanos te pagarán para que les des lecciones de inglés!

# ¿Tuesday o Thursday?

**Tuesday** (*tus*-dei; martes) o **Thursday** (*zurs*-dri; jueves) — ¿cuál es cuál? El sonido de estas dos palabras puede parecerte muy similar al escucharlas y al pronunciarlas, pero en realidad sus pronunciaciones son definitivamente diferentes y, por supuesto, tienen diferentes significados. Te ayudaré a que puedas entender cómo pronunciar esas palabras claramente y al mismo tiempo, a que entrenes tu oído para captar la diferencia entre las dos.

Si **Monday** (*mon*-dei; lunes) es el primer día de la semana de trabajo, el segundo día — o **day two** (dei tu; día número dos) — es **Tuesday**. Pronuncia **Tuesday** como el número **two** y luego agrega **zz-day** (ss-dei). Di **two-z-day** (*tu*-s-dei). Asegúrate de que la **s** (s) de **Tuesday** suene como una **z** (z como un zumbido) — la cual es un **voiced sound** (voist saund; sonido enunciado). En el Capítulo 1 te proporciono más información y ejercicios acerca de los **voiced sounds.**

**Thursday** comienza con el sonido **th** (z) — no con sonido de la **t** (t), como en **Tuesday.** (Ve al Capítulo 1 donde encontrarás cómo producir claramente el sonido **th.**) Si puedes decir **thirty** (*zur*-ti; treinta) o **thirteen** (zur-*ti*-in; trece), entonces puedes decir **Thursday.** No te olvides de la terminación **zz-day** (ss-dei) — igual a la terminación de **Tuesday.** Asegúrate de que la **s** sea **voiced** y pronunciada como la **z.** De lo contrario, dirás la palabra **thirsty** (*zurs*-ti; sediento), ¡entonces alguien te ofrecerá un vaso de agua!

# *Too y very*

Algunas personas dicen **You can never have too much time or too much money** (iu can *ne*-ver jav *tu*-u moch taim or *tu*-u moch *mo*-ni; Nunca se tiene ni demasiado dinero ni demasiado tiempo). Esto probablemente sea cierto, pero la palabra **too** (*tu*-u; demasiado) generalmente implica un exceso o problema indeseable. Por ejemplo: Tal vez te incomode si tú **eat *too* much** (*i*-it *tu*-u moch; comes demasiado). Además la gente se queja cuando el clima es ***too* hot** (*tu*-u jot; demasiado cálido) o ***too* cold** (*tu*-u could; demasiado frío).

Por otro lado, la palabra **very** (*ve*-ri; muy) — queriendo decir extremadamente o **really** (*ri*-i-li; realmente) — no implica automáticamente un problema. Por ejemplo: Si dices **It's *very* hot today** (its *ve*-ri jot tu-*dei*; Hace mucho calor hoy), no significa necesariamente que estás incómodo; a lo mejor te gusta el clima cálido.

Si tú estás **very happy** (*ve*-ri *ja*-pi; muy feliz) pero accidentalmente dices **I'm *too* happy** (aim *tu*-u *ja*-pi; Estoy demasiado contento), la gente puede preguntarte "¿Qué tiene de malo estar muy feliz?" Recuerda, la palabra **too** implica una situación indeseable o incómoda. Puedes comparar **too** y **very** en las siguientes oraciones:

✔ **This car is *too* expensive; I can't afford it.** (dis car is *tu*-u eks-*pen*-siv ai cant a-*ford* it; Este coche es demasiado caro; no puedo comprarlo.)

✔ **This car is *very* expensive, but I can buy it.** (dis car is *ve*-ri eks-*pen*-siv bot ai can bai it; Este coche es muy caro, pero puedo comprarlo.)

¿Crees tú que es posible tener **too much time** y **too much money?** A mí me gustaría averiguarlo.

# Parte VI

# Apéndices

The 5th Wave                    By Rich Tennant

It's amazing what happens when you learn a little of their language.

## En esta parte . . .

**P**or último, te ofrezco los apéndices, los cuales te proporcionan una lista práctica de los verbos irregulares en el pasado, un mini-diccionario para buscar palabras al instante, una guía para las conversaciones que se encuentran en el disco compacto y las respuestas para los Juegos y ejercicios divertidos.

# Apéndice A

# Verbos irregulares del inglés

La siguiente tabla es una herramienta muy útil. Te muestra el pasado de muchos verbos irregulares del inglés. Para usar esta Tabla A, sólo tienes que buscar el verbo que quieres usar en la columna del lado izquierdo, la cual te proporciona la forma básica (el infinitivo) del verbo, y al lado derecho del verbo podrás leer su forma del pasado simple y la del participio pasado.

Para encontrar más información acerca del uso del pasado simple y para ver las conjugaciones del verbo **to be**, consulta el Capítulo 2. Para más información acerca del uso del participio pasado, ve al Capítulo 15.

| Tabla A | Verbos irregulares del inglés | |
|---|---|---|
| *Forma básica (el infinitivo)* | *Pasado simple* | *Participio pasado* |
| awake (despertar) | awoke | awaken |
| be (ser o estar) | was/were | been |
| beat (ganar o golpear) | beat | beaten |
| become (hacerse) | became | become |
| begin (comenzar) | began | begun |
| bend (doblar) | bent | bent |
| bite (morder) | bit | bitten |
| bleed (sangrar) | bled | bled |
| blow (soplar) | blew | blown |
| break (romper o quebrar) | broke | broken |
| bring (traer) | brought | brought |
| build (construir) | built | built |
| buy (comprar) | bought | bought |
| catch (coger o atrapar) | caught | caught |
| choose (escoger) | chose | chosen |

*(continued)*

## Tabla A *(continued)*

| Forma básica (el infinitivo) | Pasado simple | Participio pasado |
| --- | --- | --- |
| come (venir) | came | come |
| cost (costar) | cost | cost |
| cut (cortar) | cut | cut |
| dig (escarbar) | dug | dug |
| do (hacer) | did | done |
| draw (dibujar) | drew | drawn |
| drink (tomar o beber) | drank | drunk |
| drive (manejar o conducir) | drove | driven |
| eat (comer) | ate | eaten |
| fall (caer) | fell | fallen |
| feed (dar de comer o alimentar) | fed | fed |
| fight (luchar) | fought | fought |
| find (encontrar) | found | found |
| fit (caber) | fit | fit |
| fly (volar) | flew | flown |
| forget (olvidar) | forgot | forgotten |
| forgive (perdonar) | forgave | forgiven |
| freeze (congelar) | froze | frozen |
| get (obtener o lograr) | got | got/gotten |
| give (dar) | gave | given |
| go (ir) | went | gone |
| grow (crecer) | grew | grown |
| hang (colgar) | hung | hanged/hung |
| have (tener) | had | had |
| hear (oír) | heard | heard |
| hide (esconder) | hid | hidden |
| hit (pegar) | hit | hit |
| hold (agarrar) | held | held |
| hurt (lastimar) | hurt | hurt |
| keep (guardar) | kept | kept |

| Forma básica (el infinitivo) | Pasado simple | Participio pasado |
|---|---|---|
| know (saber) | knew | known |
| lay (colocar o poner) | laid | laid |
| lead (guiar) | led | led |
| leave (salir) | left | left |
| lend (prestar) | lent | lent |
| let (permitir) | let | let |
| lie (down) (recostar) | lay | lain |
| light (prender o encender) | lit | lit |
| lose (perder) | lost | lost |
| make (hacer) | made | made |
| mean (significar o querer decir) | meant | meant |
| meet (conocer) | met | met |
| pay (pagar) | paid | paid |
| prove (probar o demostrar) | proved | proven |
| put (poner) | put | put |
| quit (dejar o abandonar) | quit | quit |
| read (leer) | read | read |
| ride (montar o pasear) | rode | ridden |
| ring (tocar o sonar) | rang | rung |
| rise (levantar) | rose | risen |
| run (correr) | ran | run |
| say (decir) | said | said |
| see (ver) | saw | seen |
| sell (vender) | sold | sold |
| send (mandar) | sent | sent |
| set (poner o colocar) | set | set |
| shake (menear o sacudir) | shook | shaken |
| shine (brillar) | shone | shone |
| shoot (disparar) | shot | shot |
| shut (cerrar) | shut | shut |

*(continued)*

## Tabla A *(continued)*

| *Forma básica (el infinitivo)* | *Pasado simple* | *Participio pasado* |
|---|---|---|
| sing (cantar) | sang | sung |
| sit (sentar(se)) | sat | sat |
| sleep (dormir) | slept | slept |
| slide (resbalar o deslizar) | slid | slid |
| speak (hablar) | spoke | spoken |
| spend (gastar o pasar) | spent | spent |
| split (rajar o partir) | split | split |
| spread (extender o esparcir) | spread | spread |
| stand (parar) | stood | stood |
| steal (robar) | stole | stolen |
| stick (pegar o adherir) | stuck | stuck |
| sting (picar o arder) | stung | stung |
| swear (jurar) | swore | sworn |
| sweep (barrer) | swept | swept |
| swim (nadar) | swam | swum |
| swing (columpiarse o mecerse) | swung | swung |
| take (tomar) | took | taken |
| teach (enseñar) | taught | taught |
| tear (desgarrar o romper) | tore | torn |
| tell (decir o contar) | told | told |
| think (pensar) | thought | thought |
| throw (lanzar o aventar) | threw | thrown |
| understand (comprender) | understood | understood |
| wake (despertar) | woke | woken |
| wear (vestir o usar) | wore | worn |
| weep (llorar) | wept | wept |
| win (ganar) | won | won |
| write (escribir) | wrote | written |

# Mini-diccionario inglés-español

## A

**about** (a-*baut*): acerca de

**above** (a-*bov*): arriba de

**absolutely** (ab-sou-*lut*-li): absolutamente

**accept** (ak-*sept*): aceptar

**account** (a-*caunt*): cuenta

**address** (*a*-dres): dirección

**after** (*af*-ter): después

**afternoon** (af-ter-*nu*-un): tarde

**aisle** (ail): pasillo

**all** (ol): todo

**all right** (al rait): correcto; bueno; satisfactorio

**almost** (*al*-moust): casi

**a lot** (ei lot): mucho

**also** (*al*-so): también

**always** (*al*-ueys): siempre

**amount** (a-*maunt*): cantidad

**ankle** (*an*-kel): tobillo

**answer** (*an*-ser): respuesta; contestar

**arm** (arm): brazo

**around** (a-*raund*): alrededor

**arrive** (a-*raiv*): llegar

**ask** (ask): preguntar

**aunt** (ant): tía

**available** (a-*vail*-a-bul): disponible

**avenue** (*a*-ve-nu): avenida

**average** (*a*-ver-ich): promedio

## B

**bad** (bad): malo

**bag** (bak): bolsa

**ball** (bol): pelota; balón

**bank** (bank): banco

**bathroom** (*baz*-ru-um): baño

**beach** (*bi*-ich): playa

**beautiful** (*biu*-ti-ful): hermoso

**bed** (bed): cama

**beef** (*bi*-if): carne de res

**beer** (*bi*-ar): cerveza

**begin** (bi-*guin*): empezar

**below** (bi-*lou*): abajo

**best** (best): el mejor

**between** (bi-*tui*-in): entre; en medio de

**bicycle** (*bai*-ci-kel): bicicleta

**big** (bik): grande

**bill** (bil): factura; billete

**bird** (burd): pájaro

**black** (blak): negro

**blood** (blod): sangre

**blouse** (blaus): blusa

**blue** (blu): azul

**bone** (boun): hueso

**book** (buk): libro

**boot** (*bu*-ut): bota

**bottle** (*bo*-tel): botella

**boy** (boi): niño

**bread** (bred): pan
**breakfast** (brek-fast): desayuno
**brother** (*bro*-der): hermano
**brown** (braun): color café
**building** (*bil*-ding): edificio
**business** (*bis*-nes): negocio
**but** (bot): pero
**butter** (*bo*-ter): mantequilla
**buy** (bai): comprar

## C

**call** (col): llamar; llamada
**camera** (*ca*-mer-a): cámara
**can** (can): poder; lata
**cancel** (*can*-cel): cancelar
**car** (car): coche
**card** (card): tarjeta
**careful** (*keir*-ful): cuidadoso
**cash** (cach): dinero en efectivo
**cat** (cat): gato
**cereal** (*ci*-ri-al): cereal
**change** (cheinch): cambiar
**change** (**money back**) (cheinch): cambio
**check** (chek): cheque; revisar
**cheese** (*chi*-is): queso
**chicken** (*chi*-ken): pollo; gallina
**child** (chaild): niño
**choice** (chois): selección; opción
**city** (*si*-ti): ciudad
**clean** (*cli*-in): limpio
**coat** (cout): abrigo
**coffee** (*co*-fi): café
**coin** (coin): moneda
**cold** (could): frío
**color** (*co*-lor): color
**come** (com): venir
**company** (*com*-pa-ni): compañía; empresa

**computer** (com-*piu*-ter): computadora
**content** (con-*tent*): contento
**cook** (cuk): cocinar; cocinero
**cool** (*cu*-ul): frío; a todo dar; fenomenal
**corner** (*cor*-ner): esquina
**cost** (cost): costo; costar
**cough** (cof): tos
**count** (caunt): contar
**country** (*con*-tri): país
**cousin** (*co*-sin): primo
**cow** (cau): vaca
**credit** (*cre*-dit): crédito
**cup** (cop): taza
**custom** (*cos*-tom): advana; costumbre

## D

**dance** (dans): baile; bailar
**danger** (*dein*-ller): peligro
**dark** (dark): oscuro
**date** (deit): cita; fecha
**daughter** (*do*-ter): hija
**day** (dei): día
**dentist** (*den*-tist): dentista
**department store** (di-*part*-ment stor): tienda de departamentos
**dessert** (de-*sert*): postre
**different** (*dif*-er-ent): diferente
**difficult** (*dif*-i-cult): difícil
**dinner** (*din*-ner): cena
**doctor** (*doc*-tor): doctor
**dog** (doc): perro
**dollar** (*dol*-ar): dólar
**door** (dor): puerta
**down** (daun): abajo
**dress** (dres): vestido; vestir(se)
**drink** (drink): bebida; tomar; beber
**drive (a car)** (draiv): manejar; conducir

**dry** (drai): seco; secar

**drug store** (drok stor): farmacia

# E

**ear** (*i*-ar): oído; oreja

**early** (*er*-li): temprano

**easy** (*i*-is-i): fácil

**eat** (*i*-it): comer

**egg** (ek): huevo

**elevator** (*e*-le-vei-tor): elevador; ascensor

**employee** (em-*ploi*-i): empleado

**employer** (em-*ploi*-ller): empleador

**enjoy** (en-*lloi*): gozar

**enter** (*en*-ter): entrar

**even** (*i*-i-ven): plano; parejo

**every** (*e*-ver-i): cada

**exit** (*ek*-sit): salida

**expensive** (ek-*spen*-siv): caro

**eye** (ai): ojo

# F

**face** (feis): cara

**father** (*fa*-der): padre

**feel** (*fi*-al): sentir; tocar

**few** (fiu): poco

**find** (faind): encontrar

**fine** (fain): bien; fino

**finger** (*fin*-guer): dedo

**finish** (*fi*-nich): terminar

**fire** (fair): incendio; fuego

**first** (furst): primero

**fish** (fich): pez; pescado

**floor** (flor): piso

**flower** (flaur): flor

**flu** (flu): gripe

**foot** (fut): pie

**fork** (fork): tenedor

**free** (*fri*-i): libre

**friend** (frend): amigo

**fruit** (frut): fruta

**furniture** (*fur*-ni-chur): muebles

**future** (*fiu*-chur): futuro

# G

**game** (gueim): juego; partido

**garden** (*gar*-den): jardín

**girl** (gurl): niña

**give** (guiv): dar

**glass** (glas): vidrio; vaso

**go** (gou): ir

**gold** (gould): oro

**good** (gud): bueno

**good-bye** (*gud*-bai): adiós

**grandchild** (*grand*-chaild): nieto

**grandfather** (*grand*-fad-er): abuelo

**grandmother** (*grand*-mo-der): abuela

**green** (*gri*-in): verde

**gray** (grei): gris

**grocery store** (*grou*-che-ri stor): tienda de comestibles o abarrotes

**guest** (guest): huésped; invitado

# H

**hair** (jeir): pelo; cabello

**half** (jaf): mitad

**hand** (jand): mano

**handsome** (*jand*-som): guapo

**happy** (*ja*-pi): feliz

**hat** (jat): sombrero

**have** (jav): tener

**he** (ji): él

**head** (jed): cabeza

**healthy** (*jel*-zi): saludable; sano

**heart** (jart): corazón

**help** (jelp): ayuda; ayudar

**here** (*ji*-ar): aquí

**high** (jai): alto

**holiday** (*jo*-li-dei): día festivo

**horse** (jors): caballo

**hot** (jot): caliente

**hour** (aur): hora

**house** (jaus): casa

**how** (jau): cómo

**hug** (jok): abrazo

**hungry** (*jon*-gri): hambre

**husband** (*jos*-band): esposo; marido

## I

**ice** (ais): hielo

**identification** (i-den-ti-fi-*kei*-chion): identificación

**illness** (*il*-nes): enfermedad

**immigration** (i-mi-*grei*-chion): inmigración

**important** (im-*por*-tant): importante

**impossible** (im-*pos*-i-bul): imposible

**include** (in-*clud*): incluir

**injury** (*in*-llu-ri): herida; daño

**in-law** (*in*-lau): suegro; suegra

**island** (*ai*-land): isla

**it** (it): lo; la

## J

**jacket** (*lla*-ket): chaqueta

**jail** (lleil): cárcel

**jeans** (llins): pantalón de mezclilla

**job** (llob): trabajo

**juice** (llus): jugo

**just** (llost): sólo; justo

## K

**keep going** (*ki*-ip *gou*-ing): seguir adelante

**key** (ki): llave

**kid** (kid): niño

**kiss** (kis): beso; besar

**kitchen** (*kit*-chen): cocina

**knee** (*ni*-i): rodilla

**knife** (naif): cuchillo

**know** (nou): saber; conocer

## L

**land** (land): tierra

**language** (*lan*-güich): idioma

**large** (larch): grande

**last** (last): último; durar

**late** (leit): tarde

**later** (*lei*-ter): después

**law** (lau): ley

**lawyer** (*lau*-ller): abogado

**learn** (lern): aprender

**leave** (*li*-iv): salir

**left** (left): izquierda

**leg** (lek): pierna

**less** (les): menos

**lesson** (*les*-son): lección

**letter** (*le*-ter): carta

**library** (*lai*-bre-ri): biblioteca

**life** (laif): vida

**light** (lait): ligero; luz; encender

**like** (laik): gustarle a uno; como

**line** (lain): línea

**listen** (*lis*-en): escuchar

**little** (*li*-tel): pequeño

**live** (liv): vivir

**living room** (*liv*-ing *ru*-um): sala

**loose** (*lu*-us): suelto
**lose** (lus): perder
**love** (lov): amor; amar
**low** (lou): bajo
**luggage** (*lo*-keich): equipaje
**lunch** (lonch): almuerzo

## M

**mad** (mad): enojado
**mail** (meil): correo
**make** (meik): hacer
**man** (man): hombre
**manager** (*ma*-ne-ller): gerente
**many** (*me*-ni): muchos
**map** (map): mapa
**mark** (mark): marcar
**me** (mi): mí
**meal** (*mi*-al): comida
**mean** (*mi*-in): significar; medio
**meat** (*mi*-it): carne
**medicine** (*me*-di-cin): medicina
**meeting** (*mi*-it-ing): junta
**mild** (maild): suave
**milk** (milk): leche
**minute** (*mi*-nut): minuto
**miss** (mis): extrañar
**modern** (*mo*-dern): moderno
**money** (*mo*-ni): dinero
**moon** (*mu*-un): luna
**more** (mor): más
**morning** (*mor*-ning): mañana
**mother** (*mo*-der): madre; mamá
**mountain** (*maun*-tein): montaña
**mouth** (mauz): boca
**much** (moch): mucho
**must** (most): deber

## N

**napkin** (*nap*-kin): servilleta
**narrow** (*ne*-rou): estrecho
**nation** (*nei*-chion): nación
**nationality** (na-chion-*al*-i-ti): nacionalidad
**near** (*ni*-ar): cerca
**nearly** (*ni*-ar-li): casi
**neck** (nek): cuello
**neighbor** (*nei*-bor): vecino
**never** (*ne*-ver): nunca
**newspaper** (*nus*-pei-per): periódico
**next** (nekst): próximo
**nice** (nais): bueno
**night** (nait): noche
**noisy** (*noi*-si): ruidoso
**none** (non): ninguno
**nose** (nous): nariz
**not** (not): no
**note** (nout): nota
**now** (nau): ahora
**number** (*nom*-ber): número
**nurse** (nurs): enfermera

## O

**ocean** (*ou*-chion): océano
**occupied** (*oc*-kiu-paid): ocupado
**of course** (of cours): claro; por supuesto
**office** (*o*-fis): oficina
**often** (*of*-ten): a menudo
**okay** (*o*-kei): bueno
**on** (on): en
**one-way** (*uon*-uey): de un solo sentido
**only** (*on*-li): solamente
**orange** (or-ench): anaranjado
**out** (aut): fuera

**outside** (aut-*said*): afuera

**over** (*ou*-ver): sobre

**over there** (*ou*-ver der): allá

## P

**pain** (pein): dolor

**paint** (peint): pintura

**pants** (pants): pantalón

**park** (park): parque

**parking** (*par*-king): estacionamiento

**passport** (*pas*-port): pasaporte

**pay** (pei): pagar

**pen** (pen): lapicero

**people** (*pi*-pol): gente

**perfect** (*per*-fect): perfecto

**person** (*per*-son): persona

**photograph** (*fo*-to-graf): fotografía

**physician** (fi-*si*-chion): médico; doctor

**picture** (*pic*-chur): cuadro

**pin** (pin): alfiler

**plan** (plan): proyectar; planear

**plate** (pleit): plato

**play** (plei): jugar

**pocket** (*po*-ket): bolsillo

**police** (po-*li*-is): policía

**poor** (por): pobre

**post office** (poust *o*-fis): oficina de correos

**pot** (pot): olla

**pound** (paund): libra

**prefer** (*pri*-fer): preferir

**pretty** (*pri*-ti): bonito

**price** (prais): precio

**print** (print): imprimir

**pure** (piur): puro

**purple** (*pur*-pul): morado

**put** (put): poner; colocar

## Q

**quarter** (*kor*-ter): moneda de 25 centavos

**quiet** (*kuai*-et): quieto

**quit** (kuit): dejar; abandonar

**quite** (kuait): bastante

## R

**race** (reis): raza; carrera

**rain** (rein): llover; lluvia

**receipt** (ri-*ci*-it): recibo

**red** (red): rojo

**refund** (*ri*-fond): reembolso; reembolsar

**repeat** (ri-*pi*-it): repetir

**reservation** (res-ser-*vei*-chion): reservación

**restaurant** (*res*-ter-ant): restaurante

**return** (ri-*turn*): volver; regresar

**rice** (rais): arroz

**ride** (raid): pasear; viaje; paseo

**right** (rait): derecha; correcto

**right away** (rait a-*uey*): ahora mismo

**river** (*ri*-ver): río

**road** (roud): camino

**room** (*ru*-um): cuarto

**rule** (*ru*-ul): regla

## S

**salad** (*sa*-lad): ensalada

**sale** (seil): venta

**salt** (salt): sal

**same** (seim): igual; mismo

**school** (*sku*-ul): escuela

**sea** (*si*-i): mar

**search** (surch): buscar; búsqueda

**seat** (*si*-it): silla

**see** (*si*-i): ver

**sell** (sel): vender

**send** (send): mandar

**she** (chi): ella

**shirt** (churt): camisa

**shoe** (chu): zapato

**short** (chort): corto

**shoulder** (*choul*-der): hombro

**show** (chou): mostrar

**sick** (sik): enfermo

**sing** (sing): cantar

**sister** (*sis*-ter): hermana

**size** (sais): talla; tamaño

**skirt** (skurt): falda

**sleep** (*sli*-ip): dormir

**small** (smol): pequeño

**some** (som): algunos

**something** (*som*-zing): algo

**son** (son): hijo

**special** (*spe*-chial): especial

**spoon** (*spu*-un): cuchara

**state** (steit): estado

**station** (*stei*-chion): estación

**stay** (stei): quedarse

**steak** (steik): bistec

**stop** (stop): alto; parar(se)

**store** (stor): tienda

**straight** (treit): derecho

**street** (*stri*-it): calle

**student** (*stu*-dent): estudiante

**study** (*sto*-di): estudiar

**sugar** (*chu*-gar): azúcar

**suit** (sut): traje

**suitcase** (*sut*-keis): maleta

**sun** (son): sol

**sure** (chur): seguro; cierto

**surgery** (*sur*-lle-ri): cirujía

**sweatshirt** (suet-churt): sudadera

**sweater** (*sue*-ter): suéter

**sweet** (*sui*-it): dulce

**swim** (suim): nadar

**swimsuit** (*suim*-sut): traje de baño

## T

**take** (teik): tomar

**talk** (tok): hablar

**tall** (tol): alto

**tea** (*ti*-i): té

**team** (*ti*-im): equipo

**thank you** (zank iu): gracias

**that** (dat): ese; esa

**then** (den): entonces

**there** (der): allí; allá; ahí

**they** (dei): ellos

**thigh** (zai): muslo

**thing** (zing): cosa

**think** (zink): pensar

**thirsty** (*zurs*-ti): sediento

**this** (dis): este; esta

**ticket** (*ti*-ket): boleto

**time** (taim): tiempo

**tire** (tair): llanta

**tired** (taird): cansado

**today** (tu-*dei*): hoy

**toe** (tou): dedo del pie

**together** (tu-*gue*-der): juntos

**tomorrow** (tu-*mo*-rou): mañana

**too** (*tu*-u): también

**too bad** (*tu*-u bad): es una lástima

**tool** (*tu*-ul): herramienta

**tooth** (*tu*-uz): diente

**town** (taun): pueblo

**traffic** (*tra*-fic): tráfico
**train** (trein): tren
**travel** (*tra*-vel): viajar; viaje
**tree** (*tri*-i): árbol
**trip** (trip): viaje
**try** (trai): probar; intentar
**turn** (turn): volver; girar
**type** (taip): tipo; teclear textos
**typical** (*ti*-pi-cal): típico

# U

**ugly** (*og*-li): feo
**uncle** (*on*-kel): tío
**under** (*on*-der): debajo de
**until** (on-*til*): hasta
**up** (op): arriba

# V

**vegetable** (*ve*-lle-te-bul): vegetal
**very** (*ve*-ri): muy
**vehicle** (*vi*-ji-kol): vehículo
**visit** (*vi*-sit): visitar; visita
**vote** (vout): votar; voto

# W

**wait** (ueit): esperar
**walk** (uak): caminar
**wallet** (*ua*-let): cartera
**want** (uant): querer
**warm** (uarm): caliente
**watch** (uatch): mirar; reloj
**water** (ua-ter): agua
**we** (ui): nosotros

**wear** (uer): llevar
**week** (*ui*-ik): semana
**weird** (*ui*-ard): extraño
**what** (juat): que; ¿qué?
**when** (juen): cuando; ¿cuándo?
**where** (juer): donde; ¿dónde?
**which** (juich): que; ¿cuál?
**while** (juail): mientras
**white** (juait): blanco
**who** (ju): ¿quién(es)?
**whole** (*juo*-ul): todo; entero
**why** (juai): ¿por qué?
**wide** (uaid): ancho
**wise** (uais): sabio
**woman** (*uo*-man): mujer
**work** (uerk): trabajar; trabajo
**write** (rait): escribir
**wrong** (rong): incorrecto

# Y

**yard** (iard): patio; yarda
**yellow** (*ie*-lou): amarillo
**yesterday** (*ies*-ter-dei): ayer
**yet** (iet): todavía
**you** (iu): tú; usted
**young** (iong): joven

# Z

**zero** (*si*-ro): cero
**zipper** (*si*-per): cierre

# Mini *diccionario* español-inglés

## A

a menudo: **often** (*of*-ten)

abajo: **below** (bi-lou)

abajo: **down** (daun)

abogado: **lawyer** (*lau*-ller)

abrazo: **hug** (jok)

abrigo: **coat** (cout)

absolutamente: **absolutely** (ab-sou-*lut*-li)

abuela: **grandmother** (*grand*-mo-der)

abuelo: **grandfather** (*grand*-fad-er)

aceptar: **accept** (ak-*sept*)

acerca de: **about** (a-*baut*)

adiós: **good-bye** (*gud*-bai)

advana: **custom** (cos-tom)

afuera: **outside** (aut-*said*)

agua: **water** (ua-ter)

ahora: **now** (nau)

ahora mismo: **right away** (rait a-*uey*)

alfiler: **pin** (pin)

algo: **something** (*som*-zing)

algunos: **some** (som)

allá: **over there** (*ou*-ver der)

allí; allá; ahí: **there** (der)

almuerzo: **lunch** (lonch)

alrededor: **around** (a-*raund*)

alto: **high** (jai)

alto: **tall** (tol)

alto; parar(se): **stop** (stop)

amarillo: **yellow** (*ie*-lou)

amigo: **friend** (frend)

amor; amar: **love** (lov)

anaranjado: **orange** (*or*-ench)

ancho: **wide** (uaid)

aprender: **learn** (lern)

aquí: **here** (*ji*-ar)

árbol: **tree** (*tri*-i)

arriba: **up** (op)

arriba de: **above** (a-*bov*)

arroz: **rice** (rais)

ascensor: **elevator** (*e*-le-vei-tor)

avenida: **avenue** (*a*-ve-nu)

ayer: **yesterday** (*ies*-ter-dei)

ayuda; ayudar: **help** (jelp)

azúcar: **sugar** (*chu*-gar)

azul: **blue** (blu)

## B

baile; bailar: **dance** (dans)

bajo: **low** (lou)

balón: **ball** (bol)

banco: **bank** (bank)

baño: **bathroom** (*baz*-ru-um)

bastante: **quite** (kuait)

bebida; tomar; beber: **drink** (drink)

beso; besar: **kiss** (kis)

biblioteca: **library** (*lai*-bre-ri)

bicicleta: **bicycle** (*bai*-ci-kel)

bien; fino: **fine** (fain)

billete: **bill** (bil)

bistec: **steak** (steik)

blanco: **white** (juait)

blusa: **blouse** (blaus)

boca: **mouth** (mauz)

boleto: **ticket** (*ti*-ket)

bolsa: **bag** (bak)

bolsillo: **pocket** (*po*-ket)

bonito: **pretty** (*pri*-ti)

bota: **boot** (*bu*-ut)

botella: **bottle** (*bo*-tel)

brazo: **arm** (arm)

bueno: **good** (gud); **nice** (nais);
   **okay** (*o*-kei)

buscar; búsqueda: **search** (surch)

# C

caballo: **horse** (jors)

cabello: **hair** (jeir)

cabeza: **head** (jed)

cada: **every** (*e*-ver-i)

café: **coffee** (*co*-fi)

caliente: **warm** (uarm)

calientísimo: **very hot** (jot)

calle: **street** (*stri*-it)

cama: **bed** (bed)

cambiar: **change** (cheinch)

cambio: **change** (money back) (cheinch)

cámara: **camera** (*ca*-mer-a)

caminar: **walk** (uak)

camino: **road** (roud)

camisa: **shirt** (churt)

cancelar: **cancel** (*can*-cel)

cansado: **tired** (taird)

cantar: **sing** (sing)

cantidad: **amount** (a-*maunt*)

cara: **face** (feis)

cárcel: **jail** (lleil)

carne: **meat** (*mi*-it)

carne de res: **beef** (*bi*-if)

caro: **expensive** (ek-*spen*-siv)

carrera: **race** (reis)

carta: **letter** (*le*-ter)

cartera: **wallet** (*ua*-let)

casa: **house** (jaus)

casi: **almost** (*al*-moust); **nearly** (*ni*-ar-li)

cena: **dinner** (*din*-ner)

cerca: **near** (*ni*-ar)

cereal: **cereal** (*ci*-ri-al)

cero: **zero** (*si*-ro)

cerveza: **beer** (*bi*-ar)

cierre: **zipper** (*si*-per)

cirujía: **surgery** (*sur*-lle-ri)

cita: **date** (deit)

ciudad: **city** (*si*-ti)

claro: **of course** (of cours)

coche: **car** (car)

cocina: **kitchen** (*kit*-chen)

cocinar; cocinero: **cook** (cuk)

colocar: **put** (put)

color: **color** (*co*-lor)

color café: **brown** (braun)

comer: **eat** (*i*-it)

comida: **meal** (*mi*-al)

cómo: **how** (jau)

compañía; empresa: **company** (*com*-pa-ni)

comprar: **buy** (bai)

computadora: **computer** (com-*piu*-ter)

conocer: **meet**; know (mit)

contar: **count** (caunt)

contento: **content** (con-*tent*)

contestar: **answer** (*an*-ser)

corazón: **heart** (jart)

correcto: **all right** (al rait)

correo: **mail** (meil)

correo, oficina de: **post office** (poust *o*-fis)

corto: **short** (chort)

cosa: **thing** (zing)

costo; costar: **cost** (cost)

costumbre: **custom** (*cos*-tom)

crédito: **credit** (*cre*-dit)

cuadro: **picture** (*pic*-chur)

cuál: **which** (juich)

cuándo: **when** (juen)

cuarto: **room** (*ru*-um)

cuchara: **spoon** (*spu*-un)

cuchillo: **knife** (naif)

cuello: **neck** (nek)

cuenta: **account** (a-*caunt*)

cuidadoso: **careful** (*keir*-ful)

## CH

chaqueta: **jacket** (*lla*-ket)

cheque: **check** (chek)

## D

dar: **give** (guiv)

de un solo sentido: **one-way** (*uon*-uey)

debajo de: **under** (*on*-der)

deber: **must** (most)

dedo: **finger** (*fin*-guer)

dedo del pie: **toe** (tou)

dejar; abandonar: **quit** (kuit)

dentista: **dentist** (*den*-tist)

derecha; derecho: **right** (rait)

derecho: **straight** (streit)

desayuno: **breakfast** (*brek*-fast)

después: **after** (*af*-ter); **later** (*lei*-ter)

día: **day** (dei)

día festivo: **holiday** (*jo*-li-dei)

diente: **tooth** (*tu*-uz)

diferente: **different** (*dif*-er-ent)

difícil: **difficult** (*dif*-i-cult)

dinero: **money** (*mo*-ni)

dinero en efectivo: **cash** (cach)

dirección: **address** (a-dres)

disponible: **available** (a-*vail*-a-bul)

doctor: **doctor** (*doc*-tor)

dólar: **dollar** (*dol*-ar)

dolor: **pain** (pein)

dónde: **where** (juer)

dormir: **sleep** (*sli*-ip)

dulce: **sweet** (*sui*-it)

durar: **last** (last)

## E

edificio: **building** (*bil*-ding)

él: **he** (ji)

el mejor: **best** (best)

elevador: **elevator** (*e*-le-vei-tor)

ella: **she** (chi)

ellos: **they** (dei)

empezar: **begin** (bi-*guin*)

empleado: **employee** (em-*ploi*-i)

empleador: **employer** (em-*ploi*-ller)

en: **on** (on)

encontrar: **find** (faind)

enfermedad: **illness** (*il*-nes)

enfermera: **nurse** (nurs)

enfermo: **sick** (sik)

enojado: **mad** (mad)

ensalada: **salad** (*sa*-lad)

entonces: **then** (den)

entrar: **enter** (*en*-ter)

entre; en medio de: **between** (bi-*tui*-in)

equipaje: **luggage** (*lo*-keich)

equipo: **team** (*ti*-im)

es una lástima: **too bad** (*tu*-u bad)

escribir: **write** (rait)

escuchar: **listen** (*lis*-en)

escuela: **school** (*sku*-ul)

ese; esa: **that** (dat)

especial: **special** (*spe*-chial)

esperar: **wait** (ueit)

esposo; marido: **husband** (*jos*-band)

esquina: **corner** (*cor*-ner)

estación: **station** (*stei*-chion)

estacionamiento: **parking** (*par*-king)

estado: **state** (steit)

este; esta: **this** (dis)

estrecho: **narrow** (*ne*-rou)

estudiante: **student** (*stu*-dent)

estudiar: **study** (*sto*-di)

extrañar: **miss** (mis)

extraño: **weird** (*ui*-ard)

## F

fácil: **easy** (*i*-is-i)

factura: **bill** (bil)

falda: **skirt** (skurt)

farmacia: **drug store** (drok stor)

fecha: **date** (deit)

feliz: **happy** (*ja*-pi)

feo: **ugly** (*og*-li)

flor: **flower** (flaur)

fotografía: **photograph** (*fo*-to-graf)

frío: **cold** (could)

frío; a todo dar; fenomenal: **cool** (*cu*-ul)

fruta: **fruit** (frut)

fuera: **out** (aut)

futuro: **future** (*fiu*-chur)

## G

gato: **cat** (cat)

gente: **people** (*pi*-pol)

gerente: **manager** (*ma*-ne-ller)

gozar: **enjoy** (en-*lloi*)

gracias: **thank you** (zank iu)

grande: **big** (bik)

grande: **large** (larch)

gripe: **flu** (flu)

gris: **gray** (grei)

guapo: **handsome** (*jand*-som)

gustarle a uno; como: **like** (laik)

## H

hablar: **talk** (tok)

hacer: **make, do** (meik)

hambre: **hungry** (*jon*-gri)

hasta: **until** (on-til)

herida; daño: **injury** (*in*-llu-ri)

hermana: **sister** (*sis*-ter)

hermano: **brother** (*bro*-der)

hermoso: **beautiful** (*biu*-ti-ful)

herramienta: **tool** (*tu*-ul)

hielo: **ice** (ais)

hija: **daughter** (*do*-ter)

hijo: **son** (son)

hombre: **man** (man)

hombro: **shoulder** (*choul*-der)

hora: **hour** (aur)

hoy: **today** (tu-dei)

hueso: **bone** (boun)

huésped; invitado: **guest** (guest)

huevo: **egg** (ek)

## I

identificación: **identification** (i-den-ti-fi-*kei*-chion)

idioma; lengua: **language** (*lan*-güich)

igual; mismo: **same** (seim)

importante: **important** (im-*por*-tant)

imposible: **impossible** (im-*pos*-i-bul)

imprimir: **print** (print)

incendio; fuego: **fire** (fair)

incluir: **include** (in-*clud*)

incorrecto: **wrong** (rong)

inmigración: **immigration** (i-mi-*grei*-chion)

ir: **go** (gou)

isla: **island** (*ai*-land)

izquierda: **left** (left)

## J

jardín: **garden** (*gar*-den)

joven: **young** (iong)

juego; partido: **game** (gueim)

jugar: **play** (plei)

jugo: **juice** (llus)

junta: **meeting** (*mi*-it-ing)

juntos: **together** (tu-*gue*-der)

## L

lapicero: **pen** (pen)

lección: **lesson** (*les*-son)

leche: **milk** (milk)

ley: **law** (lau)

libra: **pound** (paund)

libre: **free** (*fri*-i)

libro: **book** (buk)

ligero; luz: **light** (lait)

limpio: **clean** (*cli*-in)

línea: **line** (lain)

luna: **moon** (*mu*-un)

## LL

llamar; llamada: **call** (col)

llanta: **tire** (tair)

llave: **key** (ki)

llegar: **arrive** (a-*raiv*)

llevar: **wear** (uer)

llover; lluvia: **rain** (rein)

## M

madre: **mother** (*mo*-der)

maleta: **suitcase** (*sut*-keis)

malo: **bad** (bad)

mañana: **morning** (*mor*-ning); **tomorrow** (tu-*mo*-rou)

mandar: **send** (send)

manejar; conducir: **drive (a car)** (draiv)

mano: **hand** (jand)

mantequilla: **butter** (*bo*-ter)

mapa: **map** (map)

mar: **sea** (si-i)

marcar: **mark** (mark)

más: **more** (mor)

medicina: **medicine** (*me*-di-cin)

médico: **physician** (fi-*si*-chion)

medio (de transporte): **mean** (*mi*-in)

menos: **less** (les)

mí: **me** (mi)

mientras: **while** (juail)

minuto: **minute** (*mi*-nut)

mirar: **watch** (uatch)

mitad: **half** (jaf)

moderno: **modern** (*mo*-dern)

moneda: **coin** (coin)

moneda de 25 centavos: **quarter** (*kor*-ter)

montaña: **mountain** (*maun*-tein)

morado: **purple** (*pur*-pul)

mostrar: **show** (chou)

mucho: **a lot** (ei lot); **much** (moch)

muchos: **many** (*me*-ni)

muebles: **furniture** (*fur*-ni-chur)

mujer: **woman** (*uo*-man)

muslo: **thigh** (zai)

muy: **very** (*ve*-ri)

## N

nación: **nation** (*nei*-chion)

nacionalidad: **nationality** (na-chion-*al*-i-ti)

nadar: **swim** (suim)

nariz: **nose** (nous)

negocio: **business** (*bis*-nes)

negro: **black** (blak)

nieto: **grandchild** (*grand*-chaild)

ninguno: **none** (non)

niña: **girl** (gurl)

niño: **boy** (boi); **child** (chaild); **kid** (kid)

no: **not** (not)

noche: **night** (nait)

nosotros: **we** (ui)

nota: **note** (nout)

número: **number** (*nom*-ber)

nunca: **never** (*ne*-ver)

## O

oscuro: **dark** (dark)

océano: **ocean** (*ou*-chion)

ocupado: **occupied** (*oc*-kiu-paid)

oficina: **office** (*o*-fis)

oído; oreja: **ear** (i-ar)

ojo: **eye** (ai)

olla: **pot** (pot)

oro: **gold** (gould)

## P

padre; papá: **father** (*fa*-der)

pagar: **pay** (pei)

país: **country** (*con*-tri)

pájaro: **bird** (burd)

pan: **bread** (bred)

pantalón: **pants** (pants)

pantalón de mezclilla: **jeans** (llins)

parque: **park** (park)

pasaporte: **passport** (*pas*-port)

pasear; paseo: **ride** (raid)

pasillo: **aisle** (ail)

peligro: **danger** (*dein*-ller)

pelo: **hair** (jeir)

pelota; balón: **ball** (bol)

pensar: **think** (zink)

pequeño: **small** (smol); **little** (*li*-tel)

perder: **lose** (lus)

perfecto: **perfect** (*per*-fect)

periódico: **newspaper** (*nus*-pei-per)

pero: **but** (bot)

perro: **dog** (doc)

persona: **person** (*per*-son)

pez; pescado: **fish** (fich)

pie: **foot** (fut)

pierna: **leg** (lek)

pintura: **paint** (peint)

piso: **floor** (flor)

planear: **plan** (plan)

plano; parejo: **even** (*i*-i-ven)

plato: **plate** (pleit)

playa: **beach** (bi-ich)

pobre: **poor** (por)

poco: **few** (fiu)

poder: **can** (can)

policía: **police** (po-*li*-is)

pollo; gallina: **chicken** (*chi*-ken)

poner; colocar: **put** (put)

por qué: **why** (juai)

postre: **dessert** (de-*sert*)

precio: **price** (prais)

preferir: **prefer** (*pri*-fer)

preguntar: **ask** (ask)

primero: **first** (furst)

primo: **cousin** (*co*-sin)

probar; intentar: **try** (trai)

promedio: **average** (*a*-ver-ich)

próximo: **next** (nekst)

proyectar: **plan** (plan)

pueblo: **town** (taun)

puerta: **door** (dor)

puro: **pure** (piur)

## Q

qué: **what** (juat)

quedarse: **stay** (stei)

querer: **want** (uant)

queso: **cheese** (*chi*-is)

quién: **who** (ju)

quieto: **quiet** (*kuai*-et)

## R

raza; carrera: **race** (reis)

recibo: **receipt** (ri-*ci*-it)

reembolso: **refund** (*ri*-fond)

regla: **rule** (*ru*-ul)

reloj: **watch** (uatch)

repetir: **repeat** (ri-*pi*-it)

reservación: **reservation** (res-ser-*vei*-chion)

respuesta: **answer** (*an*-ser)

restaurante: **restaurant** (*res*-ter-ant)

revisar: **check** (chek)

río: **river** (*ri*-ver)

rodilla: **knee** (*ni*-i)

rojo: **red** (red)

ruidoso: **noisy** (*noi*-si)

## S

saber; conocer: **know** (nou)

sabio: **wise** (uais)

sal: **salt** (salt)

sala: **living room** (*liv*-ing *ru*-um)

salida: **exit** (*ek*-sit)

salir: **leave** (*li*-iv)

saludable; sano: **healthy** (*jel*-zi)

sangre: **blood** (blod)

seco; secar: **dry** (drai)

sediento: **thirsty** (*zurs*-ti)

seguir adelante: **keep going** (*ki*-ip *gou*-ing)

seguro; cierto: **sure** (chur)

selección; opción: **choice** (chois)

semana: **week** (*ui*-ik)

sentir; tocar: **feel** (*fi*-al)

servilleta: **napkin** (*nap*-kin)

siempre: **always** (*al*-ueys)

significar: **mean** (*mi*-in)

silla: **seat** (*si*-it)

sobre: **over** (*ou*-ver)

sol: **sun** (son)

solamente: **only** (*on*-li)

sólo; justo: **just** (llost)

sombrero: **hat** (jat)

suave: **mild** (maild)

sudadera: **sweatshirt** (suet-churt)

suegro: **father-in-law** (fa-der-*in*-lau)

suelto: **loose** (*lu*-us)

suéter: **sweater** (*sue*-ter)

## T

talla; tamaño: **size** (sais)

también: **also** (*al*-so); **too** (*tu*-u)

tarde: **afternoon** (af-ter-*nu*-un); **late** (leit)

tarjeta: **card** (card)

taza: **cup** (cop)

té: **tea** (*ti*-i)

temprano: **early** (*er*-li)

tenedor: **fork** (fork)

tener: **have** (jav)

terminar: **finish** (*fi*-nich)

tía: **aunt** (ant)

tiempo: **time** (taim)

tienda: **store** (stor)

tienda de comestibles o abarrotes: **grocery store** (*grou*-che-ri stor)

tienda de departamentos: **department store** (di-*part*-ment stor)

tierra: **land** (land)

tío: **uncle** (*on*-kel)

típico: **typical** (*ti*-pi-cal)

tipo; teclear texto: **type** (taip)

tobillo: **ankle** (*an*-kel)

todavía: **yet** (iet)

todo: **all** (ol)

todo; entero: **whole** (*juo*-ul)

tomar: **take** (teik)

tos: **cough** (cof)

trabajar; trabajo: **work** (uerk)

trabajo: **job** (llob)

tráfico: **traffic** (*tra*-fic)

traje: **suit** (sut)

traje de baño: **swimsuit** (*suim*-sut)

tren: **train** (trein)

tú; usted: **you** (iu)

## U

último; durar: **last** (last)

## V

vaca: **cow** (cau)

vecino: **neighbor** (*nei*-bor)

vegetal: **vegetable** (*ve*-lle-te-bul)

vehículo: **vehicle** (*vi*-ji-kol)

vender: **sell** (sel)

venir: **come** (com)

venta: **sale** (seil)

ver: **see** (si-i)

verde: **green** (gri-in)

vestido; vestir(se): **dress** (dres)

viajar; viaje: **travel** (*tra*-vel)

viaje: **trip** (trip)

vida: **life** (laif)

vidrio; vaso: **glass** (glas)

visitar; visita: **visit** (*vi*-sit)

vivir: **live** (liv)

volver; girar: **turn** (turn)

volver; regresar: **return** (ri-*turn*)

votar; voto: **vote** (vout)

## Y

yarda; patio: **yard** (iard)

## Z

zapato: **shoe** (chu)

# Respuestas a los Juegos y ejercicios divertidos

● ● ● ● ● ● ● ● ● ● ● ● ● ● ● ● ● ● ● ● ● ● ● ● ● ● ● ● ● ● ● ● ● ● ● ● ● ● ● ● ● ●

*E*sta es tu oportunidad de descubrir cómo saliste en todas las secciones de Juegos y ejercicios divertidos. ¿Sacaste 100 en todos los ejercicios? ¡Qué bueno! ¡Te felicito! ¿Tuviste solamente algunos errores o tal vez más de los que pensabas? No importa. Simplemente regrésate y haz un repaso, ¡e intenta de nuevo hasta que obtengas la mejor calificación posible en todos los ejercicios!

## Capítulo 2

**Los Interrogativos**

(1) Who (2) How many (3) Where (4) Can (5) How (6) What (7) How much (8) Do (9) When (10) Are (11) Why (12) Were

## Capítulo 3

**Conecta las preguntas con sus respuestas**

(1) B (2) E (3) A (4) C (5) D

## Capítulo 4

**Pronóstico del clima**

(1) sunny (2) raining (3) partly cloudy (4) raining (5) hot, dry (6) cold, rainy

# Capítulo 5

**Direcciones para llegar a la fiesta**

Take the freeway south.

Get off at Harvest Road.

Go straight for 3 miles.

Turn left at the stoplight.

Continue for three blocks.

Turn right at Oak Street.

After the intersection go another block.

The school is on the corner.

It's across from the library.

# Capítulo 6

**Palabras que faltan en una conversación telefónica**

(1) Hello (2) This is (3) are you (4) fine/there (5) leave (6) Forrest (7) call (8) number (9) 487-7311 (10) message (11) bye

# Capítulo 7

**Conecta la cantidad con la moneda que le corresponde**

(1) nickel (2) penny (3) $30 (4) 50¢ (5) 45 cents (6) 50 dollars (7) $.30 (8) ten-dollar bill (9) 2 twenties (10) quarter (11) 5 bucks

# Capítulo 8

**Palabras que concuerdan**

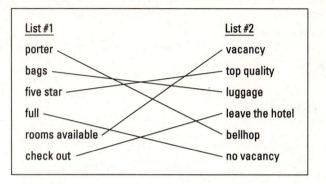

**There, their, theirs, or they're?**

(1) They're, their (2) Their, there (3) theirs (4) there

# Capítulo 9

**¿Qué hay en la mesa (y qué hace falta)?**

(a) soup (b) napkin (c) fork (d) plate (e) steak (f) mashed potatoes (g) knife
(h) coffee (i) glass of water (j) spoon

The green salad is missing.

# Capítulo 10

**Vocabulario del vestuario**

(1) hat (2) shirt (3) tie (4) suit (5) pants (6) shoes (7) skirt (8) sweater
(9) blouse (10) cap (11) sweatshirt (12) jeans (13) tennis shoes

# Capítulo 11

**Vocabulario del tiempo**

(1) 12:00 a.m. (2) noon (3) 3:15 (4) 2:45 (5) five (o'clock) in the morning
(6) 5:30 p.m.

# Capítulo 12

**Laberinto de letras**

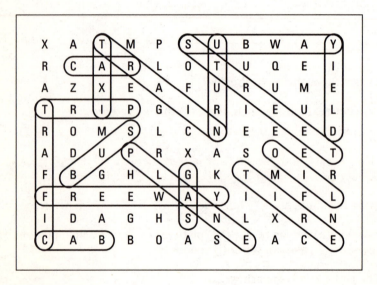

# Capítulo 13

(1) bathroom (2) bedroom (3) bed (4) living room (5) sofa or couch (6) stove
(7) kitchen (8) table (9) toilet (10) sink

# Capítulo 14

**Revoltijo de palabras**

(1) fax (2) computer (3) tape (4) keyboard (5) paper (6) stapler (7) copier (8) eraser (9) pen

Respuesta final: A pay raise!

# Capítulo 15

**Encierra en un círculo la palabra correcta**

(1) playing (2) to surf (3) seen (4) been (5) has (6) plays (7) enjoy (8) jog

# Capítulo 16

**Descripción de las partes del cuerpo**

(1) head (2) eye (3) nose (4) mouth (5) shoulder (6) hand (7) elbow (8) stomach (9) foot (10) toe (11) leg (12) arm (13) chest

Ezra has a broken arm, along with scratches, bruises, and stitches in his leg. He's also dizzy.

## Apéndice D

# Acerca del disco compacto (CD)

●●●●●●●●●●●●●●●●●●●●●●●●●●●●●●●●●●●●●●●●●●●●●●●

A continuación tienes una lista de los diálogos **en tracks** (tra-cks; pistas) que se encuentran en el disco compacto (CD, por sus siglas en inglés) de este libro, el cual encontrarás dentro de su portada posterior. Éste es un disco compacto de audio, así que ponlo en tu cónsola de discos compactos y escucha las conversaciones de "Hablando como se habla" de cada capítulo (con excepción del Capítulo 2, que se trata de gramática). Con un poco de práctica, ¡estarás hablando inglés en un abrir y cerrar de ojos!

**Track 1:** Introduccion y Guia de pronunciacíon (Capítulo 1)

**Track 2:** Práctica del sonido TH (Capítulo 1)

**Track 3:** Distinción entre los sonidos de la B y la V (Capítulo 1)

**Track 4:** Distinción entre los sonidos de la L y la R (Capítulo1)

**Track 5:** Saludos informales y expresiones de preocupación (Capítulo 3)

**Track 6:** Saludos corteses (Capítulo 3)

**Track 7:** Acerca de los nombres (Capítulo 3)

**Track 8:** Conversacíon sobre el clima y los viajes (Capítulo 4)

**Track 9:** La charla (Capítulo 4)

**Track 10:** Cómo pedir direcciones (Capítulo 5)

**Track 11:** Seguimiento de las indicaciones (Capítulo 5)

**Track 12:** El hablar por teléfono y el dejar un mensaje (Capítulo 6)

**Track 13:** El número equivocado (Capítulo 6)

**Track 14:** Intercambio de dinero (Capítulo 7)

**Track 15:** Formas de hacer un pago (Capítulo 7)

**Track 16:** Cómo hacer una reservación en un hotel (Capítulo 8)

**Track 17:** El uso de los adjetivos posesivos y los pronombres posesivos (Capítulo 8)

**Track 18:** Cómo hacer una reservación en un restaurante (Capítulo 9)

**Track 19:** Cómo ordenar comida en un restaurante (Capítulo 9)

**Track 20:** La compra de comida en un restaurante de comida rápida (Capítulo 9)

**Track 21:** Encuentra tu talla (Capítulo 10)

**Track 22:** La devolución de mercancía (Capítulo 10)

**Track 23:** El uso de los pronombres de complemento y las preposiciones (Capítulo 10)

**Track 24:** Cómo obtener información de espectáculos y eventos (Capítulo 11)

**Track 25:** Cómo hacer una cita amistosa (Capítulo 11)

**Track 26:** De paso por inmigración (Capítulo 12)

**Track 27:** Cómo preguntar acerca del transporte público o urbano (Capítulo 12)

**Track 28:** La compra de un boleto de avión (Capítulo 12)

**Track 29:** Conversación sobre la distancia y el tiempo de un viaje (Capítulo 12)

**Track 30:** De visita en una casa ajena (Capítulo 13)

**Track 31:** Cómo describir problemas domésticos (Capítulo 13)

**Track 32:** Conversacíon sobre la hora del almuerzo (Capítulo 14)

**Track 33:** Programación de una junta de negocios (Capítulo 14)

**Track 34:** Conversacíon sobre los deportes y de los pasatiempos favoritos (Capítulo 15)

**Track 35:** La planificación de un viaje de esquiar (Capítulo 15)

**Track 36:** La visita a un campamento (Capítulo 15)

**Track 37:** Cómo llamar al 911 para reportar un accidente (Capítulo 16)

**Track 38:** Descripción de heridas (Capítulo 16)

**Track 39:** Descripción de síntomas (Capítulo 16)

# Índice

## • A •

*a* (artículo), 52–53
*a* (vocal), 13, 21, 116
*a little*, 181
*ABCs*, 115
abecedario, 12, 115
abogados, 300–303
*above*, 238
acampando, 278–281
*accept*, 141
*accident*, 286
*accountant*, 253
acentuación (énfasis), palabras y sílabas, 24–27
*across from*, 104
actividades recreativas. *Véase* tiempo libre
aderezo de ensalada, ordenar del menú, 168
adjetivos, 47–50
  acentuación (énfasis) y, 26
  antes o después?, 48
  cantidad, 48
  carácter y habilidad, 49–50
  color, 48
  comparativos, 191
  cuantitativos, 181
  emociones, expresando con, 49
  posesivos, 152–154
  posición de, 48
  superlativos, 193
  sustantivos que se hacen adjetivos, 49
*adolescent*, 75
aduana, 216, 217–218
*adult*, 75

adverbios, 43, 50–51
aeropuerto, 215–216
  aduana, 216, 217–218
  salir de, 218–219
aficionado al deporte, 272–275
*after*, 104, 204
*against*, 238
*airport*, 216
*airport shuttle*, 219
*air travel*, 223
alfabeto, 12, 115–118
*alike/like*, 321–322
almuerzo, 162
alquiler de coche, 226–227
*always*, 43
*a.m.*, 203
amigos, 315
*an* (artículo), 52–53
animales, 281
*ankle*, 291
*answer*, 114
*answering machine*, 118
antónimos, 319
*any*, 181
*anything*, 317
apellido, 66, 67, 69
apellido de casada, 66, 69
apellido de soltera, 66
apodo, 66
*apple*, 180
*appointment book*, 262
apretón de manos, 64
*area code*, 119
*armchair*, 237
*arms*, 292
*around the corner*, 104

*arrivals*, 216

artes, 253

artículos, 52–53, 86

*artist*, 253

*-ary*, verbos terminando en, acentuación, 25

*as is*, 194–195

*ashtray*, 212

*assembly line*, 256

*at*, 86, 206

*-ate*, verbos terminando en, acentuación, 25

atención médica de emergencia, 290–293

*athletic shoes*, 188

*at the end*, 104

ATMs (cajeros automáticos), 137–138

*aunt*, 90

autobús, 218, 222–224

*avenue*, 102

*average*, 71

avión, 222–224

*awake*, 329

ayuda, pidiendo, 99–109

ayuda de la operadora, 125

ayuda del directorio, 124

ayuda legal, 300–303

• *B* •

*b* (consonante), 13, 16–17, 116

*baby*, 75

*back*, 292

*backpack*, 278

*backpacking*, 278

*bacon*, 160

*badly*, 51

*bad/worse/worst*, 193

*baggage claim*, 216

*baked potato*, 168

*balding*, 72

*ballpark*, 272

*banana*, 180

banco, 134–135

   cajeros automáticos (ATM), 137–138

   recibo, 136

*bank receipt*, 136

baño

   artículos del baño, 238

   pidiendo, 100

*bare floor*, 236

bares, 210–212, 213

*baseball*, 273

*basement*, 236

*basketball*, 273

*bat*, 273

*bathroom*, 100, 236

*bathtub*, 236, 238

*batter*, 273

*be*, 30, 31, 40

   clima, describiendo con, 81

   contracciones, 31–32

   edad, expresando con, 74

   futuro, 46–47, 81

   participio pasado, 329

   pasado, 45

   pasado simple, 45, 329

   preguntas con, 32–33, 34

   presente, 41

   presente continuo, 43–44

   salud, expresando con, 49

   uso de, 41–42

*beach*, 276

*beans*, 180

*bear*, 281

*beard*, 73

*beat*, 329

*beaver*, 281

bebidas, 169

*become*, 329

*bed*, 237

*bed-and-breakfast*, 143

*bedroom*, 236

*beef*, 168
*beep*, 114
*beer*, 211
*before*, 104, 204
*begin*, 329
*behind*, 238
béisbol, 273
*bellhop*, 152
*below*, 238
*bend*, 329
*beside*, 238
*best*, 193
*better*, 193
*big*, 71
*big/bigger*, 191
*big/biggest*, 193
*bill*, 172
*bills*, 131
*bite*, 329
*black*, 72
*bleed*, 329
*block*, 102
*blond*, 72
*blood*, 292
*blouse*, 186
*blow*, 329
*blue*, 72
*blue-collar worker*, 255
*board games*, 271
"bolsita para el perro," 173
*bone*, 292
*borrowing/lending*, 320–321
*boss*, 257
*bottle*, 182
*boutiques*, 185
*bowling*, 271
*bowls*, 164
*boyfriend*, 315
*breadwinner*, 260
*break*, 329
*breakfast*, 160

*breaking the law*, 300
*breweries*, 211
*briefcase*, 251
*bring*, 329
*bring home the bacon*, 260
*broccoli*, 180
*brochures*, 102
*broken bone*, 295
*broom*, 246
*brother*, 90
*brown*, 72
*brown-bag*, 260
*brunch*, 161
*buck*, 132
*bug repellant*, 279
*build*, 329
*burn*, 295
*bus*, 218
*bus driver*, 223
*business card*, 252
*business partner*, 258
*business style*, 266
*bus station*, 222
*bus stop*, 218
*buy*, 197, 329
*by the day*, 227
*by/with*, 141

● **C** ●

*c* (consonante), 13, 116
*cabbage*, 180
cabello, describiendo, 72–73
cabeza, 292
*cabinet*, 237
caja registradora, supermercado,
    183–184
cajeros automáticos (ATMs), 137–138
*cake*, 172
*call* (llamada), 111
*call* (verbo), 69, 114

*call back*, 119
*call the police!*, 286
cama, tamaño de, 150
cama matrimonial, 150
cambiar dinero, 133–134
*camp stove*, 278
*camping*, 278–281
*camping gear*, 278
*can*, 121, 182
*cancel*, 265
cantidad, adjetivos para, 48
cara, 292
carácter, adjetivos para, 49–50
carne, ordenar del menú, 168
*carrot*, 181
*carton*, 182
casa
   describiendo, 236–249
   herramientas para los que haceres
      domésticos, 246
   invitación a un hogar, 240–241
   jardín, 246–247
   limpieza, 243–244, 246
   piso, 236
   por dentro, 236–238
   preposiciones de ubicación, 238–239
   problemas domésticos, 247
   reparaciones, 247–249
   verbos del aseo doméstico, 244–245
*cash back*, 183, 184
*cash register*, 183
*catch*, 329
*catcher*, 273
*celery*, 181
cenar, 162–163
*cents*, 131, 132
*CEO*, 253
*cereal*, 160
*ch*, pronunciación, 295
charlar, 77–97
   clima, 80–85
   con desconocidos, 92–94

dirección de correo electrónico, 86
direcciones, 85–86, 93
estaciones, 83
familia, 90–92
frases cordiales, 79
gustos y preferencies, expresando,
   88–89
números de teléfonos, 85–86, 93
ocupaciones, hablar de, 251–254
pidiendo clarificación, 78
preguntas sencillas, 78
temas tabúes, 94–96, 259
trabajo, 86
*check*, 172
*check-in*, 150
*check-out*, 156
*check-out line*, 183
*cheeks*, 292
*chess*, 271
*chest*, 292
*child*, 75
*children*, 90
*chin*, 292
*choose*, 329
*chore*, 244
*Christian name*, 67
*chubby*, 72
*-cial*, adjetivos terminando en,
   acentuación, 25
*-cian* (sufijo), acentuación y, 25
cine, 206–207
*-cion* (sufijo), acentuación y, 25
*-cious*, adjetivos terminando en,
   acentuación, 25
*classroom*, 255
*clean the bathroom*, 244
*clean up*, 243
*cleanser*, 246
*client*, 258
clima, 80–85
*clippers*, 246
*clock in*, 256

*cloudy*, 81
clubes nocturnos y bares, 210–212, 213
*clutter*, 243
*coastline*, 276
*coat*, 187
cocina, 237
*coffee*, 161, 162, 169, 211
*coffee break*, 261
*coffee table*, 237
*coins*, 132
*cold*, 81
*colleague*, 258
color, adjetivos para, 48
*come*, 330
*come over sometime*, 240
comedor, 237
comida, 159–175
  almuerzo, 162
  aperitivos, 163
  cenar, 162–163
  desayuno, 160–161
  hambre y sed, expresando, 159–160
  hora de comer, 160
  leche, 178
  restaurante, 164–172
  supermercado, 179–185
  utensilios de comer, 164
comida rápida, 159, 173–175
*coming/going*, 319–320
*commuter train*, 219, 220
*compact*, 227
compañeros, trabajo, 257–258
comparativos, 191
*compass*, 280
complemento, 30
complemento directo, 196
compras, tarjetas de crédito, 139, 183
conciertos, 208–209
*conduct business*, 262
conjugación. *Véase* verbos
consejo legal, 300–303

consonantes
  *b* vs. *v*, 16–17
  enunciadas, 14–15
  guturales, 14–15
  *l* vs. *r*, 17–18
  pareja sonora, 14
  pronunciación, 13–19
  *th*, 14–15
*construction worker*, 253
contracciones, 31–32
  futuro, 47
  *it's*, 80
  *I've*, 283
  presente perfecto, 283
  *what's*, 83
conversación. *Véase también* charlar
  comenzando, 77–85
  con desconocidos, 92–94
  continuando, 85–92
  ocupaciones, 251–254
  temas tabúes, 94–96, 259
*cook*, 315
*cookies*, 172
*copier*, 256
cosas, sustantivos, 36–37
*cost*, 330
*cost an arm and a leg*, 294
*couch*, 237
*could*, 121
*count noun*, 181, 182
*cousin*, 90
*co-worker*, 258
*cramp*, 295
*credit card*, 139, 146, 227
crimen, 301
*crooks*, 303
*cross-country skiing*, 276
*crosswalk*, 107
cruzar la calle, 107
*cubicle*, 256
*cucumber*, 181
cuerpo, explicar dónde duele, 291–293

*cup*, 182, 183
*cups*, 164
*curly hair*, 72
*currency*, 133
*custard*, 172
*customer*, 258
*customs*, 216
*customs officer*, 217
*cut*, 295, 330

### • D •

*d* (consonante), 13, 116
-*d*, verbos terminando en, 44
*dad*, 90
*damaged merchandise*, 194
dar la vuelta, 201–213
*daughter*, 90
*daughter-in-law*, 91
*day job*, 259
*day shift*, 259
*day use*, 277
*decimal point*, 132
*deck*, 236
de compras, 177–199
  artículos de segunda mano, 199
  caja registradora, 183–184
  compra de ropa, 185–196
  descuento al precio, 194–195
  regreso de la mercancía, 195–199
  supermercado, 179–185
  tarjetas de crédito, 139, 183
  tiendas de ahorro, 199
*deer*, 281
deletrear palabras, 115–118
*den*, 236
*denominations*, 131
*dentist*, 253
dentista, 299–300
*departures*, 216
deportes, 272–275, 276
desayuno, 160–161

descansos, trabajo, 260–261
*desert*, 275
*designated driver*, 211
*desk*, 237
despedirse, 62
*detergent*, 246
días de la semana, 324–325
*dig*, 330
*dime*, 132
diminutivas, forma de numbre, 67
dinero, 131–141
  banco, 134–135
  *by* y *with*, 141
  cajeros automáticos (ATM), 137–138
  dólares y centavos, 131–132
  intercambio de, 133–134
  pagar, 141
  preposiciones que pagan, 141
  salario, 259–260
  tarjetas bancarias (de pago), 139, 183
  tarjetas de crédito, 139, 183, 227
  verbos que pagan, 141
*dining car*, 222
*dining out*, 164
*dining room*, 236
diptongos, 20
dirección de correo electrónico, 86
direcciones
  expresando, 85–86, 93
  pidiendo, 99–109
  verbos de, 105–106
*dirty words*, 316–317
*dish towel*, 246
*dishcloth*, 246
*dishwasher*, 246
*dispatcher*, 288
distancia tiempo, 225
*dizzy*, 295
*do*, 30, 31, 33, 34, 244, 330
*do-it-yourself*, 249
*do the dishes*, 245
*do the ironing*, 245

*do the laundry*, 245
dobles negativos, 317–318
*doctor*, 253
*"doggie bag"*, 173
*dollars*, 131
dolor, explicando al médico, 291–293
*don't mention it*, 79
*dot*, 86
*double bed*, 150
*downhill skiing*, 276
*draw*, 330
*dress*, 186
*dresser*, 237
*dressing room*, 189, 190
*dress shirt*, 186
*dress shoes*, 187
*drink*, 159, 160, 330
*drinking age*, 211
*drive*, 330
*driver*, 218
*driver's license*, 226
*dry*, 81
*dryer*, 246
*dust the furniture*, 244

## • E •

*e* (vocal), 13, 21, 116
*ear*, 292
*earache*, 295
*earthquake*, 286
*east*, 108
*eat*, 159, 160, 261, 330
*-ed*, verbos terminando en, 44
edad
  describiendo, 74–75
  indicando, 42
  tema tabú, 95
*eggs*, 161
*eight*, 48
*eighteenth*, 148
*eighth*, 147

*elbow*, 292
*elderly person*, 75
*electrician*, 247
*eleven*, 48
*eleventh*, 147
*e-mail*, dirección de correo
      electrónico, 86
emergencias, 285–303
  advertir a otros, 286
  ayuda legal, 300–303
  cita con el doctor, 290–293
  dentista, 299–300
  llamar al 911, 288
  pedir auxilio, 286
emociones, adjetivos para expresar, 49
*employer*, 257
*end tables*, 237
enfermedad, cita con el doctor, 290–293
*engineer*, 253
*enjoy*, 270
ensalada, ordenar del menú, 168
entrañas, 292–293
*-eous*, adjetivos terminando en,
      acentuación, 25
equipo de oficina, 256–257
*eraser*, 257
espacio personal, 65
esparcimiento. *Véase* tiempo libre
estatura, describiendo, 73
*exchange*, 195
*exchange rate*, 133
*excuse me*, 78, 178, 181
*extremely*, 51
extremidades, 292
*eye*, 292

## • F •

*f* (consonante), 13, 116
*face*, 292
*factory*, 256

factory worker, 253

fall, 83, 330

familia, charlando de, 90–92

family name, 66, 69

fancy/fancier, 191

fancy/fanciest, 193

far, 225

fare, 218, 221

farmer, 253

fast, 51

fast food, 159, 173

faster!, 286

fat, 72

father, 91

father-in-law, 91

fechas, expresando, 146–148

feed, 330

feel, salud, expresando con, 49

feeling/touching, 323

feet, 73

ferns, 281

fever, 295

fiancé(e), 315

fifteenth, 147

fifth, 147

fight, 330

file cabinet, 257

file folders, 257

find, 330

finger, 292

finger food, 163

fire, 286

firefighter, 253

fireplace, 237

firewood, 278

first, 147

first floor, 237, 257

first name, 66, 67

fit, 330

five, 48

five-star hotel, 144

flashlight, 278

flood, 286

floor, 237, 257

flora, 281

flowers, 281

fly, 330

fly ball, 273

follow, 105, 106

food poisoning, 295

foot, 292

foot the bill, 294

football, 273, 274, 275

for, 197

forehead, 292

forest, 276

forget, 330

forgive, 330

fork, 164

foul, 274

four, 48

fourteenth, 147

fourth, 147

fox, 281

frases cordiales, 79

frases de cortesía, 68

freckles, 73

free miles, 227

freeway, 226

freeze, 330

French toast, 161

fried, 161

frog, 281

front desk, 150

frutas, 180

full-service, 229

fumar, 211, 212, 223

furniture polish, 246

fútbol, 273, 274

futuro, 42, 46–47

   to be, 81

   will, 121

## • *G* •

*g* (consonante), 13, 116
*gallon*, 182, 183
*garden hose*, 246
gasolina, comprar, 229–230
*gate*, 223
género
  adjetivos, 47
  artículos, 52, 86
  sustantivos, 36
gente, describiendo, 71–75
*get*, 330
*get an ambulance!*, 286
*get away!*, 301
*get away from it all*, 278
*get back!*, 286
*get up*, 255
*gift shop*, 185
*girlfriend*, 315
*give*, 197, 330
*given name*, 66, 67
*glasses*, 73, 164
*glove*, 273
*go*, 330
*go away!*, 301
*goal*, 274
*going/coming*, 319–320
*going to*, futuro, 46–47
*gonna*, 47
*good afternoon*, 57
*good/better/best*, 193
*goodbye*, 57, 62
*good evening*, 57
*good morning*, 57
*good night*, 57
*good/well*, 51
*go west on*, 108
*grandchild*, 90
*granddad*, 90
*grandfather*, 90

*grandmom*, 90
*grandmother*, 90
*grapes*, 180
*grasses*, 281
*gratuity*, 172
*graveyard shift*, 260
*gray*, 72
*great outdoors*, 281
*green*, 72
*"green stuff"*, 132
*grocery store*, 177
groserías, 316–317
*ground floor*, 237, 257
*ground transport*, 216
*grow*, 330
*guidebook*, 102
*guilty*, 300
gustos, expresando, 88–89

## • *H* •

*h* (consonante), 13, 116
hablando por teléfono. *Véase* llamadas
  teléfonicas
hablar. *Véase* charlar; conversación
hacer cita
  con el médico, 290–291
  en el trabajo, 262–263, 265
*had*, 45
*hall*, 236
hambre, expresando, 159–160
*hand*, 292
*handshake*, 64, 251
*hang*, 330
*happy/happily*, 51
*hard/hardly*, 50
*hardware store*, 249
*hardwood floor*, 236
*have*, 40, 330
  comida, 171, 261
  ordenar del menú, 171

*have (continuado)*
  pasado simple, 45
  presente, 41
  presente perfecto, 282–283
*have a heart*, 294
*have you ever?*, 282–283
*hazel*, 72
*he*, 37, 196
*head*, 182, 292
*headache*, 295
*hear*, 330
*hearing/listening*, 322
*heart*, 293
*heavy*, 71
*height*, 73
*hello*, 57
*help!*, 286
*help yourself*, 243
*her*, 152, 196
*hers*, 153
*herself*, 297
*he's*, 283
*hi*, 57, 92
*hide*, 330
*high heels*, 187
*hiking boots*, 280
*him*, 197
*himself*, 297
*hip*, 292
*his*, 152, 153
*hit*, 330
*hold*, 330
*home*, 236
*home run*, 274
*homely*, 314
*homemaker*, 260
*homey*, 314
homónimos, 319
hora, 203–204
hora de comer, 160
hora del amuerzo, 260

horario de trabajo, 259–260
*host/hostess*, 166
*hot*, 81
hotel (motel), 143–157
  *bed-and-breakfast*, 143
  cama, tamaño de, 150
  fechas, 146–148
  *five-star hotel*, 144
  propinas, 152
  registrarse, 150–151
  reservaciones, 145–149
  salida de, 156–157
  servicios extras y gratis, 156
*house*, 236
*housekeeper*, 152, 244
*housework*, 243
*how*, 34
*how are you?*, 58–59, 60
*how are you doing?*, 58
*how many*, 34
*how much*, 34, 35
*humid*, 81
*hungry*, 160
*hurry!*, 286
*hurt*, 330
*hygienist*, 299

## • I •

*i* (vocal), 13, 22
*I* (pronombre personal), 37
*I enjoy*, 270
*I like*, 270
-*ial*, adjetivos terminando en,
    acentuación, 25
-*ian* (sufijo), acentuación y, 25
-*ic*, adjetivos terminando en,
    acentuación, 25
*ice cream*, 172
*ice skating*, 276
*I'm hungry*, 160

*I'm retired*, 252
*I'm thirsty*, 160
*in*, 206, 238
*inches*, 73
*infant*, 75
*information center*, 201
*information operator*, 111
*in front of*, 104, 238
*-ing*, verbos terminando en, 43–44
inglés
  aprender más rápido, 307–311
  diccionario inglés-español, 333–348
  errores, 313–318
  palabras que se confunden fácilmente,
    319–325
  práctica con el disco compacto (CD),
    355–356
  pronunciación, 1–27, 295
*in-laws*, 91
*inside of*, 238
insultos, 316–317
*insurance*, 297
*Internet time*, 156
interrogativas, 32–35
*intersection*, 102
*in the middle*, 104
*in the wild*, 281
invitar, 209–210, 240–241
*-ion* (sufijo), acentuación y, 25
*-ious*, adjetivos terminando en,
    acentuación, 25
*is it?*, 82
*isn't it?*, 82
*it*, 37, 197
*it is*, 80
*it's*, 80
*its*, 152, 153
*it's*, 283
*itself*, 297
*-ity* (sufijo), acentuación y, 25

*I've*, 283
*-ize*, verbos terminando en,
    acentuación, 25

**• J •**

*j* (consonante), 13, 116
*jacket*, 186, 187
jardín, 246
*jeans*, 187
*job site*, 255
*"john"*, 100
*juice*, 161

**• K •**

*k* (consonante), 13
*keep*, 330
*keyboard*, 257
*kidney*, 293
*kids*, 90
*kilograms*, 182
kilómetros, 228
*king bed*, 150
*kinky hair*, 72
*kiss*, 40
*kitchen*, 236
*knee*, 292
*knives*, 164
*know*, 331

**• L •**

*l* (consonante), 13, 17–18
*lake*, 275
*lamb*, 168
*landlord/landlady*, 247
*lantern*, 278
*large*, 71
*last name*, 67
*laundry service*, 156

*lawn mower*, 246
*lawyer*, 253
*lay*, 331
*laying/lying*, 324
*lead*, 331
*least*, 193
*leave*, 331
*leave a message*, 118
leche, 178
*left*, 102
*leg*, 292
*legal drinking age*, 211
*lemon*, 180
*lend*, 331
*lending/borrowing*, 320–321
*let*, 331
*lettuce*, 181
*lie (down)*, 331
*life-threatening*, 285
*light*, 331
*like*, 89, 270
*like/alike*, 321–322
*lime*, 180
limpieza, 243–244, 246
*lips*, 292
*listening/listening*, 322
*live music*, 208
*liver*, 293
*live theater*, 208
*living room*, 236
llamadas telefónicas, 111–126
 ayuda de la operadora, 125
 ayuda del directorio, 124–125
 contestando, 112
 dejar un recado, 119, 121
 deletreando palabras, 115–118
 hacer una llamada, 112–113
 llamadas impertinentes, 124
 mensaje telefónico, 118–119
 número de teléfono, 85–86, 93, 119
 número equivocado, 111, 122

 recitar números telefónicos, 119
 tarjetas telefónicas, 125
 teléfonos celulares, 126
 tomando un recado, 121
 verbos telefónicos, 114–115
llamar al 911, 288
*loafers*, 187
*long-distance calls*, 125
*long-distance operator*, 125
*looking/seeing//watching*, 323
*look out!*, 286
*lose*, 331
*love*, 40
*lover*, 315
lugares
 expresando direcciones, 85–86, 93
 sustantivos, 36–37
*lunch hour*, 260
*lung*, 293
*luxury*, 227
*lying/laying*, 324

## • M •

*m* (consonante), 13, 116
*ma'am*, 149
*machinist*, 256
*maid*, 152, 244
*maiden name*, 66, 69
*make*, 244, 331
*make a meal*, 245
*make a profit*, 258
*make out*, 313
*make the beds*, 245
*make yourself at home*, 243
*mall*, 185
manejar, 107, 227–228
 alquiler de coche, 226–227
 comprar gasolina, 229–230
 millas y kilómetros, 228
*mango*, 180

*married name*, 66
*mashed potatoes*, 168
*matches*, 278
*me*, 196
*meadows*, 281
*mean*, 331
*measuring tape*, 73
mecánico, reparaciones en la casa, 247
médico
  describir síntomas, 295
  explicar dónde duele, 291–293
  hacer cita con, 290–291
  seguro médico, 297
medidas, 182–183
*medium*, 168
*medium build*, 71
*medium-rare*, 168
*medium-well*, 168
*meet*, 331
*melon*, 180
*-ment* (sufijo), acentuación y, 25
menú, 167–169, 171
mesero/mesera, 170–171
*message*, 118
*message machine*, 119
*microwave*, 237
*middle age*, 75
*middle name*, 67
*midnight*, 203
*milk*, 169
millas y kilómetros, 228
*mine*, 153
*mini-market*, 229
*miss*, 149
*mobile home*, 236
*mom*, 90
*Monday*, 324
*month/day/year*, 146
*moose*, 281
*mop*, 246
*mop the floors*, 244

*mosquito*, 281
*most*, 193
motel. *Véase* hotel
*mother-in-law*, 91
*mountain lion*, 281
*mouth*, 292
*movie listings*, 207
*movie ratings*, 208
*movie theater*, 207
*movies*, 206
*moving pictures*, 207
*muscle*, 293
*mushroom*, 181
*mustache*, 73
*my*, 152
*my name is*, 62
*my pleasure*, 79
*myself*, 297

## • *N* •

*n* (consonante), 13, 116
*name*, 69
*natural beauty*, 275
*natural disasters*, 285
naturaleza, 275–278
  animales, 281
  flora, 281
  senderos, 277, 280
  visitar parque nacional (estatal), 277
*near*, 104, 238
*neck*, 292
negativos
  dobles negativos, 317–318
  *no* vs. *not*, 30, 31
negocios, 252, 253, 266–267
*nephew*, 90
*never*, 43
*next to*, 103–104, 238
*nickel*, 132
*nickname*, 66, 67

*niece*, 90
*night shift*, 260
*nightclubs*, 210
*nightgown*, 186
*nine*, 48
*nineteenth*, 148
niños, 246
*ninth*, 147
*no*, 31
*no problem*, 79
*no turn on red*, 228
*no U-turn*, 227
nombre de usuario, 66
nombres, 66–71
nombrecito de cariño, 67
*noncount noun*, 181, 182
*nonsmoker*, 212
*noon*, 203
*north*, 108
*nose*, 292
*not*, 30, 31
*nothing*, 317
numerales, 181–182
número de teléfono, 85–86, 93
  llamar al 911, 288
  pidiendo, 124
  recitar, 119
número equivocado, 111, 122
números, 48, 147–148
números ordinales, 147–148

**• O •**

*o* (vocal), 13, 22–23, 117
*object pronoun*, 196
obreros, 253, 255
*o'clock*, 204
ocupaciones, hablando de, 251–254
*of*, 181
*office equipment*, 256
*off-season*, 277

ojos, describiendo, 72
*old age*, 75
*omelets*, 161
*on*, 206, 238
*one*, 48
*one-hundredth*, 148
*one-way street*, 227
*one-way ticket*, 222
*oneself*, 297
*onion*, 181
*on the corner of*, 102
*on the right/left*, 104
*on top of*, 238
*open-door policy*, 267
oraciones
  construcción, 30
  negativas, 30–31
  preguntas, 32–35
*orange*, 180
ordenar del menú, 167–169, 171
*ounce*, 183
*our*, 152
*ours*, 153
*ourselves*, 297
*out in the field*, 255
*out of pocket*, 297
*over easy*, 161
*overnight*, 277

**• P •**

*p* (consonante), 13, 116
pagar (de compras), 141
*painter*, 253
*pajamas*, 187
palabras
  acentuación (énfasis), 24–27
  de cantidad, 182
  deletrear, 115–118
  interrogativas, 34–35
  negativas, 30, 31

parecidas pero diferentes, 12
que no cambian, 10–11
que se confunden fácilmente, 319–325
palabras interrogativas, 34–35
palabras negativas, *no* vs. *not*, 30, 31
*pancakes*, 161
*pants*, 187
*pantsuit*, 186
papas, ordenar del menú, 168
*paper*, 257
*paperclips*, 257
*pardon me*, 178
*parents*, 90, 91
parque nacional (estatal), 277
participio pasado, verbos irregulares,
     329–332
pasado, 42
pasado continuo, 46
pasado simple, 45, 329–332
pasear, 201–213
   el cine, 206–207
   clubes nocturnos y bares, 210–212, 213
   conciertos, 208–209
   invitar un(a) amigo/amiga, 209–210
   manejar y tomar alcohol, 211
   obras de teatro, 208–209
   obtener información, 201–203
*past*, 204
*past participle*, 282–283
*patron*, 258
*pay*, 141, 331
*paycheck*, 260
*pea*, 181
*peach*, 180
*pear*, 180
*pedestrians*, 107
pedir direcciones, 99–109
   al baño, 101
   preposiciones de ubicación, 103–104
   sentido de orientación, 108
   verbos de dirección, 105–106

*Ped X-ing*, 229
películas
   cine, 206–207
   clasificación de, 208
   usar para aprender inglés, 308
*pen*, 257
*pencil*, 257
*penny*, 132
*pepper*, 181
*personal space*, 65
*personal things*, 316
personas, sustantivos para, 36–37
personas, describiendo, 71–75
   cabello, 72–73
   edad, 74–75
   estatura, 73
   ojos, 72
   peso, 71–72, 73
peso, describiendo, 71–72, 73
pesos y medidas, 182–183
*petite*, 71
*phone*, 114
*phone card*, 125
*phone number*, 119
*physicians*, 291
*picture ID*, 211
*pie*, 172
*piercing*, 73
*pineapple*, 180
*pint*, 183
*placemats*, 164
*plane*, 223
*planner*, 262
*plant life*, 281
*plates*, 164
platicar. *Véase* charlar
*play*, 270–271
*play cards*, 271
*please*, 79
*plumber*, 247, 253

plurales
  adjetivos, 47
  sustantivos, 36–37
*p.m.*, 203
*poached*, 161
*poison ivy*, 281
*poison oak*, 281
política de puertas abiertas, 267
poner la mesa, 164
*pork*, 168
*porter*, 152
posesivo, adjetivos y pronombres,
    152–154
*potato*, 181
*pounds*, 73, 182
preferencies, expresando, 88–89
preguntas, 32–35
  charlando, 77–78
  con *do do*, 33, 34
  con *to be*, 32–33, 34
  palabras interrogativas, 34–35
  para aumentan el inglés, 35
  preguntitas para la charla, 82
  responder con otra pregunta, 89
preposiciones
  *at*, *in*, y *on*, 206
  de tiempo, 206
  de ubicación, 103–104, 238–239
  tiempo, expresando, 206
  *to* y *for*, 197
preposiciones de tiempo, 206
preposiciones de ubicación, 103–104,
    238–239
presentarse, 62–65
  apretón de manos, 64
  a otros, 63–64
  a si mismo, 62–63
presente, 40, 42
presente continuo, 43–44
presente perfecto, 282–283
presente simple, 43

primer nombre, 66, 68
*private office*, 256
*privates*, 316
*private sleeper*, 222
*production line*, 256
profesión, describiendo, 85
profesiones, 253
pronombres, 30, 38
  personales, 37–38, 39, 196–197
  posesivos, 152–154
  reflexivos, 297
pronombres personales, 37–38, 39,
    196–197
pronombres posesivos, 152–154
pronombres reflexivos, 297
pronunciación, 1–27
  acentuación (énfasis), 24–27
  *ch*, 295
  consonantes, 13–19
  palabras parecidas pero diferentes, 12
  palabras que no cambian, 10–11
  ritmo de, 23–24
  vocales, 19–23
propinas
  bares, 213
  hotel, 152
  restaurante, 172
*prove*, 331
*psychologist*, 253
*public transportation*, 219, 220
*pumps* (zapatos), 187
*punch a time clock*, 256
*put*, 331

**• Q •**

*q* (consonante), 13
*quart*, 182, 183
*quarter*, 132
*queen bed*, 150
quehaceres domésticos, 246

*quick!*, 286
*quit*, 331
*quitting time*, 260

## • R •

*r* (consonante), 13, 17–18, 117
*raccoon*, 281
*racks*, 189
*railroad crossing*, 227
*rainforest*, 281
*raining*, 81
*rake*, 246
*rare*, 168
*rarely*, 51
*read*, 331
recado, llamada telefónica, 119, 121
recámera, 237–238
*receipt*, 136, 195
*red*, 72
*redwood trees*, 281
refrescos, 169
*refund*, 195
regalos, 242
regreso de la mercancía, 195–199
*repair person*, 247
reparaciones, casa, 247–249
*reschedule*, 265
reservación, en un hotel, 145–149
restaurante, 164–172
  "bolsita para el perro," 173
  comida para llevar, 173–175
  comida rápida, 159, 173–175
  la cuenta, 171–172
  *"doggie bag"*, 173
  mesero/mesera, 170–171
  ordenar del menú, 167–169, 171
  propinas, 172
*restroom*, 100
*ride*, 331
*right*, 102

*ring*, 114, 331
*rise*, 331
*river rafting*, 276
*rivers*, 277
*road*, 102
*road signs*, 227
*robbery*, 286
*robe*, 187
*roofer*, 247
*room service*, 152, 156
ropa
  comprar, 185–196
  probar, 189–190
  regreso de la mercancía, 195–199
  talla, 189
  tipos de, 186–187
  zapatos, 188
*round-trip ticket*, 222
*RR x-ing*, 227, 229
*rules of the road*, 227
*run!*, 286
*run*, 331
*running shoes*, 188

## • S •

*s* (consonante), 13, 117
*sailing*, 276
sala, 237
salario, 259–260
*salesperson*, 185, 253
*salt and pepper*, 164
salud, describiendo, 49
saludos, 57–61
*sand*, 276
*sandals*, 187
*sausage*, 161
*say*, 331
*schedule an appointment*, 262
*scrambled*, 161
*scratch*, 295

scrub the toilet, 244
seaweed, 281
second, 147
second floor, 237, 257
security check, 223
sed, expresando, 159–160
see, 323, 331
seeing/looking/watching, 323
segunda mano, 199
segundo nombre, 66, 67
seguro médico, 297
self-service, 229
sell, 331
send, 331
senderos, 277, 280
senior, 75
sentido de orientación, 108
sentimientos, adjetivos para expresar, 49
sentirse mal, ir al médico, 290
set, 331
set the table, 164
seven, 48
seventeenth, 148
seventh, 147
shake, 331
she, 37
she's, 283
sherbet, 172
shift, 259
shine, 331
shirt, 186, 187
shoes, 187
shoot, 331
shopping basket, 178
shopping cart, 178
shopping list, 183
shorts, 187
shoulders, 292
show, 197
shower, 238
shut, 331

shuttle, 219
-sian (sufijo), acentuación y, 25
siblings, 90
side dishes, 163
sílabas, acentuación (énfasis), 25–27
silverware, 164
sing, 332
singulares, 36
sink, 236, 237, 238
sinónimos, 319
síntomas, describiendo, 295
sir, 149
sistema de horaro de las 24 horas, 203
sister, 90
sit, 332
six, 48
sixteenth, 148
sixth, 147
skiing, 276
skinny, 71, 72
skirt, 186
slacks, 187
slang, saludos informales, 60
sleep, 332
sleeper, 222
sleeping bag, 278
slender, 72
slide, 332
slippers, 187
slow/slowly, 51
small, 71
small/smaller, 191
small/smallest, 193
smell, 314
snack, 163
snake, 281
sneakers, 188
snorkeling, 276
snowboarding, 276
snowing, 81

*so*, 321
*soccer*, 274, 275
*social worker*, 253
*some*, 181
*sometimes*, 43
*son*, 90
sonidos enunciados, 14–15
sonidos guturales, 14–15
*son-in-law*, 91
*sore throat*, 295
*south*, 108
*speak*, 332
*spell*, 118
*spell out*, 115
*spend*, 332
*spill*, 316
*split*, 332
*spoons*, 164
*sport jacket*, 186
*sport shirt*, 186
*sports fan*, 272
*sprain*, 295
*spread*, 332
*spring*, 83
*squash*, 181
*squirrel*, 281
*stadium*, 272
*stairs*, 236
*stalk*, 182
*stand*, 332
*stapler*, 257
*steal*, 332
*stick*, 332
*stick shift*, 227
*sting*, 332
*stomach*, 292
*stomachache*, 295
*stop*, 218
*stop!*, 301
*stop sign*, 102, 227
*stoplight*, 102

*stove*, 236, 237
*straight*, 102
*straight hair*, 72
*strawberry*, 180
*strawberry blond*, 72
*street*, 102
*study*, 45
*subway*, 219, 220
*such*, 321
sufijos, acentuación (énfasis) de sílabas
    y, 25–26
*suit*, 186, 187
sujeto, 30
*summer*, 83
*summer season*, 277
*sunbathe*, 276
*sunny*, 81
*sunny-side up/down*, 161
*sunscreen*, 279
superlativo, 193
*supermarket*, 179
supermercado, 179–185
    adjetivos cuantitativos, 181
    caja registradora, 183–184
    frutas y vegetales, 180–181
    leche, 178
    numerales, 181–182
    palabras de cantidad, 182
    los pasillos, 178
    pesos y medidas, 182–183
*supper*, 163
*supply cabinet*, 257
*surname*, 66
*suspect*, 288
sustantivos, 30, 36–37
    compuestos, 27
    de dos sílabas, acentuación, 26
    plurales, 36–37
    que se hacen adjetivos, 49
    singulares, 36

sustantivos compuestos, de dos sílabas, 27
*swear*, 332
*swear words*, 316–317
*sweater*, 187
*sweatshirt*, 187
*sweep*, 332
*sweetheart*, 315
*swim*, 332
*swimsuit*, 187
*swing*, 332
*swing shift*, 260

## • *T* •

*t* (consonante), 13, 117
*tablecloth*, 164
*tackle*, 274
*take*, 105, 106, 141, 171, 261, 332
*take-out*, 173
*taking the fifth*, 96
talla de ropa, 189
*tape*, 257
tarjetas bancarias (de pago), 139, 183
tarjetas de crédito, 139, 183, 227
tarjetas telefónicas, 125
*tattoo*, 73
taxis, 219, 221–222
*tea*, 161, 169
*teach*, 332
*team*, 272
*tear*, 332
*teaspoons*, 183
teatro, 207, 208–209
*teenager*, 75
teléfono
  celular, 126, 262
  llamadas telefónicas, 111–126
  número de teléfono, 85–86, 93
teléfonos celulares, 126, 262
*tell*, 332

temas tabúes, charlando, 94–96, 259
*ten*, 48
*tennis shoes*, 188
*tent*, 278
*tenth*, 147
*th* (consonante), pronunciación, 14–15
*thank you*, 79
*thank-you gift*, 242
*the* (artículo), 36, 52–53
*theater*, 207
*their*, 152
*theirs*, 153
*them*, 197
*themselves*, 297
*there/their/they're*, 155
*they*, 37, 38
*they're/their/there*, 155
*they've*, 283
*thigh*, 292
*thin*, 71, 72
*think*, 332
*third*, 147
*third floor*, 237, 257
*thirsty*, 160, 325
*thirteenth*, 147
*thirtieth*, 148
*three*, 48
*throw*, 332
*throw rugs*, 236
*Thursday*, 324
*-tial*, adjetivos terminando en, acentuación, 25
*ticket*, 216
*ticket counter*, 223
tiempo
  expresar, 203–204
  preguntas acerca de, 225
  preposiciones de, 206
tiempo libre, 270–283
  acampando, 278–281
  actividades, 270–272

aficionado al deporte, 272–275
  naturaleza, 275–278
  senderos, 277, 280
  visitar parque nacional (estatal), 277
tiempos, 42–47
  futuro, 42, 46–47, 81, 121
  participio pasado, 329–332
  pasado, 42
  pasado continuo, 46
  pasado simple, 45, 329–332
  presente, 40, 42
  presente continuo, 43–44
  presente perfecto, 282–283
  presente simple, 43
tiendas de ahorro, 199
*tie* (ropa), 187
*till*, 204
*time is money*, 258
*-tion* (sufijo), acentuación y, 25
*tip*, 172
*tires*, 229
títulos respetuosos, 68
*to*, 197
*toast*, 161
*toddler*, 75
*toe*, 292
*toilet*, 100, 236, 238
tomar un recado, 119
*tomato*, 181
*tools*, 249
*too/very*, 325
*to the point*, 266
*touchdown*, 274
*touching/feeling*, 323
trabajo, 251–267
  compañeros, 257–258
  descansos, 260–261
  describiendo, 85
  hablando de, 251–254
  hacer una cita, 262–263, 265
  hora del amuerzo, 260

  horario, 259–260
  lugar de, 256–257
  negocios, 252, 253, 266–267
  obreros y profesionales, 255
  política de puertas abiertas, 267
  salario, 259–260
*trails*, 277
*train*, 222
*train conductor*, 223
*train station*, 219
*transaction*, 133
transporte. *Véase* viajar
tratamiento médica de emergencia,
    290–293, 295, 297
*travel agency*, 222
*travelers' checks*, 135
*treatment*, 295
*trek*, 280
tren, 219–220
tronco, 292
*try*, 45
*Tuesday*, 324
*turn*, 105, 106–107
*turn into*, 106
*twelfth*, 147
*twelve*, 48
*twentienth*, 148
*twenty-first*, 148
*two*, 48

• *U* •

*u* (vocal), 13, 117
*u* (consonante), 13, 23
*-ual*, adjetivos terminando en,
    acentuación, 25
ubicación, preposiciones de, 103–104,
    238–239
*uncle*, 90
*under*, 238
*underneath*, 238

*undershirt*, 187
*understand*, 332
*underwear*, 186
*unleaded gas*, 229
*-uous*, adjetivos terminando en,
    acentuación, 25
*us*, 197
*user name*, 66
*usually*, 43
utensilios de comer, 164
*utility room*, 236

## • V •

*v* (consonante), 13, 16–17, 117
*vacuum the carpets*, 244
*valet attendant*, 152
*valid driver's license*, 226
*valley*, 275
vegetales, 180–181
*vein*, 293
verbo auxiliar, 39, 41
verbos, 39–47
  acentuación (énfasis) y, 26
  de dirección, 105–106
  del aseo doméstico, 244–245
  futuro, 42, 46–47, 81, 121
  oraciones simples, 30
  pagar, 141
  pasado, 42
  pasado continuo, 46
  pasado simple, 45–46
  *past participle*, 282–283
  presente, 41
  presente continuo, 43–44
  que ordenan comida, 171
verbos de dirección, 105–106
verbos del aseo doméstico, 244–245
verbos irregulares, 39, 40–41
  conjugación, 41
  participio pasado, 329–332
  pasado simple, 45, 329–332

verbos que pagan, 141
verbos regulares, 39
  conjugación, 40
  pasado simple, 45
  presente, 40
*very*, 50
*very*/too, 325
viajar, 215–230
  aduana, 216, 217–218
  aeropuerto, 215–216
  alquiler de coche, 226–227
  autobús, 218, 222–224
  avión, 222–224
  comprar gasolina, 229–230
  fechas, 146–148
  hotel (motel), 143–157
  manejar, 107, 227–228
  millas y kilómetros, 228
  pedir direcciones, 99–109
  salir del aeropuerto, 218–219
  taxi, 219, 221–222
  tren, 219–220
visitar
  invitación, 240–241
  regalo para, 242
visitar parque nacional (estatal), 277
vocales, 20–23
  *a*, 13, 21, 116
  diptongos, 20
  *e*, 13, 21, 116
  *i*, 22
  *o*, 22–23, 117
  *u*, 23, 117
vocales cortas, 20–23
vocales largas, 20–23
*voice mail*, 118, 119

## • W •

*w* (consonante), 13
*waffles*, 161
*wake*, 332

*wake-up service*, 156
*walk-in-clinics*, 291
*wall-to-wall carpet*, 236
*warm*, 81
*washer*, 246
*wash the dishes*, 244
*wash the windows*, 244
*watching/looking/seeing*, 323
*watch out!*, 286
*water bottle*, 280
*waterfall*, 275
*water skiing*, 276
*wavy hair*, 72
*we*, 37, 38
*wear*, 332
*weep*, 332
*weight*, 73
*well-done*, 168
*well/good*, 51
*west*, 108
*wet*, 316
*wet my pants*, 316
*we've*, 283
*what*, 34, 35
*what do you do?*, 251–252, 270
*what happened?*, 291
*what's*, 83
*what's happening?*, 60
*what's the matter?*, 291
*what's up?*, 60
*what's wrong?*, 291
*when*, 34
*where*, 34
*where does it hurt?*, 291
*where is?*, 100–101
*where is the pain?*, 291
*white*, 72
*white-collar worker*, 255
*who*, 34, 35
*why*, 34, 35
*wildflowers*, 281
*wildlife*, 281

*will*, 46–47, 121
*win*, 332
*windy*, 81
*winter*, 83
*with/by*, 141
*wolf*, 281
*woods*, 281
*word of mouth*, 299
*work out*, 313
*workspace*, 256
*worse*, 193
*worst*, 193
*would*, 121
*write*, 332
*writer*, 253
*wrong number*, 111

## • X •

*x* (consonante), 13

## • Y •

*y* (consonante), 13
*yard*, 236
*yardstick*, 73
*Yellow Pages*, 124
*yield sign*, 227
*you*, 37, 38, 78, 196
*young adult*, 75
*your*, 152, 317
*you're welcome*, 79
*yours*, 153
*you've*, 283

## • Z •

*z* (consonante), 13, 117
zapatos
    quitando en la casa, 241
    tipos de, 188

# Notas

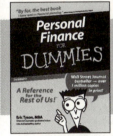
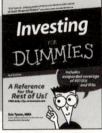

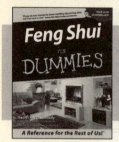

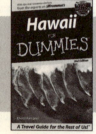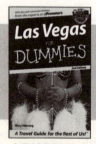

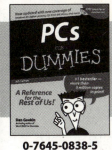

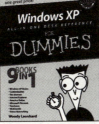

# DUMMIES®

## Helping you expand your horizons and realize your potential

## INTERNET

**The Internet For Dummies**
0-7645-0894-6

**The Internet All-in-One Desk Reference For Dummies**
0-7645-1659-0

**eBay For Dummies**
0-7645-1642-6

### Also available:

America Online 7.0 For Dummies
(0-7645-1624-8)

Genealogy Online For Dummies
(0-7645-0807-5)

The Internet All-in-One Desk Reference For Dummies
(0-7645-1659-0)

Internet Explorer 6 For Dummies
(0-7645-1344-3)

The Internet For Dummies Quick Reference
(0-7645-1645-0)

Internet Privacy For Dummies
(0-7645-0846-6)

Researching Online For Dummies
(0-7645-0546-7)

Starting an Online Business For Dummies
(0-7645-1655-8)

## DIGITAL MEDIA

**Digital Photography For Dummies**
0-7645-1664-7

**Photoshop Elements 2 For Dummies**
0-7645-1675-2

**Digital Video For Dummies**
0-7645-0806-7

### Also available:

CD and DVD Recording For Dummies
(0-7645-1627-2)

Digital Photography All-in-One Desk Reference For Dummies
(0-7645-1800-3)

Digital Photography For Dummies Quick Reference
(0-7645-0750-8)

Home Recording for Musicians For Dummies
(0-7645-1634-5)

MP3 For Dummies
(0-7645-0858-X)

Paint Shop Pro "X" For Dummies
(0-7645-2440-2)

Photo Retouching & Restoration For Dummies
(0-7645-1662-0)

Scanners For Dummies
(0-7645-0783-4)

## GRAPHICS

**PowerPoint 2002 For Dummies**
0-7645-0817-2

**Photoshop 7 For Dummies**
0-7645-1651-5

**Macromedia Flash MX For Dummies**
0-7645-0895-4

### Also available:

Adobe Acrobat 5 PDF For Dummies
(0-7645-1652-3)

Fireworks 4 For Dummies
(0-7645-0804-0)

Illustrator 10 For Dummies
(0-7645-3636-2)

QuarkXPress 5 For Dummies
(0-7645-0643-9)

Visio 2000 For Dummies
(0-7645-0635-8)

**Available wherever books are sold. Go to www.dummies.com or call 1-877-762-2974 to order direct.**